知识产权法中公共领域案例研究丛书

国家社科基金重大项目（17ZDA139）阶段性成果

商标法中公共领域判解与学理研究

主　编　冯晓青

副主编　刁佳星

人民法院出版社

图书在版编目（CIP）数据

商标法中公共领域判解与学理研究 / 冯晓青主编；
刁佳星副主编. -- 北京：人民法院出版社, 2025. 1.
（知识产权法中公共领域案例研究丛书）. -- ISBN 978-7-
5109-4335-5

Ⅰ. D923.434

中国国家版本馆CIP数据核字第2024AQ8158号

商标法中公共领域判解与学理研究

冯晓青　主　编

刁佳星　副主编

策划编辑	李安尼	
责任编辑	刘晓宁　赵芳慧	
封面设计	东合社	
出版发行	人民法院出版社	
地　　址	北京市东城区东交民巷27号（100745）	
电　　话	（010）67550572（责任编辑）	
	67550558（发行部查询）　　65223677（读者服务部）	
客服QQ	2092078039	
网　　址	http：//www.courtbook.com.cn	
E - mail	courtpress@sohu.com	
印　　刷	天津嘉恒印务有限公司	
经　　销	新华书店	

开　　本	787毫米×1092毫米　1/16	
字　　数	526千字	
印　　张	29	
版　　次	2025年 1 月第 1 版　2025年 1 月第 1 次印刷	
书　　号	ISBN 978-7-5109-4335-5	
定　　价	98.00元	

作者简介

冯晓青，本书主编，北京大学法学博士、中国人民大学法学博士后，现任中国政法大学二级教授、博士生导师，兼任国家知识产权专家咨询委员会委员、中国法学会知识产权法学研究会副会长、中国知识产权研究会副理事长，最高人民法院案例指导工作专家委员会委员、最高人民法院知识产权司法保护研究中心研究员、最高人民法院知识产权案例指导研究（北京）基地专家咨询委员会委员、上海法院特聘教授、上海知识产权法院特邀咨询专家、世界知识产权组织（WIPO）仲裁与调解中心专家和调解员、中国国际经济贸易仲裁委员会网上争议解决中心专家等。主持三项国家社科基金项目（其中重大项目两项），在《法学研究》《中国法学》等CSSCI刊物发表论文百余篇，出版个人专著十余部，主编著作与教材三十余部，获得省部级二等奖五项。以专家、律师、仲裁员等身份参与处理了数百起重大、疑难、复杂、前沿知识产权相关案件，部分案件入选最高人民法院公布的十大案例、五十个重点案例或高级人民法院公布的十大案例等。入选国家"万人计划"哲学社会科学领军人才、国家百千万人才工程国家级人选暨"有突出贡献中青年专家"、中宣部文化名家暨"四个一批"人才、享受国务院政府特殊津贴专家、首批全国知识产权领军人才、首批国家知识产权专家库专家等。主办新浪微博和微信公众号"冯晓青知识产权"。

刁佳星，本书副主编，中国政法大学法学博士、美国宾夕法尼亚州立大学法学硕士，北京科技大学副教授。曾获博士生国家奖学金、中国政法大学"学术新人"优秀论文等。联合创办中国政法大学"法大知识产权沙龙"、北京科技大学"大国知识产权论坛"。主持中国博士后科学基金面上资助项目、中央高校基本科研业务经费项目，参与国家社科基金重大项目、重点项目多项。在《湖南大学学报（社会科学版）》《上海交通大学学报（社会科学版）》《中国出版》等CSSCI来源期刊发表论文10余篇，多篇论文被《中国社会科学文摘》《中国人民大学复印报刊资料》转载。博士学位论文被评为学校优秀博士学位论文并被推荐北京市优秀博士学位论文。出版《著作权法律制度的经济分析》（独著）和《著作权法评注与案例》（副主编）等著作。

当前，知识产权日益成为国家发展的战略性资源和国际竞争力的核心要素，知识产权保护也日益重要。2019 年 11 月，中共中央办公厅和国务院办公厅印发《关于强化知识产权保护的意见》。[①] 2021 年 9 月，中共中央、国务院印发《知识产权强国建设纲要（2021—2035 年）》，旨在建设"中国特色、世界水平"的知识产权强国。在我国知识产权保护体系中，知识产权司法保护处于主导地位，知识产权行政保护构成有力支撑。就知识产权司法保护而言，其本质是通过人民法院审理各类知识产权案件，保护和鼓励创新，公平公正地维护知识产权人和相关当事人的合法权益，维护社会关系的稳定和社会和谐，服务我国经济社会发展。知识产权司法保护是我国知识产权法治建设的重中之重。这是因为，我国知识产权法治建设是以建立知识产权法律制度、充分有效保护知识产权为前提和基础的。知识产权保护是我国知识产权法治建设的灵魂和生命力所在。[②]

我国知识产权司法保护以知识产权案件审判为中心。在知识产权案件审判中，无疑需要充分、有效地保护知识产权人的知识产权，特别是有效打击形形色色的知识产权侵权行为，从而构建良好的创新生态。知识产权作为一种无形财产权，其实质上就是对某种知识产品确立了知识产权人的专有权，从而排除他人对该知识产品的享有和利用。对于专有权确立的权利范围内的知识产品，未经知识产权人许可或没有法律特别规定，任何人都不能自由、无偿使

[①] 该意见提出了"严保护""大保护""快保护""同保护"的措施。参见冯晓青：《知识产权保护论》，中国政法大学出版社 2022 年版。

[②] 冯晓青：《知识产权司法保护论》，中国政法大学出版社 2024 年版，第 260 页。

用。但是，知识产权司法保护并不意味着对知识产权的过度保护，其在充分、有效地保护知识产权的同时，需要维护知识产权法律制度所追求的公共利益，并实现两者的平衡。在知识产权司法保护中，必须引入公共领域保留原则。

实际上，知识产权法中存在不受知识产权保护的公共领域。公共领域与专有领域一样，都是现代知识产权法律制度中不可或缺的内容，二者的共存已为世界各国知识产权立法和司法实践所认可。所谓公共领域，是指不受知识产权保护的知识产品以及受知识产权保护的知识产品中可以被社会公众自由利用的部分。公共领域对知识产权这一专有权构成限制和制衡，以防止知识产权的不当扩张影响社会公共利益，进而为科技文化进步和经济社会发展的真正实现提供保障。① 公共领域对明确知识产权保护边界、合理划分权利人和社会公众利用知识产权的范围，从而协调不同主体的利益关系具有重要作用。② 从公共领域的角度认识知识产权法的理念和精神，是从更高的角度理解知识产权的制度价值和知识产权这一专有权的更深一层内涵所必需的。③

公共领域也可以被理解为知识产权法中不受知识产权保护、他人可以自由利用的公共知识财富。就如同每个人可以自由呼吸空气一样，在知识产权法中公共领域具有公共性，任何人都可以自由使用。④ 基于公共领域概念和原理对于实现知识产权立法宗旨和知识产权法律制度运行的重要价值和意义，国外学者在 20 世纪 80 年代初就从知识产权法理论、立法和司法保护角度对其进行了研究。例如，大卫·兰格（David Lange）早在 20 世纪 80 年代初就探讨了这一问题的重要性，指出法院有责任在知识产权案件的判决中明确公共领域保留原则。⑤ 又如，阿努帕姆·钱德特（Anupam Chandert）等指出，21 世纪初美国杜克大学和斯坦福大学先后就公共领域问题展开了研究，认为应当保护公共领域，以实现获取自由与表达自由并维持创新。⑥ 詹姆斯·博伊尔（James Boyle）则指出，保护公共领域是知识产权法的基本目标之一。⑦

关于知识产权法中公共领域问题，我国相关研究始于 21 世纪初。⑧ 此后，

---

① 冯晓青主编：《知识产权法》（第 4 版），中国政法大学出版社 2024 年版，第 17 页。

② 冯晓青主编：《知识产权法前沿问题研究》，中国政法大学出版社 2023 年版，第 50~52 页。

③ 冯晓青：《知识产权法利益平衡理论》，中国政法大学出版社 2006 年版，第 722 页。

④ 冯晓青：《知识产权司法保护论》，中国政法大学出版社 2024 年版，第 142 页。

⑤ David Lange, Recognizing the Public Domain, 44 LAW & CONTEMP. PROBS. 147 (Autumn 1981).

⑥ Anupam Chandert, Madhavi Sundert, The Romance of the Public Domian, 92 Cal. L. Rev. 1331 (2004).

⑦ James Boyle, The Second Enclosure Movement and the Construction of the Public Domain, 66 LAW & CONTEMP. Probs. 33 (2003).

⑧ 参见冯晓青：《知识产权法的公共领域理论》，载《知识产权》2007 年第 3 期。

随着对这一问题认识的不断深入，知识产权法中公共领域保留原则在立法与司法中的适用也逐渐受到重视。有观点认为，将公共领域制度化从而合理地界定专有领域与公共领域的界限是必要的。① 还有观点认为，公共领域保留也是司法实践中有效保护知识产权的重要方面。②

如前所述，知识产权司法保护引入公共领域保留原则具有必要性。从国外知识产权司法实践看，欧美国家知识产权案件审判早已引入公共领域这一概念，并根据公共领域保留原则，合理划分知识产权保护的边界。国外知识产权司法实践经验表明，在知识产权案件审判中引入公共领域保留原则，有利于明确知识产权人专有权的范围和社会公众分享不受保护的公共资源的边界，从而实现两者的利益平衡。

随着我国知识产权法理论研究水平的提升和知识产权审判经验的积累，近些年来，我国知识产权司法政策和司法解释开始重视在加强知识产权司法保护的同时，确保公共领域不受侵蚀，维护社会公众利益，促进创新资源的利用。以司法政策而论，最高人民法院在 2009 年发布的《关于当前经济形势下知识产权审判服务大局若干问题的意见》（法发〔2009〕23 号）中指出，要"正确解释发明和实用新型专利的权利要求，准确界定专利权保护范围，既不能简单地将专利权保护范围限于权利要求严格的字面含义，也不能将权利要求作为一种可以随意发挥的技术指导，应当从上述两种极端解释的中间立场出发，使权利要求的解释既能够为专利权人提供公平的保护，又能确保给予公众以合理的法律稳定性"。根据相关司法政策精神，我国各级法院在审理专利纠纷案件时，一方面强调加强对专利权的保护以更好地鼓励和保护创新；另一方面则通过适用现有技术（设计）抗辩原则③、捐献原则④、禁止多余指定原则⑤等确保社会公众对专利权保护范围的明确预期，增强法律适用的可操作性。

毫无疑问，我国知识产权司法保护实践中关于公共领域保留原则的适用，也为相关理论研究提供了宝贵的实践素材。深入研究相关典型案例，挖掘知识

---

① 张艳梅：《论知识产权法的公共领域：利益冲突之镜像》，载《社会科学战线》2013 年第 8 期。另参见杨利华：《公共领域视野下著作权法价值构造研究》，载《法学评论》2021 年第 4 期；易继明、韩萍：《著作权法公共领域的司法适用》，载《陕西师范大学学报（哲学社会科学版）》2022 年第 5 期。

② 冯晓青、周贺微：《公共领域视野下知识产权制度之正当性》，载《现代法学》2019 年第 3 期。

③ 参见湖北省高级人民法院（2010）鄂民三终字第 15 号民事判决书、广东省高级人民法院（2015）粤高法民三终字第 517 号民事判决书。

④ 参见最高人民法院（2013）民提字第 225 号民事判决书。

⑤ 参见广东省高级人民法院（2017）粤民终 604 号民事判决书。

产权司法保护背后维护公共领域保留原则的内涵，能够进一步为我国知识产权案件的审判和知识产权司法保护水平的提升提供指导和借鉴。恰逢主编主持的国家社会科学基金重大项目"创新驱动发展战略下知识产权公共领域问题研究"（17ZDA139）中涉及的一个重要内容即为公共领域视野下知识产权审判实务方面的研究。在该项目的研究过程中，我们从案例研究角度对知识产权法中公共领域问题进行了深入探讨。本套丛书是该项目阶段性研究成果之一。

本套丛书分为五册，涉及著作权法中公共领域案例解析、商标法中公共领域案例解析、技术类型知识产权保护与反不正当竞争法中公共领域案例解析，以及著作权法中公共领域判解与学理研究、商标法中公共领域判解与学理研究。每册大致分为以下几方面内容：本案要旨、案件信息、原被告主张及理由、法院查明的事实、法院判决理由与裁判结果、案例解析（或判解与学理研究）。与知识产权案例研究同类著作相比，本套丛书具有以下鲜明特色：

第一，理论品位较高。知识产权案例研究并不限于对案件本身的是非曲直进行评价，而是侧重于"跳出"个案，挖掘案件背后的裁判法理和理论启发意义，以及正确理解和适用法律规定。基于此，本套丛书每个案例的研究都有专门的"本案要旨"和"案例解析"（或"判解与学理研究"）部分。其中，前者旨在揭示案件的裁判法理，后者旨在深入研究法律适用的条件和个案涉及的知识产权相关概念、原理和理论，篇幅约5000字，便于读者结合案例融会贯通，真正掌握案件背后的知识产权法原理和理论。本套丛书作者均具有知识产权法学专业硕士以上学历背景和相关的知识产权法理论或实务工作经验，无疑也为丛书的理论品位提供了重要保障。

第二，内容全面、案例具有典型性。收入本套丛书的案例覆盖了诸多知识产权领域，包括著作权、专利权、商标权、地理标志、商号、域名、植物新品种、集成电路布图设计、商业秘密保护和其他反不正当竞争问题等。在同类案例选择上，则注重权威机构公布的公报案例、指导案例、十大案例和其他典型知识产权案例，便于读者吸取知识产权审判实务的精华。

第三，实践指导性强。本套丛书具有理论与实践高度结合的特点，在深度剖析和解构案件背后的法律适用与知识产权法理论的同时，提炼和归纳裁判文书中具有启发意义的主张和观点，具有很强的实践指导性。以下不妨选取部分案件法院的主张与见解，以见一斑。

以著作权案件为例，有的法院认为：在判断是否构成实质性相似时应充分考虑其公共属性；① 有的法院认为：要正确划分著作权范围与公共领域的界限，实现作品保护范围与其独创性相协调，在进行侵权比对时应将源自公有领域而不属于著作权保护范围的部分排除；② 有的法院认为：针对利用公有领域素材形成作品的保护范围界定，应当充分考虑到其作品本身包含的公有领域因素，既应当注意保护作者对作品的创新，又应当注意保护其他创作者对公有领域素材的合理使用，防止部分创作者通过对其作品的保护垄断公有领域素材的使用权利，限制全社会对公有领域素材的合理使用和创作；③ 有的法院认为：在对涉及卡通形象的美术作品进行著作权侵权判定时，要剔除公有领域其他卡通形象的惯常设计特征。④

以商标案件为例，有的法院认为：有功能性的形状可以通过获得实用新型专利权的保护来获取鼓励技术创新的"对价"，但是在专利权到期之后就必须允许公众自由地使用，如果再允许将该功能性形状注册为商标，则将阻碍公众自由利用该技术，故将功能性形状注册为商标为其所垄断的需求不得对抗促进技术发展的公共政策需求；⑤ 有的法院认为：非物质文化遗产的传承与发展，并不当然排斥知识产权保护方式，维持诉争商标的注册实质上也促进了传统文化的传承与发展。⑥

再以专利和其他案件为例，有的法院认为：多数情况下一种外观设计专利因保护期届满或者其他原因导致专利权终止会使其进入公有领域，任何人都可以自由利用，但一种客体可能同时属于多种知识产权的保护对象，其中一种权利的终止并不当然导致其他权利也失去效力；⑦ 有的法院认为：针对集成电路布图设计反向工程抗辩中的非直接接触要求，实现相同或相似功能的芯片必然在电路原理上存在相似性，而电路原理不属于可赋予专有权的部分，故法律并不禁止对他人芯片的布图设计进行摄片进而分析其电路原理的这种反向工程的行为。⑧

第四，富有可读性。作者对本套丛书收录的每个案件的裁判文书的实质内容进行了提炼与归纳，使读者能够在较短时间内了解案件的基本信息和裁判

---

① 北京知识产权法院（2018）京 73 民终 90 号民事判决书。
② 最高人民法院（2019）最高法民申 6322 号民事裁定书。
③ 福建省高级人民法院（2022）闽民终 879 号民事判决书。
④ 上海市高级人民法院（2013）沪高民三（知）终字第 81 号民事判决书。
⑤ 北京市高级人民法院（2015）高行（知）终字第 4355 号行政判决书。
⑥ 最高人民法院（2018）最高法行再 63 号行政判决书。
⑦ 最高人民法院（2010）民提字第 16 号民事判决书。
⑧ 上海市高级人民法院（2014）沪高民三（知）终字第 12 号民事判决书。

观点与理由。加之丛书研讨的案件类型多、注重理论与实践高度结合，这使其富有可读性。相信读者在阅读和研究本套丛书后，能够在相当程度上提高自身知识产权法理论与实务水平。

在本套丛书出版过程中，人民法院出版社给予了大力支持，编辑老师们在编校方面也付出了很大辛劳。中国政法大学知识产权法学专业的部分硕士生和博士生也参与了丛书清样的校对工作。在此一并表示衷心的感谢！

最后，需要指出的是，学无止境，尽管本书主编、副主编和全体作者为本套丛书撰写与出版付出了很大努力，但仍然难以避免书中存在错漏之处，敬请读者批评指正。

冯晓青

2025 年 1 月

商标显著性在申请阶段的判断

——某（杭州）网络有限公司诉国家工商行政管理总局商标评审委员会①商标申请驳回复审行政纠纷案

/ 段麟欧

➲ 本案要旨

对于固有显著性不强的标识，其经过长期使用、宣传而具有了一定知名度，获得显著性特征以后则可以被注册成为商标，但该显著性仍应与该商标核定使用的商品或服务相对应，并非该标识在某一类商品或服务上经使用获得显著性特征，就可以当然地认为其在其他商品或服务类别上具有显著性特征。相关公众仅在特定标识局限于特定商品或服务上使用时，方可识别商品或服务来源。即当该标识用于其他类别的商品时，相关公众并不会天然建立起该标识与来源的关系。因此，当某标识脱离特定商品或者服务时，对于其是否具有显著性仍应重新进行判断。

➲ 案件信息

申请人（一审原告、二审上诉人）：某（杭州）网络有限公司

被申请人（一审被告、二审被上诉人）：国家工商行政管理总局商标评审委员会

案号：北京知识产权法院（2015）京知行初字第 5824 号、北京市高级人民法院（2016）京行终 2855 号、最高人民法院（2016）最高法行申 4724 号

---

① 根据《深化党和国家机构改革方案》，国家工商行政管理总局商标评审委员会等机构职能由国家知识产权局商标局承担。

⊃ 原被告主张及理由

原告某（杭州）网络有限公司（以下简称某公司）起诉称：（1）诉争商标仅仅暗示游戏中某个人物的特点或者命运，仍然需要公众的进一步想象、演绎或推理才能够了解该商标的文字与游戏人物及游戏内容之间的联系，且诉争商标由某公司精心设计而成，具有内在显著性。（2）诉争商标系某公司出品的网络游戏的游戏名称，其并非某类游戏的通用名称。而游戏名称作为商标使用属于网络游戏行业的惯例，能够起到区分游戏商品及相关服务来源的作用，且网络游戏相关公众也已形成通过游戏名称来区分游戏商品及游戏服务的习惯。（3）经原告的长期宣传使用，诉争商标已具有较高的知名度，并形成了庞大、稳定的消费者群体，相关消费者对诉争商标标识也极为熟悉，某公司的使用进一步增强了诉争商标的显著性。（4）原告在第9类的商标已被核准多年，其指定的商品也包含"计算机游戏软件"。由于某公司在其同名游戏"倩女幽魂"上线多年来，一直针对该商标进行维权，消费者和网络游戏同业者均熟知"倩女幽魂"系某公司出品的游戏。综上，诉争商标使用在指定服务项目上，具有极强的显著性和可识别性，能够起到区分不同服务来源的作用，能够作为商标使用。此外，国家工商行政管理总局商标评审委员会（以下简称商标评审委员会）在复审阶段变更法律适用，属于程序违法。因此，原告请求法院撤销被诉决定并判令商标评审委员会重新作出决定。

被告商标评审委员会书面答辩称：坚持其在被诉决定中的意见，认为被诉决定认定事实清楚，适用法律正确，审查程序合法，请求人民法院依法驳回原告的诉讼请求。

⊃ 一审法院查明的事实

商标评审委员会作出商评字〔2015〕第65995号《关于第12××××35号"倩女幽魂ONLINE及图"商标驳回复审决定书》（以下简称被诉决定），系被告商标评审委员会针对原告某公司所提驳回复审申请而作出，该决定中认定：诉争商标"倩女幽魂ONLINE"为网络游戏名称，指定使用在计算机编程等服务上，消费者不易将其作为表明服务来源的标志进行识别，缺乏商标应有的显著性，诉争商标的注册已构成《商标法》第11条第1款第3项所指之情形。某公司提交的在案证据亦不足以证明诉争商标通过使用获得了商标应有的显著特征，商标评审具有个案性，某公司所述的第

65×××82号"倩女幽魂online"商标、第65×××85号"倩女幽魂on-line"商标、第31×××08号"倩女幽魂及图"等商标获准注册的情况不能成为诉争商标获准注册的当然理由。综上,商标评审委员会依照《商标法》第11条第1款第3项、第30条和第34条的规定,驳回诉争商标在复审服务上的注册申请。

诉争商标为第12×××35号"倩女幽魂ONLINE及图"(见下图)商标,由某公司于2013年7月23日提出注册申请,指定使用在第42类的托管计算机站(网站)、替他人创建和维护网站、提供互联网搜索引擎、计算机编程、计算机软件设计、计算机软件更新、计算机软件咨询、计算机程序和数据的数据转换(非有形转换)、计算机硬件设计和开发咨询、技术研究等服务上。

第12××××35号"倩女幽魂ONLINE及图"商标图

2014年11月25日,国家工商行政管理总局商标局(以下简称商标局)作出第TMZC12962435BHTZ01号《商标驳回通知书》,以诉争商标用于所申请使用的服务项目上易产生不良影响为由,对诉争商标的注册申请予以驳回。

某公司不服商标局的驳回决定,向商标评审委员会申请复审,并提交了《倩女幽魂》系列电影及电视剧的介绍、"倩女幽魂"游戏介绍、广告合同、报刊杂志摘页、软件审计报告、在先商标档案信息、著作权登记证书等复印件证明申请商标具有显著性。

⊃ 一审法院判决理由与裁判结果

《商标法》第11条第1款第3项规定,缺乏显著特征的标志不得作为商标注册。该规定中的"显著特征"是指足以区分不同商品或服务的提供者的特征。如果商标具有了区分不同商品或服务的提供者的功能,基本上可以认为其具有显著性。

在以下两种情形下,商标不具有显著性:一是商标标志本身不具有显著性，不论其用于何种商品或服务上；二是商标与指定使用的商品或服务联系过于紧密，导致商标针对指定的商品或服务而言，不具有显著性。《商标法》第11条第1款第3项规定的主要是后一种情形。

本案诉争商标中的"倩女幽魂"来源于古典小说，后被翻拍成电影、电视剧，通过广泛宣传和使用，其含义已经为消费者所熟知，故诉争商标本身的显著性较弱。此外，"倩女幽魂online"是原告推出的一款网络游戏的名称，其使用在"计算机编程、计算机软件设计"等指定服务上，易被相关公众作为网络游戏名称识别，而不会使消费者对应到某个服务的提供者，故诉争商标与所指定使用的服务联系过于紧密，其在所指定的服务上不具有显著性，不应予以核准注册。被告对此认定正确，本院予以确认。

本案中原告主张诉争商标经原告某公司的长期宣传推广，具有较高知名度，具有区分商品或服务来源的显著识别性。对此，本院认为，本案中原告提交的其推广的名称为"倩女幽魂online"的网络游戏类商品的宣传、报道等证据仅能证明"倩女幽魂online"商标在在线网络游戏商品上的使用情况，不能证明诉争商标在指定使用的第42类服务上的知名度以及在第42类服务上相关公众对诉争商标的认知情况。因此对于原告该项主张，本院不予支持。

关于原告称在先已有多件类似商标被核准注册使用的问题，本院认为，商标审查遵循个案审查原则，其他商标在先核准注册的具体情况不是本案审理范围，不作为本案的处理依据，因此对于原告的上述主张，本院亦不予支持。

另外，本案案件类型为商标申请驳回复审行政纠纷，原告提交的关于在先商标的民事判决所针对的案件性质、法律依据等与本案不同，故原告提交的在先民事判决对本案不具有参考性。

一审法院判决：驳回某公司的诉讼请求。

➲ 二审法院判决理由与裁判结果

《商标法》第11条第1款第3项规定，缺乏显著特征的标志不得作为商标注册。

本案中，"倩女幽魂ONLINE及图"组合商标，其中的显著识别部分为汉字"倩女幽魂"，"倩女幽魂"最初为电影、电视剧名称，后某公司推出了名为"倩女幽魂"的系列网络游戏，并经长期宣传，使该系列游戏取得了一定的知名度。在此基础上，申请商标使用在"在计算机网络上提供在线游戏"等服务上时，相关公众容易认为"倩女幽魂"为在线游戏的名称或内容，而不是将其作为服务提供者加以识别，故商标评审委员会及原审法院认为申请商标指定使用在第42类的"托管计算机站（网站）"等服务上缺乏显著性，并无不当，某公司关于申请商标未违反《商标法》第11条第1款第3项规定的上诉主张缺乏依据，二审法院不予支持。

二审法院判决如下：驳回上诉，维持原判。

⊃ 再审主张及理由

某公司申请再审称：请求撤销一、二审判决，撤销第65995号决定，准予第12×××35号"倩女幽魂 ONLINE 及图"商标的注册申请。具体理由如下：（1）商品名称并非天然不具备显著性，其与包装、装潢都具备商标所具有的区别商品来源的功能。虽然诉争商标系某公司出品的网络游戏的游戏名称，但其并非某类游戏的通用名称，在网络游戏领域并无其他网络游戏以诉争商标作为游戏名称，故诉争商标属于网络游戏领域的特有名称，不应当以此为由被认定为缺乏显著性。一审及二审判决以相关公众容易认为诉争商标为在线游戏或服务的名称为由，认定诉争商标缺乏显著性，既属于事实认定缺乏证据证明，亦属于适用法律错误。（2）退一步讲，即使诉争商标不具备固有显著性，经过某公司的长期宣传和使用，已形成了庞大、稳定的消费者群体，已获得显著性。在网络游戏的相关公众中，提及诉争商标或"倩女幽魂"，必然会联系到某公司。某公司在复审阶段及一审程序中已提交了大量证据以证明诉争商标及其所指示的网络游戏所具有的极高知名度，一审及二审判决也认定"倩女幽魂"网络游戏取得了一定的知名度，却未认定诉争商标经过使用所获得的显著性。计算机编程、计算机软件设计等第42类服务与网络游戏之间关联紧密，诉争商标在网络游戏相关商品和服务上的知名度，也会体现在第42类服务上，从而使得诉争商标在指定使用服务类别上具有相应的知名度。（3）游戏名称作为商标使用属于网络 游戏行业的惯例，其完全能够起到区分服务来源的作用。另外，某公司在第9类注册的商标已被核准多年，其指定的商品也包含"计算机游戏软件"，除尊重并维护业已形成的市场格局外，依据审查一致性原则，诉争商标也应当被核准注册。

商标评审委员会提交意见称，坚持第65995号决定中的意见以及一、二审的答辩理由。

⊃ 再审法院判决理由与裁判结果

最高人民法院经审查认为，本案申请商标为第 12××××35 号"倩女幽魂 ONLINE 及图"商标，由某公司于 2013 年 7 月 23 日提出注册申请，指定使用在第 42 类"托管计算机站（网站）、替他人创建和维护网站、提供互联网搜索引擎、计算机编程、计算机软件设计、计算机软件更新、计算机软件咨询、计算机程序和数据的数据转换（非有形转换）、计算机硬件设计和开发咨询、技术研究"等服务上。本案争议焦点在于申请商标使用在指定服务上是否属于《商标法》第 11 条第 1 款第 3 项规定的情形，即是否属于"其他缺乏显著特征"的情形。

根据一、二审法院查明的事实，"倩女幽魂"最初为电影、电视剧名称，后某公司推出了名为"倩女幽魂"的系列网络游戏，并经长期宣传，使该系列游戏取得了一定的知名度。申请商标主要识别部分即为"倩女幽魂"文字，一方面，其作为在先的影视剧名称，广为人知；另一方面，某公司将其作为游戏名称进行推广，相关公众容易将其识别为某个特定的游戏产品，故一、二审法院认定将诉争商标使用在"计算机软件设计、计算机软件更新"等服务上时，相关公众容易认为其是游戏或者相关服务的名称或者内容，而不是作为服务提供者进行识别，在此基础上认定申请商标在指定服务上缺乏显著特征亦无不当。某公司相关申请再审理由不成立，不予支持。

二审法院判决：驳回某公司的再审申请。

⊃ 判解与学理研究

商标具有显著特征是实现商标功能的必要条件，也是商标能够获准注册的前提。[①] 但显著性与商标本身的类型、商标指定使用的商品或服务类型、使用人对于商标的宣传等均有关系，而显著性的多因素决定性又导致了显著性并非固定的，一开始显著性高的商标有可能随着知名度的上升成为通用名称而丧失其显著性，而一开始显著性较低的商标也有可能随着对该商标的使用进而获得了显著性，因此，在不同阶段，对于商标是否具有显著性要根据实际情况进行个案判断，以下将从显著性的判断着重进行分析。

---

① 参见北京市高级人民法院（2018）京行终 4430 号行政判决书。

一、显著性的概念及类型

标志的"显著性"又被称为"区别性"或者"识别性"，是指用于特定商品或者服务的标志具有的识别该商品或服务的来源，从而能够将这种商品或者服务的提供者与其他同种或类似商品或服务的提供者加以区分的特性。[①] 标志具有显著性是标志可以获准成为注册商标的必要条件，不具有显著性的标志因为其无法区别商品或服务的来源，不可被注册为商标，我国《商标法》第 11 条从禁止注册的角度出发对标志具有显著性作出要求：（1）仅有本商品的通用名称、图形、型号的；（2）仅直接表示商品的质量、主要原料、功能、用途、重量、数量及其他特点的；（3）其他缺乏显著特征的。仅有本商品的通用名称、图形、型号；仅直接表示商品的质量、主要原料、功能、用途、重量、数量及其他特点的或者其他缺乏显著特征的标志，无法起到识别商品或服务来源的作用，因此也由于不具有商标显著性而无法获得核准注册。标志的显著性分为固有显著性和经使用获得显著性两种，申请注册商标只要具有固有显著性或者获得显著性中的一种，就应当被核准注册。[②]

固有显著性，是指标志本身用于特定商品或服务上即具有显著性。这是从商品或服务之间的关联关系角度进行评价而得出的，[③] 商标与商品或服务之间的关联关系越高，则商标越接近公有领域对于商品或服务本身的来源或属性方面的描述，商标本身的固有显著性越低；商标与商品或服务之间的关联关系越低，则商标越远离公有领域对于商品或服务本身的来源或属性方面的描述，商标本身的固有显著性越高。换言之，商标与商品或服务之间呈相反关系，关联关系越高，商标的固有显著性越低；关联关系越低，则商标的固有显著性越高。

获得显著性，是指标志本身用于特定商品或服务上并不具有显著性，但是该标志经过经营者的使用而为相关公众所知晓，从而相关公众将特定商品或服务与某个提供者建立了特定的联系，因而该商标在实际上起到识别商品或服务来源的作用。例如"两面针"原本是一种牙膏的原料，但是某某公司将其作为特定牙膏商品的名称，进行长期而广泛的宣传，使得"两面针"与该种特定

① 参见王迁：《知识产权法教程》（第 6 版），中国人民大学出版社 2019 年版，第 415 页。

② 参见冯术杰：《商标法原理与应用》，中国人民大学出版社 2017 年版，第 41 页。

③ 参见冯术杰：《商标法原理与应用》，中国人民大学出版社 2017 年版，第 41 页。

牙膏建立起特定联系而被相关公众所知晓，因而"两面针"经过使用具有了获得显著性。

二、显著性的综合判断

商标显著性的判定"应当综合考虑构成商标的标志本身、商标指定使用商品或服务、商标指定使用商品或服务的相关公众的认知习惯、商标指定使用商品或服务所属行业的实际使用情况等因素"[1]。对于标志本身是否具有显著性可参考美国做法。在美国判例中，根据商标显著性的高低，将商标进行了分类，具体分为臆造性商标、任意性商标、暗示性商标、描述性商标和通用标识。[2] 臆造性商标是指原本并不存在的标识，将其创造出来之后适用于特定商品或者服务之上以区分商品或服务来源，如海尔、华为等。任意性商标指该标识元素原本就存在于公有领域，但是该标识所使用的商品或者服务与该标识之间不存在任何联系。例如"苹果"本身属于公有领域中"苹果"商品的通用名称，如果将"苹果"用于手机、电脑等电子产品上，因"苹果"作为水果，其本身与电子产品并没有任何关系，其用于电子产品商品上，可以起到区分商品或服务来源的作用，因此同样具有显著性，该种商标即属于任意性商标。暗示性商标指所采用的元素与所用于的商品或服务不存在直接的关联，需要相关公众的联想或思考才能认识到其所用于的商品或服务之间隐含的关联。[3] 例如将"野马"用于自行车商品上，"野马"作为动物，与自行车并不存在直接的联系，但是马作为交通工具与自行车作为交通工具的功能存在联系，且"野马"具有其区别于非野马的独特性，因而"野马"能够让相关公众产生联想进而认识到标识与商品之间的隐含联系，属于典型的暗示性商标。描述性商标指商标中的显著性部分直接指称被描述的商品或服务的某个或某些方面，因此属于描述性商标。

商标的上述分类并非非此即彼的关系，一个商标可以是臆造性商标也可以是暗示性商标，还可以既是任意性商标同时又是暗示性商标。因此，在进行显著性判断时，该种分类仅仅作为参考，具体某一商标标志是否具有显著性应当结合标志用于指定使用的商品或服务是否具有显著性进一步判断，而该判断同样分为是否具有固有显著性的判断和是否具有获得显著性的判断。在固有显著性判断中，对于"仅有本商品的通用名称、图形、型号的和仅直接表示商

---

[1] 北京市高级人民法院（2018）京行终 23 号行政判决书。

[2] 参见冯术杰：《商标法原理与应用》，中国人民大学出版社 2017 年版，第 41 页。

[3] 参见冯术杰：《商标法原理与应用》，中国人民大学出版社 2017 年版，第 42 页。

品的质量、主要原料、功能、用途、重量、数量及其他特点"的标志原则上不认为其使用在该标志所指商品或者服务上具有固有显著性。例如，在山西某裤业有限公司与商标评审委员会商标行政纠纷案中，申请人申请将"捌百圆"注册成为商标，指定使用在第 25 类服装等商品上。由于"普通消费者在对'捌百圆'进行认读时，容易将其与商品的价格直接联系在一起，难以起到区分商品来源的作用，缺乏一个注册商标所应当具有的显著性"①。但是，该种表示应当是直接表示，非直接表示的标志不能认定其缺乏固有显著性，例如，在济南某商贸有限公司与商标评审委员会行政纠纷案中，法院认为，"诉争商标'古方'并非其核定使用的红糖、白糖等商品的通用名称，亦未直接表示商品的质量、用途、主要原料，故未构成商标法第十一条第一款第（一）项、第（二）项之规定情形"②。如果仅有本商品的通用名称、图形、型号的和仅直接表示商品的质量、主要原料、功能、用途、重量、数量及其他特点的标志经过使用获得了显著性，则认定其具有获得显著性。在某传媒股份有限公司等与商标评审委员会行政争议上诉案中，法院认为，"商标'非诚勿扰'使用在'开保险锁'等服务上，并非服务的通用名称，并未仅直接表示服务的质量、内容、功能用途等特点，具有商标的显著特征，可以起到区分服务提供者的作用"③。

本案诉争商标中的"倩女幽魂"故事源于清代蒲松龄所写的《聊斋志异》中的《聂小倩》，1960 年香港导演李某某根据该故事执导了电影《倩女幽魂》，后该电影又被多次翻拍成电影、电视剧，均以《倩女幽魂》命名，通过一系列广泛宣传和使用，"倩女幽魂"本身的含义已经为消费者所熟知，属于公有领域元素，因此该商标固有的显著性较弱。

三、显著性的个案判断

商标注册应当根据相关案件的事实，结合"具体情形＋个案审查"，其他商标的注册情况并不必然影响或决定本案被异议商标能否获得注册。④ 标志具有显著性应当是标志本身与指定使用的商品或者服务存在对应关系，该种对应关系是商标能够获得核准注册的前提。一般情况下，该种显著性不能类比，也不能迁移。若标志使用在某一商品或者服务上具有显著性但是在其他商品或者

---

① 北京市第一中级人民法院（2009）一中行初字第 175 号行政判决书。
② 北京知识产权法院（2017）京 73 行初 3289 号行政判决书。
③ 北京市高级人民法院（2018）京行终 23 号行政判决书。
④ 北京市高级人民法院（2014）高行终字第 680 号行政判决书。

服务上不具有显著性，则在其他商品或者服务上也不能够获得核准注册。例如，在某计算机科技有限公司进行"HelloKugou"（声音商标）申请注册时，虽然"申请人的'酷狗'商标已被认定为第41类'提供在线音乐（非下载）'服务的中国驰名商标"，但在其他类别上获准注册或者该商标使用在其他类别的商品或者服务上已经被认定为驰名商标并不必然导致该商标用于其他商品或服务上具有显著性。商标评审委员会最终认为"申请商标指定使用在耳机等其余复审商品上，难以起到区分商品来源的作用，缺乏商标应有的显著特征"[1]，因此商标评审委员会最终决定驳回"HelloKugou"（声音商标）的注册申请。又如，在某股份公司与商标评审委员会行政纠纷上诉案中，虽然 MINI 系列汽车具有较高的知名度，其造型具有一定的显著性，但是成比例的模型车并非汽车商品本身，即便该商标用于汽车上具有显著性，但是该种显著性并不能迁移到成比例的模型车上，故法院认为，申请商标不具有商标注册应具有的识别性，缺乏区分商品来源的功能，不具有显著特征。即便某股份公司提交的证据，能够体现出 MINI 系列汽车这类商品具有的特征及知名度，但尚不能够证明相关公众将申请商标识别为成比例的模型车这一商品商标的事实。[2]

实践中，虽然也存在认定标志使用在其他商品或服务上具有的显著性可及于与其具有较为紧密的联系商品或服务种类上的情况，但是最终该种判定在更高一级的审判程序之中又被纠正。例如，在中国某有限公司与商标评审委员会一审行政纠纷中，诉争商标为"图"商标，"指定使用在商品（第21类、类似群组2105）：饮用器皿；茶叶罐；角形饮水器；茶具（餐具）；茶托；茶壶；滤茶球；茶叶浸泡器；滤茶器；咖啡具（餐具）"上，由于诉争商标本身为图形文字组合商标，法院认为，该商标"由上下两部分组成，其中上半部分由位于中间的茶，外围八个'中'字进行了图形的设计，文字部分'中茶牌'的显著识别部分为'中茶'，相关消费者能够将其作为商标识别"。因此该商标具有固有显著性。法院进一步指出，"原告在先注册的第1××2号'图茶及图'商标被认定为驰名商标，其与本案诉争商标标识相同，核定使用的商品'茶'与本案诉争商标指定使用的茶具（餐具）等商品具有较为紧密的联系，两者的消费者具有相关性，故原告在先的注册商标的商誉可以及与本案诉争商标，其显著性进一步增强"[3]。在该案二审中，北京市高级人民法院认为，"即

---

[1] 商评字〔2019〕第0000192146号。
[2] 北京市高级人民法院（2015）高行（知）终字第799号行政判决书。
[3] 北京知识产权法院（2018）京73行初1786号行政判决书。

使经营者以原注册商标为载体已积累了一定的商誉，该经营者也仍然应当向商标行政主管部门提出注册申请，由商标行政主管部门依法进行审核。诉争商标虽然与中国某有限公司主张驰名的在先商标标志相同，但改变了指定使用的商品范围，因此，即使中国某有限公司主张驰名的在先商标均有一定的商誉，其不能必然延及诉争商标。诉争商标能否注册，应当由商标行政主管部门依法重新进行审查"。可见，特定商品或者服务上的标志是否具有显著性应当具有对应关系，而是否具有显著性的问题则应当进行个案判断。该案二审法院进一步认为，"一审判决关于中国某有限公司在先注册的第1××2号'茶及图'商标被认定为驰名商标，其与本案诉争商标标识相同，核定使用的商品'茶'与本案诉争商标指定使用的茶具（餐具）等商品具有较为紧密的联系，两者消费者具有相关性，故中国某有限公司在先的注册商标的商誉可以及于本案诉争商标，其显著性进一步增强的认定不妥，应予以纠正"①。在特定商品或者服务上具有显著性或者较高知名度的商标，其商誉并不延及该商品或服务之外的其他商品或服务。

根据个案判断以及商标申请中标志本身与指定使用的商品或者服务应存在对应关系，虽然申请人的长期宣传使"倩女幽魂"的系列网络游戏取得了一定的知名度，但是该种知名度并不当然证明"倩女幽魂"商标使用在"计算机游戏软件"之外的其他商品上同样具有显著性。因此法院认为，"申请商标主要识别部分即为'倩女幽魂'文字，一方面，其作为在先的影视剧名称，广为人知；另一方面，某公司将其作为游戏名称进行推广，相关公众容易将其识别为某个特定的游戏产品，故一、二审法院认定将诉争商标使用在'计算机软件设计、计算机软件更新'等服务上时，相关公众容易认为其是游戏或者相关服务的名称或者内容，而不是作为服务提供者进行识别"。

四、结论

商标具有显著特征是实现商标功能的必要条件，也是商标能够获准注册的前提。②商标具有显著性要求其本身显著性较强，用于特定商品或者服务上能够起到让消费者识别商品或服务来源的作用；或者商标本身的显著性较弱，但是用于特定商品或服务上依然能够起到让消费者识别商品或服务来源的作用。需要注意的是，在商标申请注册阶段，商标标志在某一特定商品或服务上

---

① 北京市高级人民法院（2018）京行终 4430 号行政判决书。
② 北京市高级人民法院（2018）京行终 4430 号行政判决书。

的知名度并不等于该商标标志在该特定商品之外的其他商品上天然具有显著性，即便该种指定使用的其他商品与在先商品具有较强联系，根据个案审查原则，商标标志在在先商品上的商誉不能及于在后商品，也不能增强弱显著性商标使用在在后商品上的显著性特征。

文字商标显著程度的判断与区分

——杨某与国家知识产权局商标无效宣告请求行政纠纷案

/刁佳星

➲ 本案要旨

显著性是指商标所具备的能将不同主体提供的同类商品或服务区分开来的特质，关系着商标的可注册性与商标获得保护的范围。为维护言论自由和竞争自由，描述商品或服务质量、性质和特征等的标志应由社会公众共同使用，而不应由特定主体专有。但是，如果特定主体付出时间和成本进行宣传和推广而使描述商品或服务质量、性质或特征等的标志具备了区别商品或服务来源的功能，则其有权基于劳动、投资以及标志已经获得的来源识别功能享有专用权利——禁止他人在相同或类似的商品或服务上使用相同或近似的描述性标志，除非他人不是进行商标性使用而是描述性使用。另外，对非物质文化遗产的传承与保护，并不当然排斥知识产权的保护。特定标志被纳入非物质文化遗产名录，并不必然导致其进入公众领域。

➲ 案件信息

申请人（一审原告、二审上诉人）：杨某

被申请人（一审被告、二审被上诉人）：国家知识产权局

一审第三人：李某、郭某

案号：北京知识产权法院（2015）京知行初字第3581号、北京市高级人民法院（2016）京行终1479号、最高人民法院（2018）最高法行再63号

➲ 原被告主张及理由

原告杨某主张："汤瓶八诊"疗法是杨氏家族依"末梢经络根传法"创立，并在家族内部传承的一种疗法，该疗法虽具有回族特色，但是又有别于

其他回医疗法；第 39××× 08 号"汤瓶八诊"（以下简称争议商标）系文字组合商标，具有显著特征；杨某及其授权的公司是目前"汤瓶八诊"疗法唯一的市场提供者，杨某与"汤瓶八诊"之间已经形成——对应的关系；杨某对争议商标长时间持续不断地使用，以及新闻媒体多年来持续的报道，使"汤瓶八诊"具备了很高的知名度和显著性。请求法院撤销国家知识产权局作出的商评字〔2015〕第 32846 号《关于第 39××× 08 号"汤瓶八诊"商标无效宣告请求裁定》（以下简称第 32846 号裁定）并判令国家知识产权局重新作出裁定。

被告国家知识产权局辩称：第 32846 号裁定认定事实清楚，适用法律正确，作出程序合法，请求驳回原告杨某的诉讼请求。

第三人李某和郭某共同述称：生效判决曾将"汤瓶八诊"认定为通用名称，而且"汤瓶八诊"属于源于回族聚集体的传统技艺类非物质文化遗产，"汤瓶八诊"并非由个人创造和保存，应当属于公共领域。另外，争议商标"汤瓶八诊"因与国家非物质文化遗产项目"汤瓶八诊疗法"同名，核准使用在第 44 类（医疗按摩）领域，显著性较低。杨某擅自将争议商标的适用范围扩大到生活美容、保健按摩范围，并以其他图形为标志替代了商标核准的字样，对于"汤瓶八诊"的宣传也是政府为了传承非物质文化遗产而做，不属于商标法意义上的使用。杨某关于争议商标被评为宁夏著名商标的事实是虚假的，关于驰名商标的主张也无证据支持。第三人认为第 32846 号裁定认定事实清楚，适用法律正确，程序合法，请求驳回杨某的诉讼请求。

○ 法院查明的事实

一审法院审理查明，杨某于 2004 年向商标局提出争议商标的注册申请，指定使用在第 44 类服务上，于 2007 年 2 月 21 日获准注册，专用权期限至 2017 年 2 月 20 日。2008 年 6 月 7 日，"回族汤瓶八诊疗法"作为传统医药项目下的回族医药被确定为第二批国家级非物质文化遗产。2012 年、2014 年，争议商标被宁夏回族自治区工商行政管理局评为宁夏著名商标。2012 年，山东省高级人民法院第 198 号判决认定"汤瓶八诊"四字构成通用名称。杨某就第 198 号判决向最高人民法院申请再审，2013 年最高人民法院再审裁定认为虽然非物质文化遗产与公有领域的内容有重叠，但不等于一经认定为非物质文化遗产就当然地进入公共领域，"回族汤瓶八诊"是否属于公有领域的范畴，要看该疗法是否受知识产权专用权的保护；争议商标"汤瓶八诊"虽然是对核定使用服务内容的一种描述，但是没有证据证明这种描述方式已经成为相关市场内、相关公众通用的指代该类服务的名称。

2015年4月29日，商标评审委员会作出第32846号裁定认为：争议商标"汤瓶八诊"核定使用在按摩（医疗）、医疗诊所等服务上，虽具有一定描述性，但无法证明"汤瓶八诊"系争议商标核定使用服务的国家标准、行业标准规定的或约定俗成的名称，因此争议商标未违反2001年《商标法》第11条第1款第1项"仅有本商品的通用名称、图形、型号的标志不得作为商标注册"的规定。杨某提供的证据可以证明其对"汤瓶八诊"进行了介绍、整理和编纂，但是无法证明"汤瓶八诊"由其独创。杨某将"汤瓶八诊"，也即一种回族流传至今的疗法名称作为商标申请注册，并使用在按摩（医疗）、医疗诊所等服务上，具有表述服务内容、方式等特点之虞，缺乏商标应有的显著性，且无证据证明争议商标已经通过使用具有商标应有的显著性。因此争议商标违反了2001年《商标法》第11条第1款第3项"缺乏显著特征"的规定。商标评审委员会裁定争议商标无效。

法院根据双方当事人提供的《宁夏医科大学学报》《时珍国医国药》《中国民族报》等上登载的杨某等人所著文章查明："汤瓶"是穆斯林具有代表性的专用器具，跟穆斯林相关的文化、商标都以"汤瓶"命名。关于"八诊"则包括"头、面、耳、手、脚、骨、脉、气"八大诊疗方法。杨某提供的证据证明"汤瓶八诊"是杨氏家族（祖籍河南周口地区）总结研究所创并在家族传承的一种技艺，杨某为汤瓶八诊的第七代传人。"汤瓶八诊"商标使用的诊疗用品类包括温经驱寒袋、客用治疗服、诊疗毛巾被、诊疗箱、诊疗扶手巾等。杨某或相关公司同他人签署的范围涉及河南、北京、浙江、上海、陕西、广东、天津、河北、辽宁、云南、四川等省市的19份特许经营省级总代理合同书，上述合同书对许可使用争议商标的事项作出了约定。另查明，杨某为第三人李某和郭某所在公司的投资者之一，在经营过程中，杨某曾与该公司就争议商标的使用问题发生过争议：杨某认为，该公司经营项目与争议商标核准使用的服务项目不一致，第三人则认为该公司由杨某设立和管理，经营范围与杨某设立公司的宗旨一致。

二审法院另查明，杨某所著《汤瓶八诊养生方案》一书序言与正文部分，载明"到了杨明公（1710~1850）这一代，汤瓶八诊才真正得到系统整理和完善。杨明公自幼酷爱中医，潜心研究中国古代易学和《黄帝内经》，他结合临床实践以及回族医术，将回族医学不断完善，并以口传心授、言传身教的方式传给后人。就这样，形成了较为完整的、自成一体的八种疗法，正式命名为

'汤瓶八诊'"。"汤瓶八诊"是回族人根据常年的宗教礼仪、生活习惯及阿拉伯医学，又吸取了中华医学而创造的一种疗法。它包括两大体系，即"内病外治非药物疗法和内病外治药物疗法"等内容。

⊃ 法院判决理由与裁判结果

本案的争议焦点如下：其一，争议商标"汤瓶八诊"构成通用名称还是描述性标志；其二，如果争议商标"汤瓶八诊"构成描述性标志，是否经过使用获得了显著性。

一、二审法院以争议商标缺乏显著特征为由驳回了杨某的诉讼请求。（1）关于争议焦点一。一、二审法院均认为：《非物质文化遗产法》第 44 条第 1 款规定："使用非物质文化遗产涉及知识产权的，适用有关法律、行政法规的规定。"据此，非物质文化遗产涉及商标权的，应当适用我国《商标法》的相关规定。根据 2001 年《商标法》第 8 条的规定："任何能够将自然人、法人或者其他组织的商品与他人的商品区别开的可视性标志，包括文字、图形、字母、数字、三维标志和颜色组合，以及上述要素的组合，均可以作为商标申请注册。"非物质文化遗产与商标注册并行不悖。相关商品或服务被列入非物质文化遗产不必然导致"汤瓶八诊"具备通用性，并且应被无效。（2）关于争议焦点二。一、二审法院认为：争议商标由文字"汤瓶八诊"构成，"汤瓶"是一种具有穆斯林特色的器具，"八诊"则描述了"头、面、耳、手、脚、骨、脉、气"在内的八种诊疗方法。从文字构成上，"汤瓶八诊"描述的是具有穆斯林特色的一种诊疗方法。但是，商标中含有描述性要素并不必然导致商标缺乏显著特征。如果标志中含有的描述性要素不影响商标整体上的显著特征的，或者描述性标志是以独特方式进行表现，相关公众能够以其识别商品来源的，应当认定其具有显著特征。由于争议商标"汤瓶八诊"核定使用在第 44 类服务上，直接表示了服务的内容，且其字体和字号属于较为常见的形式，不属于"以独特方式表现"的描述性要素。相关报刊、图书中对"汤瓶八诊""回族汤瓶八诊"等描述，属于对回族诊疗方法的介绍与非物质文化遗产的传承行为，并非商标法意义上的使用。相关服务场所、服务招牌、物品和服务人员的服装上的使用不足以抵消或超越相关公众对"汤瓶八诊"是一种具有中国回族特色的养生保健疗法的认知，也未达到使争议商标与杨某建立唯一特定联系的程度，进而未能基于使用获得显著性。因此，一审和二审法院认为，争议商标使用在核定的服务类别上缺乏显著性，不能起到识别服务来源的作用。

再审法院认为：根据相关报刊和图书的记载，"汤瓶"系源于回族具有代表性的专用器具，"八诊"系八种诊疗方法。"汤瓶八诊"作为商标，使用在"按摩（医疗）、医疗诊所、医务室、医院、保健、医疗辅助、理疗、护理（医疗）、芳香疗法、疗养院"服务上，具有一定的描述服务内容、服务方式的特点。但是，商标中含有描述性因素，并不意味着商标缺乏显著性。2001年《商标法》第11条第2款规定："前款所列标志经过使用取得显著特征，并便于识别的，可以作为商标注册。"商标标志中虽含有描述性标志，但是不影响其整体的显著特征；或者描述性标志以独特方式加以表现，相关公众能够以其识别商品来源的，应当认定其具有显著特征。因此，判断含有描述性标志的商标是否具有显著性，应当根据商标指定使用商品的相关公众的通常认识，从整体上进行判断，相关商标的实际使用情况，以及是否经过使用产生识别商品来源的作用，也是需要考虑的因素。本案中，"汤瓶八诊"疗法最早由杨氏家族在总结、吸收阿拉伯医学、中国民间疗法和中国传统医学的基础上所创设并命名。杨某作为该疗法的第七代传人，其于2004年4月2日就将"汤瓶八诊"申请注册为商标，并通过提供医疗服务、开办培训学校和特许经营许可等商业方式对"汤瓶八诊"疗法进行了广泛宣传，涉及许可范围遍及北京、天津、上海、河南等多个省市。虽然争议商标的具体使用方式与争议商标略有差异，但是并未改变争议商标的主要识别部分，相关公众依旧会将其认读为"汤瓶八诊"。经过上述使用，争议商标产生了一定的知名度，并于2012年、2014年先后两次被评为宁夏回族自治区著名商标。在案证据同时显示，目前从事"汤瓶八诊"治疗、使用"汤瓶八诊"作为公司字号或商标使用主体或经杨某授权，或与杨某存在不同程度的关联关系。由此可见，争议商标的实际使用已使争议商标与杨某之间形成较为明确的服务来源指向关系，争议商标客观上已经发挥了指示特定服务来源的功能，争议商标的注册应当予以维持。

综上，最高人民法院判决：撤销一审判决、二审判决以及第32846号裁定，国家知识产权局对第39×××08号"汤瓶八诊"商标重新作出商标无效宣告请求裁定。

➲ 判解与学理研究

本案的争议焦点在于争议商标"汤瓶八诊"是否具有显著性，以及争议商标的注册是否应当予以维持。根据《商标法》的规定，申请注册的商标，应当具备显著特征，并且便于识别。可见显著性是标志获得商标注册的前提条件，缺乏显著特征的标志无法获得商标注册；已经注册的标志，如果缺乏显著特征，将被宣告无效。

一、商标显著性的理论基础

作为商标的标志应具备显著性。显著性指特定标志具备的能将不同产品生产者或服务提供者区别开来的功能。商标法之所以要求商标应具备显著性，原因在于保护产品生产者与服务提供者在商标选择、使用、宣传和推广中付出的劳动与投资，使其通过商标的使用与宣传建立的市场份额得以为继。同时，不具有显著性的标志无法获得商标专用权利，而被置于公共领域，供任何人自由使用，目的在于维护言论自由与竞争自由，避免特定主体通过垄断特定标志，例如通用名称，而使竞争对手处于与商誉无关的不利地位。

（一）保护经营者的劳动与投资

商标所具备的显著性，在实践中使消费者可以通过"认牌购物"，从而可以节约搜寻成本，无须再行付出"试错"成本判断特定商品或服务的性质和特点是否满足自身的消费偏好。[①]如消费者在市场上买到一件没有商标的商品，对商品消费完之后，发现这一商品非常符合自身偏好，质优价廉，并想日后再次购买这一商品，或者发现这一商品质量低劣、价格高，事后想要避免再行买到类似商品。假设商品缺少商标之类的识别特征，如何找到自己想要的商品或者规避再次买到消费体验不好的商品？显然，如果缺少商标之类的识别特征，特别是在市场扩张和远程贸易成为商人利润主要来源的背景之下，消费者再买错的概率非常之高，产品生产者和服务提供者难以通过提升产品或服务质量、提升自身商誉留住甚至扩展市场份额。因此，为降低消费者的"试错"成本，节约搜寻费用，同时为了拓展市场份额，产品生产者和服务提供者通过使用特定标志可以区分自身与他人提供的产品与服务。为使自身商标具备显著特征与识别功能，产品生产者和服务提供者通常会在标志的设计和选择、品牌的宣传和推广方面花费大量的投资和精力，进而建立和拓展自身的市场。对具有显著性的商标而言，其他产品生产者或服务提供者也更倾向于通过使用与之近似的标志从而"搭乘"商标的商誉，通过引起相关公众实际或潜在混淆、误认的方式从而分流知名品牌的市场，而其未为知名品牌商

---

① ［美］威廉·M. 兰德斯、理查德·A. 波斯纳：《知识产权法的经济结构》，金海军译，北京大学出版社 2016 年版，第 228 页。

标的设计和选择、宣传与推广，付出实质成本，反而通过搭乘知名品牌的商誉获取更多利润，若对此不加以规制，容易导致市场竞争失范失序。因此，对具有显著性的标志予以保护，目的在于保护市场主体的劳动与投资，进而维护良好的市场竞争秩序。

（二）维护言论自由与竞争自由

对具有显著性的标志授予专用权利的另一表达应为，对缺乏显著性的标志则不授予专用权利。换句话说，不具有显著性的标志，无法通过注册程序取得专用权利，已经注册的商标若丧失显著性，应被无效，无法继续享有专用权利。原因在于，不具备显著性的标志，他人缺少不当"搭乘"商标商誉的动机，授予商标保护对于防止消费者的混淆与误认以及保护竞争者的投资与市场，并无多大作用。相反，授予专用权利反而有损社会福利。这是因为人类日常使用的语言文化符号的数量有限，例如，指代产品的种类或者描述产品的质量、主要原料、功能、用途、重量、数量以及其他特征的标志在数量上趋于有限，若任意对该类标志核准注册商标专用权，易导致相关主体"垄断"特定语言符号。竞争对手则需在其包装、宣传中避免使用上述标志，并借助于其他标志迂回曲折地指称其所提供的产品，描述其所提供的产品的质量、主要原料等，从而增加竞争对手宣传推广自身提供产品、向消费者正确传达产品信息的表达成本，损害竞争对手的言论自由，并使竞争对手处于不利的市场竞争地位。[1] 相反，若是某一标志不存在于人类日常使用的语言文化符号当中，而由竞争主体完全杜撰出来，它们在数量上不受限制，因此授予该类标志以注册商标专用权不会减少可为其他市场主体使用的符号数量或损害其他市场主体的表达和竞争自由。

二、文字标志的种类及显著程度的差别

（一）文字标志基本类型的划分

对于如何判断文字标志是否具有显著特征以及应否予以注册，1977年，在大型轮胎经销商公司（Big O Tire Dealers, Inc.）诉固特异轮胎和橡胶公司（Goodyear Tire & Rubber Co.）一案中，美国联邦第十巡回法院就商标的分类向陪审团给出了如下说明。美国联邦第十巡回法院指出，文字商标依其显著程度可以分为杜撰性标志（conied words）、想象性标志（fanciful words）、任意性标志（arbitrary words）、暗示性标志（suggestive words）、描述性标志（descriptive

---

① ［美］威廉·M. 兰德斯、理查德·A. 波斯纳：《知识产权法的经济结构》，金海军译，北京大学出版社 2016 年版，第 230 页。

words）。杜撰性标志在语言文化符号中并不存在和使用，除了作为商标使用、具备商标意义之外，没有任何其他意义。想象性标志类似杜撰性标志，在日常语言文化符号中并不存在和使用，只是为了商标使用目的而被"创造"出来，想象性标志与杜撰性标志的区别在于，想象性标志可能与现有的语言文化符号存在关系，或为一个已经过时、不再使用的词汇。例如，FAB 是 "fabulous"的缩写，使用在洗涤剂产品上就是一个想象性标志。任意性标志是指在普通语言文化符号中存在和使用的词汇，但是使用在与词汇本身的含义无关的商品或服务上。例如，苹果在语言文化符号中存在和使用，作为商标使用在电脑或手机上就是任意性标志。任意性标志具有相对性，若使用在苹果酱商品上则是描述性标志，但若使用在电脑或手机等电子产品上就是具有相对性的标志。暗示性标志暗示了商品或服务的特点，但是并非对商品或服务的描述。描述性标志是指描述商品或服务质量、性质或特点等的标志。我国《商标法》第 11 条第1 款第 2 项规定的"仅直接表示商品的质量、主要原料、功能、用途、重量、数量及其他特点的标志"即为描述性标志。在描述性标志之外，还有通用名称，也即法律规定或者约定俗成的某一商品或服务的名称。例如，"牛奶"一词对于牛奶商品来说即是通用名称。

（二）文字标志显著程度的差别

依据美国联邦第十巡回法院的观点，杜撰性标志、想象性标志、任意性标志、暗示性标志、描述性标志以及通用名称作为商标使用和注册之时的显著程度不同。一般来说，杜撰性标志、想象性标志、任意性标志以及暗示性标志具有固有显著性，可以直接作为商标使用和注册；描述性标志缺乏固有显著性，因此虽可作为商标使用，但是无法获得商标注册，除非该描述性标志获得第二含义。第二含义，是指在消费者心中，描述性标志具备了指示商品或服务来源的意义。之所以称为"第二"是指描述性标志指示商品或服务来源的意义形成在后，而非来源指示意义弱于标志本身的描述含义。例如，苹果的第二含义即为指示苹果电脑或手机来源于特定生产商。第二含义的建立无须证明相关公众知道商品或服务来源的生产主体的名称，相关公众知悉商品或服务来源于特定主体即已足够。缺少第二含义的描述性标志无法获得商标注册的原因在于，妥帖描述特定商品或服务的标志数量有限，所有市场主体在其进行市场竞争之时，均应平等地享有使用标志描述商品或服务的权利，若特定描述性标志由人独占，会将其他市场主体置于与商誉无关的不利处境当中。在 E.T. 布朗制药公司（E.T. Browne Drug Co.）诉可可保健品案（Cococare Prods.）中，美国联邦第三巡回法院非穷尽式列举了证明第二含义需考虑的因素：（1）导致消费关联的销售和广告的程度；（2）使用期限；（3）使用的排他性质；（4）复制事实；（5）消费者调查；（6）消费者证言；（7）商标在商业期刊上的使用；（8）公司规模；（9）销售数量；（10）客户数量以及（11）实际混淆。[①]商标的显著程度处于动态变化之中，描述性标志经使用可以获得显著特征，以往具备显著特征的标志，也可因为商标权人的不当使用变为通用名称。

三、描述性标志及其与相关标志的区分

（一）描述性标志与暗示性标志的区分

在商标显著性谱系中存在显著性不同的各类标志，但判断特定文字标志究竟落入显著性较弱的一端还是较强的一端并非易事，最为困难的当数如何判断特定标志是描述性的抑或暗示性的。由于描述性标志与暗示性标志的法律地位不同，如何区分描述性标志与暗示性标志就成为实践中的争议焦点。美国联邦第七巡回法院认为，描述性标志的区分更多地基于直觉分析而非逻辑分析。[②]一般来说，描述性标志直接描述商品或服务的质量、性质或特点等，需要获得第二含义才可获得商标注册；暗示性标志则暗示了商品或服务的质量、性质或特点，无需获得第二含义即可作为商标注册。为了区分描述性标志与暗示性标志，美国司法实践中发展出了"想象测试"和"竞争测试"等多种标准。其中，"想象测试"是指如果一个标志需消费者运用较多"想象、思考或者悟性"才能体会标志传达的商品或服务的质量、性质或特点，则该标志就具有想象性；如果无须运用"想象、思考或者悟性"即可向消费者传达商品或服务的质量、性质或特点，则该标志就具有描述性。[③]"竞争测试"是指若竞争者需要或实际使用特定标志描述其所提供的商品或服务的质量、性质或特点，则该标志就具有描述性；反之，则该标志具有想象性。[④]

（二）描述性标志与通用性标志的区分

描述性标志与通用名称的法律地位也不相同。描述性标志一般可以作为商标使用并在经过使用获得显著特征之后可以作为商标获得注册，但是通用名称无论是否使用，均不可以作为商标获得注册。从其字面含义来看，描述性标志通常涵盖了特定商品或服务的部分信息，例如质量、性质与特征等，但是

---

① E.T. Browne Drug Co. v. Cococare Prods., 538 F.3d 185（3d Cir. 2008）.

② Union Carbide Corp. v. Ever-Ready, Inc., 531 F.2d 366（7th Cir. 1976）.

③ Union Carbide Corp. v. Ever-Ready, Inc., 531 F.2d 366（7th Cir. 1976）.

④ Union Carbide Corp. v. Ever-Ready, Inc., 531 F.2d 366（7th Cir. 1976）.

通用名称通过指代特定商品或服务而包含了商品或服务的全部信息。美国司法实践中，特定标志是否构成通用名称可通过购买者证言，消费者调查，商业期刊、报纸以及其他出版物是否将特定标志作为通用名称使用加以证明。另外，专家证言也可用于证明特定标志是否构成通用名称。《最高人民法院关于审理商标授权确权行政案件若干问题的规定》（2020 年修正）第 10 条第 1 款规定："诉争商标属于法定的商品名称或者约定俗成的商品名称的，人民法院应当认定其属于商标法第十一条第一款第（一）项所指的通用名称。依据法律规定或者国家标准、行业标准属于商品通用名称的，应当认定为通用名称。相关公众普遍认为某一名称能够指代一类商品的，应当认定为约定俗成的通用名称。被专业工具书、辞典等列为商品名称的，可以作为认定约定俗成的通用名称的参考。"在本案中，特定标志被纳入非物质文化遗产名录并不意味着商标成为通用名称，而是应当结合特定标志的实际使用情况，看该标志是否属于法定或约定俗成的通用名称。如果特定标志被纳入非物质文化遗产名录，但是仅在家族内部传承，标志则因未被作为约定俗成的名称使用而不具有通用性。

四、本案"汤瓶八诊"商标的法律性质

本案的争议焦点在于"汤瓶八诊"商标属于描述性标志抑或通用性标志：若争议商标构成通用性标志，则无法继续享有注册商标专用权并且受到保护；若争议商标属于描述性标志，且未能通过使用取得第二含义，就同样无法继续享有注册商标专用权。

（一）"汤瓶八诊"是否构成通用名称

在本案中，"回族汤瓶八诊疗法"作为传统医药项下的回族医药被确定为第二批国家级非物质文化遗产，且生效判决曾将"汤瓶八诊"认定为通用名称，第三人李某和郭某据此认为，争议商标"汤瓶八诊"构成通用名称，违反了《商标法》第 11 条第 1 款第 1 项的规定。但是，上述判决的再审裁定认为，是否构成"通用名称"，应看争议商标是否构成法定的通用名称或者约定俗成的通用名称，其中，是否构成约定俗成的通用名称应以相关公众的认知加以判断。在该案中，虽然争议商标含有描述因素，但是商标含有描述因素不等于该描述方式是对核定使用商品或服务的唯一描述，也不意味着该种描述方式构成通用名称。虽然争议商标"汤瓶八诊"是对核定使用商品或服务的一种描述，但是没有证据证明该种描述方式已经成为相关市场中相关公众通用的法定的或约定俗成的通用名称。另外，虽然"汤瓶八诊"被纳入非物质文化遗产名录

中，但根据《非物质文化遗产法》第44条第1款的规定："使用非物质文化遗产涉及知识产权的，适用有关法律、行政法规的规定。"因此，争议商标被纳入非物质文化遗产名录目的在于更好地促进非物质文化遗产的传承与传播，争议商标被纳入非物质文化遗产名录并不意味着其构成通用名称，从而剥夺商标注册人对争议商标所享有的专用权利。

（二）"汤瓶八诊"是否获得第二含义

在本案中，在案证据显示，"汤瓶"是源于回族具有代表性的专用器具，"八诊"系八种诊疗方法，"汤瓶八诊"描述了一种具有回族特色的养生保健疗法，使用在"按摩（医疗）、医疗诊所、医务室、医院、保健、医疗辅助、理疗、护理（医务）、方向疗法、疗养院"服务上，具有描述性。但商标具有描述性并不一定意味着商标缺少显著特性，从而无法作为商标注册，关键要看描述性商标是否经过使用获得第二含义、取得显著特征。在本案中，一审和二审法院认为，虽然争议商标经过使用已具备一定的知名度，并被评为宁夏著名商标，但不足以抵消"汤瓶八诊"在相关公众心中被视为一种具有中国回族特色的养生疗法的认知。根据一审和二审法院的观点，争议商标具有的指示服务来源的意义尚未超出其所具备的通常含义，因此并未通过使用建立第二含义。再审法院认为，"汤瓶八诊"疗法最早由杨某在吸收和借鉴阿拉伯医学、中国民间疗法和中国传统医学的基础上所创立、命名并且加以完善。杨某作为"汤瓶八诊"疗法的第七代传承人在2004年申请注册了该商标，并且通过提供医疗服务、开办培训学校和特许经营许可等商业方式对争议商标进行了广泛宣传，并曾两次被评为宁夏回族自治区著名商标。且除杨某及其家族、经杨某授权或与杨某存在特定关系的主体外，并无任何其他主体使用争议商标。因此，经过杨某及其家族的长期实际使用，相关公众看到争议商标，会将其与杨某及其家族唯一、稳定地联系起来，争议商标已经通过使用获得指示服务来源的第二含义，争议商标的注册应被维持。

五、结论

显著性关系商标的可注册性与商标获得保护的范围。在本案中，争议焦点在于争议商标"汤瓶八诊"是否具有显著性进而应被无效抑或维持注册。为了维护言论自由和竞争自由，描述产品质量、性质和特征等的标志缺少显著特征，应由社会公众共同使用，而不应由特定主体专有，但是含有描述产品质量、性质和特征等要素的标志并不必然缺乏显著特征。判断含有描述性标志的显著性应当结合上述标志的使用事实，看其是否经过使用获得指示商品来源的第二含义。在本案中，争议商标"汤瓶八诊"虽具有描述性，但该疗法最早由上诉人创立和命名，并且经上诉人的持续、广泛使用，已具备一定知名度，并两次被评为驰名商标，可见争议商标已具备显著性，争议商标的注册应被维持。

声音商标的显著性判断标准

——国家工商行政管理总局商标评审委员会与某科技公司商标申请驳回复审行政纠纷案

/ 薛利康

➲ 本案要旨

与传统类型的商标不同，声音商标显著性的判断标准有其特殊性。在评判声音商标是否具有固有显著特征时，应当结合相关公众的认知和声音的构成元素及其复杂性等因素综合进行判断，但判断标准往往高于传统商标。若商标本身不具有区别商品或者服务来源的功能，通过在特定商品或服务项目上长期使用，也可以取得显著特征。对于通过使用而取得显著特征的商标的审查，必须遵循"商品和服务项目特定化"之审查原则，不能作泛化处理和以偏概全。

➲ 案件信息

上诉人（一审被告）：国家工商行政管理总局商标评审委员会

被上诉人（一审原告）：某科技公司

案号：北京知识产权法院（2016）京73行初3203号、北京市高级人民法院（2018）京行终3673号

➲ 原被告主张及理由

一审被告（上诉人）主张：申请商标主要由六声"嘀"音组成，且每个"嘀"音音色相同，"嘀"音间的间隔基本相同，申请商标的声音较为简单。由"嘀"音组成的声音常见于包含电子组件的相关产品的报警音或提示音，用于提示产品故障等情况，"嘀"音组成的声音为日常生活所常见，作为商标使用在电视播放、信息传送等服务上缺乏商标应有的显著性，难以起到区分服务来源的作用。另外，申请商标的声音仅为QQ软件包含的标示某一功能的声音，

且在案证据不能证明申请商标经使用已具有区别服务来源的作用。

一审原告（被上诉人）抗辩：服从原审判决。

⊃ 法院查明的事实

2014年5月4日，某科技公司向国家工商行政管理总局商标局（以下简称商标局）提出第14×××27号"嘀嘀嘀嘀嘀嘀"（声音商标）商标（以下简称申请商标）的注册申请，指定使用在第38类"电视播放；新闻社；信息传送；电话会议服务；提供在线论坛；计算机辅助信息和图像传送；提供互联网聊天室；在线贺卡传送；数字文件传送；电子邮件（截止）"服务上。

针对申请商标的注册申请，商标局于2015年8月11日作出商标驳回通知，依据《商标法》第11条第1款第3项作出不予注册的决定，其理由为申请商标由简单、普通的音调或旋律组成，使用在指定使用项目上缺乏显著性，不得作为商标注册。

某科技公司对商标局作出的上述商标驳回通知不服，于法定期限内向国家工商行政管理总局商标评审委员会（以下简称商标评审委员会）提出复审申请并提交了一系列证据。2016年4月18日，商标评审委员会作出商评字〔2016〕第0000035304号《关于第14×××27号"嘀嘀嘀嘀嘀嘀"（声音商标）商标驳回复审决定书》（以下简称被诉决定）。

该决定认为：申请商标为"嘀嘀嘀嘀嘀嘀"声音，该声音较为简单，缺乏独创性，指定使用在电视播放、信息传送等服务项目上缺乏商标应有的显著特征，难以起到区分服务来源的作用，属于《商标法》第11条第1款第3项所指的情形。某科技公司提交的证据虽能证明其QQ软件享有知名度，但申请商标的声音仅为软件包含的标识某一功能的声音，在案证据不能证明申请商标经使用已起到区别服务来源的作用。

某科技公司不服被诉决定，于法定期限内向北京知识产权法院提起行政诉讼。

在法定期限内，为证明被诉决定认定事实清楚，适用法律正确，作出程序合法，商标评审委员会向法院提交了下列证据：

1. 申请商标档案，用以证明申请商标申请日期、指定使用服务等情况；

2. 商标驳回通知书复印件，用以证明申请商标被商标局驳回的事实及具体驳回理由；

3. 某科技公司在评审程序中提交的复审申请书及证据复印件，用以证明被诉决定是针对其提出复审的事实、理由和请求作出的。

某科技公司向北京知识产权法院提交了下列证据以支持其诉讼主张：

1. 申请商标的音频文件（申请商标的声音样本），用以证明申请商标的具体表现形式；

2. 某科技公司向商标局提交的商标注册申请书及申请商标的光谱表、频谱表、波形图，用以证明申请商标并非"嘀嘀嘀嘀嘀嘀"声音的简单重复；

3. 国家图书馆检索文献 152 篇，用以证明"嘀嘀嘀嘀嘀嘀"即申请商标的声音已经进行了长期大量地使用且涉及的领域广泛，已经能够起到区分服务来源的作用，相关公众已经能够将申请商标与某科技公司及其提供的服务建立对应关系；

4. 某科技公司 2004~2015 年年报，其中对于每年的注册即时通信账户、活跃账户最高同时在线账户等数据均进行了统计，用以证明申请商标对应的即时通信软件的受众面极其广泛；

5. 某科技公司的 QQ 软件获得吉尼斯世界纪录"单一即时通信平台上最多人同时在线"称号的证书和相关报道，用以证明申请商标对应的即时通信软件受众范围极其广泛；

6. 商标局于 2009 年 4 月 24 日作出的商标驰字［2009］第 14 号《关于认定"QQ"商标为驰名商标的批复》，认定某科技公司的"QQ"商标在第 38 类上的信息传送、计算机终端通讯、提供与全球计算机网络的电讯连接服务上构成驰名商标，用以证明与申请商标相对应的在即时通信服务上获准注册的"QQ"商标构成驰名商标，从而进一步印证申请商标受众范围极其广泛，已经能够起到区分服务来源的作用。

➡ 法院判决理由与裁判结果

北京知识产权法院认为，本案的争议焦点为诉争商标是否构成《商标法》第 11 条第 1 款第 3 项规定的情形，即诉争商标是否具有显著性。

对于声音商标是否具有显著性的判断，除应遵循对传统商标是否具有显著性的基本判断原理、标准与规则外（应考虑指定使用的商品或服务、相关公众的认知习惯及指定使用商品或服务所属行业的实际情况等因素），还应结合声音商标声音的时长及其构成元素的复杂性等因素，综合考察其整体在听觉感知上是否具有可起到识别作用的特定节奏、旋律、音效，从而对其可否起到区分商品或服务来源的作用作出判断。本案申请商标虽然仅由同一声音元素"嘀"音构成且整体持续时间较短，但申请商标包含六声"嘀"音，且每个"嘀"音音调较高、各"嘀"音之间的间隔时间短且呈连续状态，申请商标整体在听觉感知上形成比较明快、连续、短促的效果，具有特定的节奏、音效，且并非生活中所常见，因此，其并不属于被诉决定所认定的声音整体较为简单的情形。

一般情况下，声音商标需经长期使用才能取得显著特征。经过综合对某科技公司证据的审查可以认定，申请商标所依附的 QQ 软件作为即时通信软件持续使用的时间长、范围广泛、市场占比较大、使用群体所涉及的领域众多，随着 QQ 软件、"QQ"商标知名度的提升，申请商标作为 QQ 软件默认的新消息传来时的提示音已经与 QQ 软件之间形成了可相互指代的关系，申请商标的声音亦已经在即时通信领域建立了较高的知名度，其识别性进一步增强，申请商标与 QQ 软件、某科技公司之间已经建立了稳定的对应关系，申请商标在指定使用的"信息传送"服务项目上起到了商标应有的标识服务来源的功能。

在互联网行业中，通过提供增值服务或开发衍生产品、升级技术产品等商业模式以实现商业目的，是互联网企业的通常选择。QQ 软件进入市场后先后增加了提供互联网聊天室、电子邮件、在线贺卡传送、数字文件传送、计算机辅助信息和图像传送、提供在线论坛、超级群聊天等服务项目，这些服务项目与"信息传送"均属于 QQ 软件作为综合性即时通信平台提供的服务，且申请商标的声音亦已经与 QQ 软件建立了对应关系，因此，申请商标使用在前述服务项目上亦具有显著性。另外，申请商标可注册的服务项目范围也应当与申请商标本身的知名度、影响力相适应。

电视播放与新闻社服务与"信息传送"均属于国际分类第 38 类"电信"领域，且《类似商品和服务区分表》第 38 类特别注释"第三十八类主要包括至少能使二人之间通过感觉方式进行通讯的服务"，前述服务项目在功能、用途、服务对象等方面存在比较紧密的联系。而且，互联网企业间的竞争实质上就是平台间的竞争，互联网企业为提升自身竞争力也会促进自身平台的产品结构创新、增加平台服务内容。

对于某科技公司而言，通过 QQ 软件综合性即时通信服务平台提供电视播放、新闻服务项目也是其实际发展模式。另结合上述对于 QQ 软件知名度、"QQ"商标知名度、申请商标知名度及相互之间对应关系等方面的分析可以认定，申请商标指定使用在电视播放、新闻社服务项目上可以起到商标应有的标识服务来源的功能。

另外还需要指出的是，申请商标的声音虽系 QQ 软件在运行过程中新消息传来时的提示音，但该提示音系人为设定，亦非该软件运行过程中所必然带来的结果，不属于功能性声音。

基于上述分析可以认定，申请商标的声音整体上在其指定使用的服务项目上能够起到标识服务来源的功能，被诉决定认定其不具备显著性缺乏事实及法律依据，法院予以纠正。

综上，北京知识产权法院依照《行政诉讼法》第70条第1项、第2项之规定，判决：一、撤销商标评审委员会作出的被诉决定；二、商标评审委员会重新作出决定。

商标评审委员会不服原审判决，向北京市高级人民法院提出上诉，请求撤销原审判决、维持被诉决定。

北京市高级人民法院认为，在商标注册申请的审查过程中，无论具体商标标志由何种要素构成，只要其符合《商标法》第8条的规定，都应当采用相同的审查标准予以同等对待。除非《商标法》有特殊规定，否则不应对声音商标以及今后可能出现的其他新类型商标作出特殊对待。

就本案而言，虽然申请商标构成要素的选取体现了某科技公司的特定创意，但是，商标标志在其指定使用服务上是否具有显著特征，仍然需要结合相关公众的一般认知加以具体判断。申请商标仅由单一而重复的"嘀"音构成，相关公众通常情况下不易将其作为区分商品或者服务来源的标志加以识别，申请商标属于《商标法》第11条第1款第3项规定的缺乏显著特征的标志。

特定的标志本身在特定的商品或者服务上可能缺乏商标注册所需的显著特征，但是当其经过使用而能够发挥识别作用时，则可以根据《商标法》第11条第2款的规定予以核准注册。由于这种显著特征的取得建立在使用的基础之上，因此，此类商标获准注册的商品或者服务范围，也应当以其实际使用的商品或者服务为限。

通常情况下，不存在在一个商品或者服务项目上经过使用而取得显著特征的标志，即可仅因其在该商品或者服务上的使用行为，而在其他商品或者服务项目上当然获得显著特征。对于通过使用而取得显著特征的商标的审查，必须遵循"商品和服务项目特定化"之审查原则，避免显著特征使用取得认定过程中的泛化处理和以偏概全。

本案中，某科技公司提供的证据能够证明申请商标"嘀嘀嘀嘀嘀嘀"声音通过在QQ即时通信软件上的长期持续使用，具备了识别服务来源的作用。但是，申请商标并未在"电视播放、新闻社、电话会议服务"上实际使用，原审判决以"电话会议服务"与"超级群聊天"服务功能完全相同以及综合性即时通信软件服务平台存在提供电视播放、新闻服务的可能性为由，认定申请商标在上述三个服务项目上亦具有显著特征，显然不符合申请商标经过使用方才取得显著特征的案件事实，不适当地为申请商标预留了申请注册的空间，属于适用法律错误，本院对此予以纠正。商标评审委员会有关在案证据不能证明申请商标经使用已具有区别服务来源作用的上诉理由部分成立，本院给予相应的支持。

综上，原审判决认定事实清楚，适用法律基本正确，裁判结论适当，本院在纠正其相关错误的基础上，对其结论予以维持。商标评审委员会的上诉理由虽然部分成立，但尚不足以支持其上诉请求，本院对其上诉请求不予支持。商标评审委员会应当根据本院前述认定重新作出复审决定，对申请商标在"信息传送、提供在线论坛、计算机辅助信息和图像传送、提供互联网聊天室、在线贺卡传送、数字文件传送、电子邮件"服务上的注册申请予以初步审定。据此，二审法院判决：驳回上诉，维持原判。

○ 判解与学理研究

一、我国非传统商标的起源及立法概况

与传统商标相比，非传统商标的不同主要体现在商标要素的构成上。传统商标是指文字、图形或者其组合构成的商标；非传统商标是相对于传统的平面可视性商标而言的，如三维商标、颜色商标、声音商标、动态商标、气味商标、触觉商标、全息图商标、位置商标等。[①]我国 1993 年修改的《商标法》第 7 条规定："商标使用的文字、图形或者其组合，应当有显著特征，便于识别……"根据该条文，商标的构成要素只能包括文字、图形。2001 年《商标法》第 8 条规定："任何能够将自然人、法人或者其他组织的商品与他人的商品区别开的可视性标志，包括文字、图形、字母、数字、三维标志和颜色组合，以及上述要素的组合，均可以作为商标申请注册。"该条增加了字母、数字、三维标志和颜色组合的构成要素，但依旧为可视性元素。2013 年修改的《商标法》对商标的构成要素进行了进一步扩充，规定声音可以作为商标申请注册，代表我国商标构成要素从可视性到非可视性的跨越。除此之外，这次修法将原来的封闭式列举变为开放式列举，但"等"是否意味着对商标元素的完全开放尚未明晰，至少我国目前尚未准许味觉商标、触觉商标和动态商标的

---

① 参见余翔、张庆：《非传统商标保护的比较研究》，载《知识产权》2011 年第 2 期。

注册。

2016年2月，中国国际广播电台开始曲历经一年多，成功在第35类、第38类、第41类、第42类服务项目上核准注册，成为我国成功注册的第一例声音商标，开创了我国声音商标核准注册的先例，之后"苏菲"声音商标、"望子成龙小霸王"声音商标、"雅虎"声音商标等也相继获准注册。

二、商标的显著性

（一）商标显著性的分类

商标局在审查申请注册的商标时，商标是否具有显著性是主要的审查标准。商标是用于与其他商品或服务进行区别的标志，因此商标的显著性也可以被称作商标的识别性或区别性。显著性分为标识的固有显著性和经使用获得的显著性。固有显著性是指标识本身就具有的可以用于识别商品来源的特征，根据标识本身的显著性的强弱，可以将商标分为臆造性商标、任意性商标、暗示性商标和描述性商标。臆造性商标是指现今不存在的、通过臆想产生的商标，如"格力"商标，该类商标本身无任何含义，因此相关公众更容易通过其识别特定的商品或服务；任意性商标是使用已经存在的词汇作为商标，但该词汇与核定使用的商品或服务无任何联系，相比臆造性商标，该类商标的显著性相对较弱；暗示性商标是指使用与商品或服务有一定关联的词汇作为商标，且该商标往往暗示商品的某种特点，因此该类商标的显著性较弱；描述性商标是指直接描述商品或者服务特点的商标，《商标法》第11条明确规定此类标识因缺乏显著性不能作为商标注册。[①]

（二）商标的独特性

商标本身的独特性越强，则其显著性越强，也越容易注册成功。但也应注意，商标的独特性不同于著作权法中的独创性。首先，著作权法中的独创性强调作者自己的创作，即使前人已有同样的创作，但只要创作者从未接触过前作品、确属原创，则可以认为该作品具有独创性。其次，商标是用于在市场交易中区别商品或服务来源的标识，因此申请注册商标不可在相同或者类似的商品上与现有的注册商标构成相同或近似的商标。也就是说，商标法中的独特性既绝对又相对，绝对是指相比著作权法中作品的独创性，商标的独特性要求"史无前例"；相对是指除注册的驰名商标外，这种绝对的独特性只要求在相同或类似的商品上。此外，著作权的保护主要是为了鼓励文学艺术创新、促

---

① 参见王莲峰：《商标法学》（第3版），北京大学出版社2019年版，第65页。

进文化和科学事业的发展，因此，著作权的独创性侧重于表达艺术和思想上的独创性，这种独创性有时在外观上并不能体现出来；而在交易市场中，相关公众识别商品或服务来源的第一手资料便是商标的外观，而不会思考商标的外观代表的内在含义，因此虽然有的商家通过对商标的设计来表达其产品或者服务的优势或者特点，但是对于商标的显著性来说，商标外观的独特性起到决定性作用。

（三）固有显著性与获得显著性

在我国，判断商标是否具有显著性，首先会判断商标固有显著性的有无，若无固有显著性，才会进一步判断是否经使用获得显著性，这是因为我国实行注册申请取得商标权的原则，即只要商标局核准注册，申请人便可取得商标权，而不论商标是否已经实际使用。因此，固有显著性在我国的商标注册申请中尤为重要。实际上，固有显著性只是一种法律推断的显著性，通过标识本身的独特性，推断其经过使用更容易使相关公众在标识与商品或服务之间建立联系。获得显著性是指通过将标识使用在特定商品或服务上，使相关公众对标识和商品产生稳定联系，可以使标识取得识别特定商品或服务的功能，从而获得注册商标应当具备的显著性。商标的显著性是指商标所具有的识别功能，由此可以发现，经使用获得显著性才是真正的显著性，而未经使用的商标并不具有使相关公众区别商品或者服务来源的功能，不具有显著性的特征。美国实行使用取得商标权的原则，商标在商业活动中的真实使用是取得商标权的根据，注册仅是享有商标权的初步证据。1988年前，《美国兰哈姆法》规定未实际使用的商标注册申请不被接受，1988年修法之后，未实际使用的商标只要声明使用意图也可以接受申请，但申请人必须在规定的期限内提交实际使用的证据，专利商标局才可进行审查，超过期限没有提交实际使用证据的，申请失效。

商标是用于商业活动中区别商品或服务来源的标识，商标权是赋予权利人在指定商品或服务上使用其注册商标的排他性权利，目的是使权利人更好地参与市场竞争，获取经营利益。但如果商标获准注册后不在商业活动中实际使用，将会造成商标资源的严重浪费，扰乱正常的商标注册管理秩序。目前看来，注册申请取得商标权这一制度的弊端已经显现，在我国，实践中存在囤积商标、恶意抢注商标的行为，申请人往往通过复制他人的商标大量注册，并高价转让，以获取高额利润。针对该类行为，我国《商标法》第32条规定不得以不正当手段抢先注册他人已经使用并有一定影响的商标；第44条规定已经注册的商标以欺骗手段或者其他不正当手段取得注册的，由商标局宣告该注册商标无效。虽然法律为宣告商标无效提供了多种救济途径，既可以由商标局自行审查宣告无效，又可以通过其他单位或个人申请宣告无效，但作为一种事后的惩罚性措施不可避免地具有滞后性和被动性，对恶意注册商标的行为并没有起到很好的抑制作用。

三、声音商标的显著性

声音商标是指由声音组成的商标，既包括由纯音符组成的商标，也包括由音符和人声朗读的文字内容组合而成的商标。与传统商标相比，声音商标的特征在于其通过听觉感受给相关公众留下印象，从而使其具备识别功能。但是对于一般人来说，对纯音符的敏感度远远不如对图形、文字的敏感度，相关公众很难对某一纯音符的声音商标产生深刻印象或者将两个类似的声音商标区分开来。[①] 如前所述，固有显著性是一种法律推断的显著性，这种推断对于相关公众较为敏感的视觉商标来说是可行的，却很难应用在由纯音符组成的声音商标上。即使由纯音符组成的声音商标本身具有一定的独特性，但因相关公众对声音的敏感性较差，并不能直接推断该声音商标经使用后容易给相关公众留下深刻印象。因此，这类声音商标只能通过长时间的使用让相关公众将该声音商标与相对应的商品或服务产生稳定联系，从而将其与他类似的声音商标区别开来。《商标审查及审理标准》也作出了类似的规定：一般情况下，声音商标需经长期使用才能取得显著特征。但若由纯音符组成的声音商标具有较强的独特性，能够给相关公众留下深刻印象，便可以适用固有显著性的法律推断。因此，纯音符类声音商标若想未经使用、通过固有显著性申请注册，商标本身的独特性相对于传统的文字商标来说就应当更为明显。

声音商标中，除纯音符类声音商标外，还包括由人声朗读的文字内容与音符组合而成的声音商标。这类商标的独特性由人声朗读的文字内容部分的独特性与音符的独特性构成，而人声朗读的文字内容部分与传统的文字商标并无实质性区别，都是通过文字的内容来传达信息，甚至如果文字内容部分的发音具有押韵的特点，加上特殊的音符，相对于单纯的视觉商标来说会更容易使相关观众产生记忆点，从而使该声音商标具有较高识别性，已经申请注册的"恒源祥，羊！羊！羊！"声音商标便属于此类商标。因此带有人声朗读的文字内容的声音商标可以同传统的视觉商标一样，利用其固有显著性取得商标注册。

---

① 参见王莲峰：《论声音商标审查采用获得显著性标准的依据及其完善》，载《中州学刊》2017年第12期。

四、获得显著性的判断

（一）获得显著性的判断标准

本案中，对于某科技公司申请注册的"嘀嘀嘀嘀嘀嘀"声音商标，商标局以及商标评审委员会均以"在指定使用项目上缺乏显著性"为由予以驳回。北京知识产权法院认为申请商标"不属于被诉决定所认定的声音整体较为简单的情形"，但也并未明确表明申请商标本身具有显著性，其得到申请商标具有显著特征的结论主要依据依然是经过在特定商品上的使用获得显著特征；而北京市高级人民法院在判断某科技公司申请的商标是否具有显著性时，认为由一连串"嘀"音组成的声音本身不具有显著特征，根据相关公众的一般认知，不会将其作为区分商品来源的标识，但经过在 QQ 即时通信软件上的长期持续使用，申请商标在特定商品上获得了显著特征。两个法院认定商标是否具有固有显著性的结果有差异，但一致认定申请商标具有显著性的主要依据都为经使用获得了显著性，而不是通过商标固有显著性。如何认定商标是否具有获得显著性以及准确界定其认定标准，是实践中解决此类案件的关键问题。

2016 年修订的《商标审查及审理标准》规定了经使用获得显著性的考察因素，即相关公众对该商标的认知情况、申请人实际使用该商标的情况以及该商标经使用取得显著特征的其他因素。[①] 实践中，商标申请人一般通过对商标进行过大量的宣传、申请商标所对应的商品或服务所获得的荣誉、奖项等来证明"相关公众对该商标的认知情况"。例如，在某集团有限公司与济南市大观园商场某饭店侵犯商标权纠纷申请再审案中，某集团有限公司为证明其经使用获得显著性，提交了以下证据："多次被评为济南名优风味小吃的证明材料上加盖了公章，济南市饮食业协会亦出具证明称，自 80 年代至今，某饭店一直持续经营'狗不理'风味猪肉灌汤包，是济南市消费者喜欢的小吃，并被评为2005 年的名优小吃。"[②] 证明"申请人实际使用该商标的情况"主要通过实际发生的交易记录、使用商标的时长、地域范围等证据来进行举证。我国未明确规定使用时长，也未明确规定必须连续使用，在一定程度上造成了司法裁判中标准不统一。

（二）本案申请商标获得显著性的判断

本案中一审法院和二审法院均认为某科技公司提交的证据能够证明申请商标"嘀嘀嘀嘀嘀嘀"声音通过在 QQ 即时通信软件上的长期持续使用，具

---

① 参见《商标审查及审理标准》第二部分第 7 条。
② 参见最高人民法院（2008）民三监字第 10-1 号民事裁定书。

备了识别服务来源的作用。某科技公司在审判中提交的证据主要用于证明：（1）申请商标的声音已经进行了长期、大量地使用且涉及领域广泛；（2）申请商标对应的即时通信软件（QQ软件）的受众面和受众范围极其广泛；（3）QQ软件上获准注册的"QQ"商标构成驰名商标，从而进一步印证申请商标受众范围极其广泛，已经能够起到区分服务来源的作用。此外，一审法院根据艾瑞公司发布的《中国即时通讯研究报告》等行业研究报告进一步论证QQ软件使用时间长、用户多、所占市场份额大。某科技公司的QQ即时通信软件广为公众熟知，因此本案某科技公司证明申请商标在QQ即时通信软件上具有获得显著性并不困难。

五、结论

固有显著性是根据标识本身具有的独特性推断具有显著性，而经使用获得显著性才能真正发挥识别商品或服务来源的作用，是商标显著性的原本含义。声音商标中纯音符类声音商标与传统商标的显著性判断具有一定的差异性，主要体现在固有显著性的判断上，因相关公众对纯音符类声音商标的敏感度较低，即使纯音符类商标本身具有独特性，也不能自然推断出该纯音符商标具有显著性。因此，一般情况下，对于纯音符类声音商标，应当采用使用获得显著性的判断标准。

提示性用语作为商标注册的显著性认定

——厦门某公司与国家工商行政管理总局商标评审委员会商标申请驳回复审行政纠纷案

/ 陈春鑫

⊃ 本案要旨

商标的基本功能是区分商品或者服务的来源，法律要求注册商标应当具有显著性。本案反映出的申请商标缺乏显著性而被驳回注册申请的现象具有一定的普遍性。本案中，最高人民法院援引《商标法》第 11 条的规定，指明了判断特定标志是否具有显著特征的审理路径，即以相关公众的普遍认知水平和认知能力为依据，以整体性判断为原则，通过标志本身与相关商品或服务的关联程度进行综合考量。关键问题是，考虑到"提示性用语"作为商标注册的这一特定情形，根据相关公众的通常认知，诉争商标容易被相关公众视为独具风格的提示性用语，从而无法实现识别服务来源的作用，应当依照《商标法》第 11 条的规定驳回注册申请。

⊃ 案件信息

申请人（一审原告、二审上诉人）：厦门某公司

被申请人（一审被告、二审被上诉人）：国家工商行政管理总局商标评审委员会

案号：北京知识产权法院（2018）京 73 行初 8620 号、北京市高级人民法院（2019）京行终 542 号、最高人民法院（2019）最高法行申 7348 号

⊃ 原被告主张及理由

原告厦门某公司诉称：（1）第 23×××06 号"道友请留步"（以下简称诉争商标）具有显著特征，符合《商标法》第 9 条、第 11 条第 1 款的规定，

应当予以初步审定公告。（2）诉争商标经过使用已经与原告建立了特定的联系，符合《商标法》第11条第2款的规定，应当予以初步审定公告。（3）多个类似的案外商标已经获准注册，根据审查标准一致性的要求，诉争商标亦应当获准注册。综上，请求法院撤销被诉决定，并责令被告重新作出决定。

被告国家工商行政管理总局商标评审委员会（以下简称商标评审委员会）辩称：诉争商标违反了《商标法》第11条第1款第3项的规定，驳回诉争商标在复审服务上的注册申请。坚持商评字〔2018〕第110849号《关于第23××××06号"道友请留步"商标驳回复审决定》，该裁定认定事实清楚，适用法律正确，作出程序合法，请求法院予以维持。被诉决定认定事实清楚，适用法律正确，作出程序合法，请求判决驳回原告的诉讼请求。

➲ 一审法院查明事实

2017年3月21日，原告厦门某公司在第41类的教育、组织教育或娱乐竞赛等服务上注册了诉争商标。商标评审委员会认定：诉争商标违反了《商标法》第11条第1款第3项的规定，驳回诉争商标在复审服务上的注册申请。厦门某公司不服，向北京知识产权法院提起行政诉讼。

诉讼过程中，厦门某公司提供了以下证据：《道友请留步》游戏官网截屏图片，《道友请留步—计算机软件著作权登记证书》复印件，《道友请留步》游戏相关获奖证书，《道友请留步》游戏2016年1月至2018年6月《专项审计报告》，针对《道友请留步》游戏下载量、点击量、活跃账户等相关数据进行统计的多份公证书，游戏宣传推广合同等证据，用于证明诉争商标经过长期大量地使用，已经能够起到区分服务来源的作用，相关公众已经能够将诉争商标与原告及其提供的服务建立起对应关系，诉争商标应当予以初步审定公告。另提供"大侠请留步"等案外商标档案，用于证明多个类似的案外商标已经获准注册，根据审查标准一致性的要求，诉争商标亦应当获准注册。

➲ 一审法院判决理由与裁判结果

北京知识产权法院一审认为：本案的争议焦点在于，诉争商标的注册是否违反《商标法》第11条的规定。根据《商标法》第11条的规定："下列标志不得作为商标注册：（一）仅有本商品的通用名称、图形、型号的；（二）仅直接表示商品的质量、主要原料、功能、用途、重量、数量及其他特点的；（三）其他缺乏显著特征的。前款所列标志经过使用取得显著特征，并便于识别的，可以作为商标注册。"

商标的功能在于识别和区分商品和服务的来源，如果某一标志使用在指定服务上，相关公众无法将其作为商标认知，则该标志原则上不具有显著性，不能作为商标注册。因此，被简化的特定字母、数字，臆造的特定图案、形状，独创的特定短语、广告用语等，由于基于相关公众的通常认知，被识别为表达、体现特定经营者营销理念、促销手段、经营技巧等具有独特风格的指示客体的可能性较大，故而无法发挥区别商品或服务不同来源的功能，由此无法体现商标的真正功效。本案中，首先，诉争商标"道友请留步"为原告推出的一款手机游戏的名称，并经长期宣传和推广，使该游戏取得了一定的知名度。在此基础上，诉争商标使用在"在计算机网络上提供在线游戏"等服务上时，相关公众容易认为"道友请留步"为在线游戏的名称或内容，而不是将其作为服务提供者加以识别，缺乏显著特征。其次，"道友请留步"并非简单的文字、图形或其组合，其具有祈使句的语言结构，使用在"在计算机网络上提供在线游戏"等服务上，相关公众容易将其视为具有独特风格的提示语或指示语，不会将其作为商标认知，无法起到识别服务来源的作用。因此，诉争商标"道友请留步"不具有商标的固有显著特征。

缺乏固有显著性的标志，如已经过使用在特定商品或服务上达到了必要的显著程度，足以使相关公众将使用在该商品或服务上的这一标志与使用者之间建立起唯一对应关系，则可以认定该标志在这一商品或服务上具有了商标所要求的识别特性，具有了获得显著性，可以作为商标予以注册。本案中，原告虽提交了相关使用证据，但其中明确显示有诉争商标标识的主要是少量的游戏官网截屏及广告宣传图片等。至于关于游戏收支的《专项审计报告》，游戏下载量、点击量、活跃账户等相关统计数据，游戏代言情况等证据，虽然可以证明《道友请留步》游戏具备一定知名度，但是难以证明诉争商标所依附的该款游戏的持续使用时间、影响范围、市场占比等足以使诉争商标标识与服务提供者之间形成可相互指代的稳定对应关系，可以作为商标注册。据此，诉争商标亦未获得显著性。

原告主张，多个类似的案外商标已经获准注册，根据审查标准一致性的要求，诉争商标亦应当获准注册。本院认为，个案具体情况不同，综合考虑情节亦有所不同，其他商标的注册情况不能作为本案诉争商标能够当然获得核准注册的依据。故原告的相关主张缺乏法律依据，本院不予支持。

⊃ 上诉主张及理由

在本案二审程序中，上诉人厦门某公司提出：申请商标并未直接表示游戏的内容及其他特点，且申请商标经过宣传使用，取得了较高的知名度，与厦门某公司形成稳定的对应关系，具有区分商品或服务来源的作用，故申请商标在复审服务上的注册申请应当予以核准注册。

被上诉人服从原审判决。

⊃ 二审法院查明的事实

二审法院查明的事实与一审法院相同。

⊃ 二审法院判决理由与裁判结果

北京市高级人民法院二审认为：根据双方当事人的诉辩主张，本案的争议焦点在于商标申请注册是否违反《商标法》第 11 条第 1 款第 3 项的规定。《商标法》第 11 条规定："下列标志不得作为商标注册：（一）仅有本商品的通用名称、图形、型号的；（二）仅直接表示商品的质量、主要原料、功能、用途、重量、数量及其他特点的；（三）其他缺乏显著特征的。前款所列标志经过使用取得显著特征，并便于识别的，可以作为商标注册。"《商标法》第 9 条规定，申请注册的商标，应当具有显著特征，便于识别。《商标法》第 11 条第 1 款第 3 项所指的标志是指除前两款规定以外的、按照相关公众的一般观念判断，其作为商标使用在指定商品或服务上不具备识别商品或服务来源作用的标志。

本案中，申请商标"道友请留步"虽然没有直接表示游戏的内容及其他特点，但按照相关公众的一般观念和认知习惯，容易将其视为具有独特风格的提示语或指示语，不易将其作为商标认知，无法起到识别服务来源的作用。因此，申请商标本身不具有商标的固有显著特征，厦门某公司的该项上诉理由缺乏依据，本院不予支持。

缺乏固有显著特征的标志，经过使用取得显著特征，并便于识别的，可以作为商标注册。本案中，厦门某公司将申请商标作为其推出的一款手机游戏名称使用，经其宣传和推广，使该游戏取得了一定的知名度，但是游戏本身的知名度与游戏名称脱离游戏后可以作为区分服务来源的商标之间并不存在必然因果关系。虽然二审期间，厦门某公司又补充提交了一份公证书以证明申请商标自 2015 年 12 月 10 日开始使用至今，但综合在案证据尚难以证明申请商标本身与服务提供者之间已经形成了可以相互指代的稳定对应关系，具备了可以作为商标注册的显著特征。因此，原审法院对此认定正确，本院予以维持。厦门某公司的该项上诉理由依据不足，本院不予支持。

此外，厦门某公司还提交多份判决书以证明多个近似的案外商标已经获准注册，因此，申请商标亦应当获准注册。本院认为，个案具体情况不同，综合考虑情节亦不同，特别是在使用获得显著特征的判断方面个案使用证据情况均不同，其他商标的注册情况不能作为本案申请商标能够当然获得核准注册的依据。故厦门某公司的相关主张缺乏法律依据，本院不予支持。

➲ 再审主张及理由

在申请再审程序中，厦门某公司称：诉争商标具有显著特征，与游戏的内容及其他特点没有关联，且经过宣传使用取得了较高知名度，与厦门某公司形成稳定的对应关系，具有区分服务来源的作用。二审法院已在另案判决中认定游戏名称经宣传使用具有商标的识别功能。国家知识产权局提交意见称，被诉决定作出时，诉争商标为一般日常用语，用在指定服务上缺乏显著特征，构成《商标法》第11条第1款第3项规定之情形。二审法院认定事实清楚，适用法律正确，厦门某公司的再审理由不能成立，请求本院驳回其再审请求。

➲ 再审法院查明的事实

再审法院查明的事实同一审法院。

➲ 再审法院判决理由与裁判结果

最高人民法院再审认为：本案再审审查阶段各方当事人的主要争议焦点为诉争商标申请注册是否违反《商标法》第11条第1款第3项的规定。《商标法》第11条规定："下列标志不得作为商标注册：（一）仅有本商品的通用名称、图形、型号的；（二）仅直接表示商品的质量、主要原料、功能、用途、重量、数量及其他特点的；（三）其他缺乏显著特征的。前款所列标志经过使用取得显著特征，并便于识别的，可以作为商标注册。"商标的基本功能在于通过特定标志在商品或服务上的使用，使相关公众能够通过该标志区分商品或服务的来源，识别商品或服务的提供者。判断特定标志是否具有显著特征时，应以相关公众的普遍知识水平和认知能力为依据，以整体性判断为原则，通过标志本身与相关商品或服务的关联程度进行综合考量。

本案中，诉争商标"道友请留步"指定使用在教育；组织教育或娱乐竞赛；安排和组织培训班；书籍出版；电子书籍和杂志的在线出版；提供在线电子出版物（非下载）；广播和电视节目制作；俱乐部服务（娱乐或教育）；娱乐信息；在计算机网络上提供在线游戏等服务上，根据相关公众的通常认识，易将其视为具有独特风格的提示语或指示语，难以将其作为商标标识，无法起到识别服务来源的作用。厦门某公司提交的证据亦不足以证明诉争商标经过使用取得了商标的显著特征，可以作为商标注册。商标注册采用个案审查原则，故其他案外商标获准注册的情况，不能作为诉争商标获准注册的依据。商标评审委员会及一、二审法院认定诉争商标缺乏显著特征，违反《商标法》第11条第1款第3项的规定，并无不当。厦门某公司的再审主张缺乏事实和法律依据，本院不予支持。

综上，最高人民法院认为再审申请人申请注册商标缺乏显著特征，违反《商标法》第11条第1款第3项的规定，裁定驳回厦门某公司的再审申请。

➲ 判解与学理研究

商标的显著性是取得商标注册的实质性条件，也是商标发挥其功能的基础。在司法实践中，常常需要对特定标志的显著性强弱进行判断，然而商品市场环境下的商标复杂且多样，这为显著性的判断带来困难。例如，提示性用语是否满足商标的显著性要求，其能否获得商标专用权的保护等问题，法律并未直接明确规定，这需要对法律本身进行体系化的理解和针对性的解释，以确定司法裁判对某类特定标志的显著性判断标准。

一、商标的显著性

商标在商品市场中发挥的作用要求商标必须具备显著性，即标识性或识别力，[①] 欠缺这种特性的标志则无法取得商标注册或获得商标专用权的法律保护。

法律对商标的显著性要求具有正当性，也符合市场发展的规律。商标的标识性特征使消费者在市场交易过程中，能够准确地将标有某符号的商品或服务与其生产者或经营者对应起来，久而久之，消费者能够通过简短的标志来准确地锁定提供商品或服务的主体，进而在符号与市场主体之间形成准确的关

---

① 参见李扬：《商标法基本原理》，法律出版社 2018 年版，第 24 页。

联关系。同时，通过对各类商品的反复购买使用，消费者能够逐渐明晰不同商标指向的不同商品之品质、特点以及性价比的区别，形成消费者对生产者的社会评价，进而完成商誉的积累。所以，商标的识别性特征有利于消费者在符号与市场主体间建立准确的联系，保障商品质量与符号之间的准确对应关系。除此以外，商标的识别性对消费者利益的促进作用还体现在"降低和节省消费者对市场中产品的搜寻成本"[①]。商标的标识性越强，其与同类商品标志的区别就越明显，更容易被消费者识别和记忆，进而降低了再次搜寻目标产品的信息成本、时间成本和注意力成本等。所以，商标自身的显著性特征和由此产生的识别性功能有利于消费者在符号与特定品质产品的生产者之间建立准确联系，也有利于节省消费者对产品的搜寻成本。

就商标显著性的外延而言，通说将其分为固有显著性和获得显著性。顾名思义，前者指标志本身就具备商标法要求的显著性程度，而后者则需要经过商业使用而产生了不同于标志本身含义的第二含义，使其能够被公众所识别并与其他商品或服务的提供者区别开来，从而使缺乏固有显著性的标志获得后天的显著性。通常认为，固有显著性比获得显著性更能体现商标的本质，但有学者认为，"固有显著性不过是商标获得显著性的有利条件，并非本来意义上的显著性，获得显著性才是真正的显著性。没有天生的商标，任何标志都只有经历了获得显著性的过程才成为真正的商标。因此，对商标强度起决定作用的是获得显著性，而最终决定获得显著性强弱的是市场和消费者"[②]。这种立场也印证了"商标的生命在于使用"的观点。我国法律对具备两种显著性之一的商标均给予商标专用权的保护。如《商标法》第9条第1款规定的固有显著性，"申请注册的商标，应当有显著特征，便于识别，并不得与他人在先取得的合法权利相冲突"；以及《商标法》第11条第2款规定的获得显著性，"前款所列标志经过使用取得显著特征，并便于识别的，可以作为商标注册"。因此，具备两种显著性的商标均能够发挥商标的识别性功能，法律对二者均予以商标专用权的保护。

那么，我国司法实践中应当如何认定商标的显著性？《最高人民法院关于审理商标授权确权行政案件若干问题的规定》第7条规定："人民法院审查诉争商标是否具有显著特征，应当根据商标所指定使用商品的相关公众的通常认识，判断该商标整体上是否具有显著特征……"最高人民法院在"汤瓶八诊"商标争议案中引用该条进行了裁判。[③]这表明，在我国司法实践中，同样区分

---

① 冯晓青：《知识产权法利益平衡理论》，中国政法大学出版社2006年版，第349页。
② 彭学龙：《商标显著性新探》，载《法律科学（西北政法学院学报）》2006年第2期。
③ 参见最高人民法院（2018）最高法行再63号行政判决书。

了固有显著性和获得显著性的不同认定标准和路径，前者应当通过相关公众的通常认知来确定固有显著性的程度，而后者应通过考察商标的商业使用强度和使用结果来确定获得显著性的程度。笔者认为，商标的固有显著性强弱判断所依据的相关公众通常认知，具体包括标志所表达的是现有的固定含义还是由申请人臆造的无特定含义的内容，以及标志本身与核定使用商品或服务之间的关联程度。

二、提示性用语在商标法中的定位

"提示性用语"并不是被法律所定义的概念，而是在商标司法实践面临的众多标志中的一类，提示性用语也是丰富的商标公共领域中的内容。提示性用语是指在日常生活中具有指示性功能的语言文字的表达，而在商标法领域，则指为了向消费者提示商品或服务的内容而出现的提示性表达。例如，本案中出现的"道友请留步"即为特定服务上的提示性用语，其功能在于辅助消费者认知商品或服务的内容，具有一定的功能性特点。

提示性用语在商标法体系中，因其缺乏固有显著性，一般属于商标公有领域的内容。商标公共领域中存在丰富的公共符号资源，包括通用名称、公共文化内容以及行业术语等，其共同特征是具有公共性，属于公共产品的范畴。任何市场主体若将其纳入私人权利的保护范围，则意味着无故占有公共领域的资源，将逐渐造成"公地悲剧"的后果。就指示性用语的内容来看，其既包括了特定商品或服务的性质、特点、使用方式和适用范围等基本属性，也包括了特定商品或服务的销售和流通过程所必需的广告宣传内容、促销性内容甚至经营理念等指示性内容。通常而言，指示性用语的目的在于完善消费者对商品或服务各方面内容的认知，进而减少消费者的搜索成本，保障消费者的知情权并提升市场交易的效率。

基于提示性用语的功能性特征，提示性用语通常被相关市场主体进行非商标性使用。因为提示性用语缺乏天然的显著性，无法纳入商标专用权的保护范畴，故市场主体难以以注册商标的形式对提示性用语加以利用。而为了实现提示性用语的内容细化功能和注意事项提示功能，甚至是广告宣传功能，市场主体往往在已有其他注册商标或区别性标示的情况下，在商品包装或说明处标注必要的提示性用语。正如《商标法》第59条第1款的规定，"注册商标中含有的本商品的通用名称、图形、型号，或者直接表示商品的质量、主要原料、功能、用途、重量、数量及其他特点，或者含有的地名，注册商标专用权人无权禁止他人正当使用"。即便在某些情形下，含有提示性用语的标志被授予注册商标专用权，也无法阻碍其他众多市场主体对该类功能性用语进行非商标形式的正当性使用。

当然，提示性用语也能够通过大量使用而获得显著性，从而获得商标专用权的保护。例如，在"六个核桃"商标行政纠纷案中，姚某章向商标局提出第 51××15 号"六个核桃"商标的注册申请，昔阳县大寨工贸园区某保健饮品有限责任公司提出商标异议申请，而后提起行政诉讼。终审法院认为，被异议商标"六个核桃"的商品销售区域至少涉及 13 个省、直辖市；某公司聘请了梅某和陈某豫作为被异议商标"六个核桃"的形象代言人在多份报纸、商场超市招牌、高速路牌、公交车身等多处刊登了广告；"六个核桃"经过使用获得消费者信得过产品荣誉证书，被河北省工商行政管理局认定为知名商品，根据上述事实，被异议商标经过使用取得了显著特征，便于识别，可以作为商标注册。[①]"六个核桃"本身向消费者传达了饮品原料的信息，简单量词无法提高其识别性，整体来看该标志缺乏固有显著性。但该载有该商标的商品之经营者经过长时间且广泛的宣传和商业使用，该商标上积累了高度的商业信誉和足够的知名度，能够为消费者所识别，获得了后天的显著性，从而能够获得商标专用权的法律保护。

三、提示性用语作为商标的显著性认定

如前所述，提示性用语本身通常不具有显著性，属于公共领域的内容，允许所有市场主体在其商品上进行非商标性的正当使用。但在判断提示性用语的可注册性时，既要考虑其固有显著性的强弱，也要考虑其是否经过充分和广泛的商业使用而存在获得"显著性"的情况。这两种显著性的判断缺一不可。

本案中，单纯就提示性用语的显著性判断而言，一审法院认为，被简化的特定字母、数字、臆造的特定图案、形状，独创的特定短语、广告用语等，由于基于相关公众的通常认知，被识别为表达、体现特定经营者营销理念、促销手段、经营技巧等具有独特风格的指示客体的可能性较大，故而无法发挥区别商品或服务不同来源的功能。[②]提示性用语本身的显著性判断，是基于相关公众的通常认知，如果用语被广泛应用于日常生活或者是该领域常见的行业用语，则难以具备一定程度的识别性。而对于此类缺乏固有显著性的标志而言，"如已通过使用在特定商品或服务上达到了必要的知名程度，足以使相关公众将使用在该商品或服务上的这一标志与使用者之间建立起了唯一对应关系，则

---

① 参见北京市高级人民法院（2012）高行终字第 256 号行政判决书。
② 参见北京知识产权法院（2018）京 73 行初 8620 号行政判决书。

可以认定该标志在这一商品或服务上具有了商标所要求的识别特性，具有了获得显著性"。由此可见，获得显著性的判断需要考察该指示性标志在核定商品或服务上的使用情况，如使用范围、影响程度和使用结果，使用结果要求该标志与商品或服务提供者之间形成稳定的联系，而不只在于标志具备有限的知名度。

"道友请留步"商标由厦门某公司申请注册在组织教育或娱乐竞赛、娱乐信息、在计算机网络上提供在线游戏等服务上。在此之前，"道友请留步"是厦门某公司推出的手机游戏名称，并经过游戏的推广使用已经取得了一定的知名度。而一审法院综合在案证据认定，关于游戏收支的《专项审计报告》，游戏下载量、点击量、活跃账户等相关统计数据，游戏代言情况等证据，虽然可以证明《道友请留步》游戏具备一定知名度，但是难以证明诉争商标所依附的该款游戏的持续使用时间、影响范围、市场份额等足以使诉争商标标识与服务提供者之间形成可相互指代的稳定对应关系，可以作为商标注册。据此，诉争商标亦未具有获得显著性。① 二审法院认为，厦门某公司将申请商标作为其推出的一款手机游戏名称使用，经其宣传和推广，使该游戏取得了一定的知名度，但是游戏本身的知名度与游戏名称脱离游戏后可以作为区分服务来源的商标之间并非必然因果关系。② 再审法院同样认为，根据相关公众的通常认识，易将其视为具有独特风格的提示语或指示语，难以将其作为商标标识，无法起到识别服务来源的作用。③

由此可见，我国司法实践中认定指示性用语的显著性较为严格，即便该用语作为商品或服务名称已经被使用并获得一定知名度，仍然无法证明其脱离该项商品或服务后，在其他类别项目上仍具有独立的显著性。法院对指示性用语显著性的严格判断，也体现了我国司法实践保护公共领域资源的立场；在知识产权法领域私权不断扩张的背景下，有必要重新审视公共领域发挥的公共利益与个人利益之间的平衡机制。一方面，我国商标法律实践应当注重商标的商业使用在商标确权中的作用，保障市场主体通过诚信经营而积累的商业信誉成果，促进市场的有效竞争。另一方面，我国商标司法实践应当严厉打击恶意注册行为，尤其是占用公共领域资源的大量注册行为，提示性用语在一定意义上属于公共领域范畴，将其纳入私人权利的保护范围，将无益于商标功能的发挥，更可能破坏市场的竞争秩序，催生以商标为牟利工具的违法产业链条。因

① 参见北京知识产权法院（2018）京73行初8620号行政判决书。
② 参见北京市高级人民法院（2019）京行终542号行政判决书。
③ 参见最高人民法院（2019）最高法行申7384号行政裁定书。

此，在提示性用语等涉公共领域内符号资源的案件中，法院宜注重私人利益与公共利益之间的平衡和良性互动，实现商标使用和管理机制的高效运行。

四、结论

通过与本案相关的学理研究和案例分析可知，商标自身的显著性特征和由此产生的识别性功能有利于消费者在符号与特定品质产品的生产者之间建立准确联系，这是商标应当具备显著性的重要原因。商标存在固有显著性和获得显著性，二者均能够发挥商标的识别性功能，法律均予以商标专用权的保护。法律对商标固有显著性强弱的判断所依据的相关公众通常认知，具体包括标志所表达的是现有的固定含义还是由申请人臆造的无特定含义的内容，以及标志本身与核定使用商品或服务之间的关联程度。

提示性用语并非法律术语，因其缺乏固有显著性，一般属于商标公有领域中的内容。并且，基于提示性用语的功能性特征，提示性用语通常被相关市场主体进行非商标性使用。当然，提示性用语也能够通过大量使用而获得显著性，从而获得商标专用权的保护。我国司法实践中认定指示性用语的显著性较为严格，即便该用语作为商品或服务名称已经被使用并获得一定知名度，但仍然无法证明其在其他类别项目上仍具有独立和强烈的显著性。在知识产权领域内私权不断扩张的趋势下，有必要重新审视公共利益与个人利益之间的平衡机制，更为谨慎地对待提示性用语类的商标行政案件。

地名商标注册的合理性分析及其使用

——得某利公司与王某商标侵权纠纷案

/ 杨子莹

➲ 本案要旨

注册商标权利人无权禁止他人对于注册商标中含有的地理名称要素进行正当使用。尤其是在相关行政部门已认定该特定地理名称本身已具有一定的财产属性，构成区域专用含义的情况下，该类地理名称与公共利益紧密联系。因此，对于地理名称所指特定区域内，标示的服务亦起源于该特定区域，且起源时间早于商标注册时间的情况，虽然被诉侵权标志与注册商标存在相似之处，且使用了不当修饰词进行广告宣传，但在地名所指特定区域内难以达到使相关公众误认服务来源的程度，仍属于正当使用的范畴，不构成商标侵权。

➲ 案件信息

上诉人（一审原告）：得某利公司

被上诉人（一审被告）：王某

案号：黑龙江省哈尔滨市中级人民法院（2001）哈知初字第 59 号、黑龙江省高级人民法院（2003）黑知终字第 12 号

➲ 原被告主张及理由

原告得某利公司诉称：哈尔滨市北某大酒店 1993 年 12 月 27 日向国家工商行政管理总局商标局（以下简称商标局）申请注册"得莫利 DEMOLI"服务商标，1995 年 8 月 14 日取得第 76××82 号商标注册证书，核定服务项目第42 类餐馆。1997 年 1 月 8 日该商标经商标局核准转让给原告。"得莫利"餐饮服务的声誉是哈尔滨市北某大酒店和原告多年经营发展与不懈宣传创出的，"得莫利"已成为闻名省内、享誉全国的知名服务商标。

被告开办的方正县得莫利胜某大酒家，超越核准的范围使用注册商标，未经"得莫利 DEMOLI"服务商标注册人原告许可，在餐馆服务中使用相同、近似的商标。被告在牌匾、店墙、门窗玻璃、店内、订餐卡、打火机、菜单及提供的服务中使用"得莫利"商标，是对餐饮服务的宣传。被告的行为足以造成误认、混淆，侵犯了原告的商标专用权。故请求如下：（1）被告立即停止商标侵权行为；（2）被告赔偿原告经济损失 50 000 元（庭审中又增加至请求被告赔偿原告经济损失 300 000 元）；（3）被告赔偿原告为制止侵权行为所支付的律师代理费等合理费用 5000 元。

被告王某辩称：被告自 1988 年起即经营得莫利活鱼，在开办方正县得莫利胜某大酒家的服务上没有使用任何商标，更没有使用"得莫利"商标。被告的订餐卡和打火机上没有使用"得莫利"字样。被告用自己的加工方式经营并申请了得莫利炖鱼专利，达到了远近闻名的效果，原告将这一地名注册为商标属恶意抢注。被告是"得莫利"活鱼的商标注册人，被告在自己所在的方正县得莫利村开办餐馆，用牌匾等显著宣传"得莫利"三字，是合理使用。注册商标应完整使用。被告的"得莫利"与原告的"得莫利 DEMOLI"表象不同，类别不同。原告的"得莫利 DEMOLI"用于服务，被告用于得莫利活鱼的商标，其使用虽然不包括加工，但是为了销售可以进行加工。被告不构成商标侵权。

⊃ 法院查明的事实

一、一审法院

（一）关于双方各自所有的商标的合法性

原告所有的商标"得莫利 DEMOLI"，注册人为哈尔滨市北某大酒店，商标注册证 76××82 号，有效期限自 1995 年 8 月至 2005 年 8 月，核定服务项目为餐馆。1997 年此商标转让给得某利公司。

被告所有的商标"得莫利"，注册人为方正县得莫利村胜某大酒家，商标注册证 10×××03 号，有效期限自 1997 年 6 月至 2007 年 6 月，核定使用商品为活鱼。

（二）两个得莫利商标的权利范围比较

原告的得莫利商标经商标局核定的服务项目为第 42 类餐馆。现商标所有权人为得某利公司。

被告的得莫利商标经商标局核定使用的商品为第 31 类活鱼。据工商执照记载：商标所有权人的字号名称为"方正县得莫利村胜某大酒家"。

（三）得莫利在被作为商标注册前是地名，现在仍是地名，而且是具有一定财产属性、区域专用的地名

据商标局（2000）商标异字第219号《得莫利商标异议的裁定》中认定："得莫利"为一村，历史悠久，因"得莫利鱼"闻名。"得莫利"一词本身已具有一定的财产属性，构成区域专用的含义。

（四）得莫利炖鱼是名吃名菜，但并不是商标，也不在商标专有权调整范围内

根据原、被告双方目前所各自持有的商标，均不能对"得莫利炖活鱼"形成法律意义上的商标专属垄断权。

二、二审法院

二审法院认为一审法院除对上诉人经营范围的认定有误外，所确认的其余事实属实。二审法院查明，上诉人得某利公司经核准的经营范围为"购销：食品、副食品，正餐，从事食品方面的技术开发，咨询服务，销售开发的新产品；白酒制造"。

二审法院还查明，王某经营胜利大酒家过程中，在该酒家店面、后墙、店内、门窗玻璃等悬挂了"独家正宗得莫利活鱼"牌匾、"得莫利活鱼"著名商标证书、"得莫利活鱼"商标注册证、写有"得莫利系列产品得莫利活鱼专利申请号013××940.7"及"国家专利得莫利炖活鱼哈同胜某大酒家"的广告宣传牌，并在该酒家外墙写有"得莫利活鱼总店"字样。此外，在王某的名片上还印有"得莫利胜某大酒家""独家注册""国家专利""正宗得莫利活鱼专卖店：尊敬的各位顾客，为了节省您的旅途时间，请您订餐地点西到宾县，东到兰西，确保您进店便品尝刚出锅的正宗得莫利活鱼"等文字。

此外，得某利公司对商标局（2000）商标异字第219号《得莫利商标异议的裁定》，未在法定期限内向商标评审委员会申请复审。

⊃ 法院判决理由与裁判结果

一、一审法院

黑龙江省哈尔滨市中级人民法院认为：得莫利本是一个地名，随着得莫利炖鱼的声名远扬，得莫利作为地名也具有了相当的知名度，后来相继有了若干以"得莫利"三字为名但类别不同的注册商标。得莫利作为地名，具有公共属性，得莫利地方的自然人和法人，都有合法使用的权利。得莫利作为商标，它的所有人也都有在国家行政机关核准范围内合理使用的权利。得莫利炖鱼并

不是注册商标，其权属不属于原、被告各自注册商标核准的专有范围内。原告的诉讼主张证据不足，本院不予支持。被告提出的反诉请求不宜与本案合并审理，本院不予受理，被告可另行提起诉讼。

二、二审法院

得某利公司不服一审判决，提起上诉称：一审判决回避了王某超出其商标权范围使用得莫利商标的行为，在认定事实和适用法律上均有错误。为此，请求撤销原判决，判令王某立即停止侵权，并赔偿经济损失 30 万元及所支付的律师费用和其他合理费用，一、二审诉讼费用由王某承担。

被上诉人王某辩称：（1）得莫利是国家行政机关确定的地名，当地人民包括本地得莫利村村民王某有合理使用其所在地名称的合法权利，商标权人的商标权即使正当合法取得，也不得禁止他人正当使用。（2）王某发明了"得莫利炖鱼"并取得国家专利，受专利法的保护。（3）得莫利作为地理标志受到 WTO 知识产权协议的保护，得莫利商标使用的前提是不得损害公共利益，尤其不能限制得莫利地理标志地域人对地理标志的合理使用。综上，请求人民法院依法驳回上诉，维持原判。二审法院认为本案纠纷主要涉及下述问题。

（一）关于企业法人营业执照为 2301×××4640 号的得某利公司是否拥有第 76××82 号注册商标权问题

本案当事人双方为企业法人营业执照号为 12784215—× 的得某利公司和王某。企业法人营业执照为 2301×××4640 号的得某利公司并不是本案当事人，该公司是否拥有第 76××82 号注册商标权与本案无关，本院不予审查、评判。

（二）关于王某使用"得莫利"一词的行为是否侵犯得某利公司的"得莫利 DEMOLI"商标权问题

《商标法实施条例》第 49 条规定，"注册商标中含有的本商品的通用名称、图形、型号，或者直接表示商品的质量、主要原料、功能、用途、重量、数量及其他特点，或者含有地名，注册商标专用权人无权禁止他人正当使用"。由此表明，以地名作为注册商标的商标专用权不是绝对的，其商标专用权人的禁止权也不是无限的。本案中"得莫利"一词为村名，虽依法可以作为注册商标，但无论"得莫利"还是"得莫利 DEMOLI"的商标专用权人都不能因此阻止他人将"得莫利"作为地名进行合法使用。

被上诉人王某经营的胜某大酒家就在得莫利本地，该酒家提供的菜肴——"得莫利炖（活）鱼"的做法也起源于得莫利村。商标局亦认定"得莫利"一词本身已具有一定的财产属性，构成区域专用的含义。因此，王某在得莫利区域内使用"得莫利"一词以标明其酒家的地理位置，说明其所提供服务、商品的特点等事项并无不当。在"得莫利"被注册为商标前，"得莫利炖鱼"已经具有一定的知名度。尽管王某使用的"得莫利"一词与得某利公司的"得莫利 DEMOLI"商标有相似之处，王某还使用了"正宗""独家"等修饰语，做了不恰当的广告宣传，但此种使用方式在得莫利这一特定的区域内，并不足以使公众将其与得某利公司的注册商标相混淆，不构成侵犯得某利公司的商标专用权。王某的此项抗辩理由成立，本院予以采纳。

由于国家法律法规对于以地名注册的商标作出了权利限制，不同地域的人使用"得莫利"一词的法律后果不尽相同。黑龙江省高级人民法院（2002）黑知终字第 7 号民事判决认定哈尔滨金某大酒店在使用"得莫利"注册商标时超出依法核定的专用范围，从而构成侵权。该案中的哈尔滨金某大酒店与本案中王某经营的胜某大酒家虽同为服务行业，在经营中都使用了"得莫利"一词，使用方式上也有相似之处，但哈尔滨金某大酒店的实际地点并不在得莫利村本地，其所提供服务的真正地理位置与"得莫利"这一地名并不一致，因此，哈尔滨金某大酒店对"得莫利"一词的使用并不是对地名使用。由于两案当事人及案件具体事实有着明显差别，两案之间没有类比性和关联性，黑龙江省高级人民法院（2002）黑知终字第 7 号民事判决所认定的事实及结论不能作为本案的定案依据。得某利公司提出本案中王某的行为与黑龙江省高级人民法院（2002）黑知终字第 7 号民事判决认定的哈尔滨金某大酒店的侵权行为相同，王某亦应败诉的主张，没有事实和法律的依据，本院不予支持。

（三）关于得某利公司是否仍享有第 76×× 82 号得莫利商标权问题

虽然王某提供的商标局的证明称第 76×× 82 号得莫利商标已经核准转让给于某宽，但根据《商标法》（1982 年版）第 39 条第 2 款，转让注册商标经核准后，应予以公告，受让人自公告之日起享有该商标专用权。因王某没有提供相应公告，故不能认定受让人于某宽已享有第 76×× 82 号商标的专用权，该商标权仍由原商标权人得某利公司享有。

（四）关于原审判决适用法律问题

原审依据《商标法》第 3 条、第 51 条及《最高人民法院关于民事诉讼证据的若干规定》第 2 条第 2 款的规定作出判决。然而，《商标法》第 3 条是关于注册商标的种类、对注册商标的法律保护以及对集体商标、证明商标的原则性、概念性的规定，对解决本案纠纷没有针对性。《商标法》第 51 条则是有关注册商标专用权使用范围的规定，与原审认定及判决内容也没有法律相关性。

无论被上诉人王某是否享有第 31 类"得莫利"注册商标专用权,均不影响其对"得莫利"地名的合理使用。故原审判决适用法律不当,应予纠正。此外,原审判决在适用《最高人民法院关于民事诉讼证据的若干规定》时,使用该规定名称有误,应予更正。得某利公司关于原审适用法律不当的上诉理由成立,本院予以采纳。本院认为,本案得某利公司作为"得莫利"商标专用权人,认为王某在其餐馆经营服务中使用了"得莫利"一词的行为构成商标侵权,而王某以得莫利是一个地名而具有公共属性进行抗辩,由此产生了商标专用权人对其依法享有的商标权与公众对地理名称所享有的合法使用权之间的权利冲突。此种法律关系主要应依照《商标法实施条例》第 49 条的有关规定来调整。

此外,得某利公司称原审判决没有保护该公司商号权及企业名称权,对王某滥用得某利商标实施不正当竞争的行为不予理睬的问题。因本案为商标侵权纠纷,得莫利公司上述主张系属新的诉讼主张,本院不予评判。原审关于"得莫利炖鱼"是不是名吃名菜,是不是注册商标的认定,以及"得莫利炖鱼"是否获国家专利与本案"得莫利"商标权的讼争无关,二审法院不予审查。

综上所述,原审判决认定事实基本清楚,处理结果正确,但适用法律不当,应予纠正。二审法院判决驳回得某利公司的诉讼请求。

➲ 判解与学理研究

本案是针对他人使用包含地名的注册商标中的地名是否构成商标侵权而引发的诉讼。但究其根本,可引发关于地名商标可注册性及其合理使用问题的探讨。关于地名是否能够作为商标获得注册,我国《商标法》从 1993 年起就作了规定,一直延续至今。通过对相关法律法规的分析可知,首先,地名可以作为集体商标或证明商标从而获得商标法的保护。[①] 其次,我国商标法对于地名的可注册性问题主要集中在两个方面:第一,行政区划级别;第二,具有其他含义。[②] 探讨地名的可注册性问题,有助于厘清涉及地名的商标侵权纠纷。以下将结合案件,对地名商标可注册性及其合理使用问题进行探讨。

一、地名商标的可注册性问题

关于地名能否作为商标获准注册的问题,1993 年的《商标法》作出了明确规定。此后,2001 年、2013 年、2019 年对《商标法》的修改逐步对地名能

---

① 参见王晶:《地理标志的法律保护》,载《山西高等学校社会科学学报》2004 年第 6 期。
② 龙依婷:《地名商标法律保护问题研究》,湘潭大学 2014 年硕士学位论文。

否作为商标获准注册的规定进行了完善，根据相关规定判断我国关于地名商标注册的态度。

首先，对于作为集体商标、证明商标的组成部分的地名，可以作为商标使用从而受到相关法律保护。[①] 其次，对于县级以上行政区划及公众知晓的外国地名，仅在已作为商标获准注册或具有其他含义的情况下可作为商标使用从而受到相关法律保护。最后，除县级以上行政区划及公众知晓的外国地名外的其他地名可以作为商标使用。[②] 但这并不意味着只要是县级以上行政区划及公众知晓的外国地名外的其他地名都能作为商标使用。根据《商标审查及审理标准》上篇《商标审查标准》第一部分第 8 条至第 10 条的规定，如除县级以上行政区划及公众知晓的外国地名外的其他地名使用在指定的商品上容易使公众对产地产生误认，则适用《商标法》第 10 条第 1 款第 7 项的规定予以驳回。关于地名作为商标的可注册性问题与其他文字或图形作为商标的可注册性问题所考虑的首要因素不同。一般而言，考虑标识是否能够作为商标获准注册，应当先考虑其是否具备显著特征，即是否能够便于识别，而考虑地名是否能够作为商标获准注册时，首先考虑的是该地名的行政区划级别，这是出于我国行政区划划分的特殊性及最大限度地维护社会公众正当使用公共信息资源权利的考量。当然，如县级以上行政区划地名具有强于地名含义的其他含义及公众知晓的外国地名与其他文字共同构成商标，整体上具备其他含义且不会造成公众对商品产地误认时，可作为商标使用。[③] 因此，具备其他含义是前述地名可作为商标使用的核心要素。[④]

二、地名商标注册的合理性分析

（一）制度设计中公共领域的预留

《商标法》不仅要为维护商标注册人合法权益，而且要维护社会公共利益，从而达成个人利益与公共利益之间的平衡。实现利益平衡最根本的手段则是权利的制约。商标法所追求维护的公共利益主要通过两类主体得以体现。其一，消费者。而维护广大消费者的合法权益主要存在两个层面。第一层面是防止消费者误认。商标具备区分商品或服务来源的功能，相应地，即为消费者通

---

① 参见穆永强、米瑞：《地名商标与地理标志冲突中的利益平衡——以"绛州澄泥砚"案为例》，载《黄冈职业技术学院学报》2022 年第 6 期。

② 龙依婷：《地名商标法律保护问题研究》，湘潭大学 2014 年硕士学位论文。

③ 参见《商标审查及审理标准》上篇《商标审查标准》第一部分第 10 条。

④ 参见杜颖：《地名商标的可注册性及其合理使用——从"百家湖"案谈起》，载《法学》2007 年第 11 期。

过商标区分商品或服务的来源。① 这一层面的维护主要通过赋予商标权人对商标的专用权得以实现。但如果赋予商标权人对商标的专用权过于宽泛，则商标权人对相关市场的影响力及控制力增强，甚至形成市场垄断，即会对消费者利益造成另一种形式的不利影响。因此，对于消费者权益维护的第二层面则体现于判断商标侵权是否成立。对于消费者而言，如果存在多样化的消费市场，则消费者拥有更多可能的选择，其可通过不同维度的对比完成适合自身的最优选择。其二，竞争者。参与市场活动的有三方主体，即经营者、消费者及竞争者。前二者形成的是纵向关系，而经营者及竞争者形成的则为横向关系。对于经营者及竞争者之间市场竞争关系的处理会影响市场运行秩序的走向。一个完美的市场运行秩序应当为全然自由的竞争市场，具备足够充分的可替代选择以及理性的消费者。而事实上，市场竞争无法绝对自由，可供选择的替代品亦可能不够充足，甚至消费者亦不能做到理性消费。因为在以利益为导向的市场竞争中，经营者及竞争者都期望尽量提高市场占有份额甚至达成垄断，而商标专用权可助力垄断的达成。当商标权人排除其他主体对该标志的使用且该商标具备足够的知名度时，消费者综合情感及外界因素可能会产生从众心理，则其他同类产品的竞争力会逐步削弱，不利于良好市场竞争秩序的运行。②

地名作为社会公共信息资源的一部分，本身即具备一定知名度，会对消费者产生一定引导心理，理性的经营者及竞争者亦会利用地名本身所具备的引导作用。但这并不意味着地名绝对不能作为商标获准注册，因为合理利用地名亦能够良性引导消费者进行消费。因此，在实现对广大消费者及市场竞争者的利益维护，未对制度设计中公共领域的预留产生不利影响时，地名产生了作为商标注册的可能性。

（二）商标的公共产品属性

商标具备公共产品属性，因其本身是一种代表信息及文化的符号。商标作为一种符号，能够传递商品信息，区分商品来源，是相关公众区分不同商品的重要指示信息。尤其是在信息技术快速发展的当今时代，当互联网与商品紧密联系产生电子商务后，互联网信息爆炸，消费者能够从海量商品中挑选某一商品，商标所承担的区分与检索功能必不可少，其公共产品的属性也愈发突出。在电子商务交易一度猛烈打击实体交易的市场环境下，使得自身商品或服务能够被消费者区别其他商品或服务，对于市场经营主体而言是最为迫切及

---

① 参见欧阳凯铃：《商标俗称保护的正当性及合理限制探析》，载《牡丹江大学学报》2017年第8期。

② 参见杜颖：《商标法律制度的失衡及其理性回归》，载《中国法学》2015年第3期。

重要的。而商标恰具备区分商品来源的功能。同时，在商标发挥其区分商品来源功能的基础上，通过在商品或服务上的广泛使用，以及商标权人对相关商品及商标的广泛宣传，商标逐步凝聚商誉及成为商品品质的象征。而同一商标在不同商品或服务上的使用以及不同商标在不同商品或服务上的使用构成庞大而复杂的信息源，经由商标的使用构建的有体系的信息来源，使得商标超出了私人利益的范畴，与公共领域产生交叉。随着经济水平的不断提高，消费市场不断扩大，商品宣传手段及渠道不断丰富与拓展，借由商标形成的代表信息的公众认知逐步形成。而这类公众认知亦不断丰富了市场信息的表达方式。因此，基于商标公共产品属性的因素考量，不宜赋予商标权人过多的权利，对商标进行过度保护，否则不利于社会公众对商标所代表信息的认知形成，亦不利于商标影响力及商誉的积累，使商标难以发挥应有的功能，最终影响商标使用秩序的良好环境。[①]

因此，如地名能良好体现公共产品属性，发挥传递信息的功能，便于消费者从海量信息源中获取需要信息，其作为商标获准注册亦具备合理性。

（三）符合商标法的法律价值

商标是区分商品或服务来源的标识，这种区分可从两方面得以实现。一方面，对于商标权利人及使用人而言，其对自身商品或服务的宣传与推广通过商标得以明确。另一方面，对于消费者而言，其通过商标明确宣传及推广具体所指向的商品或服务。在商标有此区分作用的前提下，保护商标的区分作用不被削弱或混淆显得尤为重要。商标法的法律价值是对商标进行保护的主要依据。我国实行注册商标制，因此注册商标权人的合法权益受到主要保护。就性质而言，注册商标权本质为一种私权，是为维护私人的合法权益而设定的。但事实上，私人利益与公共利益一直交织于商标权中，难以泾渭分明地分离。同时，从商标区分商品或服务来源的功能来看，其背后亦附加了保证商品或服务质量的作用，间接保证了消费者的知情权，维护了广大消费者所代表的公共利益。因此，商标法的法律价值应是在保护商标权人个人利益的同时，注重维护社会公共利益，并通过制度设计寻求个人利益与公共利益之间的平衡。而地名作为行政区划名称，本身是代表地理区域的符号，具备公共属性。行政区划级别越高，地名所代表的地理范围越广，被社会公众知晓及利用的频率也越高，公共属性也就越明显。当地名仅作为地名，而非区分商品或服务来源的标识时，使用者仅需遵循诚实信用原则即可。一旦地名可被核准注册为商标，则意

---

① 参见杜颖：《商标法律制度的失衡及其理性回归》，载《中国法学》2015 年第 3 期。

味着地名衍生出区分商品或服务来源的功能，但这并不意味着其区分不同地域的功能消失，地名能够核准注册为商标并不影响其作为行政区划名称的正常使用，这是地名商标注册的合理性体现。并且，即使地名被核准注册为商标，商标权人亦无权禁止相关主体对地名的使用，相关主体对于地名这类公共信息资源正当使用的权利依然存在。这种对于注册商标专用权的限制性规定，体现了商标权人的私人利益与社会公共利益之间的平衡。①

因此，将地名注册为商标凸显了保护个人利益的需要，而同时又与保护公共利益的价值追求不相冲突时，地名商标的核准注册具备一定合理性。

三、我国商标法对地名商标的保护

《商标法》第 10 条第 2 款对县级以下行政区划的地名进行了排除，同时对于已注册的地名商标效力进行维持，即现行商标法的效力并不溯及该法生效前已核准注册的地名商标，这是对"法不溯及既往"原则的体现，亦是对地名商标历史及事实的尊重。商标注册所规定的显著特征即为要求相关标识非描述性。而地名往往因其被公众所熟知的原始含义，非但无法具备区分商品或服务来源的作用，反而容易误导消费者，且一般情况下行政区划级别越高，该地名被公众所知晓并了解的范围则越广。因此，我国《商标法》从行政区划级别的角度对地名商标的注册进行规定，地名一般无法作为商标获准注册。而例外情况则是地名具有其他含义，但这也是我国商标法对地名商标保护的局限性所在。同时，地名也可成为集体商标及证明商标的组成部分，这一规定将地名会产生的误导降至最低。该款的规定能有效避免注册商标权人对公共信息资源的不公平垄断，妨碍社会公众及其他经营主体对地名的正当使用。并且，最大程度避免地名商标与地理标志间的冲突。如果地名作为地理标志的组成部分，则其主要功能为证明商品或服务的原产地，而如果作为地名商标，虽然亦可能有证明产地的功能所在，但其主要功能是区分商品或服务来源，即与同类型的商品或服务相区别，这亦能防止地理标志淡化。②

四、我国商标法保护地名商标的局限性

前文已经提及地名具有其他含义是地名商标注册的例外情况，亦同样是我国商标法保护地名商标的局限性所在。但我国商标法保护地名商标的局限性不仅限于此。

---

① 参见赵林青：《地名商标注册的合理性法律分析》，载《河北法学》2007 年第 7 期。

② 参见冯寿波、陆玲：《我国地理标志法律保护的完善研究——以地名商标可注册性及合理使用为中心》，载《湖北社会科学》2014 年第 9 期。

其一，我国缺失对县级以下行政区划的地名的保护。虽然对于地名而言，一般遵循行政区划级别越高，公众知晓的范围越广，影响力越大的规律。但亦存在特殊情况，例如许多全国闻名的地方特色产品将乡、镇、村等地名添入其中，但这不利于县级以下行政区划的地名商标与地理商标的保护，容易造成二者的冲突。其二，地名具有其他含义的不确定性。根据《商标审查及审理标准》上篇《商标审查标准》第一部分第10条的规定，"地名具有其他含义且该含义强于作为地名的含义"是含有县级以上行政区划地名商标审查的例外。对于强于地名含义的其他含义应作何理解，与《商标法》第12条关于第二含义的规定有何区别，这些问题都值得研究。从字面意义理解，其他含义即区别于文字原本的意义，自然包含第二含义。但地名具有其他含义则应当结合地名不得作为商标使用的原因理解。地名是代表某一地理范围的名称，是社会的共同认知，属于社会公共信息资源。商标具备区分商品或服务来源的功能，故规定地名具备强于地名含义的其他含义即期望地名以此具备区分商品或服务来源的功能。但地名是否一定需要具备强于地名含义的其他含义才能具备区分来源的功能？或许并不是。当地名与特定商品或服务产生被公众所熟知的联系时，或许地名即已具备区分商品或服务来源的功能，但不能表明地名已具备强于地名含义不同的其他含义。①

五、地名商标正当使用问题

在探讨地名商标的可注册性问题后，地名具备核准注册为商标的可能。但基于地名本身具备的公共信息资源属性，通过商标注册使得特定主体达成对地名使用的垄断显然有失公平。因此，对于地名商标的正当使用问题亦值得探讨。《商标法》第59条规定注册商标中含有地名的，商标权人无权禁止他人正当使用。而关于如何判断其他主体对地名的使用是否构成正当使用，最高人民法院在相关案件的答复②中进行了说明。其一，使用人使用地名的目的和方式。使用人使用地名的方式往往能反映出其使用地名的目的。其二，商标和地名的知名度。一般而言，地名作为商标与地名本身往往具备不同含义，会存在知名度强弱的区分。从相关公众认知到该地名是先联想到商品或服务，还是先

---

① 参见冯寿波、陆玲：《我国地理标志法律保护的完善研究——以地名商标可注册性及合理使用为中心》，载《湖北社会科学》2014年第9期。

② 参见《最高人民法院关于对南京金某湾房地产开发公司与南京利某物业发展有限公司侵犯商标专用权纠纷一案请示的答复》。

联想到地理范围，可判断其含义知名度的强弱。其三，相关商品或服务的分类情况。对于不同类别的商品或服务，其对地名的使用需要亦各不相同。与消费者居住相关的商品或服务例如房屋销售，则具有使用地名表明其地理优势的必要性。其四，相关公众在选择此类商品或服务时的注意程度。这一点其实与第三点是相辅相成的，只有当相关公众有了解商品或服务的产地或地理位置的需要时，相关主体对地名的使用才会具备区分商品或服务来源的可能，进而对相关公众的判断产生影响。其五，地名使用的具体环境、情形。对于不同情形使用地名所造成的影响是不同的，同时，地理位置的空间距离对于使用地名的必要程度亦是不同的。[①] 应当结合以上因素，具体问题具体分析，才可判断地名商标的正当使用问题。

六、结论

地名自其产生之时即为处于公共领域的具备特殊含义的信息资源，因此，将地名申请注册商标是否具备合理性值得探讨。结合商标制度设计中为公共领域的预留及商标所具备的公共产品属性考量，将地名申请注册商标具备一定合理性。但我国关于地名商标注册的制度规定并非十分完善，从行政区分层级及制度规定用词含义的不明确即可见一二。同时，尽管将地名申请注册商标具备一定合理性，但地名本身属于公共信息资源，因此对于地名商标可进行正当使用，由此则衍生出对地名的使用是否构成正当使用的问题，本案则涉及对该问题的探讨。对于地名的使用是否构成正当使用，则需要结合商标、商品及地名对商标和地名的知名度及使用人使用地名的目的和方式进行综合考量，才可对地名的使用是否构成正当使用进行判断。

---

① 参见杜颖：《地名商标的可注册性及其合理使用——从"百家湖"案谈起》，载《法学》2007年第 11 期。

地理标志注册的地域范围界定及诚实信用原则研究

——某红茶协会与国家工商行政管理总局商标评审委员会商标无效宣告请求行政纠纷案

/ 马彪

⊃ 本案要旨

地理标志注册商标在适用《商标法》第41条的不正当手段注册条款时，应当从注册申请人负有的消极义务和积极义务的双重角度理解。如果申请注册的地理标志证明商标所确定的使用该商标的商品的产地与该地理标志的实际地域范围不符，将误导公众并难以发挥证明使用该商标的商品来自特定产区、具有特定品质的作用。注册申请人应当负有更高的注意和诚实信用义务，不能提供虚假的商标注册申请文件；同时，要积极向商标管理机关全面准确说明客观情况，若申请人不配合或者提供虚假材料，则应否定商标申请正当性。

⊃ 案件信息

申请人（一审原告、二审被上诉人）：某红茶协会

被申请人（一审被告、二审第三人）：国家工商行政管理总局商标评审委员会

被申请人（一审第三人、二审上诉人）：国某公司

案号：北京知识产权法院（2015）京知行初字第06629号、北京市高级人民法院（2017）京行终3288号、最高人民法院（2018）最高法行申4767号

⊃ 原被告主张及理由

原告诉称：被告认定原告"构成2001年商标法第四十一条第一款所指以

欺骗手段取得注册之情形",系事实认定错误和法律适用错误;被告认定将祁门红茶产区限定在祁门县违背了客观历史,属于事实认定错误;被告作出被诉裁定的程序严重违法;诉争商标已大量使用,具备了很高的知名度、美誉度和影响力,并形成了巨大数量的相关公众群体,被诉裁定违反了信赖保护原则。

被告辩称:坚持其在被诉裁定中的意见。该裁定认定事实清楚,适用法律正确,作出程序合法。原告的诉讼请求和理由不能成立,请求法院依法予以驳回。

第三人陈述意见:原告所持有的诉争商标构成"以欺骗手段取得注册"之情形;被告作出裁定的程序合法。

上诉人诉称:(1)某红茶协会在整个商标申请过程中,主观上有欺瞒故意,客观上其提交的2004年安徽省农业委员会文件不具有证明力度,属于以欺骗手段和不正当手段取得注册的情形。(2)争议商标划定的区域违背了客观历史和现实,某红茶协会不尊重历史和现实的做法,违背诚实信用原则,也应属于"以其他不正当手段"取得注册之情形。(3)某红茶协会利用争议商标限制他人正常经营,造成行业垄断,严重损害了其他产区茶农的切身利益,应予以无效宣告。

再审申请人申请再审称,祁门红茶特有的品质决定了其产区范围应采"小产区"标准而非"大产区"标准,其产区范围的认定需要结合自然、人文等因素综合考虑,商标评审委员会不应也没有能力对产区范围进行判断,即便可以,某红茶协会也不存在以欺骗或不正当手段获得注册的情形。此外,本案在商评和二审阶段存在程序错误。综上,请求撤销二审判决,维持一审判决。

被申请人评审委员会称,被诉裁定认定事实清楚,适用法律正确,作出程序合法,再审申请人的诉讼请求和理由不能成立,请求驳回再审申请。

被申请人国某公司称,基于行业主管机关的意见以及自然、人文等因素,祁门红茶的产区应采"大产区"标准,某红茶协会在明知行业主管机关已对产区范围作出调整的情况下隐瞒未报,构成了2001年《商标法》第41条第1款的规定,也不合理地限制了同业竞争者的利益。此外,商标评审委员会和二审法院依据法律的相关规定受理和审查案件,不存在程序错误。综上,请求驳回某红茶协会的再审申请。

○ 法院查明的事实

诉争商标为第42××71号"祁门红茶及图"商标,由某红茶协会于

2004 年 9 月 28 日申请注册，于初审公告期内被安徽省国某茶业有限公司（以下简称国某公司）提出异议申请，后经国家工商行政管理总局商标局（以下简称商标局）决定予以核准，核定使用于第 30 类的茶、茶叶代用品等商品上，专用权期限自 2008 年 11 月 7 日至 2018 年 11 月 6 日止。

2004 年 7 月 1 日，安徽省农业委员会致安徽省工商行政管理局的《关于某红茶协会申请办理"祁门红茶"证明商标的证明》{皖农农（经作）[2004] 2 号}，该证明所附《关于"祁门红茶"生产地域的有关说明》中载明"本着充分尊重历史与现状的精神，我们认为某红茶协会提出的'祁门红茶'生产地域限定在祁门县境内的说法是可以采信的……综上所述，将'祁门红茶'的产地划定在祁门县境内是比较妥切的，也有利于'祁门红茶'品牌的保护"。

2006 年 1 月 9 日，安徽省农业委员会致池州市农业委员会的《关于申报"祁门红茶"证明商标涵盖茶区请示的答复》[皖农农（经作）函〔2006〕1 号]，认为小祁门红茶产区，不言而喻，仅指祁门县境内除安凌区外的所有产茶区，所产红茶叫"祁门红茶"无可争议；大祁门红茶产区，除祁门县外，还包括周边的黟县（渔亭以北）、石台、东至、贵池以及江西省的浮梁县等地，所产红茶除祁门县所产外，长期以来叫过"祁红"，也叫过"池红""浮红"等名称，有争议的就在于此。该委员会支持祁门县的申报。

2009 年 4 月 9 日，商标局就本案争议商标向国某公司发出《商标异议申请受理通知书》，该通知书载明商标局收文时间为 2008 年 10 月 27 日。

国某公司向国家工商行政管理总局商标评审委员会（以下简称商标评审委员会）提交的证据中包括 2009 年 6 月 12 日印发的安徽省工商行政管理局专题会议纪要（第 1 号）《"祁门红茶"地理标志注册协调会会议纪要》，其内容为由某红茶协会向商标局递交变更"祁门红茶"地理标志使用范围的申请，异议人国某公司、石台县茶业协会主动向商标局撤销对"祁门红茶"地理标志注册的异议。

2011 年 8 月 3 日，商标局作出（2011）异撤第 00725 号《关于第 42×××71 号"祁门红茶"商标异议案件准予撤案通知书》，主要内容为国某公司向商标局提出撤回对本案争议商标的异议申请，商标局准予撤回。

2011 年 12 月 27 日，国某公司针对诉争商标向商标评审委员会提出争议申请，请求：第一，将"祁门红茶"产区的覆盖范围由祁门县所辖行政区划内调整为贵池、东至、祁门、石台、黟县境内。第二，依照 2001 年《商标法》第 41 条第 1 款和第 3 款的规定，撤销争议商标注册。

➲ 法院判决理由与裁判结果

一、一审法院

（一）法律适用问题

《最高人民法院关于商标法修改决定施行后商标案件管辖和法律适用问题的解释》第7条规定："对于在商标法修改决定施行前已经核准注册的商标，商标评审委员会于决定施行前受理、在决定施行后作出复审决定或者裁定，当事人提起行政诉讼的，人民法院审查相关程序问题适用修改后的商标法，审查实体问题适用修改前的商标法。"本院对诉争商标相关实体问题的审查应适用2001年《商标法》，对其程序问题的审查应适用2014年《商标法》。

（二）被告是否存在程序违法

首先，被告受理第三人于2011年12月27日提出的争议申请不存在程序违法。其次，关于超范围评审的问题。原告关于被告擅自增加第三人未提出的评审请求的理由与事实不符。最后，关于超出评审期限的问题。本案中，第三人国某公司于2011年12月27日提出争议申请，早于2014年5月1日，故应于2014年5月1日起开始计算审理期限。因此，被告于2015年10月19日作出被诉裁定，并未超出审理期限。

（三）诉争商标是否属于以欺骗手段或者其他不正当手段取得注册的情形

首先，某红茶协会将诉争商标作为证明商标予以注册时，其提交的相关材料符合相关法律法规对于申请注册证明商标的形式要求。本案中诉争的"祁门红茶及图"商标，即为依法申请注册的证明商标。参照《集体商标、证明商标注册和管理办法》的相关规定，申请以地理标志作为集体商标、证明商标注册的，应当附送管辖该地理标志所标示地区的人民政府或者行业主管部门的批准文件；以地理标志作为集体商标、证明商标注册的，应当在申请书件中说明该地理标志所标示的地区的范围。本案中，根据某红茶协会在申请诉争商标时向商标行政机关提交的由安徽省农委农业局于2004年7月1日出具的皖农农（经作）〔2004〕2号《关于某红茶协会申请办理"祁门红茶"证明商标的证明》可知，其申请注册诉争商标系经该地理标志所标示地区的人民政府或行业主管部门批准的，且上述证明所附的《关于"祁门红茶"生产地域的有关说明》中也载明了该地理标志所标示的地区范围。

其次，某红茶协会与国某公司在"祁门红茶"的产区这一事实上并无实质分歧，国某公司的主要争议理由为某红茶协会申请诉争商标时所限定的地域范围与"祁门红茶"的客观产区不符；某红茶协会则主张其在申请注册商标时并未向商标行政机关隐瞒"祁门红茶"在历史上产区扩大的事实。

本院认为,地理标志作为一种标示某产品来源于某特定地区的标志,该商品的特定质量、信誉或者其他特征,主要由该地区的自然因素或者人文因素所决定。而现实中,某一地理标志产品所来源的特定地区范围,与该特定地区的行政区划范围往往不一致,如"平谷大桃"作为地理标志产品申请保护时,其地方政府建议的地理标志产品保护范围界定为"北京市平谷区现辖行政区域"。但现实中"平谷大桃"的产区与"北京市平谷区现辖行政区域"并不完全一致。作为商标行政主管机关,其在受理当事人提交的地理标志证明商标申请时,不可能像农业行政部门或质量监督行政部门一样具备依法查实每一件地理标志产品的产源地域范围,只能按照商标申请人所提交的申请文件、相关地区人民政府或者行业主管部门的批准文件等材料综合判断。

判断诉争商标之申请是否属于2001年《商标法》第41条第1款规定中所指的"以欺骗手段或者其他不正当手段取得注册的"情形,并不在于确定"祁门红茶"的产区范围客观如何,而在于某红茶协会在申请该证明商标时主观上是否有欺瞒商标行政机关之故意,客观上实施了伪造申请材料等欺骗行为。根据本案在案证据,并无证据显示某红茶协会在申请该证明商标时实施了伪造申请材料等欺骗行为,且被告亦未举证证明某红茶协会申请注册诉争商标时所标示地区违背了客观历史的行为系出于欺瞒商标行政机关之故意。

一审法院判决:撤销商标评审委员会作出的商评字〔2015〕第84747号关于第42××71号"祁门红茶"商标无效宣告请求裁定;商标评审委员会针对某有限公司就第42××71号"祁门红茶"商标提出的无效宣告请求重新作出裁定。

二、二审法院

二审法院认为,本案争议商标是地理标志证明商标,而根据2001年《商标法》第16条第2款的规定,地理标志是指标示某商品来源于某地区,该商品的特定质量、信誉或者其他特征,主要由该地区的自然因素或者人文因素所决定的标志。如果申请注册的地理标志证明商标所确定的使用该商标的商品的产地与该地理标志的实际地域范围不符,无论是不适当地扩大了其地域范围,还是不适当地缩小了其地域范围,都将误导公众并难以起到证明使用该商标的商品来自特定产区、具有特定品质的证明作用。因此,对于这种地域范围限定不准确的地理标志证明商标,依法不应予以注册。

商标注册是建立在申请人的申请基础之上的。对于地理标志商标而言,无论是地理标志证明商标，还是地理标志集体商标，由于其所涉及的地理标志地域范围的确定具有较强的专业性，商标注册主管机关自身难以予以核实，因此，在地理标志商标的审查过程中，商标注册主管机关通常只能进行形式上的审查。相应地，地理标志商标注册申请人在提交商标注册申请文件方面，就应当负有较之于普通的商品商标、服务商标注册申请人更多的诚实信用义务。地理标志商标注册申请人所负有的诚实信用义务，不仅限于消极方面，即不仅不能提供虚假的商标注册申请文件的消极不作为义务；而且也应当包括向商标注册主管机关全面准确说明客观情况的积极作为义务。违反上述诚实信用义务，无论是违反消极不作为义务，还是没有尽到积极作为义务，都将使其商标注册申请行为丧失正当性基础。提交虚假文件或者以其他方式弄虚作假而取得商标注册的，即属于2001年《商标法》第41条第1款规定的"以欺骗手段"取得注册的情形；而未尽到积极作为义务，未向商标注册主管机关全面准确报告客观情况而取得商标注册的，即属于2001年《商标法》第41条第1款规定的以"其他不正当手段取得注册"的情形。

本案中，虽然某红茶协会在提出争议商标注册申请时，并不存在提交虚假文件骗取商标注册的行为，其申请注册争议商标也不属于无实际使用意图而抢注商标的情形，但是，有关"祁门红茶"产区地域范围的不同认识是客观存在的，国某公司在争议商标尚未核准注册前已提出异议，安徽省工商行政管理局就此还召集包含某红茶协会、国某公司在内的相关单位进行了协调并形成了会议纪要，即使某红茶协会事后不同意该会议纪要的内容，但其对"祁门红茶"产区地域范围存在争议这一事实是明确知悉的。而且根据某红茶协会、国某公司在商标评审阶段提交的证据材料，"祁门红茶"产区范围历来存在不同认识，即存在大、小"祁门红茶"产区的不同认识。争议商标仅仅将该地理标志证明商标的地域范围划定在安徽省祁门县行政区域内，虽然符合小"祁门红茶"产区的地域范围，且有2004年安徽省农业委员会《关于某红茶协会申请办理"祁门红茶"证明商标的证明》等文件予以佐证，但是，其明显与社会上普遍存在的大"祁门红茶"产区地域范围不一致。

因此，在缺乏充分证据和论证的情况下，如果仅仅按照存在争议的两种观点中的一种观点来确定使用"祁门红茶"地理标志证明商标的商品的产区范围，则是人为地改变历史上已经客观形成的"祁门红茶"存在产区范围认识不同的市场实际，是缺乏合理性的。某红茶协会在明知存在上述争议的情况下，未全面准确地向商标注册主管机关报告该商标注册过程中存在的争议，尤其是在国某公司按照安徽省工商行政管理局会议纪要的要求撤回商标异议申请的情况下，其仍以不作为的方式等待商标注册主管机关核准争议商标的注册，这种行为明显违反了地理标志商标注册申请人所负有的诚实信用义务，构成了2001年《商标法》第41条第1款规定的以"其他不正当手段取得注册"的情形，争议商标依法应予无效宣告。国某公司的部分上诉理由成立，二审法院予以支持。

综上，二审法院判决撤销北京知识产权法院（2015）京知行初字第6629号行政判决。

三、再审法院

最高人民法院审查认为，诉争商标"祁门红茶"系以地理标志申请证明商标，该类商标所标识的商品往往具有特定的质量、信誉或者其他特征，这种质量、信誉或者其他特征通常是由地理标志所标示的地区的自然因素或者人文因素所决定的，因此，地区范围的标示对于地理标志证明商标有着重要的意义。

按照国家工商行政管理总局《集体商标、证明商标注册和管理办法》的相关规定，申请以地理标志作为证明商标注册的，应当附送管辖该地理标志所标示地区的人民政府或者行业主管部门的批准文件，在申请书中说明该地理标志所标示的地区的范围，所称地区无需与该地区的现行行政区划名称、范围完全一致。这些规定是针对地理标志证明商标的特殊性所作的法律制度上的要求，申请证明商标注册的机构应当予以遵守。

安徽省行业主管部门安徽省农业委员会针对祁门红茶的生产地域范围所引起的相关主体的争议多次主持协调处理，最后对地域范围明确以"大产区"范围为准，并在本案诉讼期间再次提交了与"大产区"内容一致的说明。某红茶协会和国某公司在商标注册争议期间均参加了由安徽省工商行政管理局主持的协调会，会后形成的会议纪要亦载明诉争商标应以"大产区"范围进行标示。据此，足以认定某红茶协会对诉争商标标示的地区范围和行业主管部门的意见有了明确的知悉，在此情况下，某红茶协会既未撤回先前提交的失效的安徽省农业委员会先前关于诉争商标产区范围的说明，亦未主动向商标注册机关如实披露上述争议协调处理的情况和安徽省农业委员会作为主管部门关于证明商标标示"大产区"的最终说明，违反了地理标志商标申请人应负有的义务，被诉裁定和二审判决据此认定其构成2001年《商标法》第41条第1款中规定的"不正当手段"行为，诉争商标应予无效，是正确的。

被诉裁定系国某公司针对已注册商标提出的无效宣告请求，国某公司在请求中亦援引了 2001 年《商标法》第 41 条第 1 款，同时，二审法院根据案件具体情况可以决定二审是否开庭审理。因此，商标评审委员和二审法院并未违反法定程序。

综上，再审法院裁定驳回再审申请。

◯ 判解与学理研究

一、地理标志概述

（一）地理标志内涵

根据《商标法》第 16 条第 2 款规定，地理标志是指标示某商品来源于某地区，该商品的特定质量、信誉或者其他特征，主要由该地区的自然因素或者人文因素所决定的标志。需要注意的是，地理标志并不限定于某地理名称，亦可以是一定区域，除此之外，地理标志的关键在于地理标志产品所具有的质量和信誉等其他特征由其自然或者人文因素所决定，这是地理标志区别于普通商标，此标志区别于彼标志的核心。

在申请保护地理标志时，应充分判定自然因素或人文因素对地理标志商品特定品质产生影响的各个方面。如自然因素不仅要考虑产地的气温、光照、降水、土壤、河流等自然条件，还要把某个具体时间、某个具体环境要素对产品的某一项特定品质产生的具体影响解释清楚。产地人文因素可以分开描述，如适合该地理标志产品的生产、加工方法，特殊的生产、加工条件，也可以将地理标志产品特定品质产生影响的人文因素与产地自然因素结合描述。产地因素包括种植区域、种植时节的选择，特殊的生产场所，当地特有的生产技术等。

（二）地理标志相关概念区分

世界贸易组织《与贸易有关的知识产权协议》（以下简称《TRIPs 协议》）对地理标志作了如下定义：地理标志是指证明某一产品来源于某一成员国或某一地区或该地区内的某一地点的标志。该产品的某些特定品质、声誉或其他特点在本质上可归因于该地理来源。《保护工业产权巴黎公约》对原产地名称的定义如下：原产地名称是指一个国家、地区或特定地方的地理名称，用于标示产于该地的产品，这些产品的特定的质量或特征完全或主要是由该地理环境所致，包括自然的和人为的因素。

上述区别在于地理标志不限于地理名称，不限于现实中的实际名称，同时，其还包括具有地理含义的其他标记，只要能够让相关公众在面对标志时认知并联系到某特定区域。而"原产地名称"范围较窄，仅指地理名称。除此之外，原产地名称其关联因素只有两个，即质量或特征。而地理标志除上述关联因素外，还揭示了货物的"声誉"与该地理标志的关系。

（三）地理标志注册商标

为促进生产、经营，提高商品服务质量，维护和提高地理标志集体商标国内外市场的声誉，保护权利人成员的合法权益并充分保障消费者利益，对地理标志申请集体商标和证明商标十分必要。

集体商标是指以团体、协会或者其他组织名义注册，供该组织成员在商事活动中使用，以表明使用者在该组织中的成员资格的标志。证明商标是指由对某种商品或者服务具有监督能力的组织所控制，而由该组织以外的单位或者个人使用于其商品或者服务，用以证明该商品或者服务的原产地、原料、制造方法、质量或者其他特定品质的标志。

在进行申请注册时，需要注意的是：第一，主体资格合法，如需提交当地人民政府或行业主管部门同意申请的批准文件；第二，使用管理规则的审查，应当对商品特定质量、信誉或者其他特征以及其生产地域范围等进行审查，如吐鲁番地区独特的水土光热等自然资源决定了"吐鲁番葡萄"均有皮薄、肉脆、高糖低酸等独特品质。

二、地域范围的界定规则

（一）地域范围界定影响

地理标志旨在标示商品服务来源于某特定区域，因此按照国家工商行政管理总局《集体商标、证明商标注册和管理办法》的相关规定，以地理标志作为集体商标、证明商标注册的，申请书中应明确说明：该地理标志所标示的商品的特定质量、信誉或者其他特征；该商品的特定质量、信誉或者其他特征与该地理标志所标示的地区的自然因素和人文因素的关系；该地理标志所标示的地区的范围。

地理标志的地域范围界定不仅关切消费者利益保障，亦对其他经营者、市场竞争秩序和商标注册秩序有所影响。鉴于历史存留和社会发展等原因，诸多地理标志面临产地扩大或缩小的模糊情形，因此在注册商标时面临举证和确权的重要问题。若申请注册的地理标志证明商标所确定的使用该商标的商品产地与该地理标志的实际地域范围不符，就会产生不利影响。如果商标确权范围过大，就会不适当地将不符合确定质量和声誉的商品纳入，损害消费者可预期性利益，消费者难以通过原来标识获得稳定的高质量产品；如果商标确权范围限缩，反而不利于符合条件的经营者正常经营的秩序，在整体层面上无助于地理标志的宣传和推广。

（二）地域范围界定材料

对于地域范围的划定，不仅在申请人注册地理标志证明商标时，应当附送相关主管部门的批准文件，而且倘若注册申请提交后，地理标志证明商标指定产品的地域范围被重新划定的，理应由申请人主动说明，否则将因违反诚实信用原则，最终难以获得商标注册或维持商标继续有效。

在本案中，法院根据某红茶协会在申请诉争商标时向商标行政机关提交的由安徽省农委农业局于 2004 年 7 月 1 日出具的皖农农（经作）〔2004〕2 号《关于某红茶协会申请办理"祁门红茶"证明商标的证明》可知，其申请注册诉争商标系经该地理标志所标示地区的人民政府或行业主管部门批准的，且上述证明所附的《关于"祁门红茶"生产地域的有关说明》中也载明了该地理标志所标示的地区范围。除此之外，国家知识产权局《地理标志商标注册申请十五问》中指出，地理标志所标示地区的生产地域范围可以是县志、农业志、产品志、年鉴、教科书中所表述的地域范围；也可以由地理标志所标示地区的县级以上人民政府或其上一级行业主管部门出具的地域范围证明文件确定。地理标志所标示的地域范围为一个市、县内的，由该市、县人民政府或行业主管部门出具证明文件；地域范围为同一省两个以上市、县范围的，由该市、县的共同上一级人民政府或行业主管部门出具证明文件。跨省的由中央人民政府农业主管部门或相应省人民政府协商解决。

值得讨论的是现行制度的完善之处。《商标法》就地理标志中商品与产区的联系要求较低，只要满足自然因素或人文因素一项即可；《集体商标、证明商标注册和管理办法》要求则较高，商品与产区的联系必须同时体现自然因素和人文因素。二者都表明我国地理标志的私法保护模式在产品和产区的联系方面强调的是自然因素或 / 和人文因素的事实上的联系，既然在产品与产区的联系性方面采取事实联系性标准，就应当配置相应的专业技术部门或者人员对技术规范方面的问题作专业判断。然而，目前商标审查和审理机构内并无相应的专业技术支撑部门或人员。《集体商标、证明商标注册和管理办法》第 6 条规定，申请以地理标志作为集体商标、证明商标注册的，还应当附送管辖该地理标志所标示地区的人民政府或者行业主管部门的批准文件。而地方政府和行业主管部门又应当委托什么样的人员、以什么样的标准作出判断，法律法规并未明确。

三、适用《商标法》第44条"不正当手段注册"的要件

（一）《商标法》第44条"不正当手段注册"的理解

申请商标注册应当遵守诚实信用原则，不得以弄虚作假的手段欺骗商标行政主管机关取得注册，也不得以扰乱商标注册秩序、损害公共利益、不正当占用公共资源或者其他不正当方式谋取不正当利益等其他不正当手段取得注册。"其他不正当手段"中的"其他"是相较于《商标法》第13条、第15条、第32条等条款规定的损害特定民事权益以外的，扰乱商标注册秩序、损害公共利益、不正当占用公共资源或者以其他方式谋取不正当利益等手段取得注册的行为。此种行为违反诚实信用原则，而对于只是损害特定民事权益的情形，则应适用《商标法》第45条及《商标法》的其他相应规定进行审查判断。一般而言，此条款可以包括提交虚假文件骗取商标注册的行为，其申请注册争议商标属于无实际使用意图而抢注商标的情形。

关于《商标法》第44条第1款的"欺骗或者其他不正当手段"，曾有过相对事由条款和绝对事由条款之争。主张相对事由条款的观点，采用的是历史解释的方法，认为第44条第1款中的"欺骗或者其他不正当手段"应当属于相对事由，是制止恶意注册的兜底条款。但按照逻辑解释的方法，第44条第1款的"欺骗或者其他不正当手段"属于绝对事由，因为其与《商标法》第10条、第11条和第12条并列规定在任何人都可以启动无效宣告程序的情形下，商标局也可以依职权主动宣告注册商标无效。目前，对于这个问题，商标评审委员会和法院已经达成共识。《最高人民法院关于审理商标授权确权行政案件若干问题的规定》第24条规定，以欺骗手段以外的其他方式扰乱商标注册秩序、损害公共利益、不正当占用公共资源或者谋取不正当利益的，人民法院可以认定其属于《商标法》第44条第1款规定的"其他不正当手段"。《商标审查及审理标准（2017）》也强调采取不正当手段的行为"违反了诚实信用原则，损害了公共利益。对于只是损害特定民事权益的情形，则应适用商标法第四十五条及商标法的其他相应规定进行审查判断"。由此看来，对绝对事由条款的定位，商标审查审理机关和司法机关已经统一了观点。

（二）地理标志申请人负有较高的诚实信用义务

首先，应当明确的是，商标审查机关就地理标志范围及相关内容仅具有形式上的审查义务。这主要是基于无论是地理标志证明商标，还是地理标志集体商标，由于其所涉及的地理标志地域范围的确定具有较强的专业性，不可能像农业行政部门或质量监督行政部门一样具备依法查实每一件地理标志产品的

产源地域范围，商标注册审查机关自身难以予以核实。同时，基于形式审查标准，审查机关在大量商标注册的态势下，通过规定提交材料的内容和形式等标准化内容，明确地理标志申请流程和要件，提高审查效率。

其次，判断诉争商标之申请是否属于 2001 年《商标法》第 41 条第 1 款规定中所指的"以欺骗手段或者其他不正当手段取得注册的"情形，并不在于确定"祁门红茶"的产区范围客观如何，而在于某红茶协会在申请该证明商标时主观上是否有欺瞒商标行政机关之故意，客观上是否实施了伪造申请材料等欺骗行为。[①] 诚实信用规则在商标法中具有重要价值，这主要取决于商标法不仅是保护商标权人商誉私权，更重要的是具有维系商标注册秩序和市场经营秩序的重要使命。需要指出的是，并非所有事实上存在地域范围模糊争议的标志都无法申请注册，而是该申请人在明知标志有争议，但其所提交的材料中并未反映该争议，或者提交虚假文件解决该争议，抑或仅提出争议但无作为的行为，均可以推定申请人具有主观恶意，通过回避争议等方式欺瞒商标行政机关，恶意获取注册损害正常经营秩序。

地理标志申请人应主动向商标注册主管机关全面准确报告申请标志的相关情况，不得掩饰、隐瞒或者提供片面、虚假信息。特别是有一定社会影响的标识在申请注册时，申请人应恪守诚实信用原则，积极配合主管机关，释明标志信息情况，确保地理标志注册的准确性和公信力。

一方面，在提交申请材料时，应当按照要求准确标明该商品的特定质量、信誉或者其他特征与该地理标志所标示的地区的自然因素和人文因素的关系，以及该地理标志所标示的地区的范围。实际上，客观现实中会存在诸多模糊或不确定因素，对此应当由争议解决机构主持调解，促成当事人就产区划分达成协议，由商标注册主管部门按照协议内容确定产区范围。除此之外，亦可以由当地地理标志或有关部门组成协调会议，聘请第三方专家团或机构对相关地理标志的范围及内容进行公平、客观和公开的评审，以保障结果的科学性。另一方面，地理标志申请人应积极提交地理标志申请关于地域范围的相关争议，如果在申请过程中，地理标志证明商标指定产品的地域范围被重新划定的，理应由申请人主动说明。

四、结论

地理标志强，则区域产业兴。在品牌价值不断提升中，被冒用、混淆多、

---

① 参见北京市高级人民法院（2017）京行终 3288 号行政判决书。

使用乱等现象层出不穷，亟须法律予以规范、裁判予以引领。本案的争议焦点就在于地理标志的商品来源和区域范围，这是决定商品品质和识别功能发挥的基础。"一方水土、养一方人、生一方物"，特定区域的自然和人文共同孕育了具有特色的"土特产"。水土是自然界的客观存在，"南橘北枳"说明区域差异所产生的品质、品种上的不同评价，因此，水土范围的精准划定关乎地理标志独特性、真实性。在界定范围时，地方政府、行业协会和社会组织的相关材料都可成为标志来源范围判断的重要参考。"祁门红茶"的保护，还需当地政府、行业协会、社会组织和司法机关形成合力，共同呵护、不断擦亮"祁门红茶"这一金字招牌。

商标申请注册中对类似商品的判断规则

——某（国际商标）公司与国家工商行政管理总局商标评审委员会等商标异议复审行政纠纷案

/ 李鑫

○ 本案要旨

与他人在同一种商品或者类似商品上已经注册的或者初步审定的商标相同或者近似的，由于可能会造成相关公众的混淆，不能得到注册。其中判断是否构成类似商品应当根据相关公众对商品的一般认识综合判断，同时还可以参考《商标注册用的商品和服务的国际分类表》与《类似商品和服务区分表》。驰名商标则往往由于长期使用而具有较高的知名度，在商标与相关公众之间建立了稳定的联系，可获得跨类保护。如果引证商标并非驰名商标，两商标所使用的商品类别在分类表中也不属于相同或类似商品，但根据相关公众的一般认知，两种商标作为时尚类品牌，指定使用的商品在功能用途、销售渠道、消费群体等方面具有较大的关联性，客观上容易导致相关公众对商品来源的误认，争议商标就不应被核准注册。

○ 案件信息

申请人（一审原告、二审上诉人）：某（国际商标）公司

被申请人（一审被告、二审被上诉人）：国家工商行政管理总局商标评审委员会、（一审第三人）某眼镜制造（深圳）有限公司

案号：北京市第一中级人民法院（2008）一中行初字第360号、北京市高级人民法院（2010）高行终字第119号、最高人民法院（2012）行提字第10号

⊃ 原被告主张及理由

　　美国某公司提起上诉，请求：撤销原审判决，撤销中华人民共和国国家工商行政管理总局商标评审委员会（以下简称商标评审委员会）作出的商评字〔2007〕第6092号《关于第14×××48号"GAP"商标异议复审裁定书》（以下简称第6092号裁定），并判令商标评审委员会作出被异议商标不予核准注册的裁定。其主要上诉理由如下：（1）《商标法》第31条前半段规定"申请商标注册不得损害他人现有的在先权利"，但该规定并不要求以"在同一种商品或者类似商品上使用"为构成要件，商标评审委员会第6092号裁定和原审判决增加上述构成要件，提高对在先字号保护的门槛，属于适用法律错误。（2）虽然《类似商品和服务区分表》并未将被异议商标指定使用的眼镜等商品和引证商标核定使用的服装、服饰类商品判为类似商品，但《类似商品和服务区分表》仅为类似商品判断的参考而非依据。在被异议商标与引证商标完全相同，引证商标具有较高知名度、被异议商标申请注册有明显恶意、被异议商标指定使用商品和引证商标核定使用商品在消费群体、消费习惯、销售渠道和场所具有一致性，在上述商品均具有装饰作用、凸显时尚和个性等特点的情况下，应当判断被异议商标指定使用商品与引证商标核定使用商品为类似商品。因此被异议商标和引证商标共同使用容易导致消费者的混淆误认，对被异议商标不应核准注册。

　　商标评审委员会和某眼镜制造（深圳）有限公司（以下简称某眼镜公司）服从原审判决。

　　某（国际商标）公司（以下简称某国际商标公司）申请再审称：被异议商标与引证商标属于相同商标，被异议商标核定使用的"太阳镜、眼镜框"等商品与引证商标主要指定使用的"服装""包"等商品具有特定联系，具有相同的消费者和销售渠道，使用相同品牌足以使相关公众对产品的来源发生错误性认识。考虑到如下理由，被异议商标不应被核准注册：（1）"GAP"商标的显著性；（2）"GAP"商标的知名度；（3）商标的近似性；（4）商品的类似性/关联性；（5）某眼镜公司申请和使用被异议商标的恶意。综上，请求撤销第6092号裁定及一、二审判决，由商标评审委员会重新作出被异议商标不予核准注册的裁定。

　　商标评审委员会答辩称：（1）本案被异议商标指定使用的眼镜等与某国际商标公司在先"GAP"系列商标指定使用的化妆品、背包、衣服、时装咨询等商品及服务不构成类似商品与服务，被异议商标的注册不违反《商标法》第28条的规定。（2）"GAP"虽然为某国际商标公司字号，但被异议商标指定使用的眼镜等商品与某国际商标公司经营的服装等分属不同的行业，被异议商标的注册及使用不易造成相关公众将其与某国际商标公司相混淆，故不违反《商标法》第31条关于在先权利的规定。综上，请求维持第6092号裁定及一、二审判决。

某眼镜公司提交意见认为：（1）某国际商标公司不是本商标异议复审行政纠纷案件的当事人，无权对本案申请再审。本案在商标评审委员会、一审及二审阶段的当事人是美国某公司，美国某公司将自己拥有的部分注册商标转让给某国际商标公司，并不意味着异议复审行政纠纷案的诉讼权利即转移给某国际商标公司。（2）第6092号裁定证据充分，适用法律正确，是合法的。一、二审法院维持该裁定是正确的。某国际商标公司在申请再审中提交的证据材料不属于新证据，不应作为证据使用。被异议商标申请至今已超过十年，请求驳回再审申请。

➲ 一审法院查明的事实

1991~1994年美国某公司在第3类洗发水、第18类大手提包、第25类衬衫、第42类时装咨询等商品和服务上分别注册了四件"GAP"商标，现该四件注册商均在有效期限内。1997年10月6日，美国某公司在第25类衣服等商品上提出"BABYGAP"商标注册申请，该申请于1999年3月21日被核准注册，核定使用商品为第25类的衣服、衬衫等，专用期限至2009年3月20日。

1999年4月19日，深圳市沙湾樟树布某眼镜制品加工厂提出第14×××48号"GAP"商标（以下简称被异议商标）注册申请，指定使用商品为第9类的眼镜、眼镜（光学）、太阳镜、眼镜架、眼镜玻璃、眼镜盒（镜片盒）、眼镜板。现被异议商标经核准转让给某眼镜公司。

被异议商标经初审公告后，美国某公司向中华人民共和国国家工商行政管理总局商标局（以下简称商标局）提出异议申请。2002年9月25日，商标局作出（2002）商标异字第1155号《"GAP"商标异议裁定书》，对被异议商标予以核准注册。该裁定认定：被异议商标指定使用商品与引证商标核定使用商品、服务的功能、用途，以及服务的方式和对象均不同，未构成类似商品和服务上的近似商标。"GAP"一词本身有含义，非美国某公司所独创，其所称被异议商标摹仿其引证商标的证据不足，被异议商标的注册和使用，不会在市场上造成消费者的混淆误认。因此裁定：被异议商标予以核准注册。

美国某公司不服，向商标评审委员会提出复审申请。2007年8月27日，商标评审委员会作出第6092号裁定，对被异议商标予以核准注册。该裁定认定：（1）被异议商标指定使用在第9类眼镜等商品上，美国某公司在先申请并已注册的"GAP"系列商标则指定使用在第3、18、25、42类等的化妆品、背包、衣服、时装咨询等商品及服务上。双方商标使用商品及服务在生产工艺及设备、使用原料、销售渠道等方面均相差较远，使用近似商标不易引起消费者混淆误认。（2）美国某公司的证据不足以证明其商标已成为驰名商标，在无其他证据佐证的情况下，美国某公司商标在世界其他国家的使用不能直接作为中国相关公众知晓的证据，美国某公司商标在被异议商标申请注册之后的使用也不能当然作为被异议商标不予注册的依据。所以美国某公司依据《商标法》第13条规定不予核准被异议商标注册的主张证据不足，不予支持。（3）根据2001年《商标法》第31条规定，"GAP"虽为美国某公司企业字号，并早于被异议商标申请日期开始使用，但被异议商标指定使用的眼镜等商品与美国某公司经营的服装等商品分属不同的行业，且"GAP"系英文固有词汇，美国某公司提交的证据也不足以证明在被异议商标申请注册之前，其"GAP"字号已广为中国相关公众所熟知。因此，被异议商标的注册及使用不易导致相关公众将之与美国某公司相混淆，进而也不易对其企业字号权利造成损害，未违反2001年《商标法》第31条的前述规定。因此商标评审委员会裁定：被异议商标予以核准注册。

一审诉讼中，为证明其"GAP"商标的知名度，美国某公司提交了《商业周刊》《中国经营报》《中华商标》《ELLE》等报刊；为证明眼镜与服装的关联性，美国某公司提交了互联网上登载的文章、介绍，商标局在2005年所作三份异议裁定书复印件；美国某公司还提交了其在先注册的拉长的"GAP"商标和拉长且具有深色背景的"GAP"商标，并结合某眼镜公司在实际经营中也使用美国某公司注册的上述两商标的证据，说明某眼镜公司注册被异议商标具有恶意。

一审法院判决理由与裁判结果

美国某公司在先注册的商标核定使用商品为行李袋、衣服、浴用品以及咨询服务等，与被异议商标的核定使用商品眼镜等在功能、用途、生产部门、销售渠道等方面有很大差异，一般消费者不会认为两者存在某种关联。不可否认，随着生活元素的日益丰富多彩，某些生活用品在通常理解的用途、功能基础上已经有了新的发展，如眼镜除了矫正视力和保护眼睛的作用之外，在一定程度上也是一种时尚单品，具有装饰作用。但是，在商品类似判断时应当着重考虑该商品的主要功用和多数消费者的认识，而不应当过多强调尚不具有普遍性的因素，否则就会不适当地扩大类似商品的范围。

鉴于根据美国某公司提交的证据并不能证明其"GAP"商标已经具有较高的知名度，故美国某公司关于"'GAP'商标在时尚界的声誉及在中国的影响力较高，被异议商标的注册和使用极易引起相关公众的混淆、误认"的主张缺乏事实依据，不应予以支持。

由于美国某公司提交的证据尚不足以证明美国某公司在被异议商标申请注册时在中国已经具有较高的知名度，且"gap"在英语中是一个有确切含义的单词，故美国某公司主张某眼镜公司注册被异议商标侵害了其商号权缺乏事实和法律依据，不应予以支持。

关于某眼镜公司注册被异议商标是否具有恶意的问题。美国某公司就某眼镜公司注册被异议商标具有恶意所依据的事实与被异议商标是否应当获得注册没有直接联系，美国某公司以此为由要求对被异议商标不予注册缺乏事实和法律依据，不应予以支持。

二审法院查明的事实

美国某公司在本案中主张权利的引证商标如下：

1992年7月20日被核准注册的第60××66号"GAP"商标，核定使用商品为第18类的大手提包、行李袋、背包、手包、骑车用背包。专用期限经续展至2012年7月19日。

1992年7月30日被核准注册的第60××14号"GAP"商标，核定使用商品为第25类的衬衫、T-恤衫、卫生衫、汗衫、裤、短裤、裙子、连衫裙、夹克、腰带、帽、游泳衣、短袜、围巾、领带、手套、内衣、头饰、鞋，专用期限经续展至2012年7月29日。

1995年2月14日被核准注册的第77××61号"GAP"商标，核定使用服务为第 42 类的时装咨询、时装设计服务即服装组件和服装部件的设计、不同的服装配件相配的建议、配件包含鞋和帽子、时装间的服务。

1996 年 10 月 7 日被核准注册的第 87××52 号"GAP"商标，核定使用商品为第 3 类的身体用和浴用香皂、身体用和浴用液、身体用和浴用粉、身体用和浴用盐、香水和化妆香水、香精油、化妆品和化妆处理剂、发用香波、洗发液、洗发水、牙粉，专用期限经续展至 2016 年 10 月 6 日。

1999 年 1 月 28 日被核准注册的第 12×××57 号"BABYGAP"商标，指定使用商品为第 25 类的衣服、衬衫、T-恤衫、厚运动衫、毛线衫、背心、紧身衬裤、牛仔裤、棉毛裤、内裤、骑自行车用短裤、裙子、连衫裙、夹克、服装带（衣）、帽子、泳装、短袜、护腿、紧身衣裤、围巾、鞋、领带、手套、内衣、睡衣、头带（服装）、儿童宽松的连裤外衣、工装裤，专用期限经续展至 2019 年 3 月 20 日。

1999 年 4 月 19 日，深圳市沙湾樟树布 X 眼镜制品加工厂提出被异议商标注册申请，指定使用商品为第 9 类的眼镜、眼镜（光学）、太阳镜、眼镜架、眼镜玻璃、眼镜盒（镜片盒）、眼镜板。现被异议商标经核准转让给某眼镜公司。

➲ 二审法院判决理由与裁判结果

《商标法》第 31 条前段规定，申请商标注册不得损害他人现有的在先权利。在审查判断被异议商标是否损害美国某公司现有的在先权利时，对于《商标法》已有特别规定的在先权利，应按照《商标法》的特别规定予以保护；《商标法》虽无特别规定，但根据《民法通则》和其他法律的规定属于应予保护的合法权益的，应当根据相应的规定给予保护。字号属于应予保护的民事权益的一种，对字号来说，只有经过使用产生一定知名度才能予以保护，而且有一定知名度的字号在使用中所起到的也是区别不同的商业主体的作用，所以对字号的保护并非绝对，只有在他人使用的商标或者其他文字造成相关公众的混淆误认或欺骗时才应当对在先的字号予以保护。因此如果商品所使用的字号与使用在眼镜等商品上的被异议商标，不会造成相关公众对商品来源的混淆误认或欺骗时，不应阻止在后商标或字号的使用。

本案中，被异议商标指定使用在眼镜、眼镜架等商品上，美国某公司以从事服装的生产、销售为主，其引证商标"GAP"核定使用的商品和服务主要是行李袋、衣服、浴用品以及咨询服务等时尚类商品或服务。虽然眼镜具有一定的装饰作用，但主要还是起到矫正视力和保护眼睛的作用，一般消费者不会认为眼镜、眼镜架等商品与服装等时尚类商品存在关联关系，也就不会造成消费者对商品来源的混淆误认，因此，被异议商标的申请注册并未违反《商标法》第28条和第31条的规定，上诉人美国某公司关于被异议商标的注册申请侵犯其在先字号并与其引证商标构成类似商品上的近似商标的上诉主张缺乏依据，本院不予支持。

某眼镜公司在使用宣传其被异议商标"GAP"时称其来源于美国，代表一种休闲、自然、舒适的气质。该事实是其使用被异议商标的行为，并不能证明被异议商标申请注册时有明显的恶意，而且对上述行为美国某公司可以通过提起民事侵权之诉予以救济，因此上述行为与被异议商标是否应予核准注册并无关联，对此本院不予以审查。

➲ 再审法院查明的事实

一、二审法院认定的事实属实，本院予以确认。另查明，在二审判决作出之后，第60××14号、第77××61号、第87××52号、第12×××57号商标于2010年7月20日转让给某国际商标公司，第60××66号商标于2011年6月27日转让给某国际商标公司。美国某公司向本院出具书面材料，声明其不再以自己的名义提起或者参加本再审案，并同意某国际商标公司作为"GAP"系列商标在中国当前的权利人，以自己的名义行使与本再审案有关的全部诉讼权利和义务。某国际商标公司也向本院书面声明其承继美国某公司在本再审案中的全部诉讼权利和义务，以自己的名义参加本再审案。

➲ 再审法院判决理由与裁判结果

本案二审判决后，美国某公司已将涉案的引证商标全部转让给某国际商标公司，某国际商标公司与本案诉讼具有利害关系，同时原权利人美国某公司已声明其不再以自己的名义提起或者参加本再审案，并同意某国际商标公司承继全部诉讼权利和义务。因此作为引证商标的现商标权人的某国际商标公司申请再审并参加后续的程序并无不妥。

本案中，被异议商标与第60××14号引证商标基本相同，判断被异议商标能否核准注册，关键在于被异议商标指定使用"太阳镜、眼镜框"等商品与引证商标主要指定使用的"服装"等商品是否构成类似商品，两商标共存是否容易导致混淆误认。根据查明的事实，虽然某国际商标公司提交的证据尚不足以证明其"GAP"系列商标在被异议商标申请日之前在中国已经成为驰名商标，但能证明其具有一定的知名度，而且从某眼镜公司宣称自己来源于美国，并标榜自己与"GAP"服装相同的特点以及实际使用某国际商标公司更有显著性的拉长和有深色背景的"GAP"商标等情况来看，某眼镜公司应当是知晓引证商标的知名度，并具有攀附"GAP"品牌的主观意图。被异议商标指定使用"太阳镜、眼镜框"等商品虽与引证商标主要指定使用的"服装"等商品在《类似商品和服务区分表》中划分为不同的大类，但是商品的功能用途、销售渠道、消费群体具有较大的关联性，尤其对于时尚类品牌而言，公司经营同一品牌的服装和眼镜等配饰是普遍现象。考虑到引证商标具有一定知名度，被异议商标申请人具有"搭便车"的意图，基本相同的被异议商标与第60××14号引证商标，分别使用在眼镜和服装等商品上，客观上容易造成相关公众认为商品是同一主体提供的，或者其提供者之间存在特定联系。因此被异议商标与第60××14号引证商标已经构成类似商品上的近似商标，不应予以核准注册。商标评审委员会及一、二审法院认定错误，本院予以纠正。

○ 判解与学理研究

本案是因商标注册所引发的行政诉讼，案件的核心争议在于引证商标与被异议商标所指定使用商品类型是否属于类似商品。类似商品的判定也是法院审理商标注册和商标侵权案件的重点和难点。以下将结合本案，对类似商品的概念、特点及其认定规则进行探讨。

我国《商标法》明确规定了商标不予注册的各种情形，包括绝对禁止注册的情形和相对禁止注册的情形。在同种或类似商品上申请注册与他人相同或近似的商标就属于相对禁止注册的情形。这类商标由于与在先商标和其使用的商品类型过于相似，难以发挥商标的区分功能，很容易导致消费者的混淆误认，不仅不利于消费者的认牌购物，也会对在先商标权人的正当利益造成重大不利影响，因此不能予以注册。具体到本案，由于双方当事人对涉案的两商标属于近似商标并没有异议，因此涉案争议商标能否予以注册的关键就在于两商标指定使用的商品类型是否构成类似商品。

一、类似商品的概念及特点

类似商品，依据2002年发布的《最高人民法院关于审理商标民事纠纷案件适用法律若干问题的解释》①第 11 条的规定，主要是指在功能、用途、生产部门、销售渠道、消费对象等方面相同，或者相关公众一般认为其存在特定联系、容易造成混淆的商品。《最高人民法院关于审理商标民事纠纷案件适用法律若干问题的解释》在此也明确了应当以相关公众对商品的一般认识，综合判断是否构成类似商品。我国台湾地区的规定也有过类似表述，将依照一般商品购买人的观念，认为两商品在用途、功能、原材料等其他因素上具有共同之处或存在关联关系的，认定为类似商品。②由类似商品的定义可以基本推断出，对类似商品的判断应立足于相关公众的一般认识，并根据商品的特点以及销售渠道和销售对象的范围等因素，认定相关公众是否会产生混淆或认为其存在特定联系。

以相关公众的一般认识为视角，说明对类似商品的判断是一个主观性的标准，依赖于相关公众根据其一般生活常识和消费习惯产生的基本认知。同时，对类似产品的判断也是个案判定的过程，因为不同商品的销售范围、销售渠道以及所面向的销售人群可能不同，甚至特定地区消费者特殊的消费习惯也可能会影响相关公众对商品类似性的认识，而这些因素又属于案件事实认定部分，在不同的案件中又会有明显不同的表现。③正如最高人民法院某判决中所指出的那样，对于类似商品的认定是根据具体案件事实确定的，而非在其他的案件中也具有广泛的适用性，同样的两商品基于不同的案件事实完全有可能得出相反的判定。④

另外，对类似商品的比较应当在注册商标核定的商品与被诉商品中进行，而不应在商标权人实际生产销售的商品与被诉商品间比较。尽管司法实践对这个问题曾有过不同的认识，但是目前仍更倾向于严格依照《商标法》的规定。因为法律保护的范围是商标权人在特定类型的商品上享有的商标利益，如果当事人在核定使用的商品类型以外使用该商标的，除非另行提出注册申请并通过审查，否则不能直接享有在其他商品上的注册商标专用权，自然也就无法直接以商标权受到侵害为由请求保护。

---

① 该司法解释在 2020 年已被修改，参见法释〔2020〕19 号。
② 参见王艳芳：《商标侵权案件中类似商品的判断》，载《法律适用》2005 年第 12 期。
③ 参见黄义彪：《商标民事纠纷中类似商品的判断标准》，载《知识产权》2004 年第 4 期。
④ 详见最高人民法院驳回再审申请通知书（2011）知行字第 36 号。

二、《商标注册用的商品和服务的国际分类表》与《类似商品和服务区分表》的作用

《最高人民法院关于审理商标民事纠纷案件适用法律若干问题的解释》对分类表和区分表的作用曾作过明确的说明，认为两表可以为法院和商标审查机关在判断类似商品或者服务时提供一定的参考。因此，司法实践中，仅根据区分表和分类表对商品类别的划分就直接得出是否构成类似商品的结论显然是不合适的。一方面，如前文所述，对类似商品的判定并非绝对，需要在具体的案件事实中依照相关公众的一般认识进行具体分析，脱离案情而仅依据两表直接作出判断是一种不负责任的做法，认定结论也会太过盲目和武断。另一方面，随着社会经济发展，市场交易和公众的认识在不断地发生变化，商品或服务的类似关系也会随之变化。实践中相关公众对类似商品的一般认知与分类表和区分表的实际分类情况不一致的例子也很常见，例如，汽车与车用耐磨轴承虽在分类表和区分表中属于类似的商品，但是相关公众的看法则恰恰相反。与之对应的，相关公众往往将洗衣机、电冰箱、电风扇等都称作家用电器，并认为其属于类似的商品类型，但是它们在分类表和区分表中属于完全不同的两个类别，并不构成《商标法》所称的类似商品的范畴。① 因此《商标法条约》也确认了这种情况，认为不能仅仅依靠分类表的类别划分就直接认定两商品是否类似。②

三、类似商品的判断规则

类似商品的判断，首先，应从相关公众的一般认识出发，这里的"相关公众"是指商标所标识的商品或服务的潜在消费者或者与该商品或服务存在交易或关联关系的市场经营主体。在判断过程中，也可以根据需要，适当参考两表对商品类型的划分。其次，要以具体的个案事实为基础，结合商品特点及销售渠道、销售对象的范围判断两件商品是否具有关联性和类似性。这种客观判断不能过于严格，因为现实中完全可能出现两件商品仅部分相同，但相关公众仍会主观上认定其属于类似商品的情况。③

---

① 参见黄义彪：《商标民事纠纷中类似商品的判断标准》，载《知识产权》2004 年第 4 期。

② 《商标法条约》第 9 条第 2 款规定：（a）商品或服务不一定因商标主管机关在其任何注册或公告中将它们列在《尼斯分类》的同一类别之下而视为类似。（b）商品或服务不一定因商标主管机关在任何注册或公告中将它们列在《尼斯分类》的不同类别之下而视为不类似。

③ 参见黄义彪：《商标民事纠纷中类似商品的判断标准》，载《知识产权》2004 年第 4 期。

除此之外，在先商标的显著性与知名度，两商品之间是否存在竞争关系等因素也会影响对类似商品的判断。[①] 法院在以往的司法判决中，也曾强调过这一点。[②] 一般来说，在先商标的显著性和独创性越强，在后申请注册或使用的近似商标就越可能造成消费者的混淆。如驰名商标因其知名度较高会给相关公众留下更深刻的印象，虽然消费者大多并不熟悉厂家生产销售的所有商品类别，但相较普通商标会有更大的可能性导致在后近似商标即使使用在不同类别的商品上，也会使消费者认为该商品出自原驰名商标的厂家或与原驰名商标的厂家间存在特定的联系。两种商品之间存在竞争关系就是指两商品之间可以互相替代，如果不同经营者生产销售贴附着近似商标的商品，且两商品的质量、价格等方面差距较小，在后经营者提供的商品进入市场后，会使得在先经营者的商品销量受到较大影响，说明两商品之间存在竞争关系。商品存在竞争关系，再加上商标近似，就很可能使得相关公众难以分辨造成误认，这两种商品被认定为类似商品的概率也会大大增加。

具体到本案，引证商标主要指定使用在"服装"等商品上，而被异议商标则指定使用在"太阳镜、眼镜框"等商品上。虽然这两种商品在区分表中被划分为不同类别，但是"太阳镜、眼镜"等商品的功能已经逐渐从视力矫正实用性功能向仪表面貌装饰性转化，使其与"服装配饰"的功能相重合，因此同具时尚属性的两商品在功能特征、销售对象和销售方式上存在明显的联系。且考虑到行业内也有许多同一家公司同时生产销售服装和眼镜等配饰的情况，加之在先商标通过长期使用在我国已具有一定的影响力，将与引证商标近似的被异议商标应用于具有明显联系的两商品上，很有可能引起相关公众的混淆，同时为避免在先商标权人的正当利益受到不利影响，该被异议商标不应予以注册。

四、结论

本案的启示在于，对类似商品的认定不能脱离具体的案件事实，仅根据分类表和区分表上所列明的商品分类情况就直接得出结论。在司法实践中，要以相关公众的一般认识和具体的案件事实为基础，并结合在先商标的显著性与

---

① 参见王迁：《论"相同或类似商品（服务）"的认定——兼评"非诚勿扰"案》，载《知识产权》2016 年第 1 期。

② 详见北京市第一中级人民法院（2009）一中知行初字第 2593 号行政判决书。

知名度，两商品的功能特征、销售对象、销售方式和范围以及商品之间的关系等因素，同时参考分类表和区分表的内容，判断两件商品是否属于类似商品，进而认定诉争商标能否予以注册。

商标注册"不良影响"条款的理解与适用

——上海某贸易有限公司诉国家工商行政管理总局 商标评审委员会商标无效宣告请求行政纠纷案

/ 郭珊

⊃ 本案要旨

《商标法》第10条第1款第8项的目的在于维护社会公共利益及社会道德秩序，防止低俗、有伤风化的商标影响社会文明。有害社会主义道德风尚或有不良影响标志主要通过标志中的具体元素体现出来，需要结合这些元素的固有含义进行认定，如果只是在特殊情形或与其他元素结合才会构成不良影响时则不属于这种情形。在对不良影响进行判断时，应当以我国社会公众的一般认知为标准，并结合日常生活常识及标志的影响力。司法机关在认定时，需要在商标权人的利益与社会公共利益之间进行平衡：第一，应当保护商标权人的利益，只有当商标的注册会对社会公序良俗造成明显损害时才应当禁止商标的使用；第二，与商标权这种私权相比，社会良好美德的培养、社会道德风尚的建立、社会公共秩序的维护都应当具有更大的价值。

⊃ 案件信息

上诉人（一审原告）：上海某贸易有限公司
被上诉人（一审被告）：国家工商行政管理总局商标评审委员会
一审第三人：姚某
案号：北京知识产权法院（2016）京73行初6871号、北京市高级人民法院（2018）京行终137号

⊃ 原被告主张及理由

原告上海某贸易有限公司（以下简称上海某公司）诉称：（1）争议商

标"MLGB"系国内潮流文化服装品牌 NPC 店铺的原创品牌，其含义为"My Life's Getting Better"，汉语译文为"我的生活会越来越好"，不存在有害社会主义道德风尚的含义。（2）汉语拼音只在中国使用，在其他国家和地区根本不使用。虽然争议商标"MLGB"在网络环境下有人将它指代"妈×××"，但是远没有在社会公众中普遍流传、使用的程度。并且，网络用语通常含义并不固定，不能证明它们之间有固定的对应关系。汉语中并没有将首字母首先理解为汉语拼音缩写的思维习惯，司法机关应从善良的角度理解当事人和社会公众认知，不应当指引公众进行这种"低俗"的联想。（3）争议商标"MLGB"在全部四十类商品上均获得了注册，大量类似情况的商标已经获得商标局注册，商标评审委员会（以下简称商评委）也应当采取相同标准。而且，在争议商标核准注册后，基于对商标授权行为的信赖，上海某公司一直持续不断地投入大量资金进行品牌建设，被告撤销争议商标，将使得上海某公司多年积累的品牌商誉和市场价值面临毁损。请求法院判决撤销被诉裁定，并责令商评委重新作出裁定。

商评委辩称：（1）争议商标由字母"MLGB"组成，该字母组合在网络社交平台上广泛使用，有"妈×××"的含义，该含义消极，作为商标有害于社会主义道德风尚，容易产生不良影响。（2）原告上海某公司主张"MLGB"的含义为"My Life's Getting Better"，但是并没有证据证明该含义广为人知。（3）基于商标的个案审查原则，其他商标的注册情况不能作为本案审查的依据。商标无效宣告请求程序，基于当事人的申请启动，争议商标在其他商品类别上未被撤销，不能作为本案审查的依据。被诉裁定认定事实清楚，适用法律正确，作出程序合法，请求法院驳回原告的诉讼请求。

第三人姚某述称：（1）争议商标使用范围是中国，在中国的语境中不会将争议商标理解为"My Life's Getting Better"，而会理解为"妈×××"的含义。（2）上海某公司注册争议商标具有恶意。上海某公司同时注册了多个格调低下的商标。上海某公司的实际控制人为知名媒体人，注册上述商标是为了利用自身优势"博眼球"，在青少年中营造"鄙陋低俗"的时尚潮流，牟取不当利益。

⊃ 法院查明的事实

争议商标系第 89×××93 号"MLGB"商标，由上海某公司于 2010 年 12 月 15 日申请注册，2011 年 12 月 28 日核准注册，核定使用在第 25 类服装、婚纱、鞋、帽、袜、领带、围巾、皮带（服饰用）、运动衫、婴儿全套衣商品上。争议商标有效期至 2021 年 12 月 27 日止。

2015 年 10 月 9 日，姚某向商评委提起注册商标无效宣告申请。主要理由为"MLGB"容易让人想到不文明用语、粗话、脏话等，作为商标使用在服装、帽子等商品上，有害于社会主义道德风尚，具有不良影响。请求依据《商标法》第 10 条第 1 款第 8 项、第 44 条第 1 款的规定，对争议商标予以宣告无效。

姚某为证明其主张，向商评委提交了相关网页文件作为证据，用于证明按照社会公众的理解"MLGB"是粗话、脏话的缩写，以及"MLGB"作为商标印制在衣帽上，不能为社会公众所接受，造成不良影响。

上海某公司为证明其主张，向商评委提交了以下证据：（1）关于争议商标是否具有不良影响的讨论截屏。（2）上海某公司的业绩情况。（3）争议商标的宣传使用情况。

在本案诉讼阶段，上海某公司向法院提交如下证据：

1."MLGB"商标在不同商品和服务上的注册记录，用于证明商评委基于同一审查标准作出在第 25 类上注册无效认定，违反行政确定性原则。

2.上海某公司出具的《情况说明》及《电子缴税付款凭证》。用于证明公司通过多年努力，形成了潮牌服饰的消费群体，具有良好的销售记录和纳税记录。

3.淘宝侵权网站截图及通过淘宝知识产权投诉平台的受保护记录，用于证明"MLGB"品牌知名度较高，上海某公司积极维护其商标权及商誉。

4.BYD、SB、NND、NMD、CD、CNM、MLB、NMB、NB、TMD、TNND、MD、MB 申请及已注册信息。用于证明在国内外及相关行业均有大量与本案争议商标的类似注册商标正在使用，其中不乏知名商标、驰名商标。

5.品牌宣传证据。用于证明上海某公司为宣传"MLGB"商标投入了大量的人力、物力，形成了良好商誉。在使用和宣传"MLGB"商标时，上海某公司以显著的方式突出对商标含义"My Life's Getting Better"的宣传，足以使相关消费受众形成对商标正确含义的认识。

在一审程序中，姚某向本院提交如下证据：（1）上海某公司在申请"MLGB"商标的同时申请注册成功了"c×××"以及"草某某"商标的证据。用于证明上海某公司注册争议商标存在恶意。（2）商评委作出被诉裁定后相关专业人士撰写的文章，用于证明公众知道"MLGB"对应的格调不高的中文含义。

在二审过程中，上海某公司补充提交了网络搜索的结果打印件、《电子缴税付款凭证》、其他案件的裁判文书、新华社公布的《新华社新闻报道中的禁用词》，用以证明在争议商标申请注册时并无相关含义，同时上海某公司投入了大量人力、物力对争议商标进行使用、宣传，并且网络禁用词中并不包含"MLGB"。姚某补充提交了2017年11月30日相关网站关于"MLGB"商标被法院驳回的评论文章、中国互联网中心发布的第40次《中国互联网发展状况统计报告》、新华社及中国评论通讯社发布的相关新闻报道等证据，用以证明争议商标具有不良影响。

➲ 法院判决理由与裁判结果

一、一审法院

本案对于争议商标"MLGB"注册是否有害于社会主义道德风尚或者有其他不良影响，一审合议庭出现了不同的意见。

少数意见认为，争议商标"MLGB"的注册不违反《商标法》第10条第1款第8项的规定，被诉裁定应予撤销。主要基于以下几方面的理由：

1.用"MLGB"指代"妈×××"的现象，在日常生活中并不常见，"MLGB"尚不能构成"妈×××"的固定含义。社会道德风尚取决于大多数人的认知，不能因为有人将"MLGB"指代"妈×××"，就认为两者建立了固定联系。汉语中并没有以汉语拼音首字母理解英文组合含义的习惯，用"MLGB"指代"妈×××"是由于不正当的联想产生了危害社会道德风尚的含义，不能认为"MLGB"标志本身就具有了危害道德风尚的含义。

2.商标权人基于对行政授权行为的信赖，在商标的推广、宣传过程中投入了大量资源，争议商标实际持续使用并有一定规模。对于商标核准注册日之后证据的采信和认定应当尤其慎重，以保护权利人对商标注册行为的信赖。

3.《商标法》第10条第1款第8项用于评价标志本身以及标志使用在核定商品上是否会对社会主义道德风尚造成危害，至于上海某公司注册争议商标是否有意迎合部分网络上的低俗品位，并不属于该条款规制的范围。

多数意见认为，争议商标"MLGB"的注册属于《商标法》第10条第1款第8项规定的有害于社会主义道德风尚的情形，应予宣告无效，被诉决定认定正确。主要是基于以下理由：

1.从立法目的出发，在适用《商标法》第10条第1款第8项时关注的是裁判作出时的社会公共利益和道德秩序的维护。依据该条审查注册商标是否需要宣告无效时，不仅仅限于商标标志在申请日或者核准注册日的含义，产生于核准注册日之后，用于证明争议商标标志现有含义的证据也可以作为认定的根据。

现有证据表明"MLGB"最早出现即用来指代"妈×××"，在争议商标核准使用日之前这种用法已经存在，在争议商标核准注册后，这种指代使用和认知的范围随着网络的发展逐渐扩展，甚至扩大出现在日常生活中。上海某公司虽然主张其使用的"MLGB"标志是"My Life's Getting Better"的缩写，但并无证据表明这种缩写方式是英文中常见的表达，也没有证据表明这种用法为公众所知悉或者能够打消"MLGB"与"妈×××"之间的对应关系给人带来的厌恶感。

2. 争议商标主要消费群体为猎奇心理较强、追求彰显个性的青年群体。恰恰这些群体大都是网络的使用者，几乎都知晓"MLGB"与"妈×××"之间的指代关系。从商品使用的群体定位看，争议商标申请注册时即具有迎合低级趣味和叛逆心理的意图。

3. 标志含义的识别范围并不等同于该含义可能造成影响的范围，标志特定含义造成的影响并不局限于该含义被认知的范围。仅对特定群体而言具有负面含义的标志，同样可以波及整个社会的道德风气。

诉争商标对青少年群体而言含义低俗，维持注册，更容易产生将低俗另类当作追求时尚的不良引导，这种不良引导直接影响的是青少年群体，危害后果必将及于整个社会的道德风尚。互联网并不是法外之地，网络交往环境也是建立在真实的社会关系上。适用《商标法》第10条第1款第8项评价基于网络语言形成的商标标志时，抵制低俗、恶俗，弘扬真善美、传播正能量，维护社会主义精神文明和道德风尚仍然是需要遵循的基本价值准则。商评委关于争议商标属于《商标法》第10条第1款第8项规定的有害于社会主义道德风尚和其他不良影响的商标认定正确，应当予以维持。

一审法院判决驳回原告上海某公司的诉讼请求。[①]

二、二审法院

原告不服一审判决，提起上诉，其主要理由如下：（1）原审判决关于争议商标已经形成了相对固定不文明含义的认定缺乏依据，上海某公司在对品牌宣传时，争议商标的含义均明确释义为"My Life's Getting Better"；（2）司法

---

① 该判决书指出"合议庭评议案件实行少数服从多数的原则"。该案是我国判决书中少见的将合议庭少数意见和多数意见分别写入的案件。

者应从善良的角度理解当事人、社会公众的认知，相信人们是高尚的，这才符合法治精神和既有案例，才能发挥法律对高尚、善良风俗正面引导作用；（3）在争议商标与不文明含义并未实际形成一一对应关系的背景下，原审判决的认定结论存在不利影响，与社会公众申请注册商标的初衷相违背。商评委及姚某服从原审判决。

二审法院认为，由于2001年《商标法》第10条第1款第8项所规定的"其他不良影响"情形系对相关标志禁止作为商标使用的绝对情形进行的界定，故既应避免不当扩大认定范围，限缩商业活动中经营者自由表达和创造的空间，又应避免不当缩小认定范围，致使可能对我国社会公共利益和公共秩序产生消极、负面影响的标志获准注册，有效发挥司法在商标行政案件审理中的主导作用。因此，对商标标志或者其构成要素是否属于"其他不良影响"的认定，应当从以下四方面进行综合判断：

1.是否属于"其他不良影响"的判断主体。诉争商标标志或者其构成要素是否属于"其他不良影响"情形的判断主体应当为"社会公众"。因上述条款系针对相关标志禁止作为商标使用的绝对情形予以规定，以相关标志可能损害社会公共利益和公共秩序为前提，从保护"公序良俗"的视角出发，故对此问题的判断主体应当为全体社会公众。

2.是否属于"其他不良影响"产生的判断时间。在审查判断商标标志或者其构成要素是否具有"其他不良影响"的情形时，一般应当以诉争商标申请注册时的事实状态为准。若申请时不属于上述情形，但在核准注册时诉争商标已经具有"其他不良影响"的，考虑到为避免对我国社会公共利益和公共秩序产生消极、负面影响，也可以认定诉争商标构成《商标法》第10条第1款第8项所规定的情形。

此外，应当区分商标授权和确权程序的制度差异。特别在商标确权案件中，即使由于公众使用文字的习惯、方式发生了改变，使已注册商标标志被赋予了其他含义，但从保护商标权利人信赖利益的角度出发，应当合理平衡私有权利与公共利益的关系，除非存在维持诉争商标注册会明显违背公序良俗的情形，否则一般不宜将注册日之后的事实状态作为评价诉争商标是否具有"其他不良影响"的依据。

3.是否属于"其他不良影响"含义的判断标准。在审查判断是否具有"其他不良影响"的情形时，一般应当根据"固有含义"进行判断，应以我国公众通常认知为标准，即以辞典、工具书等正式官方出版物或者能够为公众广泛接触的具有"公信力"的信息载体等所确定的内容为准，但是若我国公众基于生活常识已经对相关内容形成普遍认知的情况下，亦可以经过充分说明予以确定。

避免将诉争商标标志或者其构成要素在特殊语境、场合等情况下，通过演绎、联想等方式后，所形成的非通常含义负载于诉争商标标志或者其构成要素之上，作为认定其具有"其他不良影响"的标准，否则势必造成对经营者在商业活动中应属自由表达创造空间的不当限缩，亦不利于对我国社会主义道德文化进行积极、正向的指引。若对诉争商标含义的认识存在分歧，可以通过参考诉争商标申请注册主体、使用方式、指定使用的商品或者服务等因素，就诉争商标的使用是否可能对我国社会公共利益和公共秩序产生消极、负面的影响形成"高度盖然性"的内心确认。

4.是否属于"其他不良影响"的举证责任。在审查判断是否具有"其他不良影响"的情形时，一般应当由主张诉争商标具有"其他不良影响"的当事人承担举证证明责任。然而，应当避免在诉争商标含义存在不确定性或者并未形成普遍认知的情况下，仅凭特定群体的心理预设就赋予诉争商标特定含义。

基于上述分析，本案中争议商标由字母"MLGB"构成，虽然该字母并非固定的外文词汇，但是结合姚某在行政审查阶段提交的部分形成于争议商标申请注册日前的相关网页截图，以及考虑到我国网络用户数量规模之大、网络与社会公众生活密切相关等因素，在网络环境下已经存在特定群体对"MLGB"指代为具有不良影响含义的情形下，为了积极净化网络环境、引导年轻一代树立积极向上的主流文化和价值观，制止以"擦边球"方式迎合"三俗"行为，发挥司法对主流文化意识传承和价值观引导的职责作用，应认定争议商标本身存在含义消极、格调不高的情形。同时，考虑到虽然上海某公司在使用争议商标时，与英文表述一并使用，但其在申请争议商标的同时，还申请了"c×××"等商标，故其以媚俗的方式迎合不良文化倾向的意图比较明显，在实际使用过程中存在对争议商标进行低俗、恶俗商业宣传的情形。因此，综合在案情形，原审判决及被诉裁定关于争议商标的注册违反2001年《商标法》第10条第1款第8项规定的认定并无不当，本院予以确认。

综上，二审判决驳回上诉，维持原判。

⇒ 判解与学理研究

本案的争议焦点是诉争商标的注册是否违反《商标法》第10条第1款第8项，即"不良影响"条款，根据该条规定，有害于社会主义道德风尚或者有其他不良影响的标志不得作为商标注册，也不得作为商标使用。由于该条的规定较为抽象，因此在实践中尚未形成统一的判断标准，在法律适用过程中也存在诸多争议，二审法院专门提出了认定商标标志或者其构成要素是否具有 "不良影响" 的四个综合考量因素，对于实践具有重要意义。下文将结合本案，对 "不良影响" 条款的理解和适用问题进行具体分析。

一、"不良影响" 条款的理解

对于《商标法》第 10 条第 1 款第 8 项中的 "其他不良影响"，《最高人民法院关于审理商标授权确权行政案件若干问题的规定》第 5 条第 1 款进行了规定："商标标志或者其构成要素可能对我国社会公共利益和公共秩序产生消极、负面影响的，人民法院可以认定其属于商标法第十条第一款第（八）项规定的 '其他不良影响'。"《商标审查及审理标准》中也对 "其他不良影响" 进行了类似的定义，并将 "社会公共利益" 具体到政治、经济、文化、宗教、民族等层面。从 "不良影响" 的释义看，"不良影响" 条款的调整范围是涉及社会公共利益的标志，因此如果某标志仅涉及对私人利益的侵犯，则不能适用该条款，而应寻求其他法律条款的救济。相较于私人利益，公共利益的影响更为广泛，损害公共利益和公共秩序行为的性质也更为恶劣，因此与《商标法》第 10 条中的其他条款一样，对 "不良影响" 条款的违反应属于商标不予注册的绝对理由。

关于 "不良影响" 条款的法律地位，目前存在几种不同的观点：第一种观点认为，"不良影响" 条款是商标不予注册情形的兜底条款[1]，当其他商标不予注册条款不能适用，而注册又有损公共利益时，可以寻求该条款的救济。第二种观点认为，"不良影响" 条款是《商标法》第 10 条第 1 款的兜底条款[2]，但是这种兜底并非无限的，而要限制在与 "有害于社会主义道德风尚" 恶劣程度相当的范围内。第三种观点认为，应当将 "不良影响" 条款中的 "有害于社会主义道德风尚" 和 "其他不良影响" 分别看待，其中 "有害于社会主义道德风尚" 是商标不予注册的绝对事由之一，"其他不良影响" 是对包括 "有害于社会主义道德风尚" 在内的《商标法》第 10 条第 1 款的全部八种情形的

---

[1] 参见黄汇：《商标法中的公共利益及其保护——以 "微信" 商标案为对象的逻辑分析与法理展开》，载《法学》2015 年第 10 期。

[2] 参见邓宏光：《商标授权确权程序中的公共利益与不良影响：以 "微信" 案为例》，载《知识产权》2015 年第 4 期。

兜底①。第四种观点认为，"不良影响"条款并非兜底条款，《商标法》第10条第1款采取的是穷尽列举的模式，"不良影响"仅仅是对与"有害于社会主义道德风尚"相类似情形的补充说明②。笔者赞同最后一种观点。从立法体系看，《商标法》第10条第1款的前七项规定并非都涉及"社会主义道德风尚"，因此"不良影响"条款不应是整个《商标法》第10条第1款的兜底条款。另外，如果"其他不良影响"本身是对《商标法》第10条第1款的兜底，则立法应当单列出第9项对其进行规定，但是立法并未采取这种做法，因此"其他不良影响"也不能视为对《商标法》第10条第1款的兜底。从利益平衡角度看，《商标法》一方面要维护社会公共利益和公共秩序；另一方面也要保护商标权人的私利，在大多数情形下公共利益相较于私人利益有优先保护的效力，但是这种保护不能过度和泛滥，否则会造成对个人权益的损害。《商标法》第10条规定的是商标不予注册的绝对理由，涉及这几种情形的标志不仅不能进行商标注册，甚至不能作为商标使用，因此对于这种涉及不可商标性的规定，应当采取谨慎的态度进行理解和适用，不能不当扩大其调整范围，从而损害生产经营者正常的商业表达。因此，"不良影响"条款仅仅是与前七项条款并列的情形，其中"其他不良影响"只是对"社会主义道德风尚"相类似情况的补充说明，在可以适用其他条款的情况下不能滥用该条款。

二、"不良影响"条款的认定标准

（一）"不良影响"条款的认定主体

对于"不良影响"条款的认定主体，目前尚存在争议。一种观点认为，"不良影响"的认定主体应当是商标法意义上的相关公众，即与商标所使用的商品或服务密切相关的消费者和生产经营者等，因为商标所面对的群体是有限的，主要是能够接触到这类商标的某一商品或服务领域的相关公众，因此只要这类公众认为某标志或标志的组成要素具有不良影响，就能够认定其违反了《商标法》第10条第1款第8项。另一种观点认为，"不良影响"的认定主体应当是全体社会公众，主要原因在于《商标法》第10条第1款规定的是商标不予注册的绝对理由，其中涉及的都是与国家政治、经济、文化、宗教、民族相关的社会公共利益，所有社会公众都是利益相关体，因此应当以社会公众的一般认知

---

① 参见李扬：《"公共利益"是否真的下出了"荒谬的蛋"？——评微信商标案一审判决》，载《知识产权》2015年第4期。

② 参见夏君丽、周云川等：《〈关于审理商标授权确权行政案件若干问题的意见〉的理解与适用》，载《人民司法》2010年第11期。

情况为标准对"不良影响"进行认定。本案中二审法院也对这一问题进行了论述,其采用了第二种观点,认为"不良影响"的判断主体是社会公众。笔者也赞同第二种观点,即应当以普通公众的认定标准作为基础,才能更加严格地对损害公序良俗的商标进行打击,更好地营造社会良好风气,促进社会文明。

(二)"不良影响"条款的认定时间

关于"不良影响"条款的认定时间,本案一审法院的观点发生了分歧。少数意见认为,为了保护商标权人的信赖利益,应当原则上以商标申请注册时的事实情况为证据,对于商标核准注册日之后证据的采信要尤为慎重。而多数意见认为,法院在裁判时应当关注当下的社会公共利益和道德秩序,因此商标申请注册时和核准注册后与标志含义相关的证据都可以作为认定依据。本案中的二审法院支持了一审法院中的少数意见。笔者也认为,不能一味地为了保护公共利益而牺牲商标权人的利益,商标权人在商标获得注册后基于对授权行政程序的信任,在商标使用和品牌建设上投入的人力、物力、资金以及在商标上积累的商誉,都值得法律保护。法院在裁判时,应当坚持利益平衡的原则,尽可能地保护商标权人的付出和利益,如果商标的恶劣和不良影响程度已经超出了该商标识别来源的功能含义,如果不禁止使用会有损公序良俗,则应当将天平向公共利益倾斜。

(三)"不良影响"条款的认定因素

关于"不良影响"条款的认定因素,目前也存在争议。一种观点认为,"不良影响"条款的认定对象是标志或其构成要素本身,而无须考虑其他因素。《商标法》第10条第1款规定的是商标不予注册的绝对理由,某标志一旦被认定为具有该条款规定的情形,则不仅不能作为商标注册,也不能作为商标使用,而且所有的市场主体都无法使用。根据这一性质,"不良影响"的认定因素应当是相对固定的,只考虑标志或其构成要素,而不考虑标志的使用情况,否则会因为标志之外的因素得出不同的结论,在某些情况下可以使用而在某些情况下却不能使用,有违立法逻辑。另一种观点认为,如果在对标志是否具有"不良影响"进行认定时,仅考虑标志或其构成要素本身,则未免过于教条化。实践中的情形更加复杂,一些标志的含义也更加丰富和隐晦,只有当使用在某些特定的商品或服务上时,才会使社会公众认定为具有"不良影响",此时如果对这种标志进行"一刀切",则有矫枉过正之嫌,也会损害生产经营者的权利。《商标审查及审理标准》中规定:"有害于社会主义道德风尚或者具有其他不良影响的判定应考虑社会背景、政治背景、历史背景、文化传统、民族风俗、宗教政策等因素,并应考虑商标的构成及其指定使用的商品和服务。"全国人大常委会法工委所编写的《中华人民共和国商标法释义》中也是如此解释的。[①] 因此从目前的行政规范和权威解释看,更加倾向于第二种观点,即在对标志是否具有"不良影响"进行认定时,不以标志本身或其构成要素为唯一的考量因素,商标所指定使用的商品或服务也应当被纳入考量范围。

司法实践中,法院在认定的过程中,通常也会将商标的使用情况作为判定因素。如对于同一个商标"叫个鸭子",由于其所核准注册的商品或服务类别不同,北京知识产权法院就作出了不同的判决。对于核准注册在"广告、为零售目的在通讯媒体上展示商品、组织商业或广告展览、市场营销"等类别上的"叫个鸭子"商标,法院认为其使用在指定服务上并未构成不良影响。[②] 然而,对于核准注册在"住所代理(旅馆、供膳寄宿处)、饭店、汽车旅馆"等服务类别上的"叫个鸭子",法院却认为"鸭子"在非主流文化中有"男性性工作者"的含义,如果使用在指定服务上会引发相关公众对这一含义的联想,容易造成不良影响。[③] 虽然二审法院最终驳回了这一判决,但是并未否认一审法院的认定思路和逻辑,可见司法实践对于"不良影响"的认定也是结合指定使用的商品和服务综合进行判定的。

笔者认为,"不良影响"认定的首要因素是标志或其构成要素,主要根据标志的词性、词义等进行判断,在此过程中,主要考虑标志的通常含义。对标志通常含义的理解以社会公众的一般认知为标准,可以参考辞典、书籍、报刊杂志、新闻媒体等权威资料,公众的日常生活经验也能够作为重要参考。随着网络的普及和发展,许多新兴的网络语言也诞生了,并从网络开始逐渐影响整个社会,因此法院在裁判时也要与时俱进,对这类网络文化也予以关注。对于标志或其构成要素的含义明显有损公序良俗的,可以认定为具有"不良影响",由于其恶劣程度高,应禁止所有市场主体对其在任一商品或服务上的使用。但对于有些标志而言,由于其具有多重含义或者含义比较隐晦等情况,恶劣程度不是很高,并非一看到就会让公众产生不好的观感,当其被使用在某些特定的商品或服务上,才容易让公众产生不好的联想,造成不良影响。如果仅因为其超越了标志本身的不良影响就予以放任,反而不利于社会公序良俗的建设。商标只有在生产经营活动中进行实际使用才能发挥其作用,商标标志与商标使用是分不开的,在对商标标志是否具有"不良影响"进行认定时,应当结合商标

---

① 参见全国人大常委会法工委编:《中华人民共和国商标法释义》,法律出版社 2013 年版,第 27 页。

② 参见北京知识产权法院(2016)京 73 行初 4015 号行政判决书。

③ 参见北京知识产权法院(2017)京 73 行初 2359 号行政判决书。

的使用情况综合进行判断。因此,除了标志及其构成要素,标志所指定使用的商品和服务、标志使用的语境、使用的方式等,都应属于"不良影响"认定过程中的考量因素。

三、结论

"不良影响"条款是商标不予注册的绝对理由,在对某一标志或其构成要素是否具有"不良影响"进行判断时,应当以社会公众的一般认知为标准,除了标志或其构成要素的含义本身,标志所指定使用的商品或服务类别、使用的方式、使用的语境等都应当作为考量因素。在适用该条款时还应当遵循利益平衡原则,既要保护商标权人的表达自由和信赖利益,也要保护社会公共利益和道德风尚,通过裁判实现二者之间的平衡。

商标法中的"其他不良影响"条款

——陕西某纸业有限责任公司与国家工商行政管理总局
商标评审委员会商标无效宣告请求行政纠纷案

/ 王惠庭

⊃ 本案要旨

在判断某一标志是否具有其他不良影响的情形时，应考虑该标志或其构成要素是否可能会给我国的政治、经济、文化、宗教、民族等公共利益和公共秩序造成消极、负面影响。判断商标是否有"不良影响"，应综合考虑商标本身和在特定商品、服务上使用商标所产生的不良影响，以商标使用是否会产生不良影响作为最终判断的标准。将佛教寺院名称作为商标用在卫生纸上，不仅损害了佛教信仰者的宗教感情，而且会对社会公共利益和公共秩序造成不良影响。具有不良影响、违反公序良俗原则的标志属于禁止作为商标使用的标志，不能通过使用获得注册。

⊃ 案件信息

原告：陕西某纸业有限责任公司

被告：国家工商行政管理总局商标评审委员会

第三人：某寺

案号：北京知识产权法院（2015）京知行初字第 3649 号

⊃ 原被告主张及理由

原告陕西某纸业有限责任公司（以下简称某纸业公司）诉称：诉争商标在卫生纸商品上注册和使用没有违反修改前的《商标法》第 10 条第 1 款第 8 项的规定，被告认定事实错误、适用法律不当、程序违法，请求人民法院判决撤销被诉裁定，就诉争商标重新作出裁定。首先，原告于 1986 年实际使用该商标,1989年3月24日申请注册该商标并一直使用至今,已具有较高的知名度,依法应认定为驰名商标,该知名度不仅对佛教僧人无不良影响,而且对某寺和佛教僧人来讲是一种荣耀及宣传推广。其次,诉争商标已经形成与"某寺"不同的含义,体现的是该卫生纸的生产地和独特的祥云设计,与某寺作为佛教圣地和僧人的情感无任何关联性。再次,原告在卫生纸上使用该商标不构成对佛教形象和佛教僧人的损害和伤害。"不良影响"是指商标或构成要素本身的不良影响,而非该标志使用在其指定的商品上是否会造成不良影响。最后,被告在诉争商标评审过程中程序违法,未向原告送达第三人提供的相应资料和原件,违反了《商标法》及《商标法实施条例》的规定。综上,请求法院依法撤销被诉裁定。

被告国家工商行政管理总局商标评审委员会(以下简称商标评审委员会)辩称:被诉裁定认定事实清楚,适用法律正确,作出程序合法,请求法院予以维持。

第三人某寺述称:某寺历史悠久,作为佛教圣地在全国乃至全世界佛教信徒中具有重要地位,诉争商标将闻名世界的宗教名寺"某寺"注册并使用在卫生纸上,损害了宗教信徒的信仰感情,构成了不良影响。"某寺"为特定的寺院名称,指向是明确特定的第三人,并不是地名。原告所在地为某镇,与某寺并不属于同一概念,其所称"某寺"商标属于地理名称是偷换概念。原告将"某寺"作为商标注册并使用在卫生纸商品上,严重损害了广大佛教信徒的感情,在宗教界造成了恶劣影响,既违背了《商标法》第10条的相关规定,也违背了现阶段国家宗教管理的相关政策,某寺是在世界范围内受广大信徒顶礼膜拜的朝圣之地,该行为损害的不是特定民事权益,损害的是某寺僧人的宗教精神和物质利益。

➲ 法院查明的事实

诉争商标系第51××11号"某寺 FamensI 及图"商标,由某纸业公司于1989年3月24日提出注册申请,于1990年1月30日核准注册,指定使用商品为第16类:印刷用纸;有光纸;卫生纸。该商标专用期限经续展自2010年1月30日至2020年1月29日。

2013年12月18日,某寺提出对诉争商标的撤销申请。其主要理由如下:(1)某寺是全世界佛教信徒瞻仰的佛教圣地,在全国乃至国际上都享有盛誉。1988年,某寺正式开放并举办了国际性的佛指舍利瞻礼法会,2006年5月25

日，某寺作为南北朝至清代古遗址，被国务院批准列入第六批全国重点文物保护单位名单。（2）将诉争商标用在卫生纸上是对宗教的不尊和亵渎，伤害了宗教僧人的信仰和感情，具有严重的社会不良影响，违反了《商标法》第10条第1款第8项之规定，第三人也仅善意地对在16类商品上注册的"某寺"商标提出撤销申请，而未对其他商品上的"某寺"商标注册有争议。（3）原告申请诉争商标，具有明显主观恶意，希望借助某寺在世界上的宗教影响力来发展自己的品牌，是借名获利的"搭便车"行为。

商标评审委员会经审理，于2015年4月29日作出被诉裁定，裁定对诉争商标在卫生纸商品上的注册予以无效宣告。该裁定认为：本案的焦点问题在于：诉争商标在卫生纸商品上注册和使用是否违反了修改前的《商标法》第10条第1款第8项的规定。卫生纸与生活用纸不同，在实际生活中，较多用于如厕等方面。某寺为佛教圣地，若作为商标使用在卫生纸商品上，易损害佛教形象，伤害佛教僧人感情。诉争商标的主要识别部分是"某寺"，整体上未形成区别于第三人某寺的不同含义，且虽然有证据证明诉争商标经过使用具有一定的知名度，但该知名度尚不足以消除诉争商标在卫生纸商品上注册和使用给佛教僧人带来的不良影响。依据修改前的《商标法》第10条第1款第8项，现行《商标法》第44条第1款、第3款和第46条的规定，商标评审委员会裁定：诉争商标在卫生纸商品上的注册予以无效宣告。

诉讼阶段，原告向法院提交了117份证据：第一组证据系原告企业的经营信息及情况，用以证明原告经营时间与地理位置，与第三人属同一地理区域；第二组证据系原告的生产经营规模情况以及纳税记录，用以证明为当地劳动力就业以及对地方经济发展所作的贡献，"某寺"卫生纸已经形成稳定的市场秩序；第三组证据系原告产品质量符合相关标准并获得有关认证，用以证明原告品牌获得好评，具有极高的美誉度；第四组证据系诉争商标的产品实物及外包装图片，用以证明原告对诉争商标的使用情况；第五组证据系原告2005年至2014年年度审计报告，销售证明与部分销售合同，用以证明原告已形成较为稳定的市场规模；第六组至第八组证据系原告对诉争商标的产品的宣传投入，获得的荣誉称号等，用以证明诉争商标的商品拥有极高的知名度与影响力；第九组证据系原告所做的对相关公众的采访视频，用以证明诉争商标使用在卫生纸上已具有第二含义，与原告形成一一对应的指向性关系；第十组证据系当地相关政府部门对原告为当地提供就业机会、提供纳税的证明等，用以证明原告对当地经济发展具有一定的促进作用；第十一组证据系在先生效判决，用以证明商标注册审查时关于不良影响的判断应当考虑标志或者其构成要素本身是否可能对我国政治、经济、文化、宗教、民族等社会公共利益和公共秩序产生消极、负面影响；第十二组证据系"某寺"商标注册列表及部分商标的注册档案，用以证明大量不同主体申请的"某寺"商标已经获得注册；第十三组证据系原告与第三人之间签订的和解协议，用以证明原告已经与第三人就诉争商标的使用达成和解。

第三人向法院提交了两组证据：（1）"某寺"卫生纸的照片，用以证明原告对诉争商标实际使用在第16类卫生纸产品上；（2）扶风县志对某寺的记载以及某寺重要活动照片，用于证明某寺历史悠久，经常举办全国性、世界性法事，在全国乃至世界上具有广泛影响力。在庭审过程中，第三人明确确认对诉争商标仅在第16类卫生纸商品上提出无效申请。

⊃ 法院判决理由与裁判结果

北京知识产权法院认为：本案的争议焦点在于诉争商标是否构成修改前的《商标法》第10条第1款第8项规定的情形。

修改前的《商标法》第10条第1款第8项规定：有害于社会主义道德风尚或者有其他不良影响的标志不得作为商标使用。审查判断有关标志是否具有"其他不良影响"时，应当考虑该标志或者其构成要素是否可能对我国政治、经济、文化、宗教、民族等社会公共利益和公共秩序产生消极、负面影响。在判断涉及宗教的商标标志是否属于"其他不良影响"时，应当从标志本身的含义及其可能造成的危害后果两方面进行分析，从而认定是否违背了公序良俗的基本原则。而可能造成的危害后果则需要结合商标的具体使用行为是否会产生不良的社会效果来进行判断。因此，判定某标志是否具有"其他不良影响"时，不仅要考虑商标本身是否具有不良影响，同时还应考虑该商标指定使用的商品、服务的特点及其使用的效果。李琛教授认为"不良影响"条款是对商标传递的文化信息违反公序良俗的概括性规定，商标传递的信息，是通过人的解读来确定的，解读与语境相关。因此，对"不良影响"的解释不得狭隘地理解为不考虑商品或服务，只考虑符号构成。[①] 李扬教授认为，如果某标志本身具有不良影响，其使用也会产生不良影响，该标志当然不能作为商标申请注册和使用。如若标志本身虽没有不良影响甚至具有正面影响，但如其使用将产

---

① 参见李琛：《论商标禁止注册事由概括性条款的解释冲突》，载《知识产权》2015年第8期。

生不良影响,该标志也不能作为商标申请注册和使用。[①] 例如,在贵州某酿酒有限公司诉商标评审委员会商标争议行政纠纷案[②] 中,最高人民法院确定诉争商标本身的文字内容和商标的图文组合虽不致产生有害于社会主义道德风尚的后果或者具有其他不良社会影响,但鉴于李某某先生在酒行业内具有一定的知名度和影响力,将其姓名作为商标注册在"酒精饮料(啤酒除外)"商品上,易使相关消费者将商品的品质特点与李某某本人或茅台酒的生产工艺相联系,从而误导消费者,并造成不良影响。在某管理局诉商标评审委员会商标争议行政纠纷上诉案[③] 中,北京市高级人民法院在判决中指出将"梵净山"注册在第 41 类夜总会和第 44 类按摩等服务上,有害于佛教信徒的宗教信仰和宗教感情,有违公序良俗,属于《商标法》第 10 条第 1 款第 8 项规定的"不良影响"。在上海某珠宝有限公司诉商标评审委员会商标争议行政纠纷上诉案[④] 中,北京市高级人民法院确认"城隍"作为道教神灵有较为悠久的历史,且系与百姓生活联系比较密切的神灵。在此情形下,将"城隍"作为商标加以使用,将对信奉道教的相关公众的宗教感情产生伤害,并对社会公共利益和公共秩序产生消极、负面的影响。以上在先判决在判断商标是否具有"不良影响"时,均将商标本身及商标在具体的商品、服务上使用所产生的效果相结合进行了考虑,以商标使用是否会产生不良影响作为最终的判断标准。

本案中,诉争商标为"某寺",某寺为佛教寺庙,始建于东汉末年,在 1987 年出土四枚佛指舍利和大量文物之后而闻名,寺内拥有六百多位常住僧人、上万名俗家弟子,在每年的四月初八、七月十五、腊月初一会举行较大的佛事活动,具有广泛影响力。寺院于 2004 年成立了某寺佛学院,致力于对佛学的传播,目前是我国西北地区唯一一所汉传佛教高等学府,在佛学界以及全国拥有较高知名度。我国坚持并尊重宗教信仰的自由,某寺作为在全国具有广泛影响力的寺院,不仅在广大佛教信徒中具有崇高的地位,在普通群众中也具有十足的影响力。佛教在中国具有悠久的历史,拥有数量庞大的群众基础。"某寺"已经与宗教产生了必然的联系,具有了宗教含义。考虑到诉争商标指定使用的是卫生纸,而卫生纸的主要作用亦为清洁污秽之物,是人们日常如厕的生活用品,如果将"某寺"商标使用在卫生纸上,可能会对宗教信仰、宗教

① 参见李扬:《"公共利益"是否真的下出了"荒谬的蛋"?——评微信商标案一审判决》,载《知识产权》2015 年第 4 期。
② 参见最高人民法院(2012)知行字第 11 号行政裁定书。
③ 参见北京市高级人民法院(2010)高行终字第 775 号、第 777 号行政判决书。
④ 参见北京市高级人民法院(2014)高行终字第 485 号行政判决书。

感情造成伤害，从而造成不良社会影响。

此外，原告在本案诉讼阶段提供了诉争商标大量使用及获得荣誉等证据，但需要明确的是具有不良影响，违反公序良俗原则的标志属于禁用的标志，并不以商标在现实中的使用情况为考虑因素，不存在准予注册的例外情形，即具有不良影响的标志不能通过使用获得注册。

北京知识产权法院判决驳回原告某纸业公司的诉讼请求。

➲ 判解与学理研究

一、"其他不良影响"条款的规定

根据《商标法》第 10 条第 1 款第 8 项的规定，有害于社会主义道德风尚或者有其他不良影响的标志均不得作为商标使用。其中"其他不良影响"作为不确定概念，在有利于灵活适用法律的同时也可能造成适用法律的不确定性，故最高人民法院颁布了多个规范性文件来解决这一问题。《最高人民法院关于审理商标授权确权行政案件若干问题的规定》（法释〔2020〕19 号）第 5 条明确指出，商标标志或者其构成要素可能对我国社会公共利益和公共秩序产生消极、负面影响的，人民法院可以认定其属于《商标法》第 10 条第 1 款第 8 项规定的"其他不良影响"。《最高人民法院关于审理商标授权确权行政案件若干问题的意见》（法发〔2010〕12 号）第 3 条规定，人民法院在审查判断有关标志是否构成具有其他不良影响的情形时，应当考虑该标志或者其构成要素是否可能对我国政治、经济、文化、宗教、民族等社会公共利益和公共秩序产生消极、负面影响。

二、"其他不良影响"条款保护的利益范围

《最高人民法院关于审理商标授权确权行政案件若干问题的意见》第 3 条规定，如果有关标志的注册仅损害特定民事权益，由于商标法已经另行规定了救济方式和相应程序，不宜认定其属于具有其他不良影响的情形。该文件明确了"其他不良影响"条款不适用于仅保护特定民事权益的情况。

然而，法律并没有明确规定"其他不良影响"条款是否可以扩展到特定主体的民事权益的范围内适用。司法实践中对于该问题也存在不同的观点。一种观点认为，"其他不良影响"条款不可以用来保护特定主体民事权益，仅用于维护公共利益和公共秩序。另一种观点认为，"其他不良影响"条款可以适用于商标注册同时损害了公共利益与特定主体民事权益的情形。

三、"其他不良影响"条款的判定对象

实践中对于"其他不良影响"的判定对象有两种不同观点。第一种观点认为应当仅关注标志本身的含义。这种观点具有局限性。一部分具有人身攻击性质的标志，本身具有不良影响，自然属于绝对禁止注册和使用的商标。但是也存在本身没有不良影响的标志，因使用产生不良影响，而应当被禁止注册和使用的情况。如果采用第一种观点进行机械化的判断，则背离了《商标法》的立法意图。第二种观点认为应当从标志本身的含义、该标志指定使用的商品和服务的特点、可能造成的危害后果等方面进行综合分析。第二种观点在司法实践中得到广泛应用。

本案中法院采取第二种观点。在本案判决书中，法院提出："在判断涉及宗教的商标标志是否属于'其他不良影响'时，应当从标志本身的含义及其可能造成的危害后果两方面进行分析，从而认定是否违背了公序良俗的基本原则。而可能造成的危害后果则需要结合商标的具体使用行为是否会产生不良的社会效果来进行判断。"如果将"某寺"商标使用于如厕的卫生纸上，可能会对宗教信仰、宗教感情造成伤害，造成不良社会影响。

此外，基于上述第二种观点，对于"其他不良影响"的结果判断应注重其可能性，而非要求实际的危害结果。《最高人民法院关于审理商标授权确权行政案件若干问题的意见》第 3 条、《最高人民法院关于审理商标授权确权行政案件若干问题的规定》第 5 条的规定，以及本案判决书中对于"其他不良影响"的界定都强调了其可能性，体现了法律的预防功能，凸显了法律对于公共利益保护。在司法实践中，上海某贸易有限公司与商标评审委员会商标无效宣告请求行政纠纷案[1]提出了"高度盖然性"的判断标准。该案认为，可以通过参考诉争商标申请注册主体、使用方式、指定使用的商品或者服务等因素，就诉争商标的使用是否可能对我国社会公共利益和公共秩序产生消极、负面的影响形成"高度盖然性"的内心确认。

四、"其他不良影响"条款的判定主体

有关"其他不良影响"条款的判定主体问题，在司法实践中现有一般公众标准和相关公众标准两种判断标准。

一般公众标准是指依据普通民众的感受进行判断。该种观点认为"其他不良影响"的判定要考量对社会公共利益和公共秩序可能产生的消极、负面

---

[1] 参见北京知识产权法院（2016）京 73 行初 6871 号行政判决书、北京市高级人民法院（2018）京行终 137 号行政判决书。

影响,因此通常应以"一般公众"的感受为出发点,例如商标评审委员会与某公司商标申请驳回复审行政纠纷案[①],其二审判决指出,《商标法》第10条第1款第8项中规定的绝对禁止使用商标标志的情形,其目的是保护社会公序良俗,因此此处判断的主体并非相关公众,而是社会公众。二审法院认为原审判决将该条款的判断主体限定为"相关公众"存在错误。

另外值得关注的是,我国商标法通常调整的并非一般意义上的社会公众利益,而是商标权人潜在竞争对手和消费者的合法利益。对与宗教相关的"其他不良影响"的判定,法院通常会采用相关公众标准。具体到宗教问题上的相关公众一般指宗教的信仰者。比如在上海某珠宝有限公司诉商标评审委员会商标争议行政纠纷上诉案[②]中,法院认定,"城隍"作为道教神灵,与众多信奉者生活联系比较密切,而且具有较为悠久的历史传统。如果将"城隍"注册为商标并使用,将对公共秩序和社会公共利益产生消极的影响,并会伤害道教信奉者的宗教情感。

五、"其他不良影响"条款的认定原则

个案审查原则与审查标准一致原则是商标认定的两个常见原则。个案审查原则的意思是根据不同案件中存在的不同问题进行具体分析,充分考虑个案中的"个性"条件,打破原有裁判观点对于当下个案审理、判决的拘束。实践证明,个案审查原则有其存在的正当性和合理性,通过考虑个案自身的特殊性,能够得出更为适当的裁判结果。审查标准一致原则是指没有其他特殊考量因素加入的情况下,对于相同情况应当按照统一的标准进行处理并作出结论。审查标准一致原则体现了司法公平公正,有利于保障当事人的可期待利益,维护司法裁判的严肃性与权威性。

个案审查原则与审查标准一致原则在"其他不良影响"条款的认定上存在不同理解。一种观点认为,关于标志是否具有"不良影响"的判断,具有一定的主观性,应严格遵循个案审查原则,其他的标志获准注册并不当然能成为争议商标获准注册的依据。另一种观点认为,在涉及商标注册绝对禁止事由认定的案件中,通常要坚持审查标准一致原则。绝对禁止事由认定的案件通常都是涉及公共秩序和公共利益,所以应当适当限缩"个案审查"的适用原则。具体到"其他不良影响"的认定,也应当坚持同一标志在全类商品或服务上审查

---

① 参见北京知识产权法院(2016)京73行初2049号行政判决书、北京市高级人民法院(2017)京行终874号行政判决书。

② 参见北京市高级人民法院(2014)高行终字第485号行政判决书。

判断标准相一致的原则。

六、"其他不良影响"条款与公共利益

公共利益与私人利益是知识产权法调整的两种重要利益。我国商标法的功能、制度设计及立法目的都立足于平衡相关的私人利益与公共利益之间的关系。"其他不良影响"规定体现了当公共利益与商标注册申请人的私人利益发生冲突时，商标法对于公共利益的优先保护。我国《商标法》第10条虽然没有提及"公序良俗"，但"其他不良影响"规定的实质内容可以理解为对公共秩序和善良风俗的维护。《商标法》设置"不良影响"条款的目的是避免商标的注册对公共利益造成损害，规制商标注册申请人以牺牲公共利益为代价申请商标注册的行为，从而维护社会的公共秩序和善良风俗。

本案中，如果将"某寺"商标使用在卫生纸上，会对广大的佛教信仰者造成宗教感情的伤害。我国坚持并尊重宗教信仰的自由，相较于商标注册申请人的期待商标利益，广大佛教徒的宗教情感更应当得到保护。本案对于"某寺"商标的驳回体现了司法对于公共利益的倾斜保护。

七、结论

我国《商标法》第10条第1款第8项规定，有害于社会主义道德风尚或者有其他不良影响的标志不得作为商标使用。对于"其他不良影响"条款的适用范围、判定对象、判定主体等问题，法律没有进行明确的规定，在司法实践中对于"其他不良影响"的判断也存在不同的标准。本案法院对于"其他不良影响"条款的判定对象问题进行了判定，认为判定某标志是否具有"其他不良影响"时，不仅要考虑商标本身是否具有不良影响，同时还应考虑该商标指定使用的商品、服务的特点及其使用的效果。本案对于"其他不良影响"条款的判断具有一定的借鉴意义。

商品通用名称的判断标准

——某米厂诉五常市某农业公司等侵害注册商标专用权纠纷再审案

/ 段麟欧

➲ 本案要旨

通用名称分为法定通用名称和约定俗成的通用名称，法定通用名称属于法律规定或者国家标准、行业标准应认定为法定的通用名称，其使用不得擅自更改，而约定俗成的通用名称则需以根据涉案商品的销售范围、影响范围的相关公众认知标准来判断。约定俗成的通用名称一般以全国范围内相关公众的通常认识为判断标准。基于历史传统、风土人情、地理环境等原因，某些商品所对应的相关市场相对固定的，则应当以相关市场相关公众的通常认识作为判断标准。如果主张相关市场相对固定的，则当事人应首先举证证明此类商品属于相关市场较为固定的商品。对于是否构成约定俗成的通用名称，应当以全国范围内相关公众的通常认知作为判断依据。

➲ 案件信息

申请人（一审原告）：某米厂

被申请人（一审被告、二审上诉人）：五常市某农业公司（原五常市某粮油有限公司）

被申请人（一审被告、二审被上诉人）：福建某百货公司福州某分店、福建某百货公司

案号：福建省福州市中级人民法院（2014）榕民初字第 481 号、福建省高级人民法院（2014）闽民终字第 1442 号、最高人民法院（2016）最高法民再 374 号

➲ 再审主张及理由

再审申请人主张：（1）二审法院将"稻花香"认定为涉案食用大米的法定通用名称，适用法律错误。①"五优稻4号"是法定的品种名称，二审判决以"稻花香2号"和"五优稻4号"存在关联为由，认定"稻花香2号"也是法定通用名称完全错误。②种子的通用名称不同于大米的通用名称。二审判决将水稻种子的通用名称当作大米的通用名称进行认定，明显错误。③大米的国家标准和地方标准的分类中，"稻花香"并不是大米的名称，涉案食用大米的通用名称是"五常大米"。因此，从国家标准、行业标准来看，"稻花香"并不是大米的通用名称。（2）二审判决将"稻花香"认定为约定俗成的通用名称，没有事实和法律依据。①二审判决仅凭五常市农业局、镇政府、村委会、村民代表出具的证明就由此认定相关公众普遍认为"稻花香"能够指代一类大米，明显依据不足。约定俗成的通用名称一般以全国范围内相关公众的通常认识为判断标准。五常市农业部门和乡镇部门出具的证明不能代表普通消费者对"稻花香"这一名称的认识。五常市某农业公司并没有提供充分证据证明"稻花香"作为大米品种名称客观上达到广泛和普遍使用的程度。②实际上，"稻花香"并不具有与其他大米相区别的特征和品质，国家标准已经认定"五常大米"是该类大米的通用名称。③二审判决将"相关市场"限定为五常市，并以此限定范围将"稻花香"认定为通用名称，与相关法律规定相冲突。（3）二审判决认定五常市某农业公司对"稻花香"文字及其拼音未进行不当的商标性突出使用，缺乏证据证明。涉案商标是福建省著名商标，五常市某农业公司使用已经具有较高知名度的商标，客观上可能造成相关公众对商品来源的混淆。因此，二审判决认定五常市某农业公司是正当使用，缺乏法律依据。（4）二审判决认为五常市某农业公司使用"稻花香DAOHUAXIANG"商标客观上不会造成相关公众混淆误认，明显属于适用法律错误。（5）涉案商标自1999年7月28日注册以来，已合法使用近20年且被评为福建省著名商标，建立了较大的相关产品市场和较好的商誉，具有较强的显著性特征，相关公众能够识别商标的来源，且涉案商标中并未包含描述性词汇，"稻花香"也不是商品通用名称，因此，二审判决认为某米厂的涉案商标显著特征淡化是完全错误的。（6）五常市某农业公司、福建某百货公司福州某分店、福建某百货公司已构成商标侵权，理应承担相应民事责任。综上，请求一审法院撤销二审判决，依法再审，支持某米厂一审诉讼请求。

再审被申请人五常市某农业公司提交意见称：（1）二审判决认定"稻花

香"是法定通用名称正确。①黑龙江省农作物品种审定委员会对"五优稻 4 号",原代号"稻花香 2 号"的审定,是官方的行政许可行为。两个名称并列,是同时公布了两个名称。不能片面因为"五优稻 4 号"在前,而否定在后的"稻花香 2 号"。②"稻花香"既是种子的名称,也是稻米的名称。在育种、插秧、成熟、生产的一系列过程中,相关公众都会认为是"稻花香",不存在以种子名称当作大米名称之说。"稻花香"本身就是大米的名称,是五常大米中的最优良品种。③某米厂对有关大米分类的认识是错误的。(2)二审判决认定"稻花香"为大米约定俗成的通用名称正确。"稻花香"育种、插秧、生产在五常,知名度享誉国内外。由于五常气候、土壤等原因,"稻花香"品种质量优良,"稻花香"已经成为在五常乃至黑龙江市场上一个固定的约定俗成的通用名称。(3)某米厂注册了涉案商标,但其包装中装的不是"稻花香"大米,损害了消费者利益。综上,请求二审法院驳回某米厂的再审申请。

➲ 法院查明的事实

某米厂为第 12×××59 号"稻花香 DAOHUAXIANG"(文字与字母呈上下结构,即涉案商标)注册商标专用权人,核定使用商品为第 30 类大米,经续展,注册有效期至 2019 年 7 月 27 日。

2011 年 1 月 31 日,某米厂与某国际(北京)有限公司签订《商标使用许可合同》,约定将涉案商标许可某国际(北京)有限公司使用,许可期限从 2011 年 2 月 1 日至 2014 年 1 月 31 日,许可费用及支付方式依相关协议另行约定。该合同于 2011 年 6 月 29 日经国家工商行政管理总局商标局审核予以备案。

2013 年 4 月 12 日,某米厂与福州某米业有限公司签订《商标使用许可合同》,约定将涉案商标以普通许可使用方式授权福州某米业有限公司使用,使用期限为 2013 年 4 月 12 日至 2013 年 10 月 I1 日。

2013 年 11 月 18 日,福州某贸易有限公司向五常市某农业公司购买用特大号字体标有"稻花香"的"乔家大院稻花香米",并供应给福建某百货公司销售。某米厂认为五常市某农业公司、福州某贸易有限公司、福建某百货公司的行为侵犯了其注册商标专用权,向法院提起诉讼。

2009 年 3 月 18 日,黑龙江省农作物品种审定委员会出具的《黑龙江省农作物品种审定证书》记载:编号为黑审稻 20×××05,品种名称为"五优稻 4 号",原代号为"稻花香 2 号",选育单位为五常市某种子有限公司,选育者为田某太等 7 人，推广区域为黑龙江省五常市平原自流灌溉区插秧栽培，该品种经区域试验和生产试验，符合推广优良品种条件，决定从 2009 年起定为推广品种。2013 年 4 月 1 日，五常市稻米产业商会出具《关于保护五常大米"稻花香"品牌的报告》。同日，又出具《致全市稻农朋友的呼吁书》，并附有村民的签名和村委会的盖章。

➲ 法院判决理由与裁判结果

一、一审法院

一审法院认为，五常市某农业公司在其生产、销售的"乔家大院稻花香米"的包装袋上使用了"乔府大院"商标，其使用与涉案商标非常近似标志的行为系作为装潢使用，五常市某农业公司这种未经许可的擅自使用行为，以及福建某百货公司福州某分店和福建某百货公司未经授权的销售行为，容易误导消费者，并且会侵害涉案商标权。对于五常市某农业公司关于"稻花香"既是大米又是种子的通用名称的主张，法院不予支持。

二、二审法院

二审法院认为，根据五常市某农业公司提供的《黑龙江省农作物品种审定证书》可以证实，黑龙江省农作物品种审定委员会于 2009 年对品种名称为"五优稻 4 号"，原代号为"稻花香 2 号"的水稻品种予以了审定编号，并决定从当年起定为五常市区域内的推广品种。2013 年《主要农作物品种审定办法》（以下简称《品种审定办法》）第 32 条规定，审定公告公布的品种名称为该品种的通用名称。禁止在生产、经营、推广过程中擅自更改该品种的通用名称。审定委员会作为省一级的地方专业审定机构，对其最终审定并决定推广的水稻品种应当认为具有法定确认的效力。因此，审定委员会所审定的"五优稻 4 号"，原代号为"稻花香 2 号"的水稻品种可以被认定为法定的通用名称。

三、再审法院

再审法院认为，根据《商标法实施条例》第 49 条的规定，注册商标中含有的本商品的通用名称，注册商标专用权人无权禁止他人正当使用。根据五常市某农业公司提供的《黑龙江省农作物品种审定证书》，黑龙江省农作物品种审定委员会于 2009 年对品种名称为"五优稻 4 号"、原代号为"稻花香 2 号"的水稻品种给予了审定编号，并决定从当年起定为五常市区域内的推广品种。二审法院认为，《品种审定办法》第32条规定，审定公告公布的品种名称为该品种的通用名称。因此，黑龙江省农作物品种审定委员会所审定的"五优稻4号"、原代号为"稻花香2号"的水稻品种可以被认定为法定的通用名称。对此，最高人民法院认为，首先，法律规定为通用名称的，或者国家标准、行业标准中将其作为商品通用名称使用的，应当认定为通用名称。本案中，五常市某农业公司并无证据证明"稻花香"依据法律规定或者国家标准、行业标准应认定为法定的通用名称。其次，《品种审定办法》规定的通用名称与商标法意义上的通用名称含义并不完全相同，不能仅以审定公告的名称为依据，认定该名称属于商标法意义上的通用名称。《品种审定办法》第32条第3款规定，"审定公告公布的品种名称为该品种的通用名称。禁止在生产、经营、推广过程中擅自更改该品种的通用名称"。此处规定的通用名称是指根据《品种审定办法》审定公告的主要农作物品种名称，用以指代该特定品种。该名称在生产、经营、推广过程中禁止擅自更改。商标法中的通用名称指代某一类商品，因该名称不能用于指代特定的商品来源，故相关公众都可以正当使用。最后，根据《品种审定办法》第32条的规定，审定公告的通用名称在实际的使用过程中不得擅自更改。审定公告的原代号为"稻花香2号"，并非"稻花香"，在存在在先涉案商标权的情况下，不能直接证明"稻花香"为法定的通用名称。

因此，现有证据不足以证明"稻花香"为法定的通用名称，二审判决以《品种审定办法》为依据认定"稻花香"为法定的通用名称，适用法律错误，最高人民法院予以纠正。某米厂关于"稻花香"不属于法定的通用名称的申请再审理由成立，最高人民法院予以支持。

相关公众普遍认为某一名称能够指代一类商品的，应当认定该名称为约定俗成的通用名称。被专业工具书、辞典列为通用名称的，可以作为认定约定俗成的通用名称的参考。约定俗成的通用名称一般以全国范围内相关公众的通常认识为判断标准。对于由于历史传统、风土人情、地理环境等原因形成的相关市场较为固定的商品，在该相关市场内通用的称谓，可以认定为通用名称。

对于"稻花香"是否属于约定俗成的通用名称。二审法院认为，五常这一特定地域范围内的相关种植农户、大米加工企业和消费者均普遍认为"稻花香"指代的是一类稻米品种。可以认定，基于五常市这一特定的地理种植环境所产生的"稻花香"大米属于约定俗成的通用名称。可见，二审法院实际上认为稻米品种的通用名称也是大米商品的通用名称，同时认为"稻花香"大米属于由于五常市特定地理环境形成的在该相关市场内较为固定的商品，属于在该相关市场内的通用名称。

对此，最高人民法院认为，首先，关于稻米品种的通用名称是否可以作为大米商品的通用名称。根据水稻种植、收获、生产、销售的过程，水稻最终以大米这种商品的形式呈现给消费者。因此，如果"稻花香"为涉案特定稻米品种约定俗成的通用名称，对于用该稻米品种种植加工出来的大米，可以标注"稻花香"以表明大米品种来源，即稻米品种的通用名称可以延伸使用于以此品种种植加工出来的大米上。其次，关于"稻花香"是否属于涉案特定稻米品种约定俗成的通用名称。约定俗成的通用名称一般以全国范围内相关公众的通常认识为判断标准。当然，最高人民法院注意到，基于历史传统、风土人情、地理环境等原因，某些商品所对应的相关市场相对固定，如果不加区分地仍以全国范围内相关公众的认知为标准，判断与此类商品有关的称谓是否已经通用化，有违公平原则。但是，适用不同评判标准的前提是当事人应首先举证证明此类商品属于相关市场较为固定的商品。否则，判断构成约定俗成的通用名称时，仍应当以全国范围内相关公众的通常认知作为判断依据。本案中，被诉侵权产品销售范围并不局限于五常地区，而是销往全国各地，在某米厂的所在地福建省福州市的超市内就有被诉侵权产品销售。在这种情况下，被诉侵权产品相关市场并非较为固定在五常市地域范围内，应以全国范围内相关公众的通常认识为标准判断"稻花香"是否属于约定俗成的通用名称。为证明"稻花香"属于约定俗成的通用名称，五常市某农业公司先后提交了五常市农业局出具的《关于稻花香大米名称的使用证明》、五常市龙凤山镇人民政府出具的证明、五常市稻米商业商会提供的《关于五常市稻花香大米品牌维权的综合材料》、"稻花香2号"主要育种人田某太出具的证明材料、媒体的相关报道等证据，并申请证人出庭作证。上述证据多为五常市当地有关部门、稻农或育种人出具的证明材料，媒体报道数量有限，以全国范围内相关公众的通常认识为标准，现有证据不足以证明"稻花香"属于约定俗成的通用名称。二审判决认为"稻花香"属于五常地域范围内约定俗成的通用名称，未考虑被诉侵权产品已经销往全国，相关市场超出五常地域范围的实际情况，确有错误，最高人民法院予以纠正。某米厂关于"稻花香"不属于约定俗成的通用名称的申请再审理由成立，最高人民法院予以支持。

➲ 判解与学理研究

通用名称是相对于商品特定名称而言，在某一商品领域内被广泛使用的某种商品的名称。通用名称有按照本行业规范，通常为国家标准、行业标准等形成的规范的名称，也有依约定俗成而逐渐形成的商品名称。商品通用名称通常会被排除在可注册商标之外，一方面是因为通用名称不具备构成商标最基础的特征——显著性，因而无法区别此商品与彼商品的来源，或当某种商品由于其过于知名，而被相关公众认定为是该种类商品的名称而非商品来源时，已注册的商标也会因为丧失显著性而被认定为无效。我国现行《商标法》第11条规定，仅有本商品的通用名称的，不得作为商标注册。根据该法第44条规定，若已经注册的商标，违反《商标法》第11条，商标显著性退化成为通用名称的，商标局可以主动宣告该商标无效，其他单位或个人也可以请求宣告该商标无效。该法第59条规定，注册商标中含有本商品的通用名称的，注册商标专用权人无权禁止他人正当使用。可见，我国《商标法》是从商标注册、商标撤销及商标权保护三个层面对通用名称进行了规定。[1] 另一方面，如果通用名称可以作为商标被注册，则注册人将会垄断该标志，"排斥同行业其他经营者参与公平竞争的机会"[2]。因此，通用名称应当进行公共领域保留，使其成为任何经营者、消费者均有权使用的公共资源，不得作为商标予以注册。

是否构成通用名称关系企业是否可以将特定"商标"进行注册，也关系已注册"商标"是否能够存续的问题，因此，通用名称的判断标准尤为重要。《商标审查及审理标准》规定，商标法中的通用名称是指国家标准、行业标准规定的或者约定俗成的商品名称，前者被称为法定的通用名称，后者被称为约定俗成的通用名称。近年来，法院判断是否属于通用名称的"主要依据为市场主体使用方式、行业或消费者认知、历史因素、地域因素、商标显著性"[3] 等。以下笔者将从法定通用名称的认定、约定俗成通用名称的认定两方面进行着重讨论。

一、法定通用名称的判断标准

依据法律规定或者国家标准、行业标准属于商品通用名称的，应当认定为通用名称。对于是否属于国家标准、行业标准中的通用名称的判断，则需要参考具体的国家标准或者行业标准。例如，"2006年9月18日中华人民共和

① 赵克：《商标撤销制度中通用名称认定标准研究》，载《法律适用》2016年第3期。
② 尹红强：《商品通用名称与商标权辨析》，载《河北学刊》2014年第2期。
③ 李然：《商品通用名称认定标准的反思与重构》，载《电子知识产权》2020年第6期。

国质量技术监督局与中华人民共和国国家标准化管理委员会发布《蜜饯通则》将'九制陈皮'与话梅、杨梅干、芒果干等一道并列为'话化类'产品[①]。因此"九制陈皮"明确属于法定通用名称。但是，对于是否属于法定通用名称的判断难点在于，并非被国家标准或行业标准认定为通用名称，而是被行业内权威性机构认定为具有某种特定品质的种类物是否构成法定通用名称。从实践来看，行业内权威性机构的认定并不能构成法定通用名称。例如在"金骏眉"商标纠纷案中，《武夷山市人民政府关于将福建武夷山市武夷红茶列为地理标志产品保护的请示》载明"奇红是近年出现的一些武夷红茶新品种，如金骏眉、银骏眉、小赤甘、妃子笑等品种"[②]。但是该种认定并不构成国家标准、行业标准。再如本案中，虽然《黑龙江省农作物品种审定证书》将"稻花香2号"的水稻品种给予了审定编号，并决定从当年起定为五常市区域内的推广品种，但《品种审定办法》规定的通用名称与《商标法》意义上的通用名称含义并不完全相同，不能仅以审定公告的名称为依据，认定该名称属于法定通用名称。因此，对于法定通用名称的构成标准仍然较为严格。

另外，如果国家标准、行业标准中所规定的名称在使用中逐渐被经营者和消费者简化，成为俗称、简称或缩写，则属于约定俗成的通用名称而非法定通用名称。例如"彩电"作为规范商品名称"彩色电视接收机"的简称，更为大众所熟知，此时，"彩电"构成约定俗成的通用名称，而"彩色电视接收机"则是法定通用名称。

二、约定俗成的通用名称的判断标准

根据《最高人民法院关于审理商标授权确权行政案件若干问题的规定》第10条第2款规定，约定俗成的通用名称是指"相关公众普遍认为某一名称能够指代一类商品的，应当认定为约定俗成的通用名称"。对于是否构成约定俗成的通用名称判断的前提，是对于相关公众的判断。

（一）相关公众的界定

对于"相关公众"概念的界定，在《最高人民法院关于审理商标民事纠纷案件适用法律若干问题的解释》（2020年修正）第8条中明确，相关公众"是指与商标所标识的某类商品或者服务有关的消费者和与前述商品或服务的营销有密切关系的其他经营者"。在《驰名商标认定和保护规定》第2条第2款中认为，"相关公众包括与使用商标所标示的某类商品或者服务有关的消费

---

① 广东省高级人民法院（2019）粤民终1861号民事判决书。
② 北京市高级人民法院（2014）高民终字第736号民事判决书。

者，生产前述商品或者提供服务的其他经营者以及经销渠道中所涉及的销售者和相关人员等"。相关公众既包含本类商品或服务的消费者，也包含本类商品或者服务的生产者和经营者，而某一商品或服务的生产者、经营者和消费者范围与该商品或服务行业内相关人员范围大致相同。换言之，当某种名称被某一行业内包括生产者、经营者和消费者在内的相关人员所普遍认为能够指代某一类商品时，构成约定俗成的通用名称。例如，在宅急送商标权纠纷案中，法院认为"'宅急送'文字具有直接描述快运及运输服务特点的属性，经过长期使用，在快运行业已经丧失显著性，成为该行业的通用名称"[1]。在认定"金骏眉"是否构成约定俗成的通用名称时，法院认为，"商品通用名称的认定并不能单纯或者仅依据某一特定市场主体的使用情况而进行认定，只有该商品所在领域的相关公众均使用该名称指代该商品时，才能认定该名称为该商品的通用名称"[2]。

司法实践中的其他案例也具有启发意义。例如，对于"reborndoll"是否构成玩具的通用名称，法院认为，"ebay、Aliexpress、阿里巴巴等网站的搜索结果可以进一步印证，有多个品牌的'reborndoll'商品在网络平台上销售，且部分网站在分类目录中将'reborndoll'作为玩具商品的一个类别"[3]。又如，在"作业帮"商标专用权纠纷案中，法院明确，对于未在相关部门指导性或规范性文件中规定的内容，也可以因为行业内约定俗成而成为通用名称，法院认为，"按照《现代汉语词典》对'作业'的解释'教师给学生布置的功课'可简单推知，'作业本'系泛指学生完成作业的练习本。毋庸置疑，'作业本'可作为培训教育领域指代学生练习本、练习册等的通用名称"[4]。

在实践中，如果有大量公开出版物对于特定商品的称呼统一，则可以认定其构成通用名称。例如在"行星动力"商标权纠纷案中，法院认为，"从有关行业期刊刊登的文章来看，机械设备行业广泛运用'行星动力'或'行星式动力'一词，如'行星动力换挡变速器'、'行星动力换挡变速箱'等。由此可见，'行星动力'在实践中更多地表现为一种通用名称"[5]。

---

[1] 北京市高级人民法院（2014）高民终字第 736 号民事判决书。

[2] 北京市高级人民法院（2013）高行终字第 1767 号行政判决书。

[3] 北京市高级人民法院（2018）京行终 5666 号行政判决书。

[4] 北京市海淀区人民法院（2011）海民初字第 13084 号民事判决书。

[5] 广东省佛山市中级人民法院（2018）粤 06 民终 500 号民事判决书。

行政机关或司法机关在认定时倾向于参考公开出版物和专业工具书等对商品名称是否构成通用名称进行判断，但是由于"公开出版物与专业工具书等由于撰写主体的不同，对事物的认知也因人而异"①，过分依赖于对此类资料的参考可能会导致结果略有偏颇，笔者赞同陶懿对于约定俗成通用名称判断的观点，即："在认定通用名称时，应弱化辞书、专业工具书等公开出版物的参考因素和行业协会的指导意见。"② 强化与商品（或服务）生产、销售与消费行为紧密相关的公众在是否构成约定俗成通用名称中的参考比重，从而能够在更大程度上反映整个行业内对于特定商品名称是否达成共识。例如，在对于"千页豆腐"是否构成通用名称的判断中，法院考察了《中国食品报》《食品工业》《食品科技》等多种公开出版物，但最终认为"'千页豆腐'并非规范化的商品名称，直至诉争商标核准注册时，市场上对此类产品的称呼方式仍有多种，并不符合构成约定俗成通用名称的特征要件"③。因此认定"千页豆腐"并不属于通用名称。

（二）相关公众认定的地域性问题

对于相关公众认定进行地域性考量的前提，是该商品名称存在历史传统、风土人情、地理环境等原因的影响。根据法律规定，约定俗成的通用名称的一般以全国范围内相关公众的通常认识为判断标准，对于由于历史传统、风土人情、地理环境等原因形成的相关市场固定的商品，在该相关市场内通用的称谓，人民法院可以认定为通用名称。但是，对于全国范围与特定市场范围的区分一般只在现有证据无法证明该商品名称非法定通用名称，且因为历史原因、风土人情、地理环境等原因导致认定为行业内约定俗成通用名称具有困难时才会进行。例如，"大富翁"作为一种计算机游戏，其生产和使用范围并不因为历史原因、风土人情、地理环境而在地域范围内存在限制，因此跳过地域范围的考虑，直接判断相关公众是否普遍将其认定为通用名称即可，"大富翁"作为一种在计算机上"按骰子点数走棋的模拟现实经商之道的游戏"已经广为人知，对于相关公众而言"大富翁"与这种商业冒险类游戏已建立起紧密的对应关系，因而"大富翁"已成为商业冒险类游戏约定俗成的名称。④

---

① 陶懿：《"解百纳"案：通用名称认定的法律困境及思考》，载《电子知识产权》2010 年第 3 期。
② 陶懿：《"解百纳"案：通用名称认定的法律困境及思考》，载《电子知识产权》2010 年第 3 期。
③ 北京市高级人民法院（2018）京行终 587 号行政判决书。
④ 上海市第一中级人民法院（2007）沪一中民五（知）终字第 23 号民事判决书。

如果某一商品名称可以不区分地域范围进行判断，在相关公众认定的地域性问题上，就应当以全国范围内的相关公众通常认识为原则。例如在本案中，最高人民法院注意到，基于历史传统、风土人情、地理环境等原因，某些商品所对应的相关市场相对固定，如果不加区分地仍以全国范围相关公众的认知为标准，判断与此类商品有关的称谓是否已经通用化，有违公平原则。但是，适用不同评判标准的前提是当事人应首先举证证明此类商品属于相关市场较为固定的商品。否则，判断构成约定俗成的通用名称时，仍应当以全国范围内相关公众的通常认知作为判断依据。例如，"稻米香公司生产的大米销售市场并不局限于东北地区，而是在全国范围内销售，因此对于该大米的约定俗成的通用名称认定，应当以全国范围内相关公众的通常认知为依据，但稻米香公司并未提供证据证明在全国粮食消费市场，广大消费者已经将'稻花香'作为被告稻米香公司所指的特定品种大米的通用称谓"①。

如果某一商品因为历史原因、风土人情、地理环境等原因导致了具有特定市场，则应当以特定的地域范围内相关公众的认识为准。例如，在法院对于"磁器口陈麻花"是否属于通用名称的判断中，北京知识产权法院认为，"基于重庆磁器口镇的历史传统、风土人情以及地理位置，麻花已经成为该地区市场的较为固定的产品，故在判断诉争商标是否构成'陈麻花'的通用名称时，地域范围以重庆地区磁器口镇作为判断标准"②。又如，在对于"绿萝花"是否构成通用名称的判断中，北京知识产权法院认为，"经过大量的市场调研，在青海省超市、商店、土特产店铺、中药材市场以及旅游景区特色产品店铺，普遍大量销售'绿萝花'，其大量产自云南、西藏，在上述地区作为一种茶饮原料普遍销售……'绿萝花'系由于地理环境等原因形成的相关市场的固定商品，并已在相关市场内成为一种通用名称"③。再如，在对于"伏羊"是否构成通用名称进行认定时，法院认为，由于媒体的大量使用以及"伏羊民俗被纳入徐州市一级非物质文化遗产……'伏羊'二字在徐州地区已逐步演变成地域性通用名称"④。

虽然随着人口流动的增强，贸易的逐渐深入，互联网、物联网的不断发展，由于历史传统、风土人情、地理环境影响而形成的特定市场范围也在逐渐消解，取而代之的是更加广阔的全国市场甚至是全球市场，但是，对于历史传

① 江苏省苏州市中级人民法院（2019）苏 05 民终 8181 号民事判决书。
② 北京市高级人民法院（2019）京行终 9864 号行政判决书。
③ 北京市高级人民法院（2020）京行终 318 号行政判决书。
④ 江苏省徐州市中级人民法院（2011）徐知民初字第 21 号民事判决书。

统、风土人情、地理环境等形成的相关市场的判断，应当仍以特定市场为准，不能因为具有地方特色的商品市场扩大而提高判定标准，否认其具有通用名称的性质，最终导致实质上的不公平结果。

三、通用名称认定的时间性问题

由于商标是否具有显著性本身是一个动态过程，某一商品名称是否构成通用名称也是一个动态过程。在先具有显著性的商标也可能因为使用不当等原因导致显著性退化进而成为商品的通用名称。例如，"优盘"原本是深圳某公司的注册商标，用于指代移动存储产品，但由于该公司对于该商标使用不当，优盘逐渐成为移动存储商品的通用名称。因此，是否构成通用名称直接影响一个商标的"生死存亡"。

在商标注册阶段，是否属于法定的或者约定俗成的商品名称，审查判断的时间基点一般以申请注册时的状态为准，核准注册时事实状态发生变化的除外。若核准注册时，拟注册的商标已经成为通用名称，则该商标仍然会被不予核准。

在商标异议复审阶段，则应当以商标评审委员会作出被诉裁定时的事实状态为准。例如，在国药集团中某药业有限公司等与国家工商行政管理总局商标评审委员会二审行政纠纷案中，法院认为，就本案而言，虽然在被异议商标申请注册之时，《类似商品和服务区分表》中并未包含第 3509 类似群组，"药品批发零售"等服务项目尚未纳入该区分表中……相关服务是否应当予以核准注册，应当根据商标注册主管机关审查时适用的《类似商品和服务区分表》作出相应的认定。本案系商标异议复审行政纠纷案件，被异议商标尚未核准注册，其是否应当核准注册，即应当按照商标评审委员会作出被诉裁定时的事实状态予以确定。[①]

而在法院审理阶段，对于是否构成通用名称，则应当以审理时该商标的事实状态为准。例如，在上文提到的"陈麻花"商标、"金骏眉"商标均为已经核准注册的商标，在判断其是否构成通用名称时法院即以审判时的商标事实状态为准。

四、结论

对于是否构成通用名称的判断，应首先进行法定通用名称与约定俗成通用名称的区分。如果构成约定俗成的通用名称，则一般以全国范围内相关公

---

① 参见北京市高级人民法院（2018）京行终 2066 号行政判决书。

众的通常认识为判断标准。如果当事人主张相关市场相对固定的，法院在判决时应根据当事人提交的证据，从与商品或服务相关的历史传统、风土人情、地理环境等角度判断，是否应以相关市场内相关公众的通常认知为判断基础。另外，对于通用名称的认定时间而言，在不同的阶段应以不同的时间节点进行个案判断。

通用名称的司法认定及商标通用名称化的防范措施

——重庆市某麻花食品有限公司等与国家知识产权局商标无效宣告请求行政纠纷案

/ 刘碧君

⊃ 本案要旨

注册商标可能因为商标词汇本身的固有显著性较弱、同业竞争者的使用、商标权人的不当使用等原因淡化商标的显著性而使注册商标成为通用名称。由于商标显著性具有动态性和商标具有面向相关公众区分商品来源的功能，通用名称的司法认定应以相关公众的普遍认知为核心。商标的通用名称化会导致经营者的损失，应当予以防范，防范方式则包括注册显著性较强的商标、正确使用商标等。

⊃ 案件信息

申请人（原审第三人）：重庆市沙坪坝区某食品有限公司、重庆市沙坪坝区磁器口某食品有限公司、冯某某、重庆某食品开发有限公司、重庆某食品有限责任公司

被申请人（一审原告、二审上诉人）：重庆市某麻花食品有限公司

被申请人（一审被告、二审被上诉人）：国家知识产权局

案号：北京知识产权法院（2019）京73行初3833号、北京市高级人民法院（2019）京行终9347号、最高人民法院（2021）最高法行再255号

⊃ 原被告主张及理由

原告诉称：（1）从"陈麻花"商标首创起名、作为企业字号持续使用和

字面原始含义判断，"陈麻花"商标当然具备显著性。（2）从"陈麻花"的实际使用判断，在诉争商标申请日之前"陈麻花"没有被淡化为商品的通用名称。（3）从商品通用名称的地域认定标准来看，被诉裁定基本认定"陈麻花"是"磁器口地区"的麻花商品约定俗成的通用名称，违反了《最高人民法院关于审理商标授权确权行政案件若干问题的规定》第10条第2款"约定俗成的通用名称一般以全国范围内相关公众的通常认识为判断标准"的规定。（4）无论"陈麻花"是否因为淡化而成为了麻花商品的通用名称，但诉争商标在怪味豆等其他指定商品上仍然具备显著性，不属于欺骗性商标，应当予以核准注册。综上，请求依法撤销被诉裁定，并判令被告重新作出裁定。

被告辩称：被诉裁定认定事实清楚，适用法律正确，作出程序合法，请求依法驳回原告的诉讼请求。

第三人述称：（1）"陈麻花"为重庆市磁器口镇特产，又称磁器口麻花。诉争商标经长期、广泛的使用已成为磁器口麻花的通用名称。其注册使用在指定的"麻花"等商品上，缺乏注册商标应有的显著性特征。（2）诉争商标注册使用在指定的"糕点、怪味豆、锅巴、黑麻片、米糕、甜食（糖果）、月饼、芝麻糊、琥珀花生"等商品上，易使消费者对商品的性质、内容、主要原料等特点产生误认。（3）原告系重庆市磁器口镇陈麻花制售商户之一。其对"陈麻花"这一商品名称已由磁器口镇麻花制售商户集体使用并据以知名的事实熟知。在此情况下，原告依然大批量在相关联商品及服务上申请注册仅由文字"陈麻花""磁器口陈麻花""磁器口"等构成的商标，并对其他已在先使用"陈麻花"作为商品名称的商户予以打击。综上同意被诉裁定，请求法院依法驳回原告的诉讼请求。

重庆市某麻花食品有限公司（以下简称某麻花公司）不服一审判决，提起上诉称：（1）"陈麻花"商标不具有在全国范围内被普遍认定为麻花通用名称的广泛性。从相关公众使用"陈麻花"的角度，"陈麻花"作为商品名称使用不具有普遍性且有合理解释。（2）"陈麻花"并不能区分某一类或某一种麻花商品，与普通麻花商品并无形态、生产工艺或产地方面的区别，故"陈麻花"不具有区分某一种类麻花商品的规范性。（3）一审法院实质上适用的法条是《商标法》第11条第1款第3项诉争商标是否缺乏显著性，而非《商标法》第11条第1款第1项是否为通用名称。（4）"陈麻花"经某麻花公司的持续使用已经具有较高的显著性。（5）"陈麻花"是否因为淡化而成为麻花商品的通用名称，但诉争商标在怪味豆等其他指定商品上仍然具有显著性，并不属于欺骗性商标。综上，诉争商标应予以核准注册。

再审申请人申请再审称：原审判决部分事实认定错误。"陈麻花"系麻花商品约定俗成的通用名称，其注册违反《商标法》第 11 条第 1 款第 1 项的规定，应予无效。即便认为"陈麻花"尚不构成通用名称，但因其为磁器口乃至重庆市知名特色小吃，作为一种商品名称，亦无法起到产源识别作用，故其注册已构成《商标法》第 11 条第 1 款第 3 项规定的"其他缺乏显著特征"的情形，应予以无效。某麻花公司作为磁器口古镇"陈麻花"制售商户之一，对于"陈麻花"的由来及一直以来的使用状况明知且熟知，其意图独占同行企业开创的既有成果。请求依法改判，撤销二审判决，驳回某麻花公司的全部诉讼请求，原审诉讼费用由某麻花公司承担。

国家知识产权局提交意见称：其已依据本案二审判决重新作出裁定，维持诉争商标在麻花商品上的注册，在其余商品上予以无效宣告。

某麻花公司提交意见称：诉争商标的注册未违反《商标法》第 11 条第 1 款第 1 项的规定，"陈麻花"商标不具有在全国范围内被认定为麻花商品通用名称的广泛性，相关公众将"陈麻花"作为商品名称使用不具有普遍性。"陈麻花"商标不具有区分某一类麻花商品的规范性，无法指出该种名称的麻花商品与其他麻花商品物理特性的具体区别。"陈麻花"商标经某麻花公司持续使用具有较高的显著性。诉争商标是否违反《商标法》第 11 条第 1 款第 3 项的问题，不是本案审理范围。虽然有部分相关公众对"陈麻花"标识产生混淆，但这是由于侵权行为所导致，不能得出"陈麻花"是磁器口麻花的统称并构成通用名称的结论。请求驳回再审申请人等的再审请求。

⊃ 法院查明的事实

一审法院查明，诉争商标"陈麻花"注册人为原告，注册号为 13××××02，核定使用商品为第三十类麻花、怪味豆等。申请日期为 2013 年 11 月 5 日，注册日期为 2017 年 11 月 7 日，专用权期限至 2027 年 11 月 6 日。

庭审中，原告提供证据证明了其诉争商标起源及持续使用情况、知名度情况、商品经营状态、诉争商标争议及维权情况，并证明"陈麻花"系商标性使用。

根据原告提供证据，诉争商标中的中文部分"陈麻花"为原告前身"重庆市沙坪坝区某陈麻花经营部"，于 2003 年起作为字号组成部分使用，于 2004 年起作为门店招牌使用，原告企业正式注册日期为 2007 年 1 月 10 日。原告在 2013 年 11 月 5 日对中文"陈麻花"商标正式提出注册申请。故对本案诉争商标是否具备显著性特征的判定时间应为 2013 年 11 月 5 日之前。

被诉裁定认定：诉争商标违反了《商标法》第 10 条第 1 款第 7 项、第 11 条第 1 款第 1 项的规定，原国家工商行政管理总局商标评审委员会裁定诉争商标予以无效宣告。

再审法院查明，二审法院民事判决书中记载，"将姓氏与食品名称组合进行企业命名在重庆地区亦属常见""由此可见，包括重庆市某麻花经营部和上诉人（某麻花公司）在内的主体均认为'陈麻花'一词不足以指称二者，而以一定词汇对'陈麻花'加以限定，由此缩小指称范围，以明确其指称的对象为前述二者""从'陈麻花'一词的使用情况来看，'陈麻花'有时被作为商品名称使用。如 2007 年至 2008 年，沙区疾控中心出具的《卫生检验报告》中的样品名称部分显示为'陈麻花'；2008 年至 2009 年期间，上诉人（某麻花公司）开具给其他经营者的部分发票中显示品名为'陈麻花'；2009 年至 2011 年，上诉人（某麻花公司）与其他经营者之间订立的买卖合同中注明品名'陈麻花系列产品'等""综上所述，上诉人（某麻花公司）的证据不足以证明相关公众已经在'陈麻花'与上诉人（某麻花公司）之间建立起稳定联系，故'陈麻花'不能达到区分上诉人（某麻花公司）与其他经营者的功能，其不能受到《反不正当竞争法》对企业名称的保护"。

再查明，二审行政判决书记载：2020 年 5 月 13 日国家知识产权局商评字〔2020〕第 11×× 72 号《关于第 13××× 02 号"陈麻花"商标无效宣告请求裁定书》认定，第 13××× 02 号"陈麻花"商标因与第 48×× 47 号"磁器口陈守林陈麻花"商标构成 2014 年《商标法》第 30 条所指的使用在同一种或者类似商品上的近似商标，裁定第 13××× 02 号"陈麻花"商标在"麻花；米糕；糕点；月饼；芝麻糊；甜食（糖果）"商品上予以无效宣告，在"怪味豆；琥珀花生；锅巴；黑麻片"商品上予以维持。另查明，本案被诉决定无效宣告请求申请人在行政阶段请求依据《商标法》第 7 条、第 10 条第 1 款第 7 项、第 8 项、第 11 条第 1 款第 1 项、第 2 项、第 3 项、第 44 条第 1 款的规定，对诉争商标宣告无效。

⊃ 法院判决理由与裁判结果

一、一审法院

（一）诉争商标的注册是否违反《商标法》第 11 条第 1 款第 1 项的规定

《商标法》第 11 条第 1 款第 1 项规定，仅有本商品的通用名称、图形、型号的不得作为商标注册。

商品的通用名称是指为国家或某一行业内所共用的，反映一类商品与另一类商品之间根本区别的规范化称谓，包括法定、国家标准所定或者约定俗成的通用名称。商品的通用名称因不满足商标的显著识别功能而为法律所禁止注册及用作商标使用。

《最高人民法院关于审理商标授权确权行政案件若干问题的规定》第10条规定："诉争商标属于法定的商品名称或者约定俗成的商品名称的，人民法院应当认定其属于商标法第十一条第一款第（一）项所指的通用名称。依据法律规定或者国家标准、行业标准属于商品通用名称的，应当认定为通用名称。相关公众普遍认为某一名称能够指代一类商品的，应当认定为约定俗成的通用名称……对于由于历史传统、风土人情、地理环境等原因形成的相关市场固定的商品，在该相关市场内通用的称谓，人民法院可以认定为通用名称……人民法院审查判断诉争商标是否属于通用名称，一般以商标申请日时的事实状态为准。核准注册时事实状态发生变化的，以核准注册时的事实状态判断其是否属于通用名称。"

结合本案的情况，对于本案中的诉争商标"陈麻花"是否属于通用名称，应当从以下三个方面进行审查：

第一，基于一定的地域范围内，相关公众能否在"陈麻花"与某麻花公司之间建立稳定对应关系。基于重庆磁器口镇的历史传统、风土人情以及地理位置，麻花已经成为该地区市场的较为固定的产品，故在判断诉争商标是否构成"陈麻花"的通用名称时，地域范围以重庆地区磁器口镇作为判断标准。就本案而言，"陈麻花"本身识别性不强，"陈"系常见姓氏，"麻花"是一种食品的通用名称，二者均系公共领域资源，而将姓氏与食品名称进行组合进行企业命名在重庆地区亦属常见。故将诉争商标注册在麻花类商品上进行使用显著识别性较弱。在"陈麻花"本身显著性不强的情况下，使用"陈麻花"必须持续一定时间，达到一定程度，才能建立"陈麻花"与原告之间的稳定联系，而结合诉争商标在特定地区的使用时间、使用范围、使用习惯、使用主体数量、相关公众的通常认知，在案证据不足以证明相关公众已经在"陈麻花"与原告之间建立稳定联系。

第二，相关行业的从业人员及消费者是否将"陈麻花"作为商标识别，该商标是否能够引导行业从业人员及消费者区分商品来源。结案本案的相关证据，磁器口古镇有众多与"陈麻花"有关的店铺，"陈麻花"为市民对磁器口古镇麻花的统称。重庆市食品工业协会等出具的"关于陈麻花的使用情况说明"亦称重庆地区对"陈麻花"仅以商品和制作工艺名称使用。截止到 2013 年，重庆市磁器口古镇已有"陈麻花"店铺 12 家。原告在具体使用过程中并未将"陈麻花"作为商标突出使用，相关行业的从业人员和相关消费者不认为"陈麻花"与某麻花公司之间存在唯一对应关系，亦不将"陈麻花"作为商标识别。故本院认定在 2013 年 11 月 5 日之前，"陈麻花"在重庆磁器口地区已经成为一种麻花商品约定俗成的通用名称。

第三，商标权人某麻花公司是否将"陈麻花"作为商标突出使用。诉争商标申请日之前，原告在麻花商品上的惯用商标为"陈某银"标识，"陈麻花"被用作商品名称使用并标注于商品外包装显著部位，同时诉争商标已于重庆市磁器口地区被包括第三人在内的众多商户于生产、经营、销售、检验等环节用作商品名称使用，造成其标识显著性进一步退化，不再具有识别商品来源的功能。

综上，针对原告认为诉争商标"陈麻花"不属于通用名称的主张，本院不予认可。商标申请注册违反了《商标法》第 11 条第 1 款第 1 项的规定，被诉裁定对此认定正确。

（二）诉争商标的注册是否违反《商标法》第 10 条第 1 款第 7 项的规定

《商标法》第 10 条第 1 款第 7 项规定，带有欺骗性，容易使公众对商品的质量等特点或者产地产生误认的标志不得作为商标使用。

本案中，诉争商标"陈麻花"作为一种麻花商品的通用名称，使用于怪味豆、琥珀花生、黑麻片、糕点等商品上，以一般公众的辨识能力容易对标有诉争商标标识商品的产地、质量、主要原料等特点产生误认。故诉争商标的注册违反了《商标法》第 10 条第 1 款第 7 项的规定。被诉裁定对此认定正确。

综上，一审法院判决驳回原告某麻花公司的诉讼请求。

二、二审法院

二审法院认为，《商标法》第 11 条第 1 款第 1 项规定，仅有本商品的通用名称、图形、型号的不得作为商标注册。《最高人民法院关于审理商标授权确权行政案件若干问题的规定》第 10 条亦对通用名称进行了规定。

通用名称是反映一类商品或服务与另一类商品或服务之间根本区别的规范化称谓，同行业生产者经营者均可使用通用名称。因此，通用名称应当具有以下特征：（1）通用名称是反映商品或服务的物理特性，为相关公众区别商品或服务而非商品或服务的来源；（2）通用名称是明确且相对统一的；（3）通用名称是行业经营者普遍使用的商品名称，特有商品名称并非通用名称。被诉裁定和原审判决认定"陈麻花"构成约定俗成的通用名称。约定俗成的通用名称一般以全国范围内或相关市场相关公众的通常认识为判断标准。但历史传承、行业状况以及产品特点等都是影响相关公众认知水平的因素，在判断是否构成约定俗成的通用名称时应予考虑。

本案中，根据原审第三人提交的证据，能够证明诉争商标在申请日之前已经将"陈麻花"作为商品名称使用的证据主要为：（1）百度百科中提到"陈麻花是重庆市知名的特色传统小吃"，但上述网页中已写明"百科词条人人可编辑，词条创建和修改均免费"，且某麻花公司提交反证证明在 2013 年 5 月 10 日的百度百科中，对于"陈麻花"的介绍中仅提到"瓷器口麻花指重庆市瓷器口所产麻花……"（2）2012 年《重庆商报》的报道，该文章标题为"重庆瓷器口一条街上 12 家陈麻花，哪家才是正宗"。该文章报道的内容无详细考据，且某麻花公司陈述文章中所提到的 12 家陈麻花店铺，其中 7 家系某麻花公司的店铺。（3）某麻花公司已提交证据证明其法定代表人陈某银已于 2000 年开始使用"古镇陈麻花"作为店铺招牌；某麻花公司前身重庆市某麻花经营部于 2003 年成立，已在企业字号中使用"陈麻花"；2004 年某麻花公司已在磁器口正街上使用"陈麻花"作为店铺招牌；在诉争商标申请日之前，某麻花公司及其前身已于 2003 年申请注册"古镇陈麻"，2007 年申请注册"古镇陈麻花"。同时，某麻花公司提交大量证据证明从 2003 年开始，该公司法定代表人及公司对"陈麻花"进行了媒体报道和广告宣传；从 2004 年开始"陈麻花"获得过多项荣誉。

综合考虑上诉证据，二审法院认为原审第三人提交的证据不足以证明"陈麻花"系规范化的商品名称，不足以证明"陈麻花"在诉争商标核准注册时成为通用名称。诉争商标的申请注册未违反《商标法》第 11 条第 1 款第 1 项的规定。诉争商标是否具有显著识别性并非《商标法》第 11 条第 1 款第 1 项所考虑的要件。因此，被诉裁定及原审判决对此认定有误，本院予以纠正。

《商标法》第 10 条第 1 款第 7 项规定，带有欺骗性，容易使公众对商品的质量等特点或者产地产生误认的标志不得作为商标使用。在审查判断有关标志是否具有欺骗性，应当考虑标志或其构成要素是否足以使相关公众对产品的描述产生错误认识，构成欺骗相关公众。本案中，诉争商标"陈麻花"中的"麻花"系一种商品，使用在除"麻花"之外的商品"怪味豆、琥珀花生、黑麻片、糕点"等商品上，以一般公众的辨识能力容易对标有诉争商标标识商品的产地、质量、主要原料等特点产生误认。因此，诉争商标在除"麻花"之外商品上的注册违反了《商标法》第 10 条第 1 款第 7 项的规定，被诉裁定和原审判决对此认定有误，本院予以纠正。

综上，二审判决：（1）撤销北京知识产权法院（2019）京 73 行初 3833 号行政判决；（2）撤销原国家工商行政管理总局商标评审委员会作出的商评字［2019］第 42763 号《关于第 13×××02 号"陈麻花"商标无效宣告请求裁定书》；（3）国家知识产权局就重庆市沙坪坝区互某食品有限公司、重庆市沙坪坝区磁器口某麻花食品有限公司、冯某金、重庆陈记香某王食品开发有限公司、重庆大某人食品有限责任公司针对第 13×××02 号"陈麻花"商标提出的复审申请重新作出裁定。

三、再审法院

再审认为，本案再审审理的焦点问题是诉争商标的注册是否违反《商标法》第 11 条的规定。

《商标法》第 11 条规定，下列标志不得作为商标注册：（1）仅有本商品的通用名称、图形、型号的；（2）仅直接表示商品的质量、主要原料、功能、用途、重量、数量及其他特点的；（3）其他缺乏显著特征的。前款所列标志经过使用取得显著特征，并便于识别的，可以作为商标注册。

商标是在生产经营活动中使用的，用于识别商品或者服务来源的标志，应当具备帮助消费者将其所代表的生产、经营者的商品或者服务同其他生产、经营者的商品或者服务区分开来的能力，此即商标的显著特征。本案中，再审申请人在再审期间提交了包含 2006 年第 6 期《台声》的《两岸作家西部采风之旅——全国台联、华艺出版社、重庆市台联举办两岸作家采风活动》，以及 2013 年 10 月《公民导刊》的《"活"着的古镇磁器口》等 20 余篇期刊、报刊文章，上述文章中已将"陈麻花"作为重庆磁器口古镇的美食予以介绍。而 2007 年 8 期《时代经贸》期刊上的《旅游景区之旅游商品设计探析——A 景区重庆磁器口为例》、2012 年 2 期《旅游》期刊上的《磁器口从前的故事》、2011 年第 28 卷第 7 期《重庆与世界》期刊上的《探寻磁器口陈麻花发展之路》，内容记载重庆磁器口有"陈某银陈麻花""陈某健陈麻花"、老街陈麻花等多个经营主体或门店提供的麻花商品。上述文章包含学术文章、新闻报道、散文、诗歌等多种形式，发表的时间在 2006 年至 2013 年，相关内容能够证明在某麻花公司申请注册诉争商标时，相关公众已将"陈麻花"与重庆磁器口联系起来，并有相当一部分公众将其认读为一种重庆小吃。

再审申请人等和某麻花公司均提交了形成于 2001 年至 2004 年间重庆磁器口地区部分麻花经营者的工商登记资料等信息，证明在 2001 年至 2004 年至少有重庆古镇陈记麻花店、重庆市沙坪坝区陈某健麻花店、重庆市沙坪坝区磁器口老街陈某平麻花店等麻花经营者在重庆市磁器口使用包含"陈"和"麻花"的字号；再审申请人提交的重庆磁器口古镇管理委员会、重庆市沙坪坝区磁器口街道金蓉社区居民委员会于 2018 年 1 月 15 日出具的《情况说明》，亦记载了重庆市沙坪坝磁器口陈某平麻花食品有限公司三家门店、重庆市沙坪坝区健雄食品经营部一家门店、重庆市陈守林麻花食品有限公司经营门店在重庆磁器口生产经营麻花，其所属门店店招及食品包装上均有"陈麻花"字样沿用至今等内容，双方当事人所提交证据中包含的大量照片等能够与上述期刊等内容相互印证，证明在 2001 年以后，在重庆市磁器口地区有多家麻花经营者以包含"陈"和"麻花"的字号开展经营，直至诉争商标申请时，在重庆磁器口有多家麻花经营者在生产经营的麻花商品上突出使用"陈麻花"标志。

再审申请人提供了多份落款日期为 2007 年至 2015 年，受检单位包括某麻花公司在内的多个企业、个人的检验报告，检验委托单位包括重庆市质量技术监督局、重庆市食品药品监督管理局、重庆市沙坪坝区卫生局卫生监督所等，报告中将产品或样品名称写为"陈麻花""陈某平陈麻花""陈某银陈麻花"等，结合二审民事判决书的相关认定，证明当地从事麻花经营的多个生产主体以及有关监管部门，已将陈麻花指称为一种产品，这种使用在诉争商标申请注册前后均存在。

虽然在案证据不能证明相关公众普遍认为"陈麻花"所具体指代的是哪一类麻花商品，"陈麻花"尚不足以构成麻花类商品的通用名称，但基于上述相关公众对"陈麻花"的认识和当地经营者对"陈麻花"标志的使用状况等事实，证明本案诉争商标申请注册时，"陈麻花"已不能区别具体的麻花商品的生产、经营者，从而发挥商标应有的识别功能，故其构成《商标法》第 11 条第 1 款第 3 项其他缺乏显著特征的标志，不得作为商标注册。虽然被诉裁定及原审法院对此未审理确认，但再审申请人申请无效宣告以及再审诉讼中均提出此项主张，再审审理中某麻花公司亦对此陈述了意见，故本院对此进行审理符合法律规定。

此外，诉争商标核定在麻花以外的"怪味豆、琥珀花生、黑麻片、糕点"等商品上使用，构成《商标法》第 10 条第 7 项"带有欺骗性，容易使公众对商品的质量等特点或者产地产生误认的"规定的不得作为商标使用的情形，原审判决对此认定正确。

被诉裁定及一审判决关于诉争商标"陈麻花"构成一种麻花商品的通用名称虽认定不当，但被诉裁定宣告诉争商标无效以及一审判决驳回某麻花公司的诉讼请求正确，本院对此予以维持。

综上，再审申请人的再审诉讼请求部分成立，本院予以支持。二审判决认定事实及适用法律不当，本院予以纠正。依照《行政诉讼法》第89条第1款第2项，《最高人民法院关于适用〈中华人民共和国行政诉讼法〉的解释》第119条第1款、第122条的规定，判决如下：（1）撤销北京市高级人民法院（2019）京行终9347号行政判决；（2）维持北京知识产权法院（2019）京73行初3833号行政判决。

一审、二审案件受理费合计200元，由重庆市沙坪坝区磁器口某麻花食品有限公司负担。

本判决为终审判决。

⊃ 判解与学理研究

《商标法》第11条第1款规定，仅有本商品的通用名称、图形、型号的，不得作为商标注册。本案的诉争商标为"陈麻花"商标，一审法院综合该商标本身的显著识别性和媒体宣传、其他同业经营者使用等在案证据认为该商标已经退化，不再具有识别功能，二审法院综合考虑上诉证据，认为该商标在核准注册时具有显著性，并未违反《商标法》第11条第1款的规定；再审法院综合工商信息资料、检验报告等证据，认为"陈麻花"已经不能区别具体的麻花生产经营者，无法发挥商标应有的识别功能，因此构成《商标法》第11条第1款第3项其他缺乏显著特征的标志。三审法院均对被诉商标是否为通用名称和该商标是否具有欺骗性进行了分析，本案是商标通用名称化和注册商标无效的典型案例，本文主要针对通用名称的司法认定及商标通用名称化相关问题进行分析。

一、通用名称及商标通用名称化

通用名称是指不能用于注册商标的一类缺乏显著性的词汇，通常是某一类别商品或服务法定、约定俗成的名称。理论中对通用名称的定义一般为"商品通用名称是指在某一范围内为相关公众普遍使用的，反映一类商品与另一类商品之间根本区别的规范化称谓,包括规范的商品名称、俗称以及简称"[①]。通用名称与商标的本质区别在于二者的功能不同,前者用于区别商品或服务与其他商品或服务,后者用于区分商品或服务来源与其他来源,即经营者和其他经营者。[②]与商标的固有显著性和获得显著性相对应,通用名称也分为原本的含义即为表示一类商品或服务的总称的通用名称和作为商标注册后通过使用丧失显著性而产生的通用名称。与商标显著性的动态变化相对应,通用名称也可能因为经营者的经营行为获得显著性而可以进行商标注册,同时已注册的商标可能因为经营行为而丧失显著性成为通用名称。

随着科技的发展,新的商品或服务类型不断出现,原有的商品或服务类型也不断衍生出新的分支,具有显著性的、符合作为商标的长度、能够被相关公众准确识别的词汇是有限的,即便是臆造一个不存在本意的商标,其也可能在实践中被用于命名某一新出现的事物,或者在经营过程中被相关公众用于识别商品。因此,商标可能出现通用名称化的现象。商标通用名称化也被称为商标退化,是指"某一商标在使用和宣传过程中,特别是在取得了较高的社会知名度之后,由于使用不当、保护不力或者他人的淡化行为等原因致使其商标的显著性逐渐退化,丧失了指示商品特定来源的功能,进入公有领域而沦为该类商品的通用名称"[③]的过程。商标通用名称化的产生原因较为多元。通常认为,本身含有描述性要素,如商品的种类、功能、产地等元素的商标显著性较低,更有可能发生通用名称化的现象。经营者不当的使用行为、其他经营者对商标词汇不当地使用、媒体宣传时的混淆用词、经营者多个商标同时使用、商标权人过多进行商标许可等因素,都有可能造成商标显著性的退化。

二、通用名称的司法认定及其完善

对通用名称的司法认定,由于其需要考虑的因素较多,且判断具有主观性,难以以量化的标准进行统一。分析《最高人民法院关于审理商标授权确权行政案件若干问题的规定》第 10 条对通用名称认定的规定,第一位的认定标准为法律规定、行业标准,由于法律和行业标准具有滞后性,相关公众普遍承认某一名称可以用于区分商品或服务与其他商品或服务的,即可认定

---

① 尹红强:《商品通用名称与商标权辨析》,载《河北学刊》2014 年第 2 期。

② 参见马一德:《合理把握商林海雪原与通用史称的界限》,载《中国知识产权报》2023 年 8 月 25 日,第 8 版。

③ 范晓波、韩婷婷:《商标通用化问题研究》,载《中国发明与专利》2010 年第 3 期。

为"约定俗成的通用名称",专业工具书、辞海作为认定的参考要素。其中,约定俗成的通用名称中的相关公众以全国为范围,只有形成了某一市场的固定商品时,才能以该市场内的相关公众承认程度判断某一词汇是否为通用名称。除此之外,上述规定第10条规定对通用名称进行判断的时间基准"一般以商标申请日时的事实状态为准。核准注册时事实状态发生变化的,以核准注册时的事实状态判断其是否属于通用名称"。此处的相关公众应包括商品生产、销售过程中接触到商品的经营者、消费者、交易者。法律规定、行业标准可以认为是某一商品的相关公众的长期认知的固定化表现,在通用名称的判断中,相关公众的认知是核心要素。这与商标面对相关公众发挥识别商品来源作用的本质功能相契合。上述规定第10条仅对应站在何种角度、以何种时间的状态为基准进行了规定,并没有明确通用名称判断的要件,且该条款仅在行政案件中适用。

对于此规定,有学者认为目前所采取的列举式规范并不全面,在实践的发展中缺乏灵活性和可操作性,应当抽象提炼为在相关公众的普遍认知,商品流通中的一个标识具有区分一类商品与另一类商品而非区分商品来源的属性,即以"通用性"为判断的根本标准。[1]也有学者认为,司法实践中,发生相关商标争议时国家标准、行业标准在制定时间上必然较早,且具有一定的抽象性,无法及时、具体地体现出争议商标内涵上的变化,但对市场变化最为敏感的相关公众可以解决这一问题,能够从商品流通的终端和目的上全面、客观反映现实情况。[2]综合来看,相关公众的普遍认知这一标准最为抽象,但既符合商标发挥其功能的需要,也最具有随市场发展而变化的灵活性、可操作性和准确性。

本案中,一审法院主要从商标本身、相关公众、商标权人三个角度对涉案证据进行了分析。对于商标本身,"陈麻花"作为姓氏和商品类别组成的商标,本身的显著性较弱,且陈麻花是重庆磁器口较为固定的产品,在判断中应以该区域内相关公众的通常认知为标准。相关公众包括消费者和相关行业的从业人员。一审法院综合《重庆商标》的报道、卫生检验报告中的商品名称、食品工业协会出具的说明和磁器口中有多家"陈麻花"店铺经营并使用该商标作为商品名称的现象,认为"陈麻花"成为了该区域内约定俗成的通用名称。对于商标权人自身的使用,法院认为其在宣传图片、卫生检疫报告等文件中惯用

---

① 参见李然:《商品通用名称认定标准的反思与重构》,载《电子知识产权》2020年第6期。

② 参见邓文:《论通用名称各认定因素的效力大小》,载《电子知识产权》2016年第1期。

另一标识，"陈麻花"虽显著标注于外包装，但易被认作商品名称。综上，一审法院认为"陈麻花"已经是该区域内该商品的通用名称。

二审法院对通用名称的特征的描述包括：反映商品或服务的物理特性，不能使相关公众据其识别商品来源；明确且相对统一；是行业经营者普遍使用的商品名称。二审法院并未从该特征出发分析"陈麻花"商标是否符合该描述，而是从证据出发，认为百度百科、《重庆商报》均考据不足，原告经营所使用的招牌、媒体宣传和所获得的荣誉均证明其使用了"陈麻花"商标并具有一定的知名度，因而不能认为是该区域内的通用名称。

再审法院综合学术文章、新闻报道、工商登记资料等证据，认为虽然在案证据不能证明相关公众普遍认为"陈麻花"所具体指代的是哪一类麻花商品，"陈麻花"尚不足以构成麻花类商品的通用名称，但基于相关公众对"陈麻花"的认识和当地经营者对"陈麻花"标志的使用状况等事实，证明本案诉争商标申请注册时，"陈麻花"已不能区别具体的麻花商品的生产、经营者，发挥商标应有的识别功能，故其构成《商标法》第 11 条第 1 款第 3 项其他缺乏显著特征的标志。三审法院均以该区域内的相关公众为视角，在证明其显著性退化和其仍具有显著性的证据之间博弈，最终得出结论。指向商标具有显著性的证据主要包括包含该商标的宣传、该商标获得的荣誉、在店铺装潢上所体现的与商品来源的联系、所在区域的相关文章和其他竞争企业的工商登记资料等。指向商标显著性已退化至成为通用名称的证据则主要包括网络及媒体对"陈麻花"作为重庆磁器口的传统小吃的描述，其他多家经营主体使用"陈麻花"作为商品名称进行食品抽检以及其他经营主体的工商登记资料等。

对于约定俗成的通用名称的判断，有学者将应当考虑的要素提炼为历史渊源及文化背景、标识的固有显著性强弱、相关消费者的认知、同类经营者的使用状况、工具书以及辞海等公开出版物、专家意见可作为参考，除此之外，当法定标准与约定俗成的标准相冲突时，应当以约定俗成的标准为先。[①] 当通用名称不易判断时，再审法院提供了一种司法裁判思路，即对商标在申请注册时是否能够发挥其识别功能进行判断，从而认定商标是否构成缺乏显著特征的商标。

[①] 杨晓玲：《专有与公有之间：商品通用名称的司法认定研究》，载《西南政法大学学报》2015 年第 1 期。

三、商标通用名称化的防范对策

依据《商标法》第 49 条第 2 款的规定"注册商标成为其核定使用的商品的通用名称或者没有正当理由连续三年不使用的，任何单位或者个人可以向商标局申请撤销该注册商标"，当一个商标在使用中失去显著性而成为通用名称，其也不应作为商标继续为商标权人持有。经营者通过长期的经营行为将自身的商誉与商标联系起来，并将商品的质量、功能等特征与其自身联系起来，使相关公众在选择某一类型的商品时可以根据商标判断商品的经营者。如果商标因为使用经营行为显著性退化而成为通用名称，商标的财产价值也会因此消失，经营者长期经营和投入的价值随之被削弱。在经营过程中，经营者应当多方面采取措施，避免其持有的商标通用名称化。

（一）注册显著性更强的商标

在注册时，经营者应采用显著性更强的商标进行注册。商标显著性的强弱与其是否会通用名称化并没有必然的联系，但描述性的、通用名称获得显著性的商标更容易被相关公众认为是对商品类别的描述。由于商标正当使用制度的存在，商标权人对显著性较弱的商标的垄断并不全面。在符合正当使用构成要件的情况下，其他经营者可以使用与商标权人所持有的商标类似或相同的表述来描述自己的产品。这种使用可能导致相关公众选择商品时对这一商标所发挥的功能的误认。在科技发展中，若一类商品出现新的分支，那么这一新分支的商品更容易以该分支的功能、质量、用途、原料、产地等特征命名。当显著性较弱的商标所载的商品不断发展时，相关公众也可能直接以这一商标对该商品类别进行命名，从而使得商标显著性退化。

（二）正确使用商标

商标权人、相关公司以及许可人等如果将商标不作为商标来正确使用的话，交易者以及一般消费者就很容易将该商标作为普通名称来认知，因此，商标权人对商标的使用方式等是非常重要的。[①] 在宣传商品时，经营者应当注意商标和商品名称的并用及区分，避免媒体在报道中混淆商标和通用名称。在经营过程中，自身的宣传是可控的。商标权人应当在宣传中向相关公众强化其商标和通用名称的区分。由于相关公众都熟知某一通用名称所代表的商品类别，更容易在日常表述中省略通用名称，造成商标代表了商品类别的乱象。因此宣传中不仅应当注意商标与商品通用名称的区分，也应当二者并用，使相关公众注意到通用名称的存在。本案中，三审法院均对描述诉争商标的学术文章、新

---

① 刘斌斌：《比较法视角下商标的通用名称化及其救济》，载《甘肃社会科学》2012 年第 1 期。

闻报道、散文、诗歌等多种形式的信息进行了分析。一审法院认为该报道载明了"'陈麻花'是市民对磁器口古镇麻花的统称"，以此作为证据之一得出"陈麻花"已经成为约定俗成的通用名称的结论。二审法院则综合该报道的考据程度和12家店铺中有7家是某麻花公司的店铺的情况，认为尚足以证明被诉商标的显著性降低至通用名称的程度。再审法院则认为虽然在案证据不足以证明诉争商标为通用名称，但足以证明该商标在申请注册时即无法发挥识别作用。由此可见，在媒体报道、学术文章等多种信息中仅表述商标而忽略通用名称是显著性退化的其中一个原因。上述形式的宣传和公开虽不如商标权人自身的经营宣传行为具有可控性，但在出现不适当的报道时，商标权人可采取协商等方式要求媒体对相关的报道进行更正。

对于同业经营者，商标权人应当审慎进行商标许可，加强商标的监管。本案中即出现了同业经营者使用商标权人的商标的情况，并且被作为商标通用名称化的证据予以考虑。商标权人在进行许可时应当充分考虑到其他经营者使用其商标带来的消费者对该商品来源认知的淡化后果，在许可时谨慎地选择经营者，并且控制被许可人的数量。同时，商标权人应当加强对商标的监管，充分行使自己的商标权，及时禁止其他同业经营者以商品名称、宣传标语等形式使用自己的商标。

（三）商标通用名称化后，可以通过经营行为重新获得显著性

已被认定因通用名称化而失去显著性后，商标仍可以通过经营者的经营行为而重新获得显著性。商标显著性退化是一个长期的过程，当商标已经被相关公众接纳为一种商品或服务的通用名称，再通过使用行为重新建立其与商品来源的关系是较为困难的。在司法实践中，存在商标通用名称化后经过使用行为而重新获得显著性的案例，但这种事后的补救需要花费更多的时间和物质投入。

四、结论

本案是关于显著性较弱的商标是否为通用名称的司法认定的典型案件。通用名称因不具有显著性而不能作为商标注册。商标的显著性因其经营行为而动态变化。注册商标具有固有显著性的，也可能因为原本显著性较弱、使用方式不当等原因失去显著性。商标是否淡化为通用名称，司法认定核心在于以相关公众的普遍认知为标准，充分考察相关公众对经营者的经营使用行为的认知反应。证据无法证明商标是否构成通用名称时，可以从商标是否能够发挥识别作用的角度入手，判断商标是否构成缺乏显著特征的标志。注册

商标的通用名称化会导致商标权人的经营投入丧失价值，因此有必要采取各种手段避免商标通用名称化。防范商标通用名称化的手段包括：选用固有显著性较强的商标注册、正确地进行商标使用、加强商标监管等措施。即便商标显著性丧失，已经成为某一商品的通用名称，也可以通过经营行为重新获得显著性。

商品通用名称及其合理使用的判断

——四川某牛肉食品公司、达州某肉类制品公司侵害商标权纠纷案

/ 杨洵

➲ 本案要旨

商品通用名称因不具备商标显著性的本质特征而不能成为商标，应将其作为公有领域的资源保留给公众使用，否则会导致公共资源的不正当垄断。通用名称可以分为法定通用名称和约定俗成的通用名称，法定通用名称是指法律规定或者国家标准、行业标准认定的通用名称；约定俗成的通用名称则需要根据涉案商品的销售范围、影响范围的相关公众认知标准等因素进行综合判断。需要注意的是，即使涉案商标具有较高知名度，也不能据此否认涉案标识本身构成通用名称。对于通用名称，经营者可通过善意的、规范的标注方式进行使用，并在显著位置使用自己的商标予以区分来源。

➲ 案件信息

申请人（一审原告、二审上诉人）：四川某牛肉食品公司

被申请人（一审被告、二审被上诉人）：达州某肉类制品公司

案号：四川省成都市中级人民法院（2016）川 01 民初 516 号、四川省高级人民法院（2016）川民终 1065 号、最高人民法院（2018）最高法民申 1660 号

➲ 原被告主张及理由

四川某牛肉食品公司诉称：（1）一审判决认定"灯影牛肉""灯影牛肉丝"是商品通用名称，缺乏事实及法律依据。首先，涉案商标为"灯影"，不存在"灯影牛肉""灯影牛肉丝"的注册商标，不应将两者混同。其次，牛肉、牛肉丝是牛肉食品的通用名称，"灯影"是四川某牛肉食品公司享有专用权的注册商标，灯影牛肉、灯影牛肉丝是专指四川某牛肉食品公司生产销售的享有涉

案商标专用权的牛肉食品，这一名称是由特定的商标即"灯影 + 商品通用名称（牛肉或牛肉丝）"构成。最后，达州某肉类制品公司提供的达州地区相关志书中虽有灯影牛肉、灯影牛肉丝文字表述，但从未有任何主管部门、行业协会认定该标识是商品通用名称的记载，该志书中记载的灯影牛肉文字，是对历史的记载，不是《商标法》意义上的商标性使用，而是通常所说的"正当使用"行为之一。另外，该志书出版的时间均远远迟于涉案商标的注册时间。（2）一审判决认定达州某肉类制品公司生产销售的罐装牛肉食品上使用"灯影牛肉"文字属于描述性标识的正当使用，不构成侵害涉案商标专用权明显错误。涉案商标经过四川某牛肉食品公司长期使用，已获得较高的知名度，之后，其申请注册相同或者近似的第 11 × × × 87 号、第 11 × × × 16 号、第 11 × × × 63 号、第 13 × × × 52 号"灯影"商标，涉案商标的商业信誉可以在其后申请注册的上述四件"灯影"商标上延续。达州某肉类制品公司在其生产销售的罐装牛肉食品上单独和突出使用了"灯影"文字，造成相关公众混淆、误认，侵害了四川某牛肉食品公司涉案商标专用权。

达州某肉类制品公司诉称：（1）"牛肉罐头"与"灯影牛肉丝"不构成类似商品。"牛肉罐头"与"灯影牛肉丝"相比，从生产者的角度，在执行标准方面、生产的组织方面、生产资格取得方面均不相同；从消费者的使用目的来看，前者是以军用食品的保藏为目的，而后者则是以休闲食品为主；在流通过程中，前者的销售区域与后者的销售区域是分开的。（2）达州某肉类制品公司在袋装牛肉食品上突出使用"灯影"文字，除构成对商品特点的直接描述外，也构成对"灯影牛肉""灯影牛肉丝"商品通用名称的使用，并且附加了显著的"川汉子"商标区别标识，没有误导公众，更不会引起消费者混淆，是正当使用行为。另外，没有给四川某牛肉食品公司造成损害后果，故不应承担赔偿责任。（3）适当在"灯影牛肉"和"灯影牛肉丝"上突出使用"灯影"文字，有利于弘扬传统文化，促进市场竞争。

四川某牛肉食品公司申请再审称：（1）"灯影牛肉""灯影牛肉丝"不构成商品通用名称。首先，其依法享有第 14 × × 29 号"灯影"商标注册专用权，该商标处于有效期内。其次，"灯影牛肉""灯影牛肉丝"专指四川某牛肉食品公司生产、销售的标注有"灯影"文字注册商标的牛肉商品。再次，涉案商标分别于 1992 年、1996 年、2013 年被评为四川省著名商标，其生产的"灯影"系列牛肉产品荣获省、部级诸多称号。最后，国家工商行政管理总局商标评审委员会（以下简称商标评审委员会）在另案裁定中认定，"灯影"文字系列商标具有显著特征，并非牛肉等商品上的通用名称。判断诉争商标是否属于通用名称，应以提出商标注册申请时全国范围内的相关公众的通常认识情况为准。四川某牛肉食品公司委托中国人民大学在 17 个省市进行了调查，调查显示，绝大多数的被访者并不了解"灯影牛肉""灯影牛肉丝"。关于是否属于约定俗成的通用名称，应以全国范围内的相关公众的通常认识为标准。虽然相关行政部门认定"灯影牛肉"的加工技艺为非物质文化遗产，但不等于其当然进入公有领域。四川某牛肉食品公司对"灯影"文字系列注册商标进行了长期、广泛的使用和大力宣传，已成为知名品牌，具有一定影响力并与四川某牛肉食品公司及其商品建立了唯一且固定联系，形成了客观的市场格局。（2）四川某牛肉食品公司对达州某肉类制品公司提交的第三组证据持有异议。（3）达州某肉类制品公司知道或应当知道四川某牛肉食品公司的"灯影"文字注册商标，主观上具有"傍名牌""搭便车"的明显恶意；达州某肉类制品公司在其生产、销售的涉案商品上突出使用四川某牛肉食品公司的"灯影"文字注册商标，易引起消费者的混淆或误认，淡化四川某牛肉食品公司的注册商标，达州某肉类制品公司在其生产、销售的罐装牛肉商品上突出使用"灯影"文字的行为属于商标侵权行为。

达州某肉类制品公司在申请再审中辩称：（1）"灯影牛肉""灯影牛肉丝"是商品通用名称。①"灯影牛肉"是具有 100 多年历史的地方特产，其历史渊源被多种志书所记载，制作工艺被多种工具书、专业书籍、公开出版物记载。"达县双精牌灯影牛肉"被收录于《中国土特名产辞典》中。②国家工商行政管理总局商标局（以下简称商标局）在商标审（2003）27 号《关于灯影是否为牛肉商品土特产专用名称的批复》[以下简称商标审（2003）27 号批复] 中认为，涉案商标依法享有专用权，但无权禁止他人正当使用"灯影牛肉"文字。③"灯影牛肉"的加工工艺被四川省人民政府及文化部门推荐和确定为非物质文化遗产。④"通川灯影牛肉"是国家地理标志保护产品，达州市质检行政部门曾两次颁发"灯影牛肉"地方标准。多家媒体先后多次在其公开播出的节目中，将"灯影牛肉"作为四川省地方特产进行介绍。⑤"灯影牛肉丝"是在"灯影牛肉"的基础上发展而来。包括四川某牛肉食品公司及达州某肉类制品公司在内的多家食品企业，均在生产"灯影牛肉丝"，无论厂家、商家还是消费者，均将"灯影牛肉丝"作为"灯影牛肉"的系列产品。"灯影牛肉""灯影牛肉丝"并不专门指向四川某牛肉食品公司的产品。四川某牛肉食品公司的产品是"灯影"牌"灯影牛肉"、"灯影"牌"灯影牛肉丝"。⑥"灯影牛肉"和"灯影牛肉丝"是因特定历史传统、风土人情形成的特定范围内的商品通用名称。⑦商标评审委员会裁定维持"灯影"商标注册，仅能表明其认为"灯影"不构成通用名称，但该裁定没有否定"灯影牛肉"和"灯影牛肉丝"构成通用名称，故与本案没有关联。⑧四川某牛肉食品公司以全国作为范围进行问卷调查，不符合本案实际，也与相关司法解释规定不符。现行法律法规并未明确市场调查问卷可以作为证据或参考的依据。⑨"灯影牛肉"早于涉案商标。商标审（2003）27号批复中指出，"灯影"商标权利人不得禁止他人正当使用"灯影牛肉"文字。此后，"灯影牛肉"的生产企业数量、生产规模、产品品质均有较大发展。（2）达州某肉类制品公司在涉案罐装"灯影牛肉"上的使用方式系正当使用。与消费者接触最为频繁，同时也是消费者在选购产品时第一时间就能接触到的。四川某牛肉食品公司在腰封处以同字体、等大小的方式使用"灯影牛肉"文字，是对产品属性、特征的描述，同时以显著方式标注了"川汉子"。相关公众足以通过这种标注方式将涉案产品识别为"川汉子"牌灯影牛肉。（3）对于达州某肉类制品公司的另外两款袋装被诉侵权商品，达州某肉类制品公司使用"灯影牛肉""灯影牛肉丝"都是在描述产品，主观上没有侵犯涉案商标的意图。①达州某肉类制品公司成立于2000年，年销售额超过4000万元，并被授予"四川省质量信用AAA级企业"等荣誉称号。达州某肉类制品公司的"川汉子"牌牛肉系列食品荣获"四川名牌产品"等荣誉。"川汉子"商标两度被评为"达州市知名商标"。达州某肉类制品公司的厂区是文化行政部门批准的"灯影牛肉传承基地"。②达州某肉类制品公司只是在对商品所属的种类进行描述时，才会涉及使用"灯影"文字，而在使用时一定会附带"牛肉"或"牛肉丝"，使之形成完整的通用名称，并且在被诉侵权商品的显著位置突出标注了"川汉子"商标和自己的企业名称全称。③"灯影"文字必须存在于"灯影牛肉""灯影牛肉丝"产品名称中，是描述产品种类必需的文字。（4）四川某牛肉食品公司无法提供其确切的经营数据，达州某肉类制品公司从税务部门调取的数据与四川某牛肉食品公司提交的数据相互矛盾，且四川某牛肉食品公司在经营中存在多次被行政处罚的情形。同时，涉案商标的最初权利人改制为四川某牛肉食品公司后，因长期经营不善不能按时年检，于2007年被吊销营业执照，后又进入破产程序，长时间中断或未能正常使用"灯影"商标，导致其知名度和影响力急剧下降。

⊃ 法院查明的事实

原达县灯影牛肉厂于1960年向中央工商行政管理局申请注册了"灯影牌"文字商标。1980年11月，"灯影"文字经商标局续展核定使用商品为第

29 类，即牛肉罐头、水果罐头、蔬菜罐头。1993 年，原达县灯影牛肉厂在办理该商标续展注册手续时，将"灯影牌"文字商标取消通用字"牌"，续展注册为"灯影"文字商标，并经商标局核准。四川某牛肉食品公司于 2005 年 9 月 28 日注册成立。2007 年 8 月至 2010 年 11 月，四川某牛肉食品公司与达州市通川区国有资产监督管理办公室签订了《商标使用许可合同》，约定将"灯影"文字商标许可给四川某牛肉食品公司使用。2012 年 3 月，四川某牛肉食品公司参与拍卖并依法受让取得"灯影"文字商标专用权，并经商标局核准转让。四川某牛肉食品公司持续在牛肉食品上使用了"灯影"文字商标。涉案商标分别于 1992 年、1996 年、2013 年被评为"四川省著名商标"。

1999 年 7 月 14 日，达州某肉类制品公司注册取得"川汉子"图文商标，核定使用范围是第 29 类。在经营期间，达州某肉类制品公司取得了一系列商誉，并在四川、重庆以及相关的电商平台和生产、销售商品的包装上标注"灯影牛肉""灯影牛肉丝"字样的牛肉丝和牛肉片。其中牛肉丝食品在塑料包装袋的正面显著位置使用了川汉子图文，并标注了"灯影牛肉丝"字样。其具体的使用方式又分为两种，横排位于"川汉子"商标的下方，"灯影"二字大，"牛肉丝"三字小；竖排位于"川汉子"图文商标的右边，"灯影"二字大，"牛肉丝"三字小，且颜色和字体不同。牛肉片为马口铁罐装，在铁罐的腰封处，"灯影牛肉"四字居中，从左至右排列，色彩及大小一致，"灯影"和"牛肉"之间以"川汉子"图文分割。铁罐的盖子处还使用了"灯影"与"牛肉"大小不一致的标注方式。

达州市相关志书以及《中国土特名产辞典》《中国食品》等公开出版物均记载了灯影牛肉历史渊源、制作方法和商品特点等信息，且最早于 20 世纪 80 年代末 90 年代初面世。《达县商业志》中介绍灯影牛肉来历时有这样的表述："因这种牛肉片形薄如纸、棕红闪亮、灯照透影，酷似'皮影戏'中的皮影，而四川人又称'皮影'为灯影，故被冠以'灯影牛肉'美称，一直沿用至今。"《中国土特名产辞典》中收录有"达县双精牌灯影牛肉"，并记载有"因成品片薄如纸，可透灯影，故名""制作时，先剔除其表膜、筋、腱、油脂等"。《经典老菜谱》《川渝小吃》专门记载了"灯影牛肉丝"的制作方法，此外还有专业论文对灯影牛肉丝中的技术问题进行研究。灯影牛肉的加工技艺由四川省人民政府及相关主管部门推荐和确定为非物质文化遗产，通川灯影牛肉也被质检部门核准为国家地理标志保护商品，且达州某肉类制品公司为获准使用地理标志保护商品专用标志企业。同时，四川省地方标准《灯影牛肉》编制说明记载"灯影牛肉是达州市传统工艺生产的土特产品"，达州市相关质检部门曾颁发了 DB511700 和 DB511702 的商品标准和技术规范。商标局曾制发 20016249 号通知书及商标审（2003）27 号批复认为，达州市灯影牛肉是著名特产的名称，灯影文字商标权人无权禁止他人正当使用"灯影牛肉"文字。中央七台等相关电视媒体先后播出过介绍灯影牛肉的节目。

关于销售情况，在相关市场和电商平台上，有众多厂家商品包装上印有"灯影牛肉""灯影牛肉丝"字样的牛肉食品。就实体市场而言，达州地区、成都地区、重庆地区的超市卖场内均有大量不同品牌的标注有"灯影牛肉""灯影牛肉丝"的商品出售；淘宝网站上有众多标注有"灯影牛肉丝"字样的商品出售；京东网站上有诸多标注为"灯影牛肉丝"的商品出售，且其中很多商品的介绍中含有"四川特产"的表述。

⊃ 法院判决理由与裁判结果

一、一审法院

四川省成都市中级人民法院认为：关于法律适用问题。根据《最高人民法院关于商标法修改决定施行后商标案件管辖和法律适用问题的解释》第 9 条的规定，本案应当适用修改后《商标法》的规定。

关于涉案商标核定使用的商品与达州某肉类制品公司商品是否类似的问题。《商标法》第 56 条规定，注册商标的专用权，以核准注册的商标和核定使用的商品为限。"灯影"文字在 1980 年 11 月经商标局核定使用商品为第 29 类，即牛肉罐头、水果罐头、蔬菜罐头，达州某肉类制品公司牛肉系列商品中包含有罐装牛肉。判断二者是否类似，不仅要判断商品名称的类别和具体内涵，还要重点考察市场情况。涉案商标和达州某肉类制品公司商标使用的商品均为第 29 类即食品类，均是经特定工艺加工存储的牛肉片和牛肉丝类，而且从《中国土特产名辞典》和相关分类标准看，灯影牛肉的包装分为袋装和罐装。所以，虽然从食品专业的角度看，罐头食品与罐装食品有一些微小的差异，但是这种差异不仅生产厂家没有严格区别，公众更是不易区分。故涉案商标核准使用的牛肉罐头与"灯影牛肉"和"灯影牛肉丝"构成类似商品。

关于"灯影牛肉""灯影牛肉丝"是否为商品的通用名称的问题。商品的通用名称是指法定的或者在某一范围内约定俗成被普遍使用的某一类商品名称。"灯影牛肉"属于四川省达州地区的著名特产。"灯影牛肉"商品历史悠久，并取得了一系列的荣誉和商品信用，20 世纪 80 年代以来更是得到国家、四川省和达州市政府的认可和推介，目前已有多家不同商标的灯影牛肉系列商品在市场销售，包括四川某牛肉食品公司的"灯影"牌"灯影牛肉"。灯影牛肉商品不断丰富和发展并得到广大消费者的喜爱和认同。上述事实足以证明"灯影牛肉"已经成为约定俗成的一种特定牛肉食品的通用名称。"灯影牛肉丝"是在"灯影牛肉"的基础上发展而来的，在2011年出版的《经典老菜谱》中就已经有关于"灯影牛肉丝"制作工艺的记载，目前市场上销售的有包括四川某牛肉食品公司、达州某肉类制品公司在内的数家食品企业生产的"灯影牛肉丝"商品，而且无论是厂家、商家还是消费者，均将其作为灯影牛肉的系列商品。故"灯影牛肉丝"与"灯影牛肉"在是否属于商品的名称方面并无实质不同，也属于一类特定工艺牛肉食品的通用名称。商标的本质属性是其显著性，只有具备显著性才能达到区分商品或服务来源的目的，"灯影牛肉"和"灯影牛肉丝"作为商品的通用名称，因无法起到识别商品或服务来源的作用，故不仅因不具备商标显著性的本质特征而不能成为注册商标，也不能得到法律的保护，应将其作为公有领域的资源保留给公众使用，不允许在任何情况下为一家企业所垄断。

　　关于达州某肉类制品公司在自己的商品包装上使用"灯影"二字是否属于正当合理使用的问题。四川某牛肉食品公司通过受让取得的涉案商标专用权受法律保护，达州某肉类制品公司将"灯影牛肉"和"灯影牛肉丝"文字标注在其商品包装上作为通用名称的权利也应当受到尊重。所以，判明二者的关系尤为重要。《商标法》第59条第1款规定有以下几层含义：首先，商标权人无权禁止他人使用的是包含在注册商标中的通用名称，并不指超出注册商标以外的通用名称，也即"灯影牛肉"和"灯影牛肉丝"是通用名称并不意味着"灯影"就是通用名称，"灯影"是不是通用名称或者曾经不是而现在已是通用名称尚需单独考察。根据相关资料记载，"灯影"二字出于唐代元稹的诗句"见说平时灯影里"，其后被不少文人在其诗文中使用。虽然根据《中国土特名产辞典》记载，"灯影牛肉"是因其片薄如纸，可透灯影而得名并经历100多年后成为商品的通用名称，但"灯影"二字至今并没有脱离"灯光""物体在灯光下的投影"的基本含义，正式的词典甚至没有收录该词。故"灯影"并不直接等同于"灯影牛肉"而成为通用名称，实际上公众没有也不可能将"灯影"等同于"灯影牛肉"。这一点并不符合《商标法》第59条第1款商标权人无权禁止他人正当使用的情形。其次，商标权人无权禁止他人使用的还包括直接表示商品的质量、主要原料、功能、用途、重量、数量及其他特点的标识。"灯影牛肉""灯影牛肉丝"中的"灯影"含义来自商品"其片薄如纸，可透灯影"，实际上是对商品特点的形象描述，凡是知道"灯影"含义和"灯影牛肉"的消费者，就能够立刻联想到这种牛肉食品的特点是薄而透光。故"灯影牛肉""灯影牛肉丝"的表述属于《商标法》第59条第1款中对商品特点的描述，四川某牛肉食品公司无权禁止他人正当合理使用。

据此，是否正当合理使用描述性文字成为本案是否构成侵权的关键。判断描述性标识是否正当使用的标准是判断其是在词语原有意义上使用还是在商标意义上即识别商品来源上使用。如果他人以公平、诚实的方式且仅仅将特定标识用于描述自己的商品，没有造成消费者混淆的可能性，应当认定为正当使用；反之，如果其在商标意义上使用，可能造成消费者混淆，则不属于正当使用。对照达州某肉类制品公司"灯影"标识的几种使用方式：其一，罐装牛肉片食品。这种使用是在包装的主要位置突出了"川汉子"商标，同时以相同大小和相同颜色的文字使用"灯影牛肉"标识。虽然其在铁罐的盖子处的"灯影"与"牛肉"文字大小不一致，但这里的标注比起主要位置的标注显得不明显，不会改变其对"灯影"词语在原本意义上的使用而造成消费者混淆，故这种方式的使用属于描述性标识的正当使用，不构成侵害商标权。其二，袋装牛肉丝食品。袋装牛肉丝包装对"灯影"的两种使用方式均在塑料包装袋的正面显著位置使用了"川汉子"商标，并标注了"灯影牛肉丝"字样。其中，横排标注的在位于"川汉子"商标的下方连续使用"灯影牛肉"四个字，其颜色和字体相同，但"灯影"二字明显大于"牛肉丝"三字。竖排标注的在位于"川汉子"商标的右边使用"灯影牛肉"四字，"灯影"二字大且特别明显，"牛肉丝"三字又特别小，且颜色和字体都与"灯影"二字不同，如果不是特别注意，看见的只是"川汉子"和"灯影"字样，"牛肉丝"三个字很容易被忽略。这两种方式的使用均系对描述性标识的突出使用，但突出使用的情况又有所不同。第一种突出使用"灯影"文字的描述性作用比较明显，加之上方有"川汉子"商标作明显区别和"灯影牛肉"作为通用商品的知名度，消费者一般不会将这里的"灯影"理解为商标而产生混淆。但是，"灯影"文字早在20世纪60年代就已经注册为商标，且四川某牛肉食品公司依法享有该注册商标的专用权，达州某肉类制品公司在明知"灯影"系他人享有商标专用权的情况下突出使用这两个字且未附加其他区别标识，没有尽到主动避让的义务，不应当认定为正当使用。第二种突出使用的"灯影"则明显超出描述商品特点和消费者可以识别的范围，类似在商标意义上的使用，极易引起消费者混淆，不应当属于正当合理使用。所以，达州某肉类制品公司在袋装牛肉丝食品上以两种方式使用"灯影"二字的行为均不属于《商标法》第59条所指的正当使用。

关于四川某牛肉食品公司损失的认定及民事责任的承担问题。根据具体事实和情节，平衡依法保护商标专用权与积极维护公平竞争市场格局和经济秩序的价值取向，综合确定赔偿数额为 10 万元。

依照《商标法》第 3 条、第 57 条第 2 项、第 59 条第 1 款，《商标法实施条例》第 76 条和《民事诉讼法》第 148 条第 1 款、第 2 款、第 3 款之规定，判决：达州某肉类制品公司在判决生效之日起立即停止商标侵权行为；达州某肉类制品公司在判决生效之日起 10 日内赔偿四川某牛肉食品公司经济损失 10 万元；驳回四川某牛肉食品公司的其他诉讼请求。

二、二审法院

四川省高级人民法院认为：四川某牛肉食品公司依法受让取得涉案商标专用权，该注册商标专用权应依法受法律保护。达州某肉类制品公司提交了商标评审委员会的《商标评审申请受理通知书》，只能说明涉案商标争议程序上已经被受理，不能否认四川某牛肉食品公司对涉案商标依法享有的专用权。

关于"灯影""灯影牛肉""灯影牛肉丝"是否属于商品的通用名称的问题。（1）涉案商标"灯影"于 1980 年由原达县灯影牛肉厂注册，在此之前，现有证据不能证明该商标已成为商标局制定的《类似商品和服务区分表》中的第 29 类商品的通用名称或者第 29 类商品中的某一具体商品的通用名称，且商标局就四川省工商局"关于灯影是否为牛肉商品土特产专用名称的请示"作出商标审（2003）27 号批复，亦没有确认涉案商标为牛肉食品的通用名称。（2）通过已查明的事实，可以认定"灯影牛肉"是四川传统名食，主要产地是四川省达州市，至今已有 100 多年的历史，属于四川省达州市的著名特产。"灯影牛肉"的选料和做工都非常讲究，其商品不仅味美、脆酥、化渣，且成片特薄，酷似"皮影"，故名"灯影牛肉"。之后，"灯影牛肉"取得一系列的荣誉和商品信用，20 世纪 80 年代以来更是得到国家、四川省和达州市人民政府的认可和推介，目前已有多家不同商标的"灯影牛肉"系列商品在市场销售，包括四川某牛肉食品公司的"灯影"牌"灯影牛肉"。"灯影牛肉"商品不断丰富和发展并得到广大消费者的喜爱和认同。因此，"灯影牛肉"已经成为约定俗成的一种特定牛肉商品的通用名称。（3）"灯影牛肉丝"是在"灯影牛肉"的基础上发展而来的，在相关公开出版物中就已经有关于"灯影牛肉丝"制作工艺的记载，目前市场上销售的有包括四川某牛肉食品公司、达州某肉类制品公司在内的多家食品企业生产的"灯影牛肉丝"商品，而且无论是厂家、商家还是消费者，均将其作为"灯影牛肉"的系列商品。因此，"灯影牛肉丝"属于一类特定工艺牛肉商品的通用名称。

关于达州某肉类制品公司在其生产销售的牛肉食品上使用"灯影"文字的行为是否构成侵权，是否应当承担侵权责任的问题。涉案商标为"灯影"文字商标，是注册于1980年的老商标，同时被诉商品上使用"灯影牛肉""灯影牛肉丝"已被认定为商品的通用名称，且"灯影"文字至今没有脱离"灯光""物体在灯光下的投影"的基本含义。在此情形下，判断被诉行为是否构成商标意义上的使用，需要根据被诉行为的具体使用方式，结合《商标法》第44条和第59条第1款的规定，判断该使用行为系发挥商标标示商品或服务来源的功能，还是发挥其描述商品特点的作用。

本案中，涉案商标经商标局核定使用商品为第29类，即牛肉罐头、水果罐头、蔬菜罐头，达州某肉类制品公司生产、销售的系列商品中包含有罐装及袋装牛肉。判断二者是否类似商品，不仅要判断商品名称的类别和具体内涵，还要重点考察市场情况。二者的商品均为食品类，且均是经特定工艺加工存储的牛肉片和牛肉丝类，从《中国土特产名辞典》和相关分类标准看，"灯影牛肉"的包装分为袋装和罐装。所以，虽然从食品专业的角度看，罐头食品与罐装、袋装食品有一些差异，但是这种差异不仅生产厂家没有严格区别，公众更是不易区分。故涉案商标核定使用商品与达州某肉类制品公司生产、销售的牛肉食品为类似商品。

从达州某肉类制品公司生产销售的罐装牛肉片来看，在该商品的包装的主要位置突出达州某肉类制品公司的"川汉子"商标；以相同大小和相同颜色的文字使用商品的通用名称"灯影牛肉"；在铁罐的盖子处的"灯影"与"牛肉"文字大小不一致，但这里标注比起主要位置的标注显得不明显，不会改变"灯影"二字的基本含义"灯光""物体在灯光下的投影"的使用而造成消费者混淆，故一审判决认定这种方式的使用属于《商标法》第59条规定的描述性标识的正当使用，不构成侵害商标权，并无不妥。

从达州某肉类制品公司生产销售的袋装牛肉丝来看，其包装对"灯影"的两种使用方式均在塑料包装袋的正面显著位置使用了"川汉子"商标，并标注了"灯影牛肉丝"字样。其中，横排标注的在位于"川汉子"商标的下方连续使用"灯影牛肉"四个字，其颜色和字体相同，但"灯影"二字明显大于"牛肉丝"三字。竖排标注的在位于"川汉子"商标的右边使用"灯影牛肉"四字，"灯影"二字大且特别明显，"牛肉丝"三字又特别小，且颜色和字体都与"灯影"二字不同，如果不是特别注意，看见的只是"川汉子"和"灯影"字样，"牛肉丝"三个字很容易被忽略。这两种方式的使用均系对描述性标识的突出使用，但突出使用的情况又有所不同。第一种突出使用"灯影"文字的描述性作用比较明显,加之上方有"川汉子"商标作明显区别和"灯影牛肉"作为通用商品的知名度,消费者一般不会将这里的"灯影"理解为商标而产生混淆。但是,"灯影"文字早在 20 世纪 80 年代就已经注册为商标,且四川某牛肉食品公司依法享有该注册商标的专用权,达州某肉类制品公司在明知"灯影"系他人享有商标专用权的情况下突出使用这两个字且未附加其他区别标识,没有尽到主动避让的义务,不应当认定为正当使用。第二种突出使用的"灯影"则明显超出描述商品特点和消费者可以识别的范围,类似在商标意义上的使用,极易引起消费者混淆,不属于正当合理使用。因此,达州某肉类制品公司在袋装牛肉丝商品上以两种方式使用"灯影"二字的行为均不属于《商标法》第 59 条所指的正当使用。

关于一审法院确定赔偿数额是否恰当的问题。一审法院依法酌定达州某肉类制品公司赔偿四川某牛肉食品公司经济损失 10 万元,并无不妥。

依照《民事诉讼法》第 170 条第 1 项之规定,判决:驳回上诉,维持原判。

三、再审法院

最高人民法院认为:关于四川某牛肉食品公司关于"灯影牛肉""灯影牛肉丝"不属于通用名称的主张能否成立。《最高人民法院关于审理商标授权确权行政案件若干问题的规定》第 10 条第 1 款、第 2 款规定"……相关公众普遍认为某一名称能够指代一类商品的,应当认定为约定俗成的通用名称。被专业工具书、辞典等列为商品名称的,可以作为认定约定俗成的通用名称的参考。约定俗成的通用名称一般以全国范围内相关公众的通常认识为判断标准。对于由于历史传统、风土人情、地理环境等原因形成的相关市场固定的商品,在该相关市场内通用的称谓,人民法院可以认定为通用名称。"

（一）"灯影牛肉"是否属于通用名称

首先,关于"灯影牛肉"的起源。"灯影牛肉"起源于四川省达州市,至今已有 100 多年的历史,有灯照透明、薄如皮影的特点,故称为"灯影牛肉"。因其产品薄且易碎,故通常用罐头包装。

其次,关于各部门对"灯影牛肉"的认定情况。"灯影牛肉"达县传统加工技艺已被认定为四川省第一批非物质文化遗产。达州市通川区灯影牛肉也被质检部门核准为国家地理标志保护商品。达州市相关部门还制定了"灯影牛肉"的地方标准及生产技术规范。商标局在商标审（2003）27 号批复中指出,达县灯影牛肉是四川省达县的著名特产,灯影文字商标权人无权禁止他人正当使用"灯影牛肉"文字。

再次，关于"灯影牛肉"的记载、报道情况。达州市相关志书记载了灯影牛肉历史渊源、制作方法和商品特点等信息，且最早于20世纪80年代末90年代初面世。除达州市相关志书外，"灯影牛肉"作为一类牛肉制品的通用名称，在多个电视媒体、期刊、书籍、专业论文上均有报道或记载。其中，《中国土特名产辞典》收录了"达县双精牌灯影牛肉"。

复次，关于"灯影牛肉"在市场上的使用情况。2016年达州市总商会《关于灯影牛肉行业辖区企业正当使用灯影牛肉文字的联合紧急报告的回复》中记载，至2016年，达州市辖区内已有一百余家牛肉制品生产企业将"灯影牛肉"作为商品名称使用。

最后，在"灯影牛肉"中，"牛肉"属于商品类别，"灯影"实质上进一步限定了"牛肉"的特点。鉴于"灯影"并非涉案商标原申请人独自创造、使用的名称，而是形成于特定的历史条件下，即使如四川某牛肉食品公司主张的那样，"灯影"商标仍然具有较高知名度，并不能推翻在案其他诸多证据所证明的事实，据此否认"灯影牛肉"本身构成通用名称。

（二）"灯影牛肉丝"是否属于通用名称

双方当事人均认可，"灯影牛肉丝"的生产工艺不同于"灯影牛肉"，二者是不同类别的牛肉制品。"灯影牛肉"因其自身特点，难以制作成丝状，而"灯影牛肉丝"原名为"龙须牛肉"或"牛肉丝"。在《经典老菜谱》《川渝小吃》等出版物中，专门记载了"灯影牛肉丝"的制作方法。此外，还有相关专业论文对生产"灯影牛肉丝"的技术问题进行了研究。本案并无证据证明相关公众会将规范使用的"灯影牛肉丝"与特定的生产厂商联系在一起。因此，"灯影牛肉丝"属于牛肉商品的通用名称。

关于达州某肉类制品公司在牛肉罐头上标注"灯影牛肉"的行为是否侵犯涉案商标专用权。《商标法》第59条第1款规定："注册商标中含有本商品的通用名称、图形、型号，或者直接表示商品的质量、主要原料、功能、用途、重量、数量及其他特点，或者含有的地名，注册商标专用权人无权禁止他人正当使用。"如果被诉侵权商品本身属于通用名称所指代的特定类别的商品，被诉侵权人为了说明或描述被诉侵权商品特点，以善意方式对通用名称进行规范使用，且不会导致相关公众对被诉侵权商品的来源产生混淆误认的，则可以认定该使用为正当使用。本案中，达州某肉类制品公司在其马口铁罐装的牛肉片上的两处位置使用了"灯影"文字。其一，在包装被诉侵权商品的铁罐的腰封处，"灯影牛肉"四字居中，从左至右排列，色彩及大小一致，"灯影"和

"牛肉"之间标注有其自有商标"川汉子"及图。其二，在铁罐开封的盖子处，"川汉子"及图的两边各有一列"灯影"及"牛肉"文字，且"牛肉"二字外加边框。在前述使用方式中，达州某肉类制品公司并未突出使用涉案商标"灯影"文字，而是以描述性的方式，规范地使用"灯影"和"牛肉"。而且，被诉侵权商品的显著位置处还标注了达州某肉类制品公司的公司名称和自有商标"川汉子"及图，且该自有商标本身也具有一定的知名度。相关公众看到被诉侵权商品上的"灯影"时，自然而然地会与"牛肉"相关联，认识到该商品为"灯影牛肉"，而不是四川某牛肉食品公司生产的商品。本案中，也没有证据证明达州某肉类制品公司有攀附四川某牛肉食品公司的涉案商标的主观恶意。因此，达州某肉类制品公司在牛肉罐头上标注"灯影牛肉"的行为不易导致相关公众的混淆、误认。

关于达州某肉类制品公司应承担的赔偿责任。一审、二审法院酌定达州某肉类制品公司赔偿 10 万元，并无不当。

依照《民事诉讼法》第 204 条第 1 款、《最高人民法院关于适用〈中华人民共和国民事诉讼法〉的解释》第 395 条第 2 款规定，再审法院裁定驳回四川某牛肉食品公司的再审申请。

⤳ 判解与学理研究

本案系针对涉案商标及其相关标识是否构成商品通用名称及其合理使用的判断而引发的诉讼。通用名称的认定与判断是商标法中界定不清、存在较多争议的问题之一，尤其是约定俗成的通用名称的认定。同时，通用名称的合理使用作为商标侵权诉讼中被告方的抗辩理由之一，其需要从两个方面进行审查：第一，判断涉案商标是否构成或含有通用名称；第二，被告使用涉案商标的行为是否属于合理使用。从理论上讲，构成或包含通用名称的注册商标具有双重属性，包括识别商品或服务来源以及标明商品或服务类别两个属性，前者侧重表达商标权人的私益，体现为对注册商标权的保护；后者则侧重保护社会公众对公共领域的自由利用，体现为对注册商标权的限制，故通用名称合理使用的意义在于平衡商标权人的私益和社会公众的公益。但在司法实践中，判断是否属于通用名称，尤其是约定俗成的通用名称及其合理使用缺乏明确、细致的法律规定，学理上讨论的标准亦不一致，导致不同法院，甚至同一法院前后判决的认定不一。以下将结合案件，对通用名称的认定及其合理使用加以探讨。

一、约定俗成通用名称的认定

（一）通用名称的概述

通用名称是相对于特有名称的一个概念，是指在一定范围内被普遍使用的某一类商品的名称。根据《最高人民法院关于审理商标授权确权行政案件若干问题的意见》第 7 条的规定，根据是否有明确的规范性文件进行规定，通用名称可以具体分为法定的通用名称和约定俗成的通用名称。其中，法定的通用名称是指通过法律、国家标准、行业标准等规范性文件明确规定的通用名称；约定俗成的通用名称是指相关公众普遍认可和使用的通用名称。关于法定的通用名称，由于有明确的规范性文件进行规定，在举证和司法认定上相对简单，故实务中争议较多的是约定俗成通用名称的认定。本案中涉及的焦点问题之一亦为约定俗成通用名称的认定，故本文主要讨论约定俗成通用名称的认定及其合理使用。

理论上，通用名称应当归属于公共领域，不应当作为商标获得注册，任何人可以自由使用。从标识的功能来看，商标用于区分不同商品或服务提供者；而通用名称用于区分不同种类的商品或服务。[①] 因此从商标属性的角度来看，商品或服务的通用名称天然地具有较弱的显著性、识别性，无法自然地产生识别商品或服务来源的能力，如果允许将含有通用名称的标识注册为商标，显然是将公共资源加以垄断，将会破坏市场公平和竞争秩序。但不可否认的是，随着标识的使用状况、社会认知的变化等，某些通用名称的内涵和外延可能会发生质的变化，进一步实现注册商标和通用名称之间的融合、转化，通用名称也可能经过权利人的持续使用而获得第二含义，成为注册商标，由公有领域进入私权领域。反之，在某些情况下，商标的显著性可能会逐渐淡化、丧失，随之在使用过程中被相关公众视为某一类商品的指代，导致其失去区分商品或服务来源的作用，最终转化为通用名称。比较典型的情形之一是新型产品或服务横空出世，迅速为公众所熟知，逐渐被用来直接指代这一类新类型的产品或服务。如果商标权人继续按照这种形式推广、使用商标，极大可能导致商标显著性不断削弱直至完全丧失并退化为通用名称。

（二）约定俗成的通用名称的认定方法

《最高人民法院关于审理商标授权确权行政案件若干问题的意见》中规定，通用名称是指国家或行业中共用的、反映一类商品与其他类商品之间根本区别的规范化称谓，或者源于国家、行业标准，或者源于社会约定俗成。对于

---

① 参见邓文：《论通用名称各认定因素的效力大小》，载《电子知识产权》2016 年第 1 期。

由于历史传统、风土人情、地理环境等原因形成的相关市场固定的商品，在该相关市场内通用的称谓，法院可以认定为通用名称。① 具体来说，实践中应当至少参考以下几种因素：（1）相关公众的普遍认知；（2）国家标准、行业标准；（3）专业工具书、辞典；（4）公开出版物、专家证言；（5）诉争标识的使用方式、使用时间、广告宣传等因素。② 值得注意的是，每个因素在通用名称认定过程中所起到的作用及效力不应当等量齐观。本案中，法院在认定"灯影牛肉""灯影牛肉丝"是否属于通用名称时，具体考虑了相关词汇的历史起源、各部门对相关词汇的认定情况、记载报道情况、市场上的使用情况等微观因素。

1. 相关公众的普遍认知

在认定是否构成约定俗成的通用名称时，相关公众普遍认知对最终认定是否构成通用名称的影响是最明显的，其效力应当是最强的，甚至比国家标准、行业标准更强，可以说是认定约定俗成通用名称的根本基础。③ 其原因在于争议发生时，行业标准、国家标准或其他记载材料中的形成时间相对来说较早，无法及时准确地反映标识内涵、市场环境的最新变化；从商标功能出发，识别来源是商标的基础功能，而识别来源的主体是相关公众，因此最终必须落到相关公众的认知上来。

在福建金骏眉案中，法院认为，"金骏眉事实上已经作为一种红茶的商品名称为相关公众所识别和认知，应当属于约定俗成的通用名称"④。值得注意的是，相关公众的普遍认知是一个综合性的判断，最直接的证据是消费者调查报告，亦应当综合案件中的其他事实进行综合判断，包括国家标准、行业标准、专业工具书、辞典、公开出版物、专家证言、诉争标识的使用方式、使用时间、广告宣传等因素，在充分考虑上述微观因素之后方可对相关公众的认知作出最终的判断。

本案中，法院在综合考虑了相关词汇的历史起源、各部门对相关词汇的认定情况、记载报道情况、市场上的使用情况之后认定，厂家、商家、消费者等相关公众，均认为"灯影牛肉""灯影牛肉丝"是特定牛肉商品的通用名称，

---

① 参见《最高人民法院关于审理商标授权确权行政案件若干问题的意见》第 7 条、第 8 条。
② 参见尹腊梅：《商标通用名称正当使用抗辩实证考察——一则网络游戏名称侵权引发的思考》，载《上海交通大学学报（哲学社会科学版）》2017 年第 3 期。
③ 参见邓文：《论通用名称各认定因素的效力大小》，载《电子知识产权》2016 年第 1 期。
④ 尹腊梅：《商标通用名称正当使用抗辩实证考察——一则网络游戏名称侵权引发的思考》，载《上海交通大学学报（哲学社会科学版）》2017 年第 3 期。

因此"灯影牛肉""灯影牛肉丝"属于商品的通用名称。

2. 国家标准、行业标准

依据法律规定或国家、行业标准属于通用名称的，应当认定为法定的通用名称，但不意味着国家标准、行业标准具有绝对效力。[①] 相较之下，相关公众的认知才是通用名称判断的根本因素，当国家标准、行业标准中的规定与相关公众的认知冲突时，应当优先考虑相关公众的认知。本案中，原、被告并未提供国家标准、行业标准相关的证据，故法院对此并未予以审查，在此亦不予赘述。

3. 专业工具书、辞典、公开出版物、专家证言等记载形式

专业工具书、辞典、公开出版物、专家证言等记载形式在一定程度上客观表达了特定时期内相关公众对某个标识的熟悉程度，文献中对标识的解释反过来也会不断影响相关公众的认知状态，最后影响约定俗成通用名称的形成。相较于相关公众认知和法定标准，上述记载存在一定程度的缺陷，比如认定主体的单一化、权威性较低、编纂的滞后性、解释的局限性等，因此应当作为认定约定俗成通用名称的辅助因素，不可作为单独证明通用名称的证据。

本案中，法院具体分析了"灯影牛肉"的记载、报道情况。达州市相关志书记载了灯影牛肉历史渊源、制作方法和商品特点等信息，起源于四川省达州市，且最早于20世纪80年代末90年代初面世，至今已有100多年的历史。根据相关记载，"灯影牛肉"有灯照透明、薄如皮影的特点，故称为"灯影牛肉"。除达州市相关志书外，"灯影牛肉"作为一类牛肉制品的通用名称，在多个电视媒体、期刊、书籍、专业论文上均有报道或记载。其中，《中国土特名产辞典》收录了"达县双精牌灯影牛肉"。同时，各部门亦对"灯影牛肉"作出了初步的认定结论。相关部门也因此依法将达州市通川区灯影牛肉认定为国家地理标志保护商品。达州市相关部门还制定了"灯影牛肉"的地方标准及生产技术规范。商标局在商标审（2003）27号批复中指出，作为四川省达县特产，灯影文字商标权人也没有权利禁止他人在描述其商品时正当使用"灯影牛肉"文字。在上述记载形式中，"灯影牛肉""灯影牛肉丝"在大多数情况下，表达的是特定牛肉产品的通用名称含义，而非识别来源的商标含义。

4. 诉争标识的使用方式、使用时间、广告宣传

有学者认为诉争标识的使用方式、使用时间、广告宣传对约定俗成通用

---

① 参见杜颖：《地名商标的可注册性及其合理使用——从"百家湖"案谈起》，载《法学》2007年第11期。

名称的效力最低，原因在于实践中大量案例表明标识经过长期的使用和推广，但在相关公众看来是商品通用名称，或者已被国家行业标注为通用名称，最后司法认定为通用名称。[①] 然而笔者认为，诉争标识的使用方式、使用时间、广告宣传事关涉案标识在市场中的活跃状态及情形，将直接影响相关公众对涉案标识的理解和认知，故其对约定俗成通用名称的认定应当具有重大意义。

本案中，法院充分考量了"灯影牛肉"在市场上的使用情况。2016年达州市总商会认定，一直到2016年，市辖区内已有超过一百家牛肉制品生产企业使用"灯影牛肉"作为商品名称。这表明，对于相关市场主体来说，涉案标识在通用名称意义上的作用更明显，生产者的长期、稳定使用将影响消费者对涉案标识的认知，能够进一步佐证涉案标识构成通用名称。

综上所述，"灯影牛肉""灯影牛肉丝"等名称应当归入牛肉商品的通用名称。本案中，法院还提出，原告注册商标的知名度并非否定构成通用名称的必要条件。本案中，即使"灯影"商标仍然具有较高知名度，也不能推翻在案其他诸多证据所证明的事实并据此否认"灯影牛肉"本身构成通用名称。

二、合理使用通用名称商标的认定

商标合理使用是指在顾及商标权人及第三方合法利益的情况下，允许对叙述性词汇进行合理使用，主要包括在符合商业的诚实惯例下，善意使用自己的名称或地址；善意地说明商品或服务的特性或属性，说明商品或服务的质量、用途、地理来源、种类、价值及提供日期。[②] 由于我国并非绝对不允许通用名称注册为商标，故在我国法律体系下，即使认定涉案商标属于通用名称也不意味着绝对不构成侵权，而是要求法官继续判断被诉侵权行为是否属于合理使用，这是因为通用名称商标具有第一含义，其在第一含义的意义上应当属于公共领域，其他人有权自由使用。

本案中，虽然原告在获得商标注册后对该商标享有在特定领域的独占使用权，但这种权利并不是绝对的，它必须受到一定的限制。由于通用名称的公共属性，法律对其保护力度相对偏弱。商标权人在选择将具有第二含义的通用名称注册为商标后，在特定条件下，第三人出于正当目的而善意使用了与已注册的通用名称商标相同或类似的标志时，如果不至于引起相关公众的混淆误认，那原告就无法基于其注册商标权禁止他人对通用名称的合理使用，否则会

---

① 参见邓文：《论通用名称各认定因素的效力大小》，载《电子知识产权》2016年第1期。

② 参见杜颖：《地名商标的可注册性及其合理使用——从"百家湖"案谈起》，载《法学》2007年第11期。

导致注册商标权人对公共词汇的不当垄断。^①在判断是否合理使用通用名称标识时，实质上是在判断被诉侵权行为是在第一含义还是第二含义上使用涉案商标，我国法律具体规定了其认定标准，具体包括以下几个构成要件。

（一）通用名称商标合理使用的适用前提

由于合理使用制度是知识产权侵权中的抗辩路径之一，其适用应当遵循一定的前提条件。在审查是否构成通用名称商标合理使用前，先进行以下两个构成要件的判断，能够帮助法官更快筛选出明显不构成合理使用的案例。

1. 被诉侵权行为具有侵权的可能性

司法适用中，合理使用抗辩是被诉侵权人的抗辩路径之一，因此合理使用制度适用的前提是被诉侵权行为具有侵权可能性，然而实践中存在一定的滥用趋势，即部分判决中将合法使用和合理使用混淆，在外观行为不具有侵权可能的情况下论述合理使用。合法使用是指在商标专用权范围之外，且不属于商标权人禁止权范围之内，具体包括被许可人使用许可商标、在不相同或近似的商品或服务上使用非驰名商标、非商业性使用标识等行为。^②一旦被诉侵权行为属于上述合法行为，则无须判断是否构成合理使用，具体来说判断是否使用了相同或近似的标识、商品或服务类别是否相同或近似。

本案中，被告自认其在产品包装上使用了与涉案商标文字构成相同的标识，但认为其商品种类与原告核定使用的商品种类不构成相同或近似。对此，法院认为判断二者是否类似，不仅要判断商品名称的类别和具体内涵，还要重点考察市场情况。涉案商标和达州某肉类制品公司商标使用的商品均为第 29 类即食品类中的牛肉片和牛肉丝类。所以，虽然从食品专业的角度看，罐头食品与罐装食品有一些微小的差异，但是这种差异不仅生产厂家没有严格区别，公众更是不易区分。故涉案商标核准使用的牛肉罐头与"灯影牛肉"和"灯影牛肉丝"构成类似商品。综上所述，被告的被诉侵权行为存在侵权可能，满足第一个前提条件。

2. 被诉侵权人对涉案标识有使用的权利基础或依据

合理使用制度的价值在于平衡商标权人合法权益与社会公共利益两种不同的法益，所以在深入理解合理使用制度时，要求被诉侵权人必须对涉案标识具有一定的使用依据。^③在叙述性合理使用中，行为人通常将描述性使用涉

---

① 参见邓文：《论通用名称各认定因素的效力大小》，载《电子知识产权》2016 年第 1 期。

② 参见薛斯佳：《商标合理使用理论问题研究——以 50 个典型案例判决为研究视角》，华东政法大学 2010 年硕士学位论文。

③ 参见李然：《商品通用名称认定标准的反思与重构》，载《电子知识产权》2020 年第 6 期。

案词汇作为抗辩理由之一，因此法院应当在适用合理使用制度前对使用的通用名称是否具有使用依据进行审查。在通用名称商标纠纷中，可以从以下几个方面审查是否具有使用依据：被告生产或销售的产品属于通用名称所指向的特定种类。

本案中，被告生产的商品符合"灯影牛肉"或"灯影牛肉丝"的特殊工艺和生产方式；亦满足"灯影牛肉"或"灯影牛肉丝"的特殊形态和口感，在认定属于通用名称的前提下，被告有权在商品包装上使用上述标识，以此说明相关商品的属性。

（二）审查使用通用名称的必要性及具体的使用方式

通用名称使用的必要性与商品类别息息相关，如果商品通用名称对消费者来说是重要信息，相关商品或服务提供商则有必要向消费者提供该信息。[①]但是，这并非说明使用通用名称为商业活动必须，被诉侵权人就有权以任何方式使用地名，仍需要判断具体的使用方式是否超过必要性，即指明非商标权人的地址或产地等信息的使用方式是否超过必要性，具体而言主要从是否在颜色或字体等方面突出使用、与通用名称商标的近似程度等因素进行判断。如第三人使用地名的方式是表示商品产地、地理位置等信息，且相关公众通常能够理解为传递相关商品或服务特征的方式，则应当认定正当使用地名，不构成商标侵权。[②]如果被诉侵权人能够或者已经通过其他方式充分表明上述信息，仍以被诉侵权行为的方式使用该地名，则不应当认定为对地名的正当使用。

本案中，"灯影牛肉"和"灯影牛肉丝"既然已经被认定为特定区域的牛肉商品种类的通用名称，属于该区域的生产者、经营者等相关公众共同享有、自由使用的公共资源。根据本案相关证据，达州区域有不少生产"灯影牛肉""灯影牛肉丝"的厂家，他们为了向消费者突出特定种类牛肉产品在肉质、口感方面的特点，有权亦有必要在其商品上叙述性标明"灯影牛肉"或"灯影牛肉丝"。

观察被诉侵权人对"灯影"标识的几种使用方式。首先，在罐装牛肉片食品包装的主要位置突出使用了"川汉子"商标，同时还使用了相同大小和颜色的"灯影牛肉"文字，即使铁罐盖子处的"灯影"与"牛肉"文字大小不一，但该位置的标注过于细微，不会改变其对"灯影"词语在原本意义上的使用而造成消费者混淆，应当属于描述性标识的正当使用。其次，袋装牛肉丝食

---

① 参见冯寿波、陆玲：《我国地理标志法律保护的完善研究——以地名商标可注册性及合理使用为中心》，载《湖北社会科学》2014 年第 9 期。

② 参见邓文：《论通用名称各认定因素的效力大小》，载《电子知识产权》2016 年第 1 期。

品的包装在正面显著位置使用了"灯影"文字和"川汉子"商标，并标注了"灯影牛肉丝"字样，属于对描述性标识的突出使用，且未附加其他区别标识，不应当认定为正当使用。

（三）使用人主观上须为善意

在主观方面，判断通用名称商标的使用是否属于合理使用，还有一个重要的构成要件——使用人主观上是否善意，商标法上善意、恶意的界定是使用人是否具有侵权意图。[①]民商事活动中，各民商事主体应遵循"诚实信用"原则，非商标权人对通用名称商标的使用在主观上必须是出于善意的、非不正当竞争目的的，才属于合理使用。对于商标中的通用名称词汇，虽然商标权人无权禁止第三人在相同或类似商品上正当使用该地名词汇，但如果有证据证明第三人具有不正当竞争等恶意的，则不属于正当使用的保护范围。[②]在现实的竞争环境和市场条件中，首先，可以考察被诉侵权行为目的是否在于说明或者描述商品或服务的特定属性。如果厂家在商品或服务中添加的通用名称前标注了"商品类别""商品种类"等说明性表述，就显然是一种为了说明、描述商品特征而进行的合理使用。其次，需要考察被诉侵权人在使用涉案通用名称时，是否同时清晰标明自己的商标。如果被诉侵权人在商品或服务的突出位置显著地使用了自己的商标，那么基本上可以认定其没有"傍名牌"的主观恶意。

本案中，达州某肉类制品公司在罐装牛肉片食品包装上的显著位置突出地标明了自己的商标，同时也没有其他明显的证据表明其有攀附四川某牛肉食品公司的主观恶意。另外，达州某肉类制品公司在袋装牛肉丝食品包装袋使用的横排标注中，其在明知"灯影"是他人的合法商标的前提下，仍然突出性地使用该商标，并且没有添加任何识别性标识，没有尽到主动避让的义务。在竖排标注突出使用了"灯影"字样，"牛肉丝"三个字很容易被忽略，明显超出描述商品特点的意图，类似在商标意义上的使用，也没有履行主动避让的基本义务。

（四）客观上不会造成消费者的混淆和误认

商标的本质在于对商品或服务的识别来源，因此使用通用名称商标的行为不应当导致相关公众对商品或服务的来源产生混淆误认，否则构成对注册商标权的侵犯。在隔离状态下，普通消费者施以一般注意力，不能区分商品的来

---

① 参见宫小汀、曹柯、杜东安：《商标合理使用的法律诠释——以一起网络宣传中商标合理使用案例为视角》，载《重庆理工大学学报（社会科学版）》2014 年第 10 期。

② 参见崔艳、胡振华：《地名商标合理使用的构成要件——基于最高法院公报案例的考量》，载《中华商标》2007 年第 6 期。

源，从而导致消费者发生误认、误购的情形即为造成了消费者的混淆和误认。一般来说，可以从通用名称商标的知名度、通用名称的知名度、原被告的地理距离、公众注意程度、使用方式等方面判断。[①] 如果是作为通用名称的知名度较高、原被告的地理距离较大、商品或服务的价值较大或耐耗性较强，则造成相关公众混淆误认的可能性就相对较小；如果是作为商标的知名度较高，则造成相关公众混淆误认的可能性相对较大。[②]

本案中，被告对涉案标识进行了多种形式的使用。第一，在罐装牛肉片食品的使用是在"灯影"词汇的第一含义上使用，不至于导致消费者的混淆误认。第二，袋装牛肉丝的包装在正面显著位置使用了对"灯影"文字和"川汉子"商标，并标注了"灯影牛肉丝"字样，颜色、字体、大小都极为相似，如果不是施以特别的注意力，"牛肉丝"三个字很容易被忽略，不应当认定为描述商品特征的方式，亦超出了相关公众认知为第一含义的范围，极易引起消费者混淆，不应当认定为正当合理使用。

三、结论

商标保护和通用名称的冲突，既涉及私权保护，又涉及公共权利的保护，这要求认定是否构成通用名称正当使用抗辩时，既要注重保护既有的私权利，也要兼顾公共利益。作为商品种类的规范称呼，通用名称的认定本应当属于客观事实的判断，应当由明确的规则和标准进行规范和指引。但在司法实践中，认定通用名称尤其是约定俗成的通用名称的争议焦点和难点较多。侵权诉讼中，通用名称通常作为被告方的抗辩理由之一，一旦认定被告抗辩成立，意味着原告的注册商标权将受到极大的限制，利益关系及现有的商标状态将发生重大变化，因此在实践中，要结合个案特点严格把关。具体的考量因素有相关公众的普遍认知、诉争标识的使用方式、使用时间、广告宣传、国家标准或行业标准、专业工具书、辞典、公开出版物、专家证言等。在认定为通用名称后，还需要进一步认定被诉侵权方使用涉案商标的行为是否属于正当使用，主要从客观行为和主观善意两方面进行审查。需要注意的是，商标的可注册性并非民

---

① 参见杜颖：《地名商标的可注册性及其合理使用——从"百家湖"案谈起》，载《法学》2007年第11期。

② 参见宫小汀、曹柯、杜东安：《商标合理使用的法律诠释——以一起网络宣传中商标合理使用案例为视角》，载《重庆理工大学学报（社会科学版）》2014年第10期。

事侵权案件能加以评述的问题，法院应当尊重商标的注册现状。[①] 对于被认定为构成或包含通用名称的注册商标，基于其显著性特征较弱的客观事实，相应地，其作为商标被保护的力度亦应当削弱；同时考虑到注册商标秩序的稳定和权利保护的要求，其商标权亦应当获得一定保护。为了维持诚实信用、公平合理的市场竞争秩序，第三人有权使用通用名称的同时应当尽到合理避让他人注册商标权的义务，比如通过突出使用自身商标、避免突出使用通用名称等行为，便于消费者识别不同来源的商品。

[①] 参见最高人民法院案例指导工作办公室：《"山东某实业有限公司诉鄄城县某工艺品有限责任公司、济宁某家纺有限公司侵害商标权及不正当竞争纠纷案"的理解与参照——具有地域性特点的商品通用名称的判断标准》，载《人民司法（案例）》2016 年第 26 期。

非物质文化遗产是否构成通用名称之判断

——东营某保健公司与杨某侵害商标权纠纷案

/ 林艺婷

➲ 本案要旨

对于含有非物质文化遗产名称是否构成商品通用名称的判断，首先，具有描述性要素的商标是否构成通用名称，要结合该描述方式是否为表达该商品或服务的唯一描述方式判断。如果不使用该商标就无法表示该商品或服务，则构成唯一描述方式。如果对商品和服务的描述不是唯一描述，则无法证明该描述方式已经成为相关公众通用的指代该类服务的名称。其次，非物质文化遗产与公有领域的内容虽有重叠，但认定非物质文化遗产并不等同于其当然地进入公有领域。是否属于公有领域范畴，要结合该非物质文化遗产的具体情况进行综合判断。

➲ 案件信息

申请人（一审原告、二审被上诉人）：杨某

被申请人（一审被告、二审上诉人）：东营某保健公司

案号：山东省东营市中级人民法院（2011）东知民初字第23号、山东省高级人民法院（2011）鲁民三终字第198号、最高人民法院（2013）民申字第364号

➲ 当事人主张及理由

原告杨某诉称："回族汤瓶八诊疗法"被国务院、文化部授予"国家级非物质文化遗产"重点保护项目，在理疗保健市场和回医药行业享有较高的知名度和美誉度。杨某于2007年2月21日经国家工商行政管理总局商标局核准注册了第39×××08号"汤瓶八诊"文字商标（以下简称涉案注册商标），核定服务项目第44类，包括按摩（医疗）；医疗诊所；保健；医疗辅助；理疗等。

东营某保健公司在未取得其合法许可的情况下，擅自在其公司名称中使用"汤瓶八诊"，并以"汤瓶八诊疗法"的名义从事按摩理疗服务，获取非法利益，损害了权利人的合法权益，故诉至法院并请求判令确认东营某保健公司侵犯杨某的注册商标专用权，东营某保健公司立即停止侵权并变更公司名称，停止对杨某的不正当竞争行为，赔偿杨某合理支出费用及损失共计30万元。

上诉人东营某保健公司上诉称：（1）杨某的诉讼主体地位不适格。杨某以涉案注册商标的使用权向北京汤瓶八诊某有限公司（以下简称北京公司）出资入股，并许可北京公司使用，故杨某在本案范围内已经不享有涉案注册商标的专用权，无权以商标专用权人的身份起诉。（2）东营某保健公司有权使用涉案注册商标。因杨某已把涉案注册商标的使用权作为出资向北京公司入股，并许可北京公司使用，北京公司授权东营某保健公司使用是合法的。（3）"回族汤瓶八诊疗法"为国家非物质文化遗产项目，杨某无权阻止他人对"汤瓶八诊疗法"名称的合理使用。

杨某申请再审称：（1）二审判决认定"汤瓶八诊"为通用名称属事实认定错误，且缺乏证据支持。二审法院认定"回族汤瓶八诊疗法"属于公有领域，"汤瓶八诊"为通用名称的唯一证据是该疗法被列入国家级非物质文化遗产名录。这样认定不符合《非物质文化遗产法》第44条的规定，也与国家保护非物质文化遗产的目的相悖。仅凭"回族汤瓶八诊疗法"被列入非物质文化遗产名录一项证据不足以认定"汤瓶八诊"构成通用名称。将"汤瓶八诊"认定为通用名称切断了"汤瓶八诊"所承载的历史、传统和文化，不利于非物质文化遗产的保护。宁夏非物质文化遗产保护研究中心出具的《关于我区国家级非物质文化遗产项目回医药回族汤瓶八诊疗法传承的情况说明》指出，"回族汤瓶八诊疗法"属于杨氏家族内部传承的回族传统医学项目。这说明，该疗法是杨氏家族创始并在内部传承的私有财产，虽属回医回药，但不属于全回族人民的共同财产。"回族汤瓶八诊疗法"创始人为杨氏家族杨明公，其第七代传人为杨某。目前使用和发扬该疗法的人也只有杨某一人。该疗法传男不传女，传内不传外，在极少数传承人中间传承至今，仍属私有领域保护的范畴。涉案注册商标于2012年被评为宁夏著名商标，说明"汤瓶八诊"具有指示服务来源的作用。（2）二审判决认定杨某无权要求东营某保健公司变更企业名称，属事实认定错误。涉案注册商标专用权人为杨某。北京公司是涉案注册商标被许可人，无权许可他人使用涉案注册商标。北京公司经营管理会议纪要中明确记载只授权东营某保健公司使用涉案注册商标，不授权公司名称注册权。加盟合同也仅涉及涉案注册商标许可使用问题。二审法院依据"汤瓶八诊"构成通用名称认定东营某保健公司可以在企业名称中正当使用"汤瓶八诊"文字，显属事实认定错误。（3）通用名称的认定给杨某和"回族汤瓶八诊疗法"造成恶劣影响。

➡ 法院查明的事实

杨某是"汤瓶八诊"文字商标的注册人，国家工商行政管理总局商标局于2007年2月21日核准注册，核定服务项目（第44类）：按摩（医疗）；医疗诊所；医务室；医院；保健；医疗辅助；理疗等。现该商标权处于有效期内。"回族汤瓶八诊疗法"被国务院、文化部授予国家级非物质文化遗产重点保护项目，在理疗保健市场和回医药行业享有较高的知名度和美誉度。

2009年2月11日，原告杨某与另一股东王某共同投资设立北京公司，原告以涉案商标使用权作为合作资本，商标使用权折价占公司股份的51％，杨某担任公司监事。作为北京公司的股东和监事，杨某在北京公司负责宁夏汤瓶八诊按摩学院的组织培训工作，以及向北京公司培训和输送合格的技术人员。

2009年12月15日，北京公司与东营某保健公司法定代表人汪某签订了《回族汤瓶八诊疗法加盟合同》，约定北京公司向汪某提供"汤瓶八诊"商标使用权及"回族汤瓶八诊疗法"技术，在东营市西城开设加盟店东营某保健公司，东营某保健公司为此支付加盟费15万元。

2010年1月11日，汪某发起成立了东营某保健公司，成为北京公司在山东省内唯一一家加盟店。2010年1月26日，北京公司与东营某保健公司签订了加盟合作合同（补充），约定北京公司授权东营某保健公司为东营地区"汤瓶八诊"独家连锁加盟商并使用该注册商标；北京公司授权并认可东营某保健公司在其企业名称中使用"汤瓶八诊"字样作为公司的商号，并授权东营某保健公司使用"汤瓶八诊"统一企业形象对外宣传。

二审法院另查明，2008年6月7日，国务院公布的《第二批国家级非物质文化遗产名录》中，"回族汤瓶八诊疗法"被列入传统医药类的非物质文化遗产。2009年12月17日，北京公司召开经营管理会议，由杨某作为股东之一主持会议，王某、刘某、杨某等参加了会议。此次会议的会议纪要在"针对2009年工作开展情况及经营管理中存在的问题，经营管理会议上达成以下工作意见"部分载明："九、对外宣传统一口径……合作加盟店（加盟合作公司只提供汤瓶八诊品牌商标使用权，不提供公司名称注册权）：山东东营汤瓶八诊康复理疗中心。"股东杨某、王某在该会议纪要上签名。东营某保健公司所聘用的技师均毕业于杨某与宁夏医科大学联合开办的宁夏医科大学汤瓶八诊培训学院，均为接受杨某的派遣前往该公司从事"汤瓶八诊"诊疗工作。另外，杨某还作为嘉宾参加了东营某保健公司的开业典礼并致贺词，并参加了该公司的坐诊、宣传等一系列活动。

再审另查明，东营某保健公司已于2011年12月12日注销。

⊃ 法院判决理由与裁判结果

一、二审法院认为：东营某保健公司没有侵犯杨某的涉案注册商标专用权，"汤瓶八诊"四个字构成通用名称，东营某保健公司有权在企业名称及经营活动中使用"汤瓶八诊"文字。理由如下：

第一，根据《商标法》第52条的规定，未经商标注册人许可是构成商标侵权的必备要素之一。

本案中，杨某是涉案"汤瓶八诊"注册商标的专用权人，其以该商标的使用权作为出资与王某共同设立了北京公司，后又许可北京公司使用，在没有特别授权的情况下，北京公司应无权再许可他人使用该商标。2009年12月15日，北京公司与东营某保健公司签订了《回族汤瓶八诊疗法加盟合同》，约定由北京公司向东营某保健公司提供"汤瓶八诊"商标的使用权及"回族汤瓶八诊疗法"技术。2009年12月18日，北京公司召开了经营管理会，杨某作为股东之一主持召开了此次会议。杨某作为涉案"汤瓶八诊"商标的所有权人，故前述会议纪要可以表明杨某同意并许可北京公司授权其加盟店使用"汤瓶八诊"这一商标。

通过上述事实，可以推定杨某明知并支持东营某保健公司使用涉案注册商标。因此，杨某主张东营某保健公司未经许可擅自使用了涉案注册商标进而要求其承担民事责任的依据不足，应不予支持。

第二，《商标法实施条例》第49条规定，"注册商标中含有的本商品的通用名称、图形、型号，或者直接表示商品的质量、主要原料、功能、用途、重量、数量及其他特点，或者含有地名，注册商标专用权人无权禁止他人正当使用"。

根据国务院公布的《第二批国家级非物质文化遗产名录》，"回族汤瓶八诊疗法"已被列入国家非物质文化遗产。这一事实表明，"汤瓶八诊疗法"本身进入了公共领域。"汤瓶八诊疗法"这一名称具有特定含义，包含了该疗法特有的专用器具"汤瓶"、非医药的诊疗理念和对头、面、耳、手、脚、骨、脉、气八部位进行诊疗的疗法。如果使用汤瓶这种专用器具实施同样方式的治疗或保健，唯有使用"汤瓶八诊"这一名称才能进行准确的表述。

东营某保健公司作为北京公司"回族汤瓶八诊疗法"的加盟店，在使用"汤瓶八诊疗法"诊疗患者，开展经营的时候，也只有用"汤瓶八诊"这四个字才能够体现出这一特有诊疗保健方法，故作为提供"汤瓶八诊疗法"服务的公司，东营某保健公司可以在其诊疗服务中及经营网站上使用文字"汤瓶八诊"。同时其企业名称"东营某保健公司"中，起到主要识别作用的部分是"东营某"，文字"汤瓶八诊"仅是表明该公司的诊疗保健方法，故如前所述，杨某也无权要求东营某保健公司变更企业名称。

二审法院判决驳回杨某的诉讼请求。

再审法院认为：本案的争议焦点在于"汤瓶八诊"是否构成通用名称。

通用名称是指法律规定或约定俗成的某一类商品或服务的名称。约定俗成的通用名称是指在该类商品或服务的相关市场内，相关公众普遍认为某一名称能够指代该类商品或服务。

商标具有描述性要素不等于该描述方式系商标核定使用商品或服务的唯一描述方式，也并不当然意味着商标成为通用名称。"汤瓶八诊"文字商标虽然是对核定使用服务内容的一种描述，但没有充分证据证明这种描述方式已经成为相关市场内、相关公众通用的指代该类服务的名称。

非物质文化遗产是指被非物质文化遗产主体视为其文化遗产的传统文化表现形式以及与传统文化表现形式相关的实物和场所。《非物质文化遗产保护法》第44条第1款规定，使用非物质文化遗产涉及知识产权的，适用有关法律、行政法规的规定。非物质文化遗产与公有领域的内容虽有重叠，但不等于一经认定为非物质文化遗产，就当然地进入公有领域。"回族汤瓶八诊疗法"是否属于公有领域的范畴，要看该疗法是否受某项知识产权专用权的保护。二审法院仅凭"回族汤瓶八诊疗法"被列入国家级非物质文化遗产名录一项证据不足以证明该疗法已进入公有领域。

虽然二审法院认定"汤瓶八诊"构成通用名称的证据不充分，但根据查明的其他事实，认定杨某主张东营某保健公司未经许可擅自使用涉案注册商标应承担民事责任及变更企业名称的依据不足，并无不妥。

再审法院裁定驳回杨某的再审申请。

⊃ 判解与学理研究

本案是针对含有非物质文化遗产名称的描述性商标引发的纠纷，争议焦点在于该商标是否构成商品通用名称。二审和再审法院的分析论述了非物质文化遗产与通用名称以及与公有领域的关系，明确了通用名称的判断标准，澄清了具有描述性要素的商标构成通用名称，以及非物质文化遗产属于公有领域这两个误区。

一、商标显著性

商标是用于识别商品或者服务来源的标志。商标是"意在向消费者快速传递信息的区分工具"①，具备显著性的商标才能将一个人的商品或服务与他人的商品或服务区别开来，因此，商标是依靠显著性而获得识别能力的，显著性是商标的属性。

（一）具有显著特征的正面判断

我国《商标法》第9条规定："申请注册的商标，应当有显著特征，便于识别……"该条规定从正面指出了商标的显著特征。尽管我国法律并未将商标依照是否具有显著特征进行划分，但理论和实践中有时也将商标划分为臆造性商标、任意性商标和暗示性商标这些具有固有显著性的三种类型，以及通用标志、描述性标志等通常认为不具有显著性的类型。②

（二）具有显著特征的反面判断

我国《商标法》第11条第1款规定："下列标志不得作为商标注册：（一）仅有本商品的通用名称、图形、型号的；（二）仅直接表示商品的质量、主要原料、功能、用途、重量、数量及其他特点的；（三）其他缺乏显著特征的。"该条的第1款第1项、第2项分别规定了通用标志和描述性标志属于缺乏显著特征的标志，缺乏固有显著性。而具有描述性要素的标志与通用名称的关系以及通用名称的认定正是本案争议焦点所在。

本案二审法院指出："'汤瓶八诊疗法'这一名称具有特定含义，包含了该疗法特有的专用器具'汤瓶'、非医药的诊疗理念和对头、面、耳、手、脚、骨、脉、气等八部位进行诊疗的疗法，如果使用汤瓶这种专用器具实施同样方

---

① "商标是指能够将一个企业的货物或服务与另一个企业的货物或服务相区别的标记。"参见联合国贸易与发展会议、国际贸易和可持续发展中心、中华人民共和国商务部条约法律司：《TRIPS协定与发展：资料读本》，中国商务出版社2013年版，第252页。

② 任意性商标或臆造性商标，它们本身没有含义。这些商标是由使用它们的企业创造出来的。暗示性商标在普通语言中也许有其含义，但其普通含义一般不会与货物或服务联系起来。描述性商标依靠词汇的普通含义来标示货物或服务。在其普通含义中，这些词语并不标示或区分各企业。参见联合国贸易与发展会议、国际贸易和可持续发展中心、中华人民共和国商务部条约法律司：《TRIPS协定与发展：资料读本》，中国商务出版社2013年版，第267页。

式的治疗或保健，唯有使用'汤瓶八诊'这一名称才能进行准确的表述。"可以看出，二审法院认为"汤瓶八诊疗法"这一名称本身包含了对于诊疗器具、诊疗理念和诊疗疗法的描述，只有使用这一名称才能描述这一疗法，构成唯一描述方式。而再审法院进一步指出："商标具有描述性要素不等于该描述方式系商标核定使用商品或服务的唯一描述方式，也不当然意味着商标成为通用名称。'汤瓶八诊'文字商标虽然是对核定使用服务内容的一种描述，但没有充分证据证明这种描述方式已经成为相关市场内，相关公众通用的指代该类服务的名称。"再审法院通过相关公众通用的指代这一认知否定了二审法院将"汤瓶八诊疗法"认定为唯一描述方式的判断。因此，在描述性要素的商标名称是否构成通用名称的判断标准上，该名称的描述性要素是否构成商品或服务的唯一描述方式是判断的关键，而是否构成唯一描述方式的判断又落到了相关公众对于通用指代方式的认知。

二、商品通用名称的认定

通用名称的认定是事实认定问题，即相关公众普遍以某个名称、图形或型号来指称某类商品或服务。[①] 根据相关司法解释，通用名称可以分为法定通用名称和约定通用名称，[②] 有学者指出，法定的通用名称和约定俗成的通用名称的分类并不严谨，国家标准或行业标准中的通用名称不一定是法定通用名称，而可能是约定俗成的通用名称被纳入了标准，故审查机关和法院应当结合各方面的证据认定相关公众对于涉案标志的认知。[③]"相关公众"的认定就成了通用名称判断的关键。通用名称的认定通常与以下因素相关。

（一）通用名称所指称的商品或服务的类别

通用名称的认定要结合商品或服务的种类进行。在"鲁锦案"[④] 中，法院认定"鲁锦"已成为以棉花为主要原料、手工织线、染色、织造的山东地区民间手工纺织品的通用名称，且已在山东地区纺织行业领域内通用，并被相关社会公众所接受。有学者指出，"该案中的通用名称认定涉及的不是名称使用的地域性问题，而是该通用名称所指称的产品类别的地域性问题"[⑤]。产品类别的地域性表明的是产品的流通范围和使用范围，尽管产品类别的地域性可能导致名称使用的地域性，但名称使用的地域性并不一定是产品导致的，即使全国

---

① 参见冯术杰：《通用名称的认定问题研究》，载《中华商标》2016 年第 6 期。
② 参见《最高人民法院关于审理商标授权确权行政案件若干问题的规定》（2020 年修正）第 10 条。
③ 参见冯术杰：《通用名称的认定问题研究》，载《中华商标》2016 年第 6 期。
④ 参见山东省高级人民法院（2009）鲁民三终字第 34 号民事判决书。
⑤ 冯术杰：《通用名称的认定问题研究》，载《中华商标》2016 年第 6 期。

使用的产品也可能存在名称使用上的地域性。产品的类别，一方面可以根据产品的性质、用途、技术特征等因素进行纵向分类；另一方面可以根据文化、传统、商业等历史演变因素形成由多个因素限定的独特类别，比如，"鲁锦"是由棉花为主要原料、手工织线、染色、织造、鲁西南地区、手工纺织品等多个因素限定的产品类别，其中包括地域性因素。①

　　本案中的"汤瓶八诊疗法"，源于祖国传统民族医学，是古老的波斯及中东文化，吸纳、学习中医经络学理论在长期的实践中逐步形成的一套内病外治、非药物自然疗法。②汤瓶八诊，包括头诊、耳诊、面诊、手诊、脚诊、骨诊、脉诊、气诊八种疗法，与现代经络学有相同的哲学思想。③这一服务类别，属于上述第二种因传统、文化等原因形成的由多个因素限定的独特类别，即汤瓶八诊这一服务类别，是中国回族特色、内病外治、非药物自然疗法、八种疗法、保健医学疗法等多个因素限定的类别，其中包含了民族性和地域性特色。

　　（二）通用名称认定中的地域范围

　　通用名称的认定涉及名称的地域范围。在"状元红案"④中，法院指出商品的通用名称应当具有广泛性和规范性的特征。就其中的"广泛性"而言，是指通用名称应当具有在国家区域范围内或者某一行业范围内的公用性，仅为国家部分区域或部分企业所使用的名称不具有通用名称的广泛性。"广泛性"的判断仍然涉及"相关公众"这一主体的认定。

　　如前所述，产品类别的地域性与名称使用的地域性不同，其之间的关系主要存在两种情况：一是有些种类的产品由于传统、文化等原因仅在或主要在某个区域内流通；二是有些种类的产品在全国都有流通，但只有某个地域范围内的公众以某个名称指称该种类产品，其他地域内的公众并不使用该名称。⑤从通用名称所指称的商品或服务的类别与通用名称的地域性之间的关系来看，这里的第一种情况属于因产品类别的地域性导致了名称使用的地域性，第二种情况属于产品类别没有地域性，但名称使用具有地域性。

　　本案涉及的名称即属于第一种情况，"汤瓶八诊疗法"是发源于宁夏回族自治区的回族传统医药疗法，尽管在杨某的投资和推动下，"汤瓶八诊"开始

　　① 参见冯术杰：《通用名称的认定问题研究》，载《中华商标》2016年第6期。

　　② 高鹏：《说说回医汤瓶八诊疗法》，载《中国穆斯林》2013年第1期。

　　③ 参见百度百科"回族汤瓶八诊"词条，载https://baike.baidu.com/item/回族汤瓶八诊/3229815?fromtitle=汤瓶八诊&fromid=3154163&fr=aladdin。

　　④ 参见北京市第一中级人民法院（2006）一中行初字第195号行政判决书。

　　⑤ 参见冯术杰：《通用名称的认定问题研究》，载《中华商标》2016年第6期。

走出宁夏并逐渐在北京等地设立公司，但"汤瓶八诊"仍是主要在宁夏这一区域内流通的服务。在这种情况下，通用名称的认定因为涉及商品或服务的名称使用的地域性，因而可能无法满足"广泛性"的要求。但是相关司法解释对于这种情况下的通用名称认定作出了变通性的规定，对于因"历史传统、风土人情、地理环境等原因形成的相关市场固定的商品"①，不再要求以全国范围作为"广泛性"的认定标准，而是允许以相关市场内这种相对地域性的称谓认定为通用名称。因此，这种情况下的通用名称认定就转化为相关市场内的相关公众的界定问题。根据相关司法解释的规定，相关公众的范围不仅包括消费者还包括其他经营者。② 再审法院在论述"汤瓶八诊"商标是否构成唯一描述方式时指出，"没有充分证据证明这种描述方式成为相关市场内，相关公众通用的指代该类服务的名称。"这里的"相关公众"就应考察相关市场内的消费者和其他经营者的认知，即判断涉案名称能否使有关的消费者和经营者通用地指代该类服务，据以识别服务来源。

在对"相关公众"这一主体进行量化后，还应从商标使用所涉及的不同主体的利益平衡角度和社会公众识别来源的公共利益角度来评价。一方面是特定地域的同行业经营者有继续使用"通用名称"的正当利益；另一方面是商标申请人有对注册为商业标志的"通用名称"的正当利益，需要进行利益的衡量。③ 本案中，再审法院指出："虽然二审法院认定'汤瓶八诊'构成通用名称的证据不充分，但根据查明的其他事实，认定杨某主张东营某保健公司未经许可擅自使用涉案注册商标应承担民事责任及变更企业名称的依据不足，并无不妥。"这表明，即使不能认定涉案名称为通用名称，原告的行为表明对被告使用涉案注册商标的推定明知和支持，法院仍然支持了经营者合理地使用注册商标的正当利益，这种正当利益不应被原告所阻止。

（三）通用名称认定中的时间范围

根据相关司法解释的规定，认定通用名称的时间点通常按照商标申请注册时的状态，而如果申请注册与核准注册时的状态不一致，则以商标被核准注

---

① 参见《最高人民法院关于审理商标授权确权行政案件若干问题的规定》第 10 条第 2 款。

② 详见《最高人民法院关于审理商标民事纠纷案件适用法律若干问题的解释》第 8 条：商标法所称相关公众，是指与商标所标识的某类商品或者服务有关的消费者和与前述商品或者服务的营销有密切关系的其他经营者。

③ 参见冯术杰：《通用名称的认定问题研究》，载《中华商标》2016 年第 6 期。

册时为准。① 本案中，"汤瓶八诊"商标在核准注册时，没有证据证明"汤瓶八诊"已经成为该类服务的通用名称。

三、非物质文化遗产与公有领域

本案二审法院在判决中根据"回族汤瓶八诊疗法"被列入《第二批国家级非物质文化遗产名录》，而认定"汤瓶八诊疗法"本身属于公共领域的范畴。

在前述"鲁锦案"中，"鲁锦织造技艺"被列入国家级非物质文化遗产并不意味着"鲁锦"进入了公共领域。有学者指出，非物质文化遗产是否进入公有领域取决于造就"鲁锦"成为非物质文化遗产主要因为当地技艺的流传还是鲁锦公司自身的创造和努力。②

在"秋林商标案"③中，"秋林大面包（大列巴）制造技艺"被列为黑龙江非物质遗产也并非意味着"秋林"进入公有领域。法院对其他经营者的商标使用行为仍判定为侵权行为。

结合前述两个案例以及本案中再审法院的判定，进一步明确："非物质文化遗产与公有领域的内容虽有重叠，但不等于一经认定为非物质文化遗产，就当然地进入公有领域。"被列入非物质文化遗产并不当然地否定知识产权的存在，非物质文化遗产资源本身就带有公共属性和私权属性并存的特征。"'回族汤瓶八诊疗法'是否属于公有领域的范畴，要看该疗法是否受某项知识产权专用权的保护。二审法院仅凭'回族汤瓶八诊疗法'被列入国家级非物质文化遗产名录并不足以证明该疗法已经属于公有领域的范畴。"我国《非物质文化遗产法》第44条也明确规定："使用非物质文化遗产涉及知识产权的，适用有关法律、行政法规的规定"。因此，非物质文化遗产是否属于公有领域是需要结合具体情况个案判断的。而"一刀切"地将传统知识等同于公有领域的认识误区不仅出现在非物质文化遗产中，还出现在民间文学艺术中，这不仅错误地扩大了公有领域的范围，还会对我国这样拥有众多丰富灿烂的文化遗产国家的传统文化保护十分不利。

正如有学者指出："西方发达国家公共资源已被瓜分殆尽，因此设立'公有领域制度'以保证创新的继续，公有领域和其他著作权限制一样，是著作

---

① 参见《最高人民法院关于审理商标授权确权行政案件若干问题的规定》第10条第4款：人民法院审查判断诉争商标是否属于通用名称，一般以商标申请日时的事实状态为准。核准注册时事实状态发生变化的，以核准注册时的事实状态判断其是否属于通用名称。

② 参见陈晓峰：《地域特点的商品通用名称的认定和分析》，载《中华商标》2011年第5期。

③ 参见黑龙江省哈尔滨市中级人民法院（2007）哈知初字第124号民事判决书、黑龙江省高级人民法院（2007）黑知终字第42号民事判决书。

人获得专有性权利的对价之一；而传统族群所在的不发达国家的传统居民没有任何智慧财产的观念，人人可接触、利用、再创作的民间文艺长久地处于所谓的'公有领域'中。"[①] 这可以理解为受到权利保护的可以设置相对应的限制，而本身从来没有受到保护的不应受到限制而排除在保护之外。因此，在非物质文化遗产的认定上，我们需要破除先入为主的"公有领域"偏见，在知识产权法的适用中，结合非物质文化遗产的具体内容分析其是否属于受知识产权法保护的客体，是否享有相应的知识产权。

四、结论

通用名称是商标显著性认定中的一个反面排除范围，被认定为通用名称则因不具备显著性而不能获得商标注册，或即使被核准注册后也不能阻止他人对通用名称的合理使用。而通用名称的判断涉及商品或服务的类别，地域范围、时间范围等方面的问题，其中最为关键的是相关公众的界定，以及相关公众对涉案标志的认知。此外，描述性标志也涉及显著性的反面排除，在实践中需要正确理解描述性标志与通用名称的关系，具有"描述性要素"的商标并不一定因构成相关商品或服务的唯一描述方式而成为描述性标志，也并不一定成为通用名称。在判断是否构成唯一描述方式时，需要结合相关公众的认知进行判断。最后，要注意非物质文化遗产与公有领域的内容虽有重叠，但我们要破除先入为主的"公有领域"偏见，认定非物质文化遗产并不等同于其当然地进入公有领域，而是要结合该非物质文化遗产的具体知识产权情况进行综合判断。

[①] 管育鹰：《知识产权视野中的民间文艺保护》，法律出版社 2006 年版，第 170 页。

商标叙述性使用的法律问题研究

——海门市某照明电器有限公司与青岛某电器有限公司侵害商标权纠纷案

/ 陈彦蓉

⊃ 本案要旨

显著性是商标发挥识别来源作用的基础，若商标申请人选择通用名称、描述性标志等缺乏固有显著性的标志作为商标进行注册的，应当预见到这类商标有别于臆造商标等显著性强的商标，其商标权人无权禁止他人基于正当、合理的需要使用与其商标相同或相似的文字等组成元素，即对商标叙述性使用，是对商标的正当使用。商标叙述性使用规则意味着，原本处于公共领域的、缺乏固有显著性的资源，应允许公众在合理范围内自由使用，防止商标权人将私权过度扩张而侵占公共资源，从而有利于正确划分私权和公共领域的边界，贯彻商标法利益平衡的立法宗旨。

⊃ 案件信息

上诉人（一审原告）：海门市某照明电器有限公司

被上诉人（一审被告）：青岛某电器有限公司

案号：山东省青岛市中级人民法院（2011）青知民初字第 585 号、山东省高级人民法院（2012）鲁民三终字第 80 号

⊃ 原被告主张及理由

原告海门市某照明电器有限公司（以下简称海门市某照明公司）诉称：其于 2008 年 2 月 14 日申请注册了"LONGLIFE"商标，注册商标类别为第 1101 类和第 1103 类的类似群，注册号为 46××× 16 号。其享有"LONGLIFE"商标的专用权，经过多年的使用和培育，这一商标成为知名品牌，享有很

高的知名度,且"LONGLIFE"牌灯泡远销国内外,被告青岛某电器有限公司(以下简称青岛某公司)为一家生产、出口汽车卤钨灯的公司,于2011年7月20日向海关申报出口卤钨灯93 800只到哥伦比亚,并未经原告许可,在出口货物上使用了"LongLife"标识,这一标识与"LONGLIFE"注册商标相近似,侵犯了原告的注册商标专用权,原告请求法院判令:(1)被告停止侵犯原告商标的侵权行为,并销毁所有侵权产品;(2)被告赔偿原告经济损失人民币10万元;(3)被告承担本案诉讼费、因制止侵权行为所支付的调查取证费、律师费,及被海关扣押货物的相关仓储等费用共4万元。

被告青岛某公司答辩称:(1)被告纸盒包装中印有"LongLife"标识,仅仅是对产品质量、性能的描述,并非作为商标标识使用,不构成侵犯原告的商标权;(2)被告包装盒上的"LongLife"标识与原告的注册商标不相同;(3)被告包装盒中印有的"LongLife"标识,不与原告注册商标近似;(4)原告的"LONGLIFE"注册商标是应当依法被撤销而不受法律保护的,原告无权禁止他人正当使用;(5)原告要求赔偿经济损失并承担相关费用没有任何依据。

⊃ 法院查明的事实

2011年7月20日,青岛某公司出口一批卤钨灯至哥伦比亚时被青岛海关扣下,认为这些货物涉嫌侵犯海门市某照明公司在海关总署备案的知识产权,遂作出青关知通(2011)74号《确认进出口货物知识产权状况通知书》,2011年9月16日,黄岛海关作出黄关知通(2011)07号《知识产权状况调查结果通知书》,认为不能认定青岛某公司于2011年7月20日申报出口的卤钨灯是否侵犯了海门市某照明公司在海关总署备案的"LONGLIFE"注册商标专用权。

法院自黄岛海关调取的被控侵权商品的照片显示,被控侵权商品外包装为一长方体盒,盒盖表面为红色,中间部分印有"KTCGROUP"标识,盒底为白色;该长方体盒四个侧面中两个面积较大为白色,其左侧上下并排印有"LongLife"标识及"KTCGROUP"标识,两个面积较小侧面的为红色,其中一个中间部分印有"KTCGROUP"标识,另一个上方印有"KTCHal0gen-Bulb"标识。"KTCGROUP"为哥伦比亚共和国注册商标,其证书编号分别为25××06、25××07,核定使用商品类别分别为《商标注册用商品和服务国际分类尼斯协定》第七版第九类和第七类中所列商品。海门市某照明公司及青岛某公司均认可"LongLife"在英文中的含义为"长命的、长寿命的"。

➲ 法院判决理由与裁判结果

一、一审法院

一审认为，海门市某照明公司系第46×××16号注册商标的专用权人，其依法受到《商标法》及相关法律保护，但商标权人对其权利的行使并非没有任何限制，《商标法实施条例》第49条规定了正当使用行为，这表明商标权人对其权利的行使不能超出法律限定的范围，即不能禁止他人对其商标的正当使用行为。

本案中，青岛某公司生产的卤钨灯外包装上使用了"LongLife"标识，系在与涉案注册商标核定使用类别相同的商品上使用了与涉案注册商标相似的标识。确定青岛某公司的使用行为是否构成侵权，首先要判断行为是否构成《商标法实施条例》第49条所规定的正当使用行为。依照该条规定，构成对注册商标的正当使用应当具备两个要件：其一，注册商标本身含有本商品的通用名称、图形、型号，或者直接表示商品的质量、主要原料、功能、用途、数量及其他特点，或者含有地名；其二，被控侵权行为人对该商标的使用是正当的。据此，一审法院认为：

第一，从海门市某照明公司的涉案注册商标本身来看，本案第46×××16号注册商标为"LONGLIFE"字母商标，而"LONGLIFE"本身并非臆造词，而是英文"长命的、长寿命的"之意，海门市某照明公司对此也并无异议。结合该商标的核定使用商品范围"圣诞树电灯；节日装饰彩色小灯；电灯泡；汽灯；灯；汽车灯；矿灯；空气净化用杀菌灯；安全灯；日光灯管"。"LONGLIFE"一词是对于灯具商品具有"长寿命"这一特点的描述，即该注册商标本身直接表示了商品的特点。

第二，从青岛某公司的行为来看，被控侵权商品虽然使用了"LongLife"标识，但与海门市某照明公司的注册商标"LONGLIFE"相比，仅为相似而非相同。另外，虽然"LongLife"标识使用在被控侵权商品外包装较为明显的位置，但较之同样出现在外包装上的"KTCGROUP"标识，后者则更为明显，出现频率也更多，而"KTCGROUP"系哥伦比亚的注册商标，被控侵权商品也欲发往哥伦比亚，故一审法院认为，青岛某公司在其商品外包装上使用"LongLife"标识，并非作为其商品的商标使用，而是对其商品具有"长寿命"这一特点的描述，因此，青岛某公司对"LongLife"标识的使用行为应当认为是正当的。

综合上述两点，青岛某公司在其商品上使用"LongLife"标识，符合《商标法实施条例》第 49 条的规定，不构成对海门市某照明公司第 46××× 16 号"LONGLIFE"商标的侵犯，故判决驳回原告海门市某照明公司诉讼请求。

二、二审法院

海门市某照明公司不服一审判决，提起上诉。其主要理由如下：（1）青岛某公司在涉案被控侵权商品外包装的显著位置上使用与涉案注册商标近似的"LongLife"标识。（2）原审判决认定涉案被控侵权商品上使用的"LongLife"标识是对灯类商品具有"长寿命"这一特点的描述是不正确的，青岛某公司是将"LongLife"作为标识使用的，而不是作为对商品特点的描述而使用的。至于涉案被控侵权商品外包装上的"KTCGROUP"标识是不是他国商标与本案没有关系。（3）根据《商标法》第 51 条、第 52 条的规定，未经商标注册人的许可，在同一种商品或者类似商品上使用与其注册商标相同或者近似商标的，属于侵犯注册商标专用权的行为。青岛某公司在其生产的灯类商品上使用"LongLife"作为标识，不论与涉案注册商标是相同还是近似，都构成侵权。原审法院对法律规定的正当使用的理解也不正确，本案中青岛某公司对"LongLife"标识的使用不构成正当使用，是侵权行为。

二审法院认为：灯类商品外包装上出现"LongLife"字样属于常见情况，这也是众所周知的事实。本案双方当事人争议的焦点问题为青岛某公司在涉案被控侵权商品的外包装上使用与涉案注册商标相近似的"LongLife"字样是否侵害了海门某照明公司的涉案注册商标专用权。

《最高人民法院关于审理商标民事纠纷案件适用法律若干问题的解释》第 9 条第 2 款规定："商标法第五十七条第（二）项规定的商标近似，是指被控侵权的商标与原告的注册商标相比较，其文字的字形、读音、含义或者图形的构图及颜色，或者其各要素组合后的整体结构相似，或者其立体形状、颜色组合近似，易使相关公众对商品的来源产生误认或者认为其来源与原告注册商标的商品有特定的联系。"根据该条规定，商标侵权意义上的近似，不仅指被控侵权标识与他人注册商标在外观等方面的相似，还必须易于使相关公众对商品的来源产生误认。本案中，虽然青岛某公司生产、销售的涉案被控侵权商品与涉案注册商标的核定使用商品属于同类商品，涉案被控侵权商品外包装上使用的"LongLife"字样也与涉案注册商标在构成要素上极其相似，但本院认为青岛某公司在涉案被控侵权商品上使用"LongLife"的行为不会造成相关公众的误认，进而不会侵害海门市某照明公司的涉案商标权，理由如下：

第一，判断能否造成相关公众误认，请求保护的注册商标的显著性和知名度是首先应当考虑的因素。本案中，涉案注册商标系英文大写单词"LONG"与"LIFE"的组合。在英语中，"Long"与"Life"及它们的组合"LongLife"并非臆造词汇，均属于公众熟知的描述性词汇，即汉语中"长寿命的"意思。涉案注册商标中的"LONGLIFE"是"LongLife"的大写形式，其含义并没有改变，故海门市某照明公司在灯类商品上将其注册为商标属于描述性商标，其固有的显著性较弱。本案中，海门市某照明公司虽于一审中提交了《商标（独家）使用许可合同》、出口货物报关单等证据证明其涉案注册商标使用情况，但仅凭这些证据无法证实涉案注册商标在灯类商品市场上具有了较高的知名度，从而使"LONGLIFE"字样因涉案注册商标取得了较强的显著性，达到了在灯类商品相关市场中对其他所有使用"LongLife"字样的商品均具有较强的排斥力，应当给予强度较大的法律保护的程度。

第二，本案中被控侵权商品中关于"LongLife"的使用行为是一种"非标识性"的使用行为，而非"商标使用"行为。首先，青岛某公司生产的涉案被控侵权商品的外包装上虽然使用了"LongLife"字样，但与海门市某照明公司的涉案注册商标"LONGLIFE"相比，在视觉特征上仅为相似而非相同。其次，从涉案被控侵权商品外包装的整体视觉效果上来看，青岛某公司虽然在商品外包装较为明显的位置使用了"LongLife"字样，但同时也使用了"KTC-GROUP"等标识，就整体视觉效果而言，"KTCGROUP"标识比"LongLife"字样所使用的字体及色彩更为醒目，出现的频率也更高，明显处于视觉显著的位置，即涉案被控侵权商品外包装上的"LongLife"字样虽然处于较为明显的位置，但是没有被突出使用。最后，"LongLife"字样在灯类商品外包装上使用是一种常见现象，意在表示灯类商品"使用寿命长"的特点，涉案被控侵权商品上"LongLife"字样的使用，如前所述，只会让相关公众认识到该商品具有"使用寿命长"的特点，而不会让相关公众联想到这是海门市某照明公司的涉案注册商标，更不会使相关公众认为涉案被控侵权商品系海门市某照明公司所生产的抑或认为青岛某公司与海门市某照明公司之间存在某种特定的联系。因此，本院认为，青岛某公司在涉案被控侵权商品上使用"LongLife"字样的行为是一种"非标识性"的使用行为。

第三，被控侵权商品上关于"LongLife"的使用行为构成"商标合理使用行为"。《商标法实施条例》第49条规定："注册商标中含有的本商品的通用名称、图形、型号，或者直接表示商品的质量、主要原料、功能、用途、重量、数量及其他特点，或者含有地名，注册商标专用权人无权禁止他人正当使用。"根据上述规定，为描述自己商品的特点，使用了他人注册商标中不能垄断的内容，而不是作为商标使用，属于合理使用的行为。如前所述，本案中，青岛某公司为描述其商品具有"长寿命的"特点，在其生产、销售的涉案被控侵权商品外包装上使用了"LongLife"字样，且其使用行为没有超出正当、合理的描述性使用的范畴，故本院认为青岛某公司在控侵权商品中使用"LongLife"的行为构成法定的"商标合理使用行为"。

综上，虽然青岛某公司在其生产、销售的涉案被控侵权商品上使用的"LongLife"字样与涉案注册商标从外观上极其相似，但该字样是作为描述其商品特征的描述性语言而存在的，并不是商标意义上的使用，在海门市某照明公司没有证明"LongLife"字样已经与其公司建立了特定、显著联系的情况下，不会造成相关公众对商品来源的混淆。因此，原审法院认定青岛某公司在涉案被控侵权商品上使用"LongLife"字样的行为没有侵害海门市某照明公司的涉案注册商标权并无不当，应予支持。

➲ 判解与学理研究

本案是关于商标叙述性使用的典型案例，描述性标志通常被认为缺乏显著性，不能作为商标获准注册，但若经过长期使用标志获得显著性并获得商标注册的，商标权人依法获得商标法保护。鉴于叙述性商标的特殊性，商标权人不能禁止他人正当使用。明确叙述性商标的正当使用规则，有利于正确划清商标权与公共领域的界限。本文基于"LONGLIFE"商标侵权纠纷案，对商标叙述性使用法律问题加以研究。

一、商标叙述性使用的界定

在讨论商标叙述性使用的适用规则之前，有必要对商标叙述性使用的内涵加以明确，因此，下文将从商标叙述性使用的概念、类型等方面展开论述。

（一）商标叙述性使用的定义

商标叙述性使用又称商标描述性使用、商标叙述性合理使用等，为统一表述，本文采用"商标叙述性使用"这一概念。商标叙述性使用规定在《商标法》（2019 年修正）第 59 条，是指对于含有通用名称、图形、型号，或仅直接表示商品质量、主要原料、功能、用途、重量、数量及其他特点，或含有地名的注册商标，他人可以以正当、合理的方式使用，商标权人无权禁止。这一使用规则的设立，在立法上明确了商标权人的权利范围是有边界的，商标权人仅对影响商标发挥识别来源功能的使用行为享有控制权，但这一权利并不扩张至商标标志本身的文字、颜色或图案等标志组成元素上。正如有观点指出，叙述性词汇本身不属于专有领域，而是由社会共享的公共资源和公共知识，商标叙述性使用不侵犯商标权人的权利，并非商标权人对公众的私权让渡，而是对公众享有使用公共资源的自由的重申。①

（二）商标叙述性使用的类型

根据叙述性商标的定义可知，商标叙述性使用的类型主要包括以下三种使用方式。

1. 对通用名称、图形、型号的使用

根据《商标审查及审理标准（2021）》的有关规定可知，通用名称、图形、型号是指国家标准、行业标准规定的或者约定俗成的名称、图形、型号。② 通用名称、图形、型号属于公共领域，不应允许私人独占，以药品通用名称"阿莫西林"为例，若允许私人注册为商标，则意味着禁止他人在药品上使用"阿莫西林"，将会影响我们的日常需求，因此，对于通用名称、图形、型号，原则上不能注册为商标，除非其经过长期、广泛地使用，获得了显著性，才可以获得商标注册。但若选择了通用名称、图形、型号注册为商标的，应当允许他人在"第一含义"上对通用名称、图形、型号的使用，这里的"第一含义"是相对"第二含义"而言的。"第二含义"是指一个标志虽然缺乏固有显著性，但通过使用使得相关公众将其与某一商品或服务的来源产生了唯一的联系。③ 因此，"第一含义"就是标志最初的含义，即其本义。例如，"Apple"的"第一含义"就是指代一种水果，但是"Apple"经过长期的经营使用，在相关公众认知中已经与 iPhone 等系列产品产生了紧密的联系，因此具备了可以识别商品或服务来源作用的"第二含义"。

2. 对描述性词汇的使用

描述性词汇一般是对商品或服务的质量、功能、用途等特点的描述或说明，这类词汇属于日常表达交流的常用词汇，相关公众一般不会认为其是发挥识别来源作用的商标，即天然缺乏显著性，如"好看""质量好"等词汇，属于公共领域的资源，不应由私人垄断，因此，这类词汇原则上也不应当获得商标注册，除非这类词汇经过长期的使用在相关公众中建立了识别来源作用的认

---

① 参见凌洪斌：《叙述性商标合理使用之证伪——兼评我国新〈商标法〉第 59 条第 1 款》，载《西安电子科技大学学报（社会科学版）》2015 年第 1 期。

② 参见《商标审查及审理标准（2021）》下编第四章 2.1 条关于"仅有本商品的通用名称、图形、型号的"的规定。

③ 参见熊文聪：《论商标法中的"第二含义"》，载《知识产权》2019 年第 4 期。

知。典型的案例有"小肥羊"商标案，[①] 在终审判决中，北京市高级人民法院认为"小肥羊"文字作为商标注册缺乏固有显著性，但这并不排除"小肥羊"文字可以通过使用或宣传获得显著性，由于内蒙小肥羊经过长期、广泛的连锁经营，在全国具有了很高的知名度，使得"小肥羊"与内蒙小肥羊之间建立了密切联系，起到了识别来源的作用，因此应当准予作为商标注册。这类描述性商标在获准注册后，也不能排除他人在商业经营活动中对这类商标进行合理使用。

3. 对地名的使用

根据《商标法》的规定可知，县级以上行政区划的地名或公众知晓的外国地名，一般不得作为商标获准注册，除非地名具有其他含义或作为集体商标、证明商标的组成部分。这一规定同样也是为了避免公共资源被私人垄断，对于将地名注册为商标的商标权人，不能禁止他人使用地名。正如有学者指出，允许将地名注册为商标，可能会给商标权人之外的其他经营者的商业表达带来更严格的限制，公共资源本应留在公共领域供全体社会成员自由使用，而不应当被任何人垄断。[②]

二、商标叙述性使用的正当性基础

商标叙述性使用作为商标正当使用的主要内容之一，无论是从理论还是实践来看，这一规则的设立均具有正当性。

（一）商标叙述性使用的属性

在讨论商标叙述性使用的属性之前，需要明确商标法意义上的商标性使用的含义，根据《商标法》（2019年修正）第48条的规定可知，商标法意义上的使用或称"商标性使用"，是指将商标用于商业活动中以识别商品或服务来源的行为。从商标叙述性使用的内涵来看，商标叙述性使用是对原本不具有显著性的通用名称、图形、型号、描述性词汇或地名的使用，均是日常生活或商业活动的基础需求，并不是为了识别商品或服务来源，因此商标叙述性使用的本质是在"第一含义"上使用叙述性商标的商标标志本身，即商标叙述性使用的本质属性为非商标性使用。尽管对于"商标性使用"的定位，理论和实践中仍有不同观点，但我国的主流观点是商标性使用构成商标侵权判定的前提条

---

① 参见北京市高级人民法院（2006）高行终字第94号判决书。
② 参见魏森：《论商标法对表达自由的保护》，载《法律科学（西北政法大学学报）》2020年第4期。

件。[①]因此，商标叙述性使用不构成商标侵权行为也是当然结果。

（二）公共领域视角下的商标叙述性使用

"公共领域"在知识产权领域是一个重要概念，知识产品在知识产权制度出现之前一直被认为属于公共产品，知识产权制度的出现使得原本处于公共领域的知识产品开始被赋权，从公共领域剥离了出来。可以认为"公共领域"是相对于知识产权而言的，但随着人们对知识产权保护的重视，知识产权开始扩张，甚至开始侵蚀公共领域的边界，故重申"公共领域"对于知识产权的重要性具有必要性。正如有观点认为，"公共领域是对抗知识产权不合理扩张的旗帜和理论武器"[②]。至于"公共领域"的内涵，学界有不同的定义，如有学者认为"公共领域"是知识产权这类专有权之外知识产品所处的领域，通常包括没有纳入知识产权法、保护期限已届满或权利人放弃的知识创造成果。[③]有学者认为"公共领域"是指不受知识产权保护的材料或知识产权效力所不及的材料的某些方面。[④]还有学者认为"公共领域"是指不受知识产权法保护的领域，公众可自由使用该领域内的智慧成果。[⑤]尽管表述不尽相同，但基本上都认为"公共领域"是知识产权这一专有权利所不及的领域，在知识产权理论中占据重要地位。

从知识产权制度的立法宗旨来看，知识产权制度一直强调着私权和公共利益之间的平衡，商标法也不例外，从商标制度的内容来看，商标法中不仅规定了商标权人的权利，将权利范围限定在对起到识别来源作用的使用行为的控制上，还明确了处于公共领域的非商标性使用行为不构成商标侵权，即对叙述性商标的正当使用不构成侵权。可以认为，商标叙述性使用规则的存在，是对商标法利益平衡立法宗旨的贯彻和重申，其正当性基础就在于利益平衡，有利于厘清商标权人权利范围与公共领域的边界，避免商标权人过多侵占公共资源。从公共领域的视角来看，商标叙述性使用的合理性在于让公共领域的资源继续留在公共领域，供社会公众自由使用。

（三）符号学视角下的商标叙述性使用

提及符号学通常会想到索绪尔（Saussure）和皮尔斯（Pierce）两位学者

---

① 参见祝建军：《判定商标侵权应以成立"商标性使用"为前提——苹果公司商标案引发的思考》，载《知识产权》2014年第1期。

② 杜颖：《商标法律制度的失衡及其理性回归》，载《中国法学》2015年第3期。

③ 参见冯晓青：《知识产权法的公共领域理论》，载《知识产权》2007年第3期。

④ 参见王太平、杨峰：《知识产权法中的公共领域》，载《法学研究》2008年第1期。

⑤ 参见胡开忠：《知识产权法中公有领域的保护》，载《法学》2008年第8期。

的理论。索绪尔提出符号由"能指"和"所指"两部分组成，其中"能指"是指符号形式，"所指"即为符号能够传达的思想感情或称意义。皮尔斯则认为符号由"符号形体""符号对象"及"符号解释"三部分组成，其中"符号形体"和"符号解释"分别类似于索绪尔理论中的"能指"和"所指"，两位学者的不同之处在于皮尔斯提出了"符号对象"。[①] 两位学者的理论应用于商标领域，可以将商标进行解构，但随着商标保护趋势的扩张，使得"符号对象"与"符号解释"逐渐融合，也使得索绪尔的二元结构理论在商标法领域有了更大的适用空间，商标结构呈现二元化。[②] 借助索绪尔的二元结构理论，商标可以分为"能指"和"所指"，其中"能指"是指商标标志本身，"所指"是指商品或服务来源或商誉等信息。因此，从符号学的角度来看，商标法所保护的商标识别来源的功能以及商标权人的商誉实际上涉及的是商标的"所指"，并非"能指"，商标叙述性使用则是在"能指"意义上的使用，并不涉及"所指"，即不影响商标识别来源的功能和商标权人的商誉，那么商标权人禁止他人进行商标叙述性使用也就不存在权利基础。

三、商标叙述性使用的司法认定

商标叙述性使用在司法实践中，通常作为商标侵权案件中行为人抗辩自己不属于商标侵权行为的抗辩理由。本案中，海门市某照明公司主张青岛某公司在其生产卤钨灯外包装上使用"LongLife"的行为侵犯了其"LONGLIFE"的注册商标权，青岛某公司则以"LongLife"是用于描述商品质量、性能，并非作为商标标识使用为由进行抗辩，主张自己的行为属于商标叙述性使用，是一种正当使用行为。一审法院在分析青岛某公司是否构成正当使用行为时，归纳出商标正当使用行为应当具备的两个要件：一是注册商标为叙述性商标；二是被控侵权行为人对商标的使用为正当的。二审法院虽然没有直接指出商标正当使用的构成要件，但其给出的判决理由实际上也列出了商标正当使用行为在司法认定上应当考虑的两个要件：一是被使用的标志为叙述性商标；二是被控侵权行为为非商标性使用，且使用行为没有超出合理限度。由此可以看出，尽管一审法院和二审法院在说理上存在些许差异，但在商标叙述性使用的成立要件上基本达成一致。

对于商标叙述性使用的构成要件，理论上主要存在二要件和三要件之争，前者认为商标正当使用的构成要件为主观上的善意和使用行为未超过必要限

---

① 参见黄华新、陈宗明主编：《符号学导论》，东方出版中心 2016 年版，第 2~5 页。
② 参见彭学龙：《商标法基本范畴的符号学分析》，载《法学研究》2007 年第 1 期。

度，后者认为商标正当使用的构成要件在二要件的基础上，还应当加上不造成混淆可能，因此，争议的焦点在于是否应加上"不造成混淆可能性"。① 基于商标叙述性使用的属性为非商标性使用，笔者认为不应将混淆可能的判断纳入商标叙述性使用的构成要件之一，因为混淆可能性的判断是商标侵权行为成立需要考量的因素，针对的是商标性使用，对于非商标性使用行为，使用的是商标的"能指"部分，并未触及商标法保护的"所指"部分，因此，不造成混淆可能是非商标性使用的当然后果，而非构成要件之一。不仅如此，从侵权案件的抗辩角度来看，一般的商标侵权案件中，若被告能够证明其行为不会造成混淆可能，则可以驳斥原告的侵权主张，但若将不造成混淆可能作为商标叙述性使用的构成要件之一，被告不仅需要证明其行为不会造成混淆可能，还需要证明其行为符合正当使用的其他构成要件，无疑加重了主张正当使用的行为人一方的举证难度，并不符合正当使用行为规则的设立目的，因此，是否造成混淆可能的判断不应作为商标叙述性的构成要件之一。

尽管理论和实践对于商标叙述性使用构成要件具体内容的列举存在些许差异，但笔者认为除了是否增加混淆可能性的判断会影响商标叙述性使用的适用外，其他的差异仅是划分方式和细致程度上的不同，并不影响商标叙述性使用的认定。从商标叙述性使用的内涵及特点来看，其构成要件应当包括以下内容：一是使用人主观目的应当是善意的，这一要件要求使用人主观上并不具有"搭便车"或侵权的恶意，是为了客观描述其商品或服务的名称、质量、功能、产地等特点而使用叙述性商标；二是使用人的使用行为客观上应当正当、合理，没有超过必要限度，即使用人的使用应当限于客观描述的需要，不应进行放大、突出的处理，否则将会被认为超出必要限度，不构成商标叙述性使用，而是商标侵权行为。

本案中，虽然海门市某照明公司在灯具等商品上注册了"LONGLIFE"商标，但"LONGLIFE"翻译为中文是"长寿命"，使用在灯具上具有描述灯具质量好、持续时间长等特点的作用，显著性较低，商标权人无权禁止其他经营者以合理的方式将"LONGLIFE"这一词汇使用在其商品上，即无权禁止他人正当使用。利用前文给出的构成要件，可以对本案青岛某公司的行为进行分析，一是使用的主观目的，从青岛某公司在其灯具上使用"LongLife"的同时标注了"KTCGROUP"商标的行为来看，青岛某公司对"LongLife"这一英文单词的使用并非侵犯海门市某照明公司"LONGLIFE"的注册商标专用权或

---

① 张玉敏：《商标法上正当使用抗辩研究》，载《法律适用》2012 年第 10 期。

"搭便车"，而是为了说明其提供的灯具质量高；二是在使用行为的客观效果上，青岛某公司在商品上对"LongLife"这一英文单词的使用，并未进行放大、突出处理，"LongLife"与海门市某照明公司注册的"LONGLIFE"商标也存在大小写的差异，且青岛某公司生产的商品包装上"KTCGROUP"商标出现的频率相比"LongLife"更多，也更醒目。因此，青岛某公司使用行为的客观效果是正当、合理，并未突出使用的。综上，青岛某公司的行为属于商标叙述性使用，并非商标侵权行为。

四、结论

商标叙述性使用作为商标正当使用的主要内容之一，为划清商标权与公共领域的边界作出了很大贡献，这一规则在立法上的确立，不仅说明了商标法始终遵循着利益平衡的立法逻辑，还重申了公共领域在商标法中的重要地位。本案的启示在于明确了原本缺乏固有显著性的标志，在经过使用获得第二含义并获得商标注册后，商标权人无权禁止他人以合理、恰当的方式使用这一商标。实际上，当商标申请人选择这类显著性弱的标志申请商标注册时，就应当预见到这类商标由于先天显著性的缺乏，无法像臆造商标等显著性较强的商标一样享有较强的排斥力，这是《商标法》规定申请商标注册的标志应当具有显著性的原因，因为显著性是商标能够发挥识别来源作用的基础。公共领域的资源本来就应当留在公共领域，不容私权侵占，这是商标叙述性使用的核心价值，也是商标法的立法宗旨。

商标叙述性合理使用制度研究

——南京某物业公司诉南京某房地产开发公司侵犯商标专用权纠纷案

/ 苏媛

➲ 本案要旨

《商标法》虽未禁止县级以下行政区划的名称作为商标予以注册，但地名属于公共资源词汇，地名商标专用权人的权利应受到一定限制，即不得禁止社会公众或相关主体对地名善意、正当、合理的使用行为。在判断社会公众或者使用人是否对地名商标进行善意、正当、合理的使用，须从使用人的使用目的、经营方式、使用方式等多角度进行综合衡量。不动产销售、宣传过程中使用他人注册商标中的地名元素是否侵犯他人注册商标专用权，关键在于不动产销售商是否善意、正当地使用地名字样。将楼盘与其地理位置建立相关联系是房地产公司开发销售市场常见的经营管理方式。不动产销售商在其广告宣传中使用地名对楼盘地理位置进行客观的描述，不会导致相关公众对该房地产的来源产生混淆或误认，属于对地名商标中地名要素的合理使用，不构成商标侵权。

➲ 案件信息

申请人（一审被告、二审被上诉人）：南京某房地产开发公司

被申请人（一审原告、二审上诉人）：南京某物业公司

案号：江苏省南京市中级人民法院（2001）宁知初字第196号、江苏省高级人民法院（2002）苏民三终字第056号、江苏省高级人民法院（2004）苏民三再终字第001号

➲ 原被告主张及理由

南京某物业公司诉称：经过9年的精心打造，本公司开发的百家湖花园

已成为房地产界的知名品牌，并已注册了"百家湖"商标。2001年10月10日，被告未经原告许可，将其新开盘的高层冠名为"百家湖·枫情国度"，其商标的文字部分也使用了"百家湖"，并在有关媒体进行广告宣传。被告的行为已侵犯了原告的商标专用权。请求判令被告立即停止侵权行为，公开赔礼道歉，赔偿原告经济损失100万元。

南京某房地产开发公司辩称：本公司开发的住宅地点在百家湖地区，建筑物前的名称属于地名，而非商标。本公司在广告宣传中使用"百家湖"不会使购房者产生误认，"百家湖"是作为一个地名而家喻户晓，本公司也是将其作为地名使用，消费者不会将其理解为原告开发的"枫情国度"，请求驳回原告的全部诉讼请求。

⟳ 法院查明的事实

百家湖是南京市江宁区东山镇境内的一个地名、湖名。1999年8月13日，南京某物业公司申请注册第14×××47号"百家湖"商标，于2000年10月14日获商标局核准。注册类别是服务项目第36类商标，核定使用的服务范围为艺术品估价、不动产出租、不动产代理、不动产中介、不动产评估、不动产管理、公寓管理、公寓出租；住所（公寓）、经纪。

2001年9月6日，南京某房地产开发公司将其在江宁区百家湖地区开发的住宅小区命名为"枫情家园"，并向江宁区地名委员会进行申报，2001年9月14日获得该委的批准。后南京某房地产开发公司将"枫情家园"中新开盘的高层住宅冠名为"百家湖·枫情国度"，并以该名在2001年10月10日、12日、17日的《金陵晚报》，2001年11月11日的《扬子晚报》上刊登售楼广告进行宣传。同时，南京某房地产开发公司在该楼盘的售楼书中标有"百家湖·枫情国度"的文字，在标识图案的右下方同样标有"百家湖·枫情国度"的文字。在江苏展览馆展出的样板房上，南京某房地产开发公司使用了"百家湖·枫情国度"的广告语。

南京某物业公司于2001年9月、10月在《现代快报》上，以行书体"百家湖花园"的使用形式，刊登多种售房广告。2001年10月25日，南京某物业公司认为南京某房地产开发公司的行为侵犯其商标专用权，诉至南京市中级人民法院，要求南京某房地产开发公司立即停止侵权行为，公开赔礼道歉，赔偿经济损失100万元，承担本案诉讼费用。

以上事实有下列证据证明：（1）第14×××47号"百家湖"的商标注册

证；（2）南京某房地产开发公司制作的含有"百家湖·枫情国度"文字的售楼书一份；（3）南京某房地产开发公司在江苏展览馆展出的样板房上有"百家湖·枫情国度"广告语的照片四张；（4）"百家湖花园"的广告费用和广告报样，枫情国度的售价表，房地产报纸广告监测报告；（5）《江苏省江宁县地名录》第237页的复印件一份，江宁县地名图的复印件一份，南京市江宁区地名委员会关于命名"枫情家园"的批复文件（江宁地名字第23号）复印件一份；（6）江苏某传播有限公司关于"百家湖·枫情国度"标识的说明一份。

⊃ 一审法院判决理由与裁判结果

商标侵权认定首先是判断被控侵权的商品或服务上所使用的文字、图形等与南京某物业公司注册商标的文字、图形等是否相同或近似；其次是判断南京某物业公司注册商标核定使用的商品或服务与南京某房地产开发公司的商品或提供服务是否相同或相类似，特别是是否会造成消费者对商品或服务的来源产生混淆。本案由于南京某物业公司"百家湖"商标与"百家湖"地名名称相同，因此认定南京某房地产开发公司是否构成商标侵权，还必须区分南京某房地产开发公司行为是否属于善意、合理使用地名。南京某房地产开发公司将其开发的楼盘冠以"百家湖·枫情国度"，在广告宣传中使用该文字并在标识的右下角使用同样的文字。从其售楼广告的整体看确实含有"百家湖"三个字。虽然南京某物业公司注册商标所使用的文字是行书体，南京某房地产开发公司广告文字中所使用的文字是宋体，但二者文字是同样的。

从南京某物业公司注册商标核定使用的服务范围看，主要包括不动产服务，并不包含房地产开发和建筑，南京某房地产开发公司建筑销售的房屋作为商品与南京某物业公司注册的服务商标核定的服务范围并不相同。仅仅是南京某房地产开发公司在房地产开发完成以后的销售行为，就其销售方式、销售渠道和销售对象而言，存在类似之处。

《商标法》虽未禁止南京某物业公司将"百家湖"这个县级以下行政区划的名称作为商标注册，但地名是属于公共领域的词汇，以此作为商标注册，其权利应受到一定的限制，不能排除公众或善意使用人对地名的正当、合理使用。不动产销售的特点是必须和相应的地理位置相联系，房地产开发商销售商品房屋应告知消费者房屋的地理位置。南京某房地产开发公司所开发的冠名"百家湖·枫情国度"的楼盘地点就在江宁区百家湖区域，其在广告语和标识中使用百家湖文字，目的在于告知消费者自己开发的"枫情国度"楼盘在百家湖地区。同时，南京某物业公司对"百家湖"商标的实际使用中是以"百家湖花园"形式。但是南京某房地产开发公司开发的楼盘地点也在百家湖地区，其将"百家湖"作为地理位置叙述使用，是对该地名的合理使用，普通消费者一般不会误认"百家湖花园"和"百家湖·枫情国度"。

综上，南京某物业公司起诉指控南京某房地产开发公司侵犯其注册商标专用权，要求南京某房地产开发公司因此赔偿其经济损失 100 万元的诉请法律依据不足。判决驳回南京某物业公司的诉讼请求。

➲ 上诉主张及理由

南京某物业公司向江苏省高级人民法院提起上诉称：（1）一审法院认定构成合理善意使用无事实和法律依据。被上诉人对小高层楼盘的地址及地理来源并非采用表述的方式，而是采用冠名及文字商标的方式，而冠名和文字商标足以使消费者对商品和服务的来源产生误认。（2）被上诉人使用"百家湖"主观上并非善意，被上诉人并未使用江宁区地名委员会核准的地名"枫情家园"。"百家湖"虽为一湖名，但十年前只是一个小水塘，经过江宁开发区及上诉人巨资投入和精心打造，已成为具有巨大经济价值的风景区，被上诉人利用上诉人的知名品牌"百家湖"的市场影响力推销其楼盘，使广大消费者对被上诉人的"枫情国度"的出处产生了误解，应属不正当竞争。请求二审法院撤销原判，判令被上诉人停止侵权，赔偿上诉人经济损失 100 万元，并公开赔礼道歉。

南京某房地产开发公司辩称：（1）被上诉人在楼盘冠名中使用"百家湖"，其目的在于表明楼盘所处地理位置。（2）"百家湖·枫情国度"楼盘确实处于百家湖地区，百家湖已成为风景区，其代表的不是一个点，而是一个区域。请求二审法院驳回上诉，维持原判。

➲ 二审法院判决理由与裁判结果

南京某物业公司经商标局核准，取得"百家湖"注册商标，该注册商标应受法律保护。"百家湖"商标为第 36 类服务商标，其使用范围为不动产服务，房屋买卖与第 36 类属类似服务项目。

南京某房地产开发公司在其商品房销售的广告及楼书上使用"百家湖"文字不属善意使用。首先，南京某房地产开发公司将其楼盘名冠名为"百家湖·枫情国度"，将"百家湖"与其楼盘名称并列使用，其位置十分突出，而在对楼盘地理位置的说明中却未说明该楼盘位于百家湖畔，极易使消费者误认为该楼盘与"百家湖花园"存在联系。其次，南京某物业公司在江苏展览馆展出的样板房上的广告语上，淡化"畔"字，而突出"百家湖"，说明南京某房地产开发公司使用"百家湖"并不是想说明其销售的楼盘所处地理位置，而是吸引消费者对"百家湖"字样的注意。最后，南京某房地产开发公司的该楼盘并非位于百家湖畔，其与百家湖之间间隔若干其他房地产公司的楼盘，南京某房地产开发公司使用"百家湖·枫情国度"带有一定的虚假性。因此，南京某房地产开发公司的做法已超出善意使用的范畴，故应认定南京某房地产开发公司构成对南京某物业公司"百家湖"商标的侵权。南京某物业公司关于南京某房地产开发公司使用"百家湖"并非善意，构成商标侵权。

南京某物业公司庭审中主张 100 万元的赔偿额，其计算标准是以南京某房地产开发公司的侵权获利作为赔偿额。经审理，该院认为南京某物业公司所举证据与其主张之间没有必然联系，南京某房地产开发公司侵犯商标权的非法获利难以确定，同时南京某物业公司所遭受的直接损失亦难以查清，因此，应由法院根据案件实际情况酌情确定赔偿额。

综上，江苏省高级人民法院二审认为南京某物业公司的上诉理由成立。判决：撤销江苏省南京市中级人民法院（2001）宁知初字第 196 号民事判决；南京某房地产开发公司立即停止侵犯南京某物业公司商标权行为；南京某房地产开发公司赔偿南京某物业公司经济损失 10 万元，于判决生效后 10 日内一次性支付；南京某房地产开发公司应在判决生效后 10 日内在《金陵晚报》上刊登道歉声明，内容须经法院审核。

⊃ 再审主张及理由

南京某房地产开发公司申请再审称：（1）二审关于南京某房地产开发公司"使用百家湖文字不属于善意使用"的事实认定证据不足。作为房地产销售的首要特点就是必须和相应的地理位置相联系；南京某房地产开发公司在江苏展览馆展出的样板房上所使用的广告语为"百家湖·枫情国度"，由于受排版限制，"畔"字制作较小。（2）南京某房地产开发公司以"百家湖·枫情国度"文字进行楼盘冠名并作广告宣传，是对地理标志的合理使用，并无不当。（3）南京某房地产开发公司使用的楼盘冠名文字与南京某物业公司的注册商标并不类似，消费者不会误认。

南京某物业公司辩称：（1）南京某房地产开发公司在同一种类商品上，

将与答辩人注册商标相同的文字作为商品房的冠名，侵犯了答辩人注册商标专用权；（2）"百家湖"商标在南京地区具有很高的知名度，南京某房地产开发公司利用该商标进行商品房的宣传显属恶意使用和不正当竞争；（3）南京某房地产开发公司直接将"百家湖"作为商品标志使用，足以引起相关公众即普通购房者的混淆和误认。

⊃ 再审法院判决理由与裁判结果

判断是否侵犯商标专用权，主要看相关公众的一般注意力是否会对相同或类似商品或服务的来源产生混淆或误认，或者认为其来源与注册商标的商品或服务有特定的联系。在依法保护商标专用权的同时，也要合理维护正当的公众利益。"百家湖"商标经商标局合法注册，南京某物业公司对该商标依法享有专用权。但是，该注册商标属于涉及"百家湖"地名的文字商标，南京某物业公司作为商标专用权人虽有权禁止他人将与该地名相同的文字作为商标或者商品名称等商业标识在相同或者类似商品上使用来表示商品的来源，但无权禁止他人在相同或者类似商品上正当使用该地名来表示商品与产地、地理位置等之间的联系。南京某房地产开发公司虽然在楼盘冠名和广告宣传中使用了与"百家湖"注册商标相同的文字，但并不侵犯南京某物业公司的商标专用权。

第一，南京某房地产开发公司使用"百家湖"文字的目的和方式，是为了表示房地产的地理位置，并无不当。南京某房地产开发公司开发的房地产就位于百家湖地区，并且楼盘距离百家湖湖面很近，完全有权如实注明商品房的地理位置。南京某房地产开发公司将楼盘冠名"百家湖·枫情国度"，并在广告中使用"百家湖·枫情国度"，其目的就是告知消费者该楼盘位于百家湖地区。而且这种使用地名的方式，是将"百家湖"作为地理位置叙述使用，符合普通公众惯常理解的表示楼盘地理位置的方式，属于对地名的正当使用。

第二，"百家湖"作为地名的知名度明显高于其作为商标的知名度，南京某房地产开发公司将其作为地名使用不易造成与商标的混淆。"百家湖"作为地名、湖名，属于公共领域词汇，当地有"百家湖街道办事处""百家湖中学""百家湖小学"等。南京某物业公司虽然早期参与了百家湖地区的物业开发和环境整治，但主要仍是南京市江宁区人民政府及湖边众多房地产开发商的投入，而不是主要由南京某物业公司单独投资而来。南京地区的普通公众对"百家湖"的第一印象首先是地名、湖名，一般不会将其视为商标。可见"百家湖"主要是作为地名、湖名使用，其作为第36类商标，至少在争议发生之前知名度不高。南京某房地产开发公司使用"百家湖·枫情国度",引起相关公众和消费者对楼盘出处混淆、误认的可能性几乎不存在。

第三,南京某房地产开发公司在销售楼盘中指示地理位置,符合房地产经营的惯例。商品或服务的分类情况,往往决定了是否需要指示其地理位置。不动产销售的特点是必须和相应的地理位置相联系,标示楼盘的地理位置是房地产开发销售市场的经营惯例,也是不动产本身的特点所决定的。南京某房地产开发公司在楼盘冠名和房地产销售广告中如实告知消费者楼盘的地理位置,应当认为是基于说明不动产自然属性的需要,符合房地产经营的惯例,并非恶意使用或者不正当使用。

第四,由于相关公众在选择房地产时有很高的注意程度,南京某房地产开发公司的使用方式也不会造成消费者混淆或者误认。房屋作为特殊商品,地域特征非常明显,购买房地产的消费者一般较其他购买行为更为谨慎,消费者对不同楼盘往往会进行实地考察,即使是同一家房地产公司开发的他处楼盘,消费者通常也会慎重考察质量问题。根据相关公众选择此类商品或服务时的一般注意程度,南京某房地产开发公司这样使用"百家湖"也不会使相关公众对该房地产的来源产生混淆或误认。

第五,南京某房地产开发公司虽然在广告宣传中使用"百家湖·枫情国度",但这种使用地名的方式是普通公众惯常理解的表示楼盘出处和地理位置的方式,主要是为了突出地名或湖名,以此强调它的楼盘与湖的关系,而不是暗示该楼盘与注册商标的关系。在南京某物业公司一审起诉南京某房地产开发公司侵犯其"百家湖"注册商标专用权后,南京某房地产开发公司将其售楼书等宣传资料上"百家湖·枫情国度"的"百家湖"撤掉,不能得出南京某房地产开发公司恶意使用的结论。

综上,南京某房地产开发公司使用"百家湖"属于正当、合理使用,不会使相关公众引起混淆、误认,判决:撤销江苏省高级人民法院(2002)苏民三终字第 056 号民事判决;维持江苏省南京市中级人民法院(2001)宁知初字第 196 号民事判决。

⊃ 判解与学理研究

商标合理使用制度是我国商标侵权抗辩体系中的重要内容。本案中的注册商标含有地名元素,而地名作为典型的社会公众词汇,具有明显的公共属性,故对以地名为构成要素的商标,为平衡"商标专用权人对其注册商标所享有的绝对控制权"与"社会公众及第三人对地名所具有的合理使用需求"之间的冲突关系，注册商标权利人需受到一定限制，无权禁止相关主体对地名等描述性词汇进行正当、善意的使用，即商标叙述性合理使用。本案是关于商标叙述性合理使用认定的典型案例之一，两次推翻一、二审法院对商标叙述性合理使用的认定结果，可见商标叙述性合理使用认定标准之复杂性。以下将结合案件，从商标叙述性合理使用的概念以及正当化基础入手，研究商标叙述性合理使用制度，并讨论商标叙述性合理使用的认定标准。

一、商标叙述性合理使用的概念

商标合理使用抗辩（Trademark fair use）起源于美国，最早是在美国的1946 年《兰哈姆法》（The Lanham Act）[1] 中作为商标侵权案件的重要抗辩事由出现的，并在美国司法判例中得到发展与完善。此制度在世界范围内引起了研究热潮，被世界上大多数国家借鉴、引入。在国际条约层面，《TRIPs 协议》第 17 条规定"各成员可对商标所授予的权利规定有限的例外，如合理使用描述性词语，只要此类例外考虑到商标所有权人和第三方的合法权益"，其中明确提到对"描述性词语"的合理使用。反观之，商标叙述性合理使用在我国商标领域的发展则稍显缓慢，同著作权合理使用、专利合理使用制度相比具有明显的滞后性。我国商标叙述性合理使用最早出现于《关于商标行政执法中若干问题的意见》（工商标字〔1999〕第 331 号）第 9 条[2] 中，并在《商标法实施条例》（2002 年）第 49 条[3] 予以重申，但直至 2013 年才将叙述性合理使用写入《商标法》，从而具有法律上的规范依据。

根据我国现行《商标法》第 59 条第 1 款规定，[4] 可以将商标叙述性合理使用定义为经营主体在描述商品或服务的产地、质量、重量、用途、功能等特点时，使用的描述性表达与他人的注册商标相同或相似，但由于使用的善意性和

---

[1] Section33（b）（4）of The Lanham Act, 15U.S.C.§1115（b）（4）.

[2] 该条规定："下列使用与注册商标相同或者近似的文字、图形的行为，不属于商标侵权行为：（一）善意地使用自己的名称或者地址；（二）善意说明商品或者服务的特征或者属性，尤其是说明商品或者服务的质量、用途、地理来源、种类、价值及提供日期。"

[3] 该条规定："注册商标中含有的本商品的通用名称、图形、型号，或者直接表示商品的质量、主要原料、功能、用途、重量、数量及其他特点，或者含有的地名，注册商标专用权人无权禁止他人正当使用。"

[4] 该款规定："注册商标中含有的本商品的通用名称、图形、型号，或者直接表示商品的质量、主要原料、功能、用途、重量、数量及其他特点，或者含有的地名，注册商标专用权人无权禁止他人正当使用。"

正当性而不构成侵权的情形。① 在我国，对地名的描述性使用属于典型的叙述性合理使用。

二、商标叙述性合理使用的理论基础

商标叙述性合理使用是我国商标侵权抗辩制度的重要内容。商标叙述性合理使用的正当性论证可从商标的符号学本质入手，考虑社会公众对商标"第一含义"上的表达自由，衡平商标权人对注册商标享有的排他性权利以及社会公众表达自由所体现的正当市场竞争秩序的冲突关系。在此基础上，对学界中关于商标叙述性合理使用的一些质疑进行回应。

（一）商标叙述性合理使用的正当性基础

1. 对商标"第一含义"的表达自由

商标是商标法的基本概念，对商标叙述性合理使用的理解需要从商标这一基本概念开始。我国《商标法》第 8 条将商标界定为任何能够将自然人、法人或其他组织的商品与他人的商品区分开的标志，包括文字、图形、字母、数字、三维标志、颜色组合和声音等元素及元素组合。可见，商标的本质是符号抑或符合组合，构成商标的各种元素，如文字、字母、数字等，原本就属于人人皆可利用的公共资源。② 商标构成要素的公共属性使得商标往往具有"第一含义"，即一般公众对商标字样的通常性理解，此含义不同于商标法所保护的因标识持续性使用行为在消费者心理上所产生的"第二含义"，即指示、区分商品来源的功能价值。正是注册商标的多层含义，他人对标识的使用未必是在商标法所保护"第二含义"层面上的使用，商标持有人无权妨碍社会公众对商标"第一含义"的表达自由，因商标法所保护的商标是在"第二含义"层面上的商标。

以地名商标为例，地名是商标的主要符号，而地名具有明显的公共属性，第三人在描述商品时，使用产地描述产品的来源系此地域内的普遍现象。我国在地名商标注册上有所限制，立法上采取以行政区划级别划分地名商标的可注册性。本案中，"百家湖"属于县级以下的行政区划名称，具有可注册性。将"百家湖"地名申请注册为商标后，此地名有如下含义：第一，对于一般社会公众而言，理解此标识系标记"百家湖"地理位置或者区域范围的地理名称；第二，对于特定商品或服务的相关受众而言，理解此标识系指代特定商品或服

---

① 参见冯晓青、郭珊：《商标叙述性合理使用制度研究》，载《邵阳学院学报（社会科学版）》2020 年第 4 期。

② 参见彭学龙：《商标法的符号学分析》，法律出版社 2007 年版，第 28 页。

务来源的商业标志。故在商标侵权案件中，区分被诉侵权人在何种含义下使用注册商标的构成元素则是商标侵权认定的重要步骤，亦是商标叙述性合理使用制度的正当性基础——除商标权利人外的主体在"第一含义"层面使用商标标识的自由，这是表达自由理论的重要体现。

2. 利益平衡原则对市场竞争秩序的维护

利益平衡原则是知识产权法的基本原则，不仅是无形智力成果获得产权保护的理论基础，亦是知识产权领域对公共领域保持谦抑性的重要体现。①《商标法》作为知识产权法的三大支柱之一，其保护客体、立法宗旨不同于著作权法、专利法。著作权法、专利法所保护的客体均为智力成果，立法宗旨在于鼓励创新，促进文化和科学事业的发展；而商标法保护的并非商标本身，而是商标使用行为所产生的商标"第二含义"，避免相关公众发生混淆，以维护市场公平的竞争秩序。关注美国商标法的发展过程，可以发现其经过了早期的"侵权判定认定标准严格"、中期的"商标权能不断扩张"、后期的"对商标权能的限制"这三个阶段。在美国商标法发展的中期阶段，商标权的权能不断扩张，商标权人的注册商标专用权与社会公众的表达自由产生冲突，需要对两者进行利益平衡，故将以描述性目的使用商标字样的行为剔除出商标侵权行为范畴，商标叙述性合理使用制度应运而生，其制度价值是对商标权不适当扩张的限制，避免出现阻碍他人正常的商业表达进而限制公平竞争的情形。

（二）对质疑的一些回应

合理使用是著作权领域的重要侵权抗辩事由，并延伸至商标领域，这也导致学者延续著作权领域对合理使用的基本认识，认为商标合理使用亦是对商标专用权的限制形式，并予以论证。但也有学者质疑商标合理使用存在的必要性，认为前述主张是对商标基本概念错误理解，进而主张商标合理使用并非真正意义上的合理使用，仅是重申"商标使用"对商标侵权认定的重要意义，是个多余的概念。②此观点的主要依据在于"商标使用行为"的存在是认定商标侵权的重要前提，而他人善意使用他人商标中的描述性词汇对自身商品或服务进行描述的行为，并不是商标法意义上的商标使用行为，不构成商标侵权，毋论商标合理使用。

"商标使用行为"在商标侵权案件中确具有基础地位。正如前文所述，商标法禁止的是对注册商标"第二含义"的使用行为，而非对注册商标"第一含

---

① 参见冯晓青：《知识产权法利益平衡理论》，中国政法大学出版社 2006 年版，第 682~761 页。

② 参见熊文聪：《商标合理使用：一个概念的检讨与澄清——以美国法的变迁为线索》，载《法学家》2013 年第 5 期。

义"的使用行为，这是对"商标使用行为"含义的等同表达。但是，也不可否认商标叙述性合理使用对于商标领域的重要价值。理由如下：第一，尊重商标叙述性合理使用的发展历程。早在 1999 年，商标叙述性合理使用在我国根植并发展，不断予以实践，而"商标使用行为"起初并没有被立法和司法确立为商标侵权的前提条件，是近年随着"贴牌加工"行为才成为学界讨论的热点，并于 2013 年明确概念并确立为商标侵权的前提性要件，成为一般性规则，而在一般性规则出现前，商标叙述合理性使用作为特殊规则至今仍发挥着重要作用。① 第二，即便商标叙述性合理使用与"商标使用行为"在侵权认定过程中具有相同功能，但这也并不妨碍两者的共存。"商标使用行为"的认定是一个法律判断问题，② 其与"非商标使用行为"的界限并不清晰，可将商标叙述性合理使用确定的行为类型作为商标使用行为认定的否定，更好地对商标侵权的行为范畴进行界定。③

三、商标叙述性合理使用的认定

关于商标叙述性合理使用的构成要件的讨论，学界对此莫衷一是，有二元说④、三元说⑤、四元说⑥等观点，特别是对混淆可能性是否属于商标合理使用的构成要件有较大争议。关注北京市高级人民法院发布的《关于审理商标民事纠纷案件若干问题的解答》(2006 年)，可以发现北京市高级人民法院仅在短短两年内便删除了混淆可能性要件，保留了善意的主观心态、叙述的使用目的以及非商标性使用这三个构成要件。本文在厘清混淆可能性与商标叙述性合理使用关系的同时，对商标叙述性合理使用的构成要件展开详细阐述。

（一）混淆可能性与商标叙述性合理使用的关系界定

作为商标叙述性合理使用制度起源的美国，在混淆可能性与商标叙述性合理使用的关系界定上同样存在争议。此争议在 2004 年 KP 案⑦ 中才终止，美

---

① 参见冯晓青、郭珊：《商标叙述性合理使用制度研究》，载《邵阳学院学报（社会科学版）》2020 年第 4 期。

② 参见刘铁光：《〈商标法〉中"商标使用"制度体系的解释、检讨与改造》，载《法学》2017年第 5 期。

③ 参见冯晓青、郭珊：《商标叙述性合理使用制度研究》，载《邵阳学院学报（社会科学版）》2020 年第 4 期。

④ 二元说认为主观上的善意和行为上的合理性是商标叙述性合理使用的构成要件。

⑤ 三元说认为主观上的善意、使用方式的合理性以及客观上不具有混淆可能性是商标叙述性合理使用的构成要件。

⑥ 四元说认为使用行为的性质、使用对象的性质、使用时的主观心态和使用的效果是商标叙述性合理使用的构成要件。

⑦ KPPermanentMake — Up, Inc. v. LastingImpressionI, Inc., 125S. Ct. 542（2004）.

国联邦最高法院认为，混淆可能性的存在并不排斥商标叙述性合理使用，商标合理使用可以对抗一定的混淆可能性。北京市高级人民法院亦在 2006 年明确混淆可能性不是商标叙述性合理使用的构成要件。含有描述性词汇的注册商标需要忍受一定的混淆可能性，这是商标的符号本质的合理解释，忍受程度的高低需要与注册商标"第一含义"和"第二含义"的强弱关系相匹配，无法以存在混淆可能性为由排斥商标叙述性合理使用的构成。注册商标的"第一含义"较强或者构成要素中含有公共领域的词汇，如质量、数量、用途或者地名等词汇，他人善意、合理的使用行为即使造成了事实上的混淆，也应当允许存在，因为商标权人无权独占垄断公共领域的词汇，这是商标权人将含有描述性词汇的标识注册为商标的代价。①

（二）商标叙述性合理使用的构成要件

在明晰商标叙述性合理使用与混淆可能性的关系后，商标叙述性合理使用的构成要件可以分为主观心态上的善意和客观行为上的合理、适当。

1. 善意的主观心态

善意的主观心态要求对他人商标的使用是为了对商品的基本特征进行描述，而非以区别商品或服务来源的目的进行使用，无"搭便车"之目的。具体到此案件中，南京某房地产开发公司在使用"百家湖"标识时，主观上是对楼盘所处地理区域的说明，意在将楼盘位置与百家湖地区的关联告知消费者，满足主观要件上对善意的要求。

2. 合理的使用行为

合理的使用行为指的是对他人商标的使用方式必须是适当、合理的，要能够使相关公众认为其仅仅是在说明或描述商品，而并不是区别商品来源的标志。实践中常见的合理使用行为有：不突出使用与注册商标相同的文字、符合行业惯常使用的相关规范等。具体到此案件中，南京某房地产开发公司使用"百家湖"标识时，符合房地产行业宣传、经营活动的惯例，是客观说明楼盘所处位置的必要使用方式，且原告南京某物业公司的"百家湖"注册商标的"第一含义"强于"第二含义"，即便存在一定的混淆可能性，亦是在商标叙述性合理使用得以对抗的程度，故南京某房地产开发公司的使用行为系合理、恰当的。

---

① 参见王莲峰：《商标合理使用规则的确立和完善——兼评〈商标法（修改稿）〉第六十四条》，载《政治与法律》2011 年第 7 期。

四、结论

注册商标的符号学本质使其有"第一含义"与"第二含义",商标的"第二含义"才是商标法所保护的价值。商标叙述性合理使用制度的确立,明晰了第三人对商标的"第一含义"以善意目的进行描述性使用时,有权对商标权人的侵权主张进行抗辩。商标叙述性合理使用得以对抗一定的混淆可能性,忍受程度的高低需要与注册商标"第一含义"和"第二含义"的强弱关系相匹配。对于商标叙述性合理使用的认定可以从主观上的善意要件和客观上的合理要件进行整体把握:主观要件层面要求被诉侵权人无"搭便车"恶意,目的为描述性使用,而非商标法意义上的使用;客观要件层面要求使用行为恰当、合理,行为的合理性可考虑行业中惯常的使用方式、是否突出使用、注册商标"第一含义"与"第二含义"的强弱关系等因素。

商标指示性使用的法律问题研究

——某博士有限公司与上海某文化传播有限公司侵害商标权及不正当竞争纠纷案

/ 陈彦睿

⊃ 本案要旨

商标指示性合理使用的认定要求综合考虑使用商标的经营者的使用意图、使用方式、产生的效果等因素。如果经营者是合法销售商标权人的商品或提供服务，那么经营者可以以恰当的方式使用商标权人的商标用于说明商品或服务的品牌信息，但是应当注意使用的限度，不能在店内装潢、门店招牌、宣传册中大量使用商标权人的商标，让消费者误认为其是商标权人名下的专卖店或直营店，否则就会超过指示性合理使用的限度要求，不仅构成商标侵权行为，还可能构成虚假宣传等不正当竞争行为。同时，不应故意选择与他人商标相同或近似的文字注册为域名，否则可能构成不正当竞争。

⊃ 案件信息

原告：某博士有限公司

被告：上海某文化传播有限公司

案号：上海市普陀区人民法院（2017）沪 0107 民初 1408 号

⊃ 原被告主张及理由

原告某博士有限公司（以下简称某博士公司）向本院提起诉讼请求：（1）被告立即停止侵权行为；（2）被告注销 www.legosh.com 域名；（3）被告赔偿因其侵权行为给原告造成的经济损失及为制止侵权行为所支付的合理开支 100 万元；（4）被告承担本案的诉讼费用。事实和理由如下：原告某博士公司系某集团公司旗下一家公司，某教育公司隶属于某集团公司，于 1980 年成立于丹麦，并于 2000 年开始进入中国市场，2006 年在中国设立第一家活动中心，截至目前，活动中心已经遍布中国 22 个省、自治区、直辖市，仅上海一地就有十几家经合法授权的活动中心。某集团公司旗下的某博士公司在第41 类的"教育、培训、文体活动、学校（教育）、学习中心（教育）和幼儿园等"服务上注册了多个"LEGO""乐高"商标。原告某博士公司发现被告上海某文化传播有限公司（以下简称乙文化公司）在上海市静安区、杨浦区开设两家活动中心，并在两中心的经营活动和对外宣传中未经授权显著使用涉案商标"Lego"，在消费者中造成严重混淆和误认，构成在相同或类似服务上使用相同商标的严重侵权行为。经调查，被告至少实施了以下侵权行为：一是被告在其静安店及杨浦店的实际运营场所，显著标记涉案乐高商标，包括在店铺招牌、店内海报、宣传页、课程价格表、店面装潢、名片等多处使用与原告商标完全相同的标记。二是被告不仅在该域名名称 www.legosh.com 中直接使用了涉案商标，并且在该网站的页面设计、宣传、文章等中大量、显著使用涉案商标。三是被告在其微博、微信公众号上大量、显著使用涉案"乐高"商标。被告未经许可在相同、类似服务上、服务场所内及宣传中擅自使用与原告在先注册商标相同的标识，该行为严重侵犯了原告就相关商标所享有的专用权，构成侵犯商标权的行为。此外，被告在其经营的活动中心中使用某教育公司独特的装饰装修风格和教学材料，在其宣传活动中大量使用与某教育公司、某集团公司等相关的信息，在其经营活动中宣称自己就是某教育公司、是经原告某博士公司正规授权的活动中心，以引人误解的方式进行虚假宣传。同时，被告的域名www.legosh.com 对原告的域名 www.lego.com 构成侵权和不正当竞争。原告某博士公司的"乐高活动中心"构成知名服务特有名称，被告在其经营的实体店、网站及微信公众号上，使用"乐高活动中心"构成对原告知名服务特有名称的侵害。且经原告调查得知，被告至少自 2014 年就开始从事上述侵权及不正当竞争行为，侵权行为持续时间较长，且规模较大，被告非法获利数额较大，影响恶劣，应依法承担相应的赔偿责任。

被告乙文化公司辩称：不同意原告某博士公司的诉讼请求。关于商标侵权部分，被告销售相关产品已获得相应的授权，对产品商标的使用，是在授权范围内。被告在经营活动中使用相关商标，并不构成商标侵权；关于域名部分，被告并非域名注册人，即便被告使用，也是在授权书涵盖的范围内；对于虚假宣传部分，被告没有销售假冒的产品，被告的行为类似售后服务，亦不构成虚假宣传；对于知名商品特有名称，因"乐高活动中心"并没有注册商标，且市场中存在多家"乐高活动中心"，被告并没有故意假冒名称。被告因不存在商标侵权及不正当竞争行为，对原告某博士公司的赔偿损失诉请，不予认可。

➲ 法院查明的事实

原告某博士公司为多个涉案商标的商标注册权人，涉案商标均核准注册在第 41 类服务项目上，包括教育、培训、在线教育、学习中心等。其中某些商标是原告某博士公司受让他人商标而来的。

原告某博士公司拥有域名 Lego.com，该域名注册时间为 1995 年 8 月 22 日，且原告某博士公司还拥有 Lego.com.cn 这一域名，注册时间为 2000 年 4 月 13 日。

原告某博士公司持有、管理和授权使用同某家族现有或在任何时候拥有的公司或公司集团于当前或在任何时候经营的业务相关的各类知识产权、首次和初始商标。1980 年某教育公司成立。原告某博士公司表示，某教育公司是某系统有限公司（以下简称某系统公司）的一个部门，"乐高活动中心"则是某教育公司在中国的商业推广名称。在中国的实践操作中，一般由某博士公司授权被许可人使用相关商标。

2015 年 9 月 19 日开始，原告某博士公司多次委托某律所律师向上海市黄埔公证处申请办理证据保全及公证，对被告乙文化公司经营的"乐高活动中心"的经营业务、门店招牌、价格表等多处对"乐高""LEGO"等商标的使用情况以及域名地址、相关网页、微信公众号等进行了证据保全及公证。

原告指控被告的侵权行为包括被告在其店铺招牌、员工名片、官方网站、微信公众号等地方使用"LEGO"标识，在店铺用积木拼出"LEGO"标识，在官方网站、活动课程价格表等处使用"LEGO"标识，以及在展会现场使用乐高平面人形玩偶形状，构成对原告涉案商标的侵害，属于在同种服务上使用与原告相同或近似的商标。对于原告的指控，被告辩称被告认可原告陈述的使用情形，但被告的使用行为并不构成商标性使用。

被告乙文化公司为了证明其有权利销售乐高品牌的相关玩具，提供了上海某商贸有限公司提供的授权书。其中落款时间为 2016 年 5 月 1 日的《授权书》为复印件，记载了兹授权乙文化公司在指定区域销售上海某商贸公司代理的乐高品牌相关产品，授权期限为 2016 年 5 月 1 日至 2016 年 12 月 31 日，授权销售点名称为致慧园，静安区北京西路 ××× 号，杨浦区隆昌路 ××× 号。落款时间为 2017 年 1 月 1 日的《授权书》为原件，其中记载兹授权乙文化公司在指定区域销售上海某商贸公司代理的乐高品牌相关产品，授权期限从2017年1月1日至12月31日。授权销售点为新华书店（静安分店）静安区北京西路×××号。原告某博士公司质证认为，其不认可该份证据，上海某商贸公司并没有授权，即使授权书是真实的，授权的范围是乐高玩具，与本案争议事实无关，且授权时间为2016年5月1日开始，原告取证时间为2015年，因此授权与本案无关。

➲ 法院判决理由与裁判结果

上海市普陀区人民法院认为，本案的争议焦点如下：（1）被告乙文化公司在其经营场所使用涉案标识的行为是否构成商标侵权；（2）被告乙文化公司域名www.legosh.com是否构成对原告某博士公司商标"lego"及域名www.lego.com的域名侵权及不正当竞争；（3）被告乙文化公司是否构成虚假宣传；（4）"乐高活动中心"能否以原告某博士公司知名服务特有名称来保护。

一、关于商标侵权

法院认为，未经商标注册人的许可，在同一种商品上使用与其注册商标相同的商标的；未经商标注册人的许可，在同一种商品上使用与其注册商标近似的商标，或者在类似商品上使用与其注册商标相同或者近似的商标，容易导致混淆的，均属侵犯注册商标专用权的行为。有关商品商标的规定适用于服务商标。因此，在相同或者类似服务上，擅自使用与他人注册的服务商标相同或者近似的服务商标的，属于侵犯服务商标专用权的侵权行为。本案中，原告某博士公司为涉案商标的注册商标权人，依法享有注册商标专用权。

根据法律规定，商标性使用，是指将商标用于商品、商品包装或者容器以及商品交易文书上，或者将商标用于广告宣传、展览以及其他商业活动中，用于识别商品来源的行为。经比对，被告乙文化公司在店铺招牌、员工名片、官网、微信公众号等多方面突出使用了与涉案商标相同的标识，被告乙文化公司在店铺用积木拼出"LEGO"标识、在官方网站中使用"LEGO"标识，与原告某博士公司的注册商标构成相同，被告乙文化公司抗辩其有权销售玩具，系合理使用商标。本院认为，被告乙文化公司不仅在店铺招牌等处使用标识，还在员工服饰、宣传册、网站等处使用了与原告某博士公司商标相同的标识，已然超出了指示销售商品所必须使用的范围，且被告乙文化公司在使用上述标识时，并未附加其他标识来区分服务来源，相反，被告乙文化公司还对外宣传其为正宗的"乐高活动中心"，获得了合法授权。这种超出指示销售商品所必要范围的标识使用行为具备了标识服务来源的功能，足以使相关公众误认为被告乙文化公司系商标权人或者与商标权人存在商标许可等关联关系。因此，本院认为，被告乙文化公司的行为已经构成在相同服务即教育培训上使用与原告某博士公司商标相同的标识，构成对原告某博士公司商标权的侵犯，对被告乙文化公司认为其系合理使用原告某博士公司商标的主张不予采纳。

关于被告乙文化公司提出其在"乐高活动课程价格表"以及"乐高活动中心"中关于"乐高"的使用，并不构成商标性使用，且人形玩偶与原告某博士公司注册商标亦不相同。本院认为，商标性使用必须要满足系在商业活动中使用，且使用是为了标示商品或服务的来源，通过使用能够使相关公众区分不同商品或服务的提供者。本案中，被告乙文化公司在"乐高活动中心""乐高活动课程价格表"中使用乐高标识的行为，显然已经能让相关消费者区分提供的服务源于"乐高"，容易造成消费者的混淆，故应构成商标性使用，根据比对结果，被告乙文化公司的使用行为系在相同服务即教育培训上使用与原告某博士公司商标相同的标识，构成对原告某博士公司注册商标的侵犯。关于被告乙文化公司在展会现场使用乐高平面人形玩偶，经比对，与原告某博士公司注册商标相近似，且被告乙文化公司放置在展会中，起到区分服务来源的作用，故构成对原告某博士公司商标的侵犯，属于在同种服务上使用与原告某博士公司近似的商标。

二、关于域名侵权

根据我国《商标法》及相关规定，将与他人注册商标相同或近似的文字注册为域名，并通过该域名进行相关商品交易的电子商务，容易使相关公众产生误认的，属于《商标法》规定的给他人注册商标专用权造成其他损害的行为。对于被告注册域名以及其在网站上的宣传内容，本院认为，被告域名主要组成部分与原告注册商标在发音、字母组成等方面高度近似，容易使相关公众产生混淆，且从被告经营的网站内容来看，其宣传的内容与原告提供的服务项目完全相同，容易使用户认为该网站与原告存在联系，极易让相关公众误认为被告为经原告授权的"乐高活动中心"，综上，被告注册的域名侵犯了原告的注册商标专用权，且构成不正当竞争。

三、关于虚假宣传行为

本案被告乙文化公司与原告某博士公司之间并无相关授权，被告提供的证据亦不足以证明其对"乐高"品牌的知识产权享有使用的权利，但被告却对外宣传其为正宗"乐高"以及"乐高活动中心"，显然是为了制造其与原告具有某种关联关系的假象，作引人误解的虚假宣传。关于被告主张其具有销售"乐高"牌玩具的权利，宣传内容仅是为了向消费者告知产品的信息，本院认为，即使被告具有销售玩具的权利，其在网站、展会的宣传内容也远远超过了销售玩具的合理性范围，而是试图与原告建立某种关联关系，从而不正当地获得竞争优势，其主观恶意明显。

四、关于知名服务特有名称

本案"乐高活动中心"构成知名服务特有名称，与原告提供的教育服务产生了唯一的、特定的联系，成为消费者识别服务来源的重要标识，被告擅自使用"乐高活动中心"，主观上具有攀附原告相关服务知名度的目的，具有明显的"搭便车"故意，被告的行为属于擅自使用与原告有一定影响的商品或服务名称，构成不正当竞争。

综上，法院判决被告立即停止侵权行为、立即注销域名并赔偿经济损失及合理支出。

➲ 判解与学理研究

本案是关于商标指示性使用的典型案件，商标指示性使用和商标叙述性使用均为商标正当使用的重要组成内容，商标指示性使用在立法上并未给出明确定义，理论界和实务界对于商标指示性使用的内涵以及适用规则仍存在不同理解。明确商标指示性使用的内涵以及适用规则有助于正确划清商标权和公共领域界限，本文基于"乐高"商标侵权纠纷一案，对商标指示性使用的相关法律问题加以研究。

一、商标指示性使用的界定

关于商标指示性使用，立法中并无明确规定，学界和司法实践中均有不同理解，因此在讨论商标指示性使用的适用规则之前，需要首先界定商标指示性使用的内涵。

（一）商标指示性使用的定义

商标指示性使用又称商标指示性合理使用，还有学者直接翻译为"指明商标权人的商标合理使用制度"①，还有一些其他翻译方式，为统一表述，本文统一采用"商标指示性使用"这一概念。对于商标指示性使用的内涵，不仅司

---

① 杜颖：《指明商标权人的商标合理使用制度——以美国法为中心的比较分析》，载《法学论坛》2008年第5期。

法实践中存在不同理解，学界也给出了不同定义，例如，有学者认为商标指示性使用是指为了客观地说明商品或服务的特点、用途等，在生产经营活动中使用他人注册商标而不构成商标侵权的一种使用行为。[①] 还有学者认为，商标指示性使用是指为了表明使用者提供的商品或服务的用途、服务目标或真实来源，而非让消费者混淆的一种使用行为。[②] 尽管不同学者给出了不同定义，但基本上均认为商标指示性使用是指为了说明商品或服务特点而使用他人商标，但不属于商标侵权的一种使用行为。

（二）商标指示性使用的性质

商标指示性使用作为商标正当使用的主要内容之一，其基本性质在于这类使用行为属于非商标性使用，即这类使用行为不产生识别商品或服务来源的作用，而是在商标表达语境下的使用。换言之，这类使用行为并非商标法意义上的使用行为，而是公众为传达信息的正常需要，因为销售配件或零部件的销售商只有在其销售的配件或零部件上写明此配件或零部件可以适配于何种产品，消费者才知道如何选购产品，否则会造成信息成本增加，商品自由流通受阻，例如墨粉盒的生产商可以在包装上写明"本品可适用于佳能打印机"，电动牙刷刷头的生产商可以在产品包装上写明"本品适配于飞利浦电动牙刷"等。这类使用行为是社会信息交流的正常需要，在立法和司法实践中确立这一规则，有助于明确商标权人的权利范围，避免私权过度侵入公共领域，侵害公共利益。

（三）商标指示性使用的类型

从商标指示性使用的定义以及司法实践中适用的情形来看，商标指示性使用主要包括两种类型，下文分别讨论。

1.说明商品或服务的特点、用途的使用

从各国的立法情况来看，明确规定商标指示性使用的国家通常在立法条文中写明商标指示性使用主要适用于配件或零部件领域，例如《欧盟商标条例》第14条第1款第（C）项和第2款规定，商标权人无权禁止第三方在商业活动中，特别是配件或零部件领域，为了确定或提及商品或服务用途，以符合诚实信用原则的方式使用经营者的商标。《英国商标法》第11条第2款第（C）项也规定在有必要说明某一商品或服务用途的情况下，尤其是配件或零部件领域，以符合诚实信用原则的方式使用他人商标的，不属于商标侵权行为。笔者认为，在目前的立法例中，大多指出商标指示性使用主要适用于配件

---

① 参见冯晓青：《商标权的限制研究》，载《学海》2006年第4期。

② 参见王迁：《知识产权法教程》（第6版），中国人民大学出版社2019年版，第530页。

或零部件领域，这是因为配件或零部件领域，生产者需要写明自己生产的配件或零部件适配于什么产品、什么型号，在向消费者传达这类信息时不可避免地将会使用到他人商标，这种使用不会造成混淆的可能，若不允许这类使用，将会导致商标权人的权利范围不恰当地扩大至信息交流的表达领域，不仅无法实现商标提高搜索效率、降低搜索成本的功能，还不恰当地侵占了公共利益，与商标法的立法宗旨相违背。应当明确，为说明商品或服务特点、用途等信息而使用他人商标，是公共领域的正当使用行为，不应当受到商标权的限制。

2. 说明商品或服务真实来源的使用

商标指示性使用是否适用于为说明商品或服务真实来源的使用行为，虽然存在一些不同观点，但司法实践中基本上认为这种使用行为属于商标指示性使用。例如，在郭某林诉徐某珂侵害商标权纠纷案[①]中，法院明确指出被告徐某珂作为淘宝店主，为了指明其所售商品的基本信息，应当允许其在经营活动中善意、合理地使用所售产品的注册商标，但应当注意使用不能超过合理限度，被告在其商品名称中使用商品品牌的行为属于商标指示性使用，在无证据证明被告销售的商品为仿冒商品的情况下，此种使用行为不侵害原告商标权。又如，"维多利亚的秘密"商标侵权及不正当竞争纠纷案[②]中，二审法院指出"维多利亚的秘密"商标在销售时所起到的是指示商品来源的作用，对此商标权人应当予以容忍。再如，老某祥公司诉苏某超市公司等侵害商标权纠纷案[③]中，一审法院指出本案中虽然被告对原告的商品进行了分装，并在分装的商品包装上使用了原告的商标，但这种商标的使用，直接指向的是商标权人的商品，属于指明商标权人的商标指示性使用，是正当使用的方式之一，不属于商标侵权行为。

二、商标指示性使用的正当性基础

商标指示性使用之所以被纳入商标正当使用的范畴，主要是因为其和商标叙述性使用一样，均为非商标性使用，即这类使用不涉及商标识别来源功能，不会让相关公众混淆商品或服务的来源，不影响商标权人的权利行使。下文将借助符号学和公共领域理论，分析商标指示性使用规则存在的正当性。

（一）符号学视角下的商标指示性使用

谈及符号学通常会想到索绪尔（Saussure）和皮尔斯（Pierce）两位学者

---

① 参见浙江省台州市中级人民法院（2014）浙台知民初字第 108 号民事判决书。
② 参见上海市高级人民法院（2014）沪高民三（知）终字第 104 号民事判决书。
③ 参见江苏省南京市鼓楼区人民法院（2013）鼓知民初字第 246 号民事判决书。

的理论，两者的理论都有助于我们理解商标的结构，但由于商标保护趋势的扩张使得索绪尔的符号二元理论在商标领域更有适用空间。[①] 因此，本文借助索绪尔的符号二元理论对商标进行分析，索绪尔认为符号由"能指"和"所指"两部分组成，其中"能指"是指符号形式，"所指"即为符号能够传达的思想感情或称意义。[②] 因此，商标作为符号之一，其"能指"是指商标标志本身，"所指"是指商标所发挥的识别来源功能以及商标权人的商誉等信息。从符号学的角度来看，商标指示性使用涉及的仅仅是商标的"能指"部分，但商标法保护的是商标"所指"部分，因此，商标指示性使用并不属于商标法规制的范畴，也就当然不会构成商标侵权，故商标权人无权禁止他人以商标指示性使用的方式使用其商标。

（二）公共领域视角下的商标指示性使用

"公共领域"作为知识产权的重要概念，明确"公共领域"对于知识产权的重要性具有必要性，有助于防止由于知识产权保护趋势不断扩张所导致的知识产权异化。同理，"公共领域"对于改善逐渐失衡的商标法律制度而言也有重要意义。随着商标法制度的完善以及商标权人保护意识的增强，商标权人不断扩张自己的权利范围，甚至开始不断侵蚀公共领域，侵害公共利益。正如有学者指出，立法制度上商标权人权利的不断扩张以及实践中的过度保护，导致商标制度纠偏难度越发增加，为控制商标法律制度的失衡，重塑商标法律制度中的利益平衡机制，需要认识到商标的公共产品属性，界定商标保护中的公共领域。[③] 因此，重申"公共领域"有助于正确划定商标权的权利范围，平衡私权和公共利益。

从公共领域视角来看，商标指示性使用的合理性在于商标除了作为一种识别商品或服务来源的符号以外，还逐渐成为社会公众日常交流的语言，且商标在市场交易中还发挥着信息检索的功能。正如有学者指出商标在商品上的使用，逐渐汇聚形成了纷繁复杂的信息流，保护信息的流通和信息功能的发挥，已经超出了商标权人的私权范畴，而逐渐成为公共领域的重要内容。[④] 因此，逐渐成为信息载体的商标，理应允许社会公众正常使用，商标指示性使用规则的确立及适用更有助于完善商标法律制度。

---

① 参见彭学龙：《商标法基本范畴的符号学分析》，载《法学研究》2007 年第 1 期。
② 参见黄华新、陈宗明主编：《符号学导论》，东方出版中心 2016 年版，第 3 页。
③ 参见杜颖：《商标法律制度的失衡及其理性回归》，载《中国法学》2015 年第 3 期。
④ 参见杜颖：《商标法律制度的失衡及其理性回归》，载《中国法学》2015 年第 3 期。

三、商标指示性使用的司法认定思路

在商标指示性使用案件中，是否应将混淆可能性作为商标指示性使用的构成要件之一，存在较多分歧。笔者认为，混淆可能性的判断不应作为商标指示性使用构成要件之一，因为若将混淆可能性的判断作为构成要件之一，意味着主张自己行为属于商标指示性使用的被告不仅需要举证证明自己的使用行为具有必要性、使用行为不超过合理限度，还需要证明自己的使用行为不会造成相关公众混淆商品或服务来源的可能，而在一般商标侵权案件中，主张自己行为不构成商标侵权行为的被告，仅需举证证明自己的行为不会造成混淆的可能即可反驳原告的主张。因此，若将混淆可能性的判断作为商标指示性使用的构成要件之一，将会使得主张自己行为是商标指示性使用的被告承担比一般商标侵权案件中的被告更重的举证责任，导致商标指示性使用规则形同虚设。不仅如此，商标指示性使用不造成混淆可能是其非商标性使用属性的当然后果，而不是其构成要件。

在不将混淆可能性的判断作为构成要件之一的情况下，商标指示性使用的构成要件无论是两要件还是三要件或是细分出更多要件并无根本差别，基本上都包括使用行为的必要性和合理性这两方面，其中使用行为的必要性和合理性又与使用者主观上是善意的有密切联系，甚至可以认为若使用行为具有必要性且使用者使用行为未超过合理限度，则使用者主观上当然是善意的，因此，两要件、三要件的区分只是细化程度的不同。基于上述理由，笔者认为商标指示性使用的构成要件应当包括以下内容：一是使用行为具有必要性；二是使用行为未超过合理限度。至于是否要求使用者主观上的善意，由于主观善意的确定通常需要依据客观行为进行判断，因此，将使用行为的必要性和合理性两要件作为商标指示性使用的构成要件比较合适。

本案中，被告乙文化公司获得的授权范围为乐高产品的销售许可，在目前对于商标指示性使用的认知下，[①] 若其在销售过程中为了说明其销售商品是乐高正品而对"乐高""LEGO"商标的使用具有必要性，且并未进行突出、放大使用，可以认为其成立商标指示性使用，不属于商标侵权行为。但由于本案被告乙文化公司不仅在店铺招牌上使用了原告的商标，还在员工服饰、宣传册、网站等多处使用了原告某博士公司的商标，超出了销售商品所必需的使用限度，并不满足商标指示性使用的构成要件，实际上发挥的是识别服务来源的作用。

---

① 目前的商标指示性使用被认为主要包括前文两种类型，即为说明商品或服务的特点、用途的使用以及为说明商品或服务真实来源的使用。

四、结论

商标指示性使用属于商标正当使用的主要内容之一，这一规则的确立有助于正确划清商标权人的权利范围和公共领域的界限，对商标权人权利不恰当扩大的情况进行纠偏，避免私权过分挤占公共利益，从而造成商标权的不断异化，违背商标法的立法宗旨。本案的启示在于明确商标指示性使用的成立应当考虑使用行为的必要性和使用行为的限度，若使用者的使用行为超出指示销售商品所必需的范围，实际上发挥了商标识别来源功能的，属于商标性使用，在未经商标权人合法授权的前提下，这种商标性使用构成商标侵权行为，而非商标指示性使用。

司法实践中商标指示性合理使用的认定

——某涂料（中国）有限公司诉某漆业有限责任公司侵害商标权纠纷案

/ 郭珊

➲ 本案要旨

商标权赋予了权利人禁止他人未经许可使用其商标的权利，但是这种权利并不能过度而应有所限制，如果商标权人以外的生产经营者仅为指示其所销售商品的信息善意合理地使用商标权人的商标，未造成相关公众的混淆，也未造成商标权人合法权益损害的，则不应被认定为商标侵权行为。在未造成社会公众混淆的情况下，为了保护竞争者的商业表达自由、商品信息的传达以及正常的市场竞争秩序，应当允许这种对他人商标的正当使用。这种合理使用制度能够平衡商标权人的利益与社会公共利益，防止商标权滥用，从而有利于资源的合理配置与市场的公平竞争。如果这种使用未经商标权人许可且有可能使相关公众对商品或服务的来源产生混淆和误认，则不能属于商标合理使用的范畴。

➲ 案件信息

上诉人（一审原告）：某涂料（中国）有限公司

上诉人（一审被告）：某漆业有限责任公司

案号：安徽省六安市中级人民法院（2014）六民三初字第00049号、安徽省高级人民法院（2015）皖民三终字第00074号

➲ 上诉主张及理由

某涂料（中国）有限公司（以下简称某涂料公司）上诉称：（1）"nip-ponpaint"组合商标的商业标识并非一个独立的注册商标，而是一个由多

个"立邦"系列注册商标组合形成的商业标识，某漆业有限责任公司（以下简称某漆业公司）擅自使用的图形商标是构成组合商标标识的注册商标之一，其亦提供了第34××× 90号商标注册证佐证其系商标的权利人，原审法院没有正确理解组合商标标识的含义，未能支持其诉请某漆业公司消除"nipponpaint"组合商业标识错误。（2）原审所判金额明显偏低；其就律师费和公证费亦提供了相应证据，但原审法院没有支持，亦不符合客观事实与相关法律规定。综上，请求二审法院判决：（1）撤销原审判决第二项、第三项，判令某漆业公司停止侵犯其"□□"图形商标及"nipponpaint"组合商标的商标专用权；（2）拆除某漆业公司店面招牌带有"□□"图形商标及"nipponpaint"组合商标的商业标识；（3）某漆业公司向其支付赔偿金50 000元；（4）某漆业公司向其支付律师费5000元；（5）某漆业公司向其支付调查取证及公证费2000元。

某漆业公司在庭审中答辩称：（1）某涂料公司第34××× 90号商标注册证的有效期至2014年11月20日，不应得到法律的保护；其使用"立邦"注册商标是指示商品信息、促销宣传，不足以导致一般社会公众误认为某涂料公司与其存在其他关联关系，没有超出合理使用范围，不构成侵权。（2）依据《最高人民法院关于审理商标民事纠纷案件适用法律若干问题的解释》第18条规定，侵权损害赔偿数额应当自权利人向人民法院起诉之日向前推算二年计算；某涂料公司就其诉称的律师费和公证费、调查取证费，在原审中均未提供充分证据，不应支持；其给某涂料公司扩大了立邦漆的知名度，提升了立邦漆的销售额，没有给某涂料公司造成任何损害，不应承担赔偿责任。

某漆业公司上诉称：（1）某涂料公司无证据证明其是"立邦"系列商标专用权人，不是本案原审适格原告。（2）《立邦特约经销店经营协议》（以下简称《经营协议》）有效期至2010年12月31日，某涂料公司起诉时间是2014年7月，其起诉已经超过诉讼时效。（3）原审判决引用《商标法》第52条第1项、第5项，属适用法律错误。（4）其在《经营协议》到期后要求续签，某涂料公司口头同意继续履行协议，协议第1条明确约定双方合作方式为"永久"，且某涂料公司收取其2000元押金至今也未退还，故上述协议并没有解除，双方仍然存在代理关系。（5）合肥某涂料经营部经某涂料公司授权，是立邦形象专柜店，其实际经营者和某漆业公司法定代表人均是万某权。（6）其在店铺中销售立邦漆，并在店面门头上使用"立邦"文字商标，目的在于告知消费者商品来源，指示商标信息，促销宣传，扩大销售，没有超出合理使用范围，不应承担赔偿损失的民事责任。综上，原审判决认定事实错误，适用法律不当，请求二审法院撤销原判，依法改判驳回某涂料公司的全部诉讼请求。

某涂料公司在庭审中答辩称：（1）其是本案原审适格原告，其在原审中已经提交了商标注册证，第34××90号商标注册证已续展至2024年11月20日。（2）本案案由是侵害商标权纠纷，某漆业公司侵权事实存在，其提起诉讼没有超过诉讼时效。（3）根据新的《商标法》规定，某漆业公司存在侵权行为，应当承担侵权责任。（4）某漆业公司第四点、第五点上诉理由与本案没有关联性。（5）某漆业公司突出使用立邦文字商标和图形商标，构成侵权。（6）原审判决赔偿10 000元过低。

➔ 一审法院查明的事实

某涂料公司经受让成为"立邦"系列商标专用权人。"立邦"系列商标包括"立邦"文字商标（商标注册证第16××56号，续展注册有效期至2022年1月6日）、"□□"图形商标（商标注册证第66××36号，注册有效期自2003年11月14日至2023年11月12日）、"□□"图形商标（商标注册证第34××90号，注册有效期自2004年11月21日至2014年11月20日）。该系列注册商标包括了第2类，即"油漆"漆、底漆等。

某涂料公司及其关联公司在中国作为"立邦"产品的生产商，生产立邦全系列各油漆和涂料产品。通过多年的发展，不断开拓市场，"立邦"商标在全国范围内已被广大用户所知晓，立邦漆系列产品在普通消费者心中享有较高声誉，"立邦"文字商标相继经司法程序、行政程序被认定为中国驰名商标。

2009年10月1日，某涂料公司作为甲方、某漆业公司作为乙方、某装饰城（甲方指定的向乙方供货的经销商）作为丙方签订了《经营协议》，约定乙方已经拥有一间涂料销售门店以立邦特约经销店方式从事经营活动。该协议第1条第4项约定"乙方允诺不使用甲方或其关联企业或机构的名称、商号、专利、商标、服务标识或其它知识产权"。协议第2条权利义务约定"甲方向乙方提供立邦品牌元素的店招画面一块及专业货架等特约经销店物料若干"；"甲方向乙方颁发'立邦特约经销店授权证书'，本协议终止时甲方有权向乙方收回该证书"；"乙方应按甲方的要求对特约经销店进行陈列布置，店内用于展示和销售立邦漆产品的面积不得小于该店经营面积的50%"。协议第5条约定下列情况为禁止条款："a.不得经营非特约经销店经营范围内的立邦漆产品，不得恶意中伤其他非本店经营的立邦漆产品种类；b.不得经营无批号立邦产品，刮擦或授意他人刮擦、涂改立邦产品标识或生产批号；c.不得擅自通过非正常渠道购进和销售立邦产品；d.未依约交回特约经销店证书或将证书转借他人的；e.本协议终止后仍以'立邦特约经销店'等使消费者误认该店与甲方有某种联系的名义开展经营活动。"协议第9条约定："本协议经各方适当签署后立即生效。有效期至2010年12月31日。上述期满后，如各方协商同意，可以书面方式续展本协议。"协议签订后，某漆业公司在其店铺门头上方招牌及店铺外墙柱突出使用"立邦"义字及"□□"图形商标，门头上方招牌注明"特约经销商，门店编号×××"。协议到期后，双方未再续签。2014年6月，某涂料公司发现某漆业公司店铺中上述"立邦"文字、"□□"图形商标及"特约经销商，门店编号×××"字样仍在，遂向上海市卢湾公证处申请对某漆业公司的店铺招牌及店内部分商品进行了拍照，该公证处制作了（2014）沪卢证经字第1959号公证书。某涂料公司认为某漆业公司使用某涂料公司注册商标的行为严重侵犯了其对"立邦"系列商标的专用权，遂向原审法院提起诉讼，请求判令某漆业公司停止侵权、消除标识、赔偿损失。

⊃ 一审法院判决理由与裁判结果

争议焦点一：某漆业公司的店铺招牌中使用某涂料公司"立邦"文字商标是否侵犯了某涂料公司的注册商标专用权。某涂料公司系"立邦"文字商标的合法受让人，依法享有该注册商标的专用权，且该权利尚处于有效保护期内。某漆业公司作为油漆类商品的经销商，通过与某涂料公司订立《经营协议》，获得某涂料公司许可在其店铺的门头上方及外墙柱的位置突出使用某漆业公司的"立邦"文字商标，意在向社会公众表明某漆业公司为某涂料公司的专卖店或授权经销商，使消费者认为某涂料公司与某漆业公司之间存在许可、授权等关联关系，借助某涂料公司驰名商标的商誉，提高某漆业公司的知名度和所售漆类商品的销售量。该种商标的使用，显然符合《商标法实施条例》第3条的规定。但某漆业公司在上述协议订立的期限届满后，未再与某涂料公司或某涂料公司许可的指定经销商续签协议，也未及时清除其店铺门头及外墙柱上的"立邦"文字，构成商标侵权。某漆业公司的这一行为客观上足以导致相关公众对其与注册商标人的关联、其所售商品的来源产生误解，目的是扩大销售获取更大利益，显然具有侵权的主观故意。某涂料公司诉请某漆业公司停止侵权、消除其店铺招牌中带有"立邦"字样的文字，理由正当，予以支持。至于某涂料公司诉请某漆业公司消除"□□"图形商标、"nipponpaint"组合商标的商业标识，因某涂料公司所举证据不能证明其系上述两商标的权利人，故对其该部分的诉请不予支持。

争议焦点二：某涂料公司主张的经济损失以及为制止侵权支出的合理费用有无相应的事实依据。某涂料公司未举证证明其因某漆业公司侵权所受的损失数额，也不能举证证明某漆业公司侵权所获得的利益，综合考虑某漆业公司的侵权行为的性质、持续时间、某涂料公司享有的商标专用权的知名度及某涂料公司为制止侵权行为支出的合理费用，予以酌情确定。

综上，原审法院依照《商标法》第52条第1项、第5项，《最高人民法院关于审理商标民事纠纷案件适用法律若干问题的解释》第8条、第16条、第22条之规定，判决：一、某漆业公司停止侵犯某涂料公司的"立邦"文字商标专用权，于判决生效之日起7日内消除某漆业公司店面招牌带有"立邦"字样文字的商业标识；二、某漆业公司于判决生效之日起7日内一次性赔偿某涂料公司经济损失（包括公证费、律师费等必要的合理费用）10 000元；三、驳回某涂料公司的其他诉讼请求。案件受理费1225元，由某涂料公司负担225元，某漆业公司负担1000元。

➲ 二审法院查明的事实

某涂料公司在二审中提交以下两组证据：（1）安徽省合肥市中级人民法院（2010）合民三初字第287号民事判决书，安徽省高级人民法院（2011）皖民三终字第00100号民事判决书，证明"nipponpaint"组合商标包括第34×××90号商标。（2）第34×××90号商标注册证及其商标续展证明，证明第34×××90号商标有效期续展至2024年11月20日。二审法院均予以认定。

某漆业公司在二审中提交了合肥某涂料经营部营业执照及2015年度立邦形象专柜店证书，证明合肥某涂料经营部是某涂料公司授权的合法经销店，该店实际经营者是万某权，与某漆业公司法定代表人一致。二审法院认为与本案没有关联性。

本院二审对原审法院查明的事实予以确认。

本院另查明：某涂料公司是第34×××90号"□□"图形商标的商标专用权利人，该注册商标有效期经续展至2024年11月20日；某涂料公司亦是第 10××× 47 号 "□□" 图形商标的商标专用权利人，该注册商标有效期经续展至 2017 年 7 月 6 日。上述商标核定使用的商品类别均为第 2 类，包括漆、底漆、乳胶漆等。

⊃ 二审法院判决理由与裁判结果

争议焦点一：某漆业公司是否侵犯某涂料公司 "□□" 图形商标及 "nipponpaint" 组合商标专用权。某涂料公司经商标局核准，依法享有 "立邦" 等系列注册商标专用权，其中，第 34××× 90 号 "□□" 图形商标的注册有效期经核准已续展至 2024 年 11 月 20 日，上述权利均处于有效期内，依法应受保护，未经其许可，任何人均不得使用上述商标，某涂料公司系本案适格诉讼主体。对注册商标的使用不仅局限于在商品上的使用，还应包括将商标用于商品包装或者容器及商品交易文书上，或者将商标用于广告宣传、展览以及其他商业活动中。商标法上的合理使用是一种对商标权的限制情形，是指他人以善良正当的方式使用他人叙述性商标的行为，其应当具备三个条件：一是非商标性的使用，即其使用该商标是为了描述其商品的特征而非指示其商品的来源；二是公平善良使用，即不得不正当地利用他人商标所代表的商誉；三是仅仅为了描述自己的商品或服务，即使用他人商标不是作为商标使用，而仅仅是用来描述自己商品的特点。若未经商标权人许可的使用有可能在商品或服务的来源、关联和认可上造成消费者的混淆，或者被控侵权人的使用方式和目的及使用行为可能使相关公众对商品或服务的来源产生误认或混淆，则不属于合理使用。本案中，某漆业公司曾经作为某涂料公司的加盟经销商，在加盟经销协议到期后，未取得某涂料公司继续授权许可的情况下，仍然沿用某涂料公司特约经销商的名义对外经营，并在其经营的油漆专卖店门头匾额上突出使用某涂料公司注册的系列商标和专卖授权号，其主观意图并非善意的指示商品的目的，而是通过对某涂料公司商标的使用使相关公众误认为其仍然是某涂料公司的加盟经销商，销售的商品或服务的来源与某涂料公司存在某种特殊关系。同时，某涂料公司的系列商标并非叙述性商标，而是具有广泛知名度和显著识别性的商标，某漆业公司有其合法的企业字号，却在其门头匾额上使用某涂料公司商标和专卖授权号，该使用行为不属于合理使用，侵犯了某涂料公司的商标专用权。故某漆业公司应消除店面招牌带有 "立邦" 字样文字、"□□" 图形商标的商业标识。虽然 "nipponpaint" 组合商标不是一个独立的注册商标，但实际是 "□□" 注册商标的变相使用，某漆业公司使用该商标也足以造成混淆和误认，亦应予以消除，原审法院仅判决某漆业公司消除"立邦"文字商业标识错误，某涂料公司此节上诉理由成立。

争议焦点二：如何确定侵权责任。根据《商标法》第63条第3款的规定，某涂料公司未能举证证明其因某漆业公司侵权所受的损失数额，也不能举证证明某漆业公司因侵权所获得利益及某涂料公司涉案注册商标许可使用费的情况，应适用法定赔偿原则。根据《最高人民法院关于审理商标民事纠纷案件适用法律若干问题的解释》第18条，对于侵权损害赔偿数额只能计算两年的侵权持续时间，且某漆业公司位于舒城县城，经营范围有限，故原审判决酌定本案赔偿数额为10 000元并无不妥。至于诉讼时效问题，某漆业公司在原审中并未提出此项抗辩，根据《最高人民法院关于审理商标民事纠纷案件适用法律若干问题的解释》第18条之规定，侵犯注册商标专用权的诉讼时效自商标注册人或者利害权利人知道或者应当知道侵权之日起计算，且某漆业公司的侵权行为在起诉时仍在持续，故某涂料公司起诉没有超过诉讼时效。

综上，某涂料公司的上诉理由部分成立，其上诉请求部分应予支持；某漆业公司的上诉理由均不能成立，其上诉请求本院不能支持。判决如下：一、维持安徽省六安市中级人民法院（2014）六民三初字第00049号民事判决第二项；二、维持安徽省六安市中级人民法院（2014）六民三初字第00049号民事判决第三项；三、撤销安徽省六安市中级人民法院（2014）六民三初字第00049号民事判决第一项；四、某漆业公司停止侵犯某涂料公司的商标专用权，于判决生效之日起7日内消除店面招牌带有"立邦"字样文字、"□□"图形商标、"nipponpaint"组合商标的商业标识。

◯ 判解与学理研究

在商标侵权纠纷案件中，被告经常提出商标合理使用作为商标侵权的抗辩理由，本案中也是如此。商标合理使用是对商标权的限制，主要包括商标叙述性合理使用和商标指示性合理使用，虽然现行《商标法》只对前者有明确规定，但是司法实践中已有关于后者的认定和裁判。由于实践中对商标指示性合理使用的判定标准尚未统一，下面将结合本案对司法实践中商标指示性合理使用的认定问题进行探讨。

一、商标指示性合理使用的概念

商标指示性合理使用指的是为了客观地说明商品或服务的特点、用途等而在生产经营活动中使用他人注册商标的行为。[①] 如某汽车零件销售店出售仅适用于某品牌汽车的零部件，并在零部件包装上标明"本产品适用于××牌汽车"，虽然使用了该汽车的商标，但只是为了说明产品的使用范围，并不会使相关公众对其来源发生误认，这种对商标的使用就属于商标指示性合理使用。

商标指示性合理使用需要与商标叙述性合理使用相区分。《商标法》第59条对商标叙述性合理使用进行了规定，即对本身含有商品通用名称、图形、型号或描述性词汇的商标进行使用，用以描述商品的质量、功能、用途等特征。商标叙述性使用的对象是本身缺乏固有显著性的描述性商标，如果允许商标权人对其享有绝对权利，不利于生产经营者在商业活动中为说明商品特征而进行的自由商业表达，因此《商标法》对此权利进行了限制，允许他人在第一含义的层面上对商标进行合理使用，这种使用并非商标性使用。商标指示性合理使用与叙述性合理使用不同，其并非在第一含义的层面上使用他人商标，也能够起到区别来源的作用，但是这里的指示来源并非指向商标使用人，而仍指向商标注册人，是说明商品信息所必需的使用，该使用不会引起相关公众的混淆，也不会让人将被使用商标归于使用者。

二、商标指示性合理使用的类型

学界一般将商标指示性合理使用分为两类：一类是经销商转售商品时为说明商品的来源而使用其商标的行为。如在另一涉本案当事人某涂料公司的商标侵权纠纷案[②]中，某贸易公司在淘宝网上开设店铺销售多种品牌的油漆，店铺页面中有立邦漆的广告、简要信息、产品介绍、图片等内容，某涂料公司认为某贸易公司和淘宝公司共同构成对其商标权的侵害，诉至法院。对此二审法院认为，从网站的页面设置和页面布局看，网站除了立邦漆还有其他多种品牌油漆的广告和信息，相关公众会将"立邦"视为对产品品牌的描述，且其指向的并非销售者的商品而是商标注册人的商品，商标与商品的对应性并未受到影响，也不会引起公众的混淆误认，因此属于商标指示性使用而不构成侵权。另一类是为了说明商品或服务的功能、用途、使用范围和对象等特征而对他人商标进行使用。如在"老干妈"商标侵权案[③]中，某公

---

① 参见冯晓青：《商标权的限制研究》，载《学海》2006年第4期；冯晓青、陈彦蓉：《商标指示性使用的法律问题研究》，载《大理大学学报》2020年第9期。

② 参见上海市第一中级人民法院（2012）沪一中民五（知）终字第64号民事判决书。

③ 参见北京市高级人民法院（2017）京民终28号民事判决书。

司使用了"老干妈"牌豆豉作为调料生产牛肉棒，在生产包装的上部标有该公司的商标，而在中部印了"老干妈味"字样，除此之外还有"原味""麻辣""黑胡椒"等其他口味字样的包装。某某公司认为某食品公司使用其商标的行为构成商标侵权，而某公司抗辩称其对"老干妈"的使用是说明产品的原料和口味，其并没有攀附商誉的恶意，也不会使得相关公众发生误认。最后法院没有支持某公司的抗辩，认为其对"老干妈"的使用超出了必要限度，会淡化驰名商标的显著性，构成侵权。本案也为商标指示性合理使用的认定提供了参考依据。

三、商标指示性合理使用的认定

关于商标指示性合理使用，《商标法》中并未有明确规定。2006 年发布的《北京市高级人民法院关于审理商标民事纠纷案件若干问题的解答》第 26 和第 27 个问题中为了回应实践的需求也涉及了商标指示性合理使用的内容。其在第 27 个问题中将"为说明来源、指示用途等在必要范围内使用他人注册商标标识的"行为纳入商标正当使用的情形，并在第 26 个问题中列出了构成商标正当使用的三个构成要件：（1）使用出于善意；（2）不是作为自己商品的商标使用；（3）使用只是为了说明或者描述自己的商品。虽然上述解答只是一个指导性文件，效力也仅及于北京地区的法院，但是仍可以作为参考。结合相关文件和司法实践，笔者认为，在认定商标指示性合理使用时，主要考虑如下因素。

（一）使用的目的

使用商标的目的能够影响行为的性质，上述解答中也对此予以了明确，商标合理使用的目的是对商品进行描述和说明。其中"描述"针对的是商标描述性使用，而"说明"针对的是商标指示性使用。对于转售商品时的商标指示性使用而言，使用人的目的应当是说明其所销售商品的品牌来源；对于说明商品特征的商标指示性使用，使用人的目的应当是说明商品的功能用途、适用范围等特征。无论如何，使用商标的目的都不是建立商标与自身的联系。

（二）使用的方式

第一，商标指示性使用要求在使用商标时具有必要性，即如果不使用他人商标，则无法使得相关公众全面准确地了解所销售的商品信息。如在上述"老干妈"商标侵权案中，一审法院就指出："涉案商品配料中添加了老干妈牌豆豉，但标注'老干妈味'字样并非描述涉案商品之必须，某公司可以直接采取标注'麻辣味'、'豆豉味'等字样来说明涉案牛肉棒的口味，而非替代性地直接借用涉案驰名商标。"[①]"老干妈"并非食品界的常用原料，也并非传统对食品口味的描述，某公司在明知"老干妈"这一知名商标的前提下，应当尽可能地避开对其商标的使用，而采取其他描述性表达，这种使用明显是非必要的，不应归属于商标指示性合理使用。生活中一些零配件行业经常涉及对商标的指示性使用，以手机市场为例，华为、苹果等品牌的手机都有其独家设计的手机接口，因此一些非原厂的数据线、耳机等生产商需要在产品包装上标注"本产品适用于华为系列手机"等类似说明，否则相关公众就无法了解该商品能适用的对象，此时的使用就应当是必要的。

第二，除了必要性，商标指示性合理使用还要求这种使用具有合理性。在使用的过程中，不能使相关公众对于商品的来源和商标的指示产生混淆误认。一方面，在使用时不得将他人商标进行突出使用；另一方面，应当在明显位置标注自己商标以使二者进行区分。另外，在使用时不能超过合理的限度。司法实践中，存在很多因超出合理范围被认定商标侵权的案例。如在"联想"商标侵权案[②]中，某某公司认为顾某在其店招牌上使用"联想"及"Lenovo"字样的行为构成对其商标权的侵害，对此法院认为，顾某作为联想牌电脑的经销商，确实具有在生产经营中使用"联想"和"Lenovo"商标指明商品品牌来源的正当性，但是这种使用不能超过合理使用的范畴，本案中顾某在店铺的门头、店内的装饰、名片等处突出标注了"lenovo联想""lenovo"等标识，会使得相关公众认为顾某与某某公司之间存在授权、专卖等商业关系，是对商标指示性使用的不当扩张，顾某可以采取贴标签或标注"本店销售联想电脑"等更为合理的方式。

（三）使用的主观状态

从主观上看，商标指示性合理使用还应当是具有诚信和善意的。2011年最高人民法院发布的《关于充分发挥知识产权审判职能作用推动社会主义文化大发展大繁荣和促进经济自主协调发展若干问题的意见》第22条规定："被诉侵权人为描述或者说明其产品或者服务的特点而善意合理地使用相同或者近似标识的，可以依法认定为正当使用。"这里将"善意"作为"正当使用"的构成要件，另外《商标法》第7条也明确了商标申请注册和使用应遵循诚实信用原则。由于行为人的主观状态难以认定，因此在对使用人主观善意进行判断

---

① 北京市高级人民法院（2017）京民终28号民事判决书。
② 参见江苏省高级人民法院（2014）苏知民终字第0142号民事判决书。

时，可以通过使用人使用商标的方式、商标本身的知名度和显著性等客观因素综合加以判断。

（四）对混淆可能性的讨论

对于不具有混淆可能性是否应构成商标指示性合理使用的构成要件，目前司法实践中存在争议。一种观点认为，不具有混淆可能性是商标指示性合理使用的构成要件，只有当这种使用不会造成相关公众的混淆误认时，才有可能构成商标指示性合理使用。① 另一种观点认为，不具有混淆可能性并非商标指示性合理使用的构成要件，混淆可能性是认定商标侵权的标准，其认定逻辑是先对是否构成商标指示性合理使用进行认定，再结合各种考量因素对是否容易造成相关公众混淆误认进行认定。②

笔者认为，不应将不具有混淆可能性作为商标指示性合理使用的认定要件。在商标侵权的认定过程中，主流观点认为混淆可能性是最为核心的标准，而商标性使用是认定侵权的前提条件，只有当对商标的使用构成商标性使用，才有可能构成侵权，因此商标性使用和混淆可能性的判断是相互独立的，二者在认定的过程中存在先后顺序。首先，商标指示性合理使用并非将他人商标作为自己商品或服务的商标进行使用，也并未建立商品或服务本身与自己的联系，因此并不构成对自己商标的商标性使用，由于其并未产生将商品或服务的来源指向商标使用者的效果，因此当然不会产生混淆来源的后果，没有必要继续对混淆可能性进行判断。其次，如果对他人商标的使用超出了合理限度，则难以认定其构成指示性使用，此时其已经满足了商标性使用这一侵权认定前提，司法实践需要结合商标的相似程度、商标的显著性、消费者的注意程度等多重因素对混淆可能性进行判断，如果会使相关公众产生混淆误认，则可以认定构成侵权，反之则相反。

四、结论

目前司法实践对于商标指示性合理使用尚未形成统一的认定标准。实践中主要存在两种类型的商标指示性使用：一种是经销商转售商品时为说明商品信息对他人商标的使用；另一种是为了说明商品的功能、用途、使用范围等特征对他人商标的使用。在对商标指示性合理使用进行认定时需要从使用的目的、使用的方式、使用的主观状态这几个方面进行判断，必须是为了说明商品

---

① 参见重庆市第五中级人民法院（2015）渝五中法民终字第 04785 号民事判决书。
② 参见上海知识产权法院（2015）沪知民终字第 185 号民事判决书。

信息对他人商标的必要、合理的善意使用。除此之外还应当厘清其与商标混淆可能性之间的关系，商标混淆可能性是商标侵权的认定标准而并非指示性合理使用的构成要件。

包含地名和通用名称的商标的合理使用问题

——孝感某食品公司与孝感某米酒公司侵犯商标专用权及不正当竞争纠纷案

/ 王惠庭

➲ 本案要旨

将地名作为文字商标进行注册的，商标权人无权禁止他人在相同或类似商品上对该地名进行正当使用，以表示商品与产地、地理位置等之间的联系。对于包含地名和通用名称的商标，将地名与通用名称联系使用则构成对商标的合理使用。另外，通用名称本身并不具备显著性，在商品包装上使用通用名称本身不足以使消费者对商品的来源产生混淆。对于明显突出使用通用名称相关字样的行为，则超出了正当使用通用名称的合理界限，足以引起购买者的混淆或者误认，构成对相关注册商标专用权的侵犯。擅自使用与相关知名商品近似的包装、装潢，在主观上有明显的仿冒故意，在客观上造成同他人的知名商品相混淆的，构成不正当竞争。

➲ 案件信息

上诉人（一审被告）：孝感某食品公司

被上诉人（一审原告）：孝感某米酒公司

案号：湖北省孝感市中级人民法院（2009）孝民知初字第 2 号、湖北省高级人民法院（2010）鄂民三终字第 78 号

➲ 当事人主张及理由

孝感某米酒公司一审诉称：2007 年以来，孝感某米酒公司发现孝感某食品公司在其生产的麻糖产品上将与孝感某米酒公司注册商标"孝感""孝感麻糖"相同和相近似的文字在外包装上突出使用，并在武汉、孝感等地市场销

售。孝感某食品公司还在其"四组合"麻糖产品装潢标识的主要部分、规格尺寸、文字内容、整体图案、色彩及其排列组合上使用了与孝感某米酒公司"四组合"麻糖产品极为相似的包装装潢。请求判令孝感某食品公司立即停止对注册商标专用权的侵害行为,并立即停止在其麻糖产品的外包装上使用"孝感""孝感麻糖"注册商标;立即停止使用侵权包装装潢和销毁侵权包装装潢;赔偿经济损失 50 万元(人民币,下同)并负担本案诉讼费。

上诉人孝感某食品公司不服一审判决,向法院提出上诉称:(1)撤销原判,驳回被上诉人的全部诉讼请求;(2)依法改判被上诉人赔偿经济损失 45 982.5 元;(3)诉讼费全部由被上诉人承担。

事实和理由如下:(1)一审程序违法。(2)一审认定事实错误。①上诉人在自己生产的麻糖产品上使用的商标及标识没有侵犯被上诉人的注册商标专用权。2007 年 8 月 1 日,上诉人申请注册的商标为"众力"文字图形商标。该商标无论从图形还是从文字结构上均不与被上诉人"孝感牌""孝感麻糖"等文字图形相同和相近似,故上诉人在麻糖商品上所使用的商标和商品标识不违反《商标法》第 10 条第 2 款、第 52 条第 1 项、第 56 条及《商标法实施条例》第 41 条第 1 款第 2 项、第 49 条的规定。②被上诉人注册的商标均属地名商标,不具有显著性,其保护受到一定的限制,《商标法实施条例》第 49 条明确规定:"注册商标中含有的本商品的通用名称、图形、型号,或者直接表示商品的质量、主要原料、功能、用途、重量、数量及其他特点,或者含有地名,注册商标专用权人无权禁止他人正当使用。"③上诉人使用"众力""孝感众誉麻糖"标识,不需要得到被上诉人授权或许可,一审将上诉人的麻糖标识误认为与被上诉人麻糖商标相同和近似,认定错误。④一审关于上诉人在麻糖产品外包装上使用"孝感众誉麻糖"未按一体化处理的方式易给相关公众造成混淆和误认的认定存在错误。众所周知,上诉人麻糖包装上的标识由三重含义组成,"孝感"是标明产品生产地,"众誉"是公司名的缩写,而"麻糖"是食品通用名称。一审认定上诉人使用"孝感众誉麻糖"标识是盗用他人商业信誉和竞争优势的行为,认定错误。⑤一审认定"孝感某食品公司使用的'四组合'麻糖产品包装装潢与孝感某米酒公司使用的'四组合'麻糖产品包装相近似,构成了不正当竞争"的事实认定错误。被上诉人的"四组合"麻糖并未取得外观设计专利权,一审认定上诉人故意仿冒被上诉人的包装、装潢没有事实依据。⑥一审判决上诉人赔偿被上诉人损失 30 万元无合法事实依据。(3)一审适用法律不当。(4)被上诉人错误申请保全给上诉人造成直接经济损失 45 982.5 元,根据《民事诉讼法》第 96 条之规定,被上诉人应赔偿上诉人因财产保全所遭受的直接经济损失 45 982.5 元。

被上诉人孝感某米酒公司庭审时答辩称：一审认定事实清楚，适用法律正确，程序合法，上诉人的上诉没有事实和法律依据，请求驳回上诉，维持原判。

➲ 法院查明的事实

孝感某米酒公司前身为孝感县麻糖厂，成立于 1954 年 8 月，一直从事具有地方特色食品孝感麻糖的生产经营，其间获得诸多荣誉称号。1976 年，孝感县麻糖厂开始在麻糖这一产品上使用"孝感牌"这一商标；1979 年 10 月 31 日，国家工商行政管理总局向孝感县麻糖厂核准颁发了第 11××50 号商标证，开始正式使用"孝感牌"注册商标。国家工商行政管理总局商标局分别于 2005 年 9 月 21 日、2005 年 10 月 14 日向孝感某米酒公司颁发了第 38×××17 号"孝感麻糖"和第 38×××18 号"孝感"商标使用证，核定使用商品为第 30 类麻糖（食品）。2007 年以来，孝感某米酒公司发现孝感某食品公司未经许可，在其生产的麻糖产品上将与注册商标"孝感""孝感麻糖"相同和相近似的文字在外包装上突出使用，并在武汉、孝感等地市场销售。孝感某米酒公司多次向孝感某食品公司交涉无果而成诉。经孝感某米酒公司申请并提供担保，一审法院于 2009 年 1 月 9 日作出裁定，裁定孝感某食品公司立即停止带有下列商品条形码（6942703120××7、6942703199××4、6942703120××9、6942703120××1、6942703120××6、6942703120××0、6942703120××2、6942703121××1）包装的 10 类麻糖食品的销售。孝感某食品公司 2009 年 1 月 16 日向孝感某米酒公司作出书面承诺，承诺内容如下：（1）孝感某食品公司 2009 年 1 月 19 日将库存侵权包装及包装印刷模板集中交由法院封存，并不再销售侵权产品；（2）自 2009 年 1 月 16 日起至 2 月 28 日止，孝感某食品公司负责召回全部带有侵权包装的麻糖食品，如不能按期召回，孝感某食品公司愿意加重承担侵权责任。孝感某食品公司作出承诺后，向一审法院交存部分侵权包装及全部包装印刷模板。但孝感某米酒公司在 2009 年 3 月 6 日发现孝感某食品公司仍在武汉市场销售 2009 年 2 月 20 日生产的侵权产品，且在荆州、襄樊、广水等地仍发现孝感某食品公司销售部分侵权产品。

被上诉人孝感某米酒公司经核准注册的第 38×××17 号注册商标为"孝感麻糖"文字商标，四字依次横排；核准注册的第 38×××18 号注册商标为

"孝感"文字及图形组合商标，横排的"孝感"二字置于图形之上，核定使用商品均为第30类麻糖（食品）。上诉人孝感某食品公司其产品外包装上的"孝感""众誉""麻糖"三词的排列组合方式：一是"孝感""麻糖"一般为竖排，且一般竖排的"孝感"二字位列竖排的"麻糖"二字的左边，竖排或横排的"众誉"二字一般则置于"孝感"二字的下边、"麻糖"二字的上边；二是"众誉"二字的字体一般较"孝感""麻糖"为小，且其字体颜色一般为淡色。就上诉人孝感某食品公司涉案麻糖产品正面外包装来看，其在标识"孝感众誉麻糖"时，通过使"众誉"二字变小、变换位置、改变字体色彩等手法，对"众誉"二字特别予以了相应的淡化和弱化处理。

具体就上诉人孝感某食品公司所生产、销售的涉案"四组合"麻糖产品的外包装、装潢来看，其正面图案的整体布局采用了与被上诉人孝感某米酒公司相似的做法：画面图案主要由上、下两部分构成，其"四组合"上半部分标注"孝感众誉麻糖"字样的方形底色从左至右依次为红、黄、蓝、绿色，除其"四组合"之二中的方形底色为淡黄色，而被上诉人的系橘黄色之外，其他"四组合"之一、之三、之四的方形底色与被上诉人"四组合"中所使用的底色相同。

⊃ 法院判决理由与裁判结果

一、一审法院

一审法院认为，关于孝感某食品公司所生产的10类麻糖食品包装上的商品名称标识是否侵犯孝感某米酒公司的注册商标专用权，《商标法》第10条第2款规定：县级以上行政区划的地名或者公众知晓的外国地名，不得作为商标。但是，地名具有其他含义或者作为集体商标、证明商标组成部分的除外；已经注册的使用地名的商标继续有效。《商标法实施条例》第49条规定，注册商标中含有的本商品的通用名称、图形、型号，或者直接表示商品的质量、主要原料、功能、用途、重量、数量及其他特点，或者含有地名，注册商标专用权人无权禁止他人正当使用。最高人民法院（2003）民三他字第10号司法文件明确指出，以地名作为文字商标进行注册的，商标专用权人有权禁止他人将与该地名相同的文字作为商标或者商品名称等商业标识在相同或者类似商品上使用来表示商品的来源；但无权禁止他人在相同或者类似商品上正当使用该地名来表示商品与产地、地理位置等之间的联系。最高人民法院（2005）民三他字第6号司法文件又进一步明确规定，注册商标含有地名的，商标专用权人不得禁止地名所在区域的其他经营者为表明地理来源等正当用途而在商品名称中使用该地名。但是，除各自使用的地名文字相同外，如果商品名称与使用特殊字体、形状等外观的注册商标构成相同或者近似，或者注册商标使用的地名除具有地域含义外，还具有使相关公众与注册商标的商品来源必然联系起来的其他含义（第二含义），则不在此限。根据上述规定，结合本案查明事实，可以得出如下结论：（1）孝感某米酒公司是"孝感牌""孝感""孝感麻糖"注册商标的合法拥有人，其商标专用权应受法律保护。同时，上述注册商标不仅具有孝感这一地域含义，而且还在长期使用过程中取得了识别商品的功能，取得了明显有别于地名的、已为相关公众所接受的"第二含义"，使上述注册商标中的孝感这一地名起到商标应有的标识性作用，体现了其麻糖产品的质量保障、声誉、历史悠久等特点。（2）作为同在孝感这一地域内，同样也是麻糖产品生产企业的孝感某食品公司，如果是为表明其麻糖产品产地是孝感，也是可以使用孝感这一地名的，但必须是正当使用。因此，孝感某食品公司是否正当使用孝感这一地名，是其是否侵犯孝感某米酒公司注册商标专用权的关键问题所在。孝感某食品公司在其生产、销售的10类麻糖食品包装盒上标明"孝感众誉麻糖"这一食品名称时，未对"孝感众誉麻糖"这一食品名称作一体化处理，相反，其在包装盒的显著部位处强化突出使用了与孝感某米酒公司"孝感""孝感麻糖"注册商标相同和相近似的文字，而对"众誉"二字作了淡化和弱化处理。具体做法是使"众誉"二字变小、改变其字体色彩，从而使其上述产品在客观上造成了与孝感某米酒公司同类产品上标注的"孝感""孝感麻糖"注册商标几近相同的标识效果，容易给相关公众造成混淆和误认。由于孝感某米酒公司同类产品有显著的知名度，这种混淆和误认的可能性会更大。此外，"众誉"二字本身具有众人赞誉的形容文义，也容易使普通消费者产生称赞、赞誉孝感某米酒公司生产的"孝感麻糖"产品的歧义。因此，孝感某食品公司使用"孝感"地域名称已超出了善意、合理、正当使用的范围，将会使普通消费者认为其产品源于孝感某米酒公司或者至少与其有某种联系，足以造成误认、误购。其行为从本质上讲是一种盗用他人商业信誉和竞争优势的行为，直接侵犯了孝感某米酒公司的商标专用权，属于《商标法实施细则》第41条第1款第2项的侵权行为，即"在同一种或者类似商品上，将与他人注册商标相同或者近似的文字、图形作为商品名称或者商品装潢使用，足以造成误认的"。同时也属于《商标法》第52条第1款第5项规定的"给他人注册商标专用权造成其他损害的行为"，依法应承担侵权责任。

关于孝感某食品公司使用的"四组合"麻糖产品包装、装潢的行为，是否构成同孝感某米酒公司生产的"四组合"麻糖产品知名商品特有包装、装潢相同、近似的不正当竞争行为。1995 年 7 月 6 日国家工商行政管理局发布了《关于禁止仿冒知名商品特有的名称、包装、装潢的不正当竞争行为的若干规定》。该规定第 3 条第 1 款指出:"本规定所称知名商品,是指在市场上具有一定知名度,为相关公众所知悉的商品。"该规定第 4 条规定:"商品的名称、包装、装潢被他人擅自作相同或近似使用,足以造成购买者误认的,该商品即可认定为知名商品。特有的商品名称、包装、装潢应当依照使用在先的原则予以认定。"根据以上规定,结合本案来看,孝感某米酒公司生产的"四组合"麻糖产品当属知名商品。孝感某米酒公司从 20 世纪 80 年代初开始,持续生产"四组合"麻糖产品。该产品在市场上有较高的知名度,为相关公众所熟知。其产品包装、装潢已构成了该产品特有的包装、装潢。按照一般购买者普通注意力原则、整体对比原则和要部对比原则的判断原则,将两家公司"四组合"麻糖产品的包装盒进行综合对比分析,得出如下结论:包装盒的尺寸一致,在总体布局上两者相近似,包装盒中间部位关于商品名称的图文布局尤其背景图案十分近似,而这部分为外观设计的要部,在视觉效果上是足以使普通消费者产生混淆,两者色彩搭配、过渡处理上又几近相同,应当认为二者外观设计是基本相近似的。普通消费者施以一般注意力不易区分,会得出两种包装盒整体印象相近的结论,产生混淆或者误认。应当认定孝感某食品公司使用的"四组合"麻糖产品包装、装潢同孝感某米酒公司使用的"四组合"麻糖产品包装、装潢相近似。同时,孝感某米酒公司和孝感某食品公司住所地同在孝感市,孝感某食品公司成立时间在后,其显然应当知道孝感某米酒公司已经在先使用的"四组合"麻糖产品包装、装潢图案内容,其在主观上有明显的仿冒故意,其行为违反了《反不正当竞争法》第 2 条第 2 项之规定,构成了不正当竞争。

综上,湖北省孝感市中级人民法院判决:一、孝感某食品公司立即停止在其生产、销售的 10 类麻糖食品的包装上对孝感某米酒公司注册商标专用权的侵害行为,并立即停止在其麻糖产品的外包装上使用"孝感""孝感麻糖"注册商标;立即停止使用侵权包装装潢和销毁侵权包装装潢。二、孝感某食品公司向孝感某米酒公司赔偿损失 30 万元,限在本判决生效后 7 日内一次性付清。案件受理费 8800 元由孝感某食品公司负担。

二、二审法院

二审法院认为,关于上诉人孝感某食品公司在其所生产销售的麻糖食品外包装上使用"孝感众誉麻糖"字样作为其商业标识的行为是否侵犯了被上诉人孝感某米酒公司所享有的"孝感""孝感麻糖"注册商标专用权。根据《商标法》第 52 条第 1 项以及《商标法实施条例》第 3 条、第 49 条的规定，以地名作为文字商标进行注册的，商标专用权人有权禁止他人将与该地名相同的文字作为商标或商品名称等商业标识在相同或者类似商品上使用来表示商品的来源；但无权禁止他人在相同或者类似商品上正当使用该地名来表示商品与产地、地理位置等之间的联系。本案中，在"孝感麻糖"本身早已作为一种地方风味食品的通用名称的情况下，上诉人对"孝感"的使用并不是将"孝感"二字单纯作为地名意义上的使用，或者说并不是将其与"麻糖"二字割裂开来进行使用，特别是在上诉人生产、销售的"四组合"麻糖产品外包装（商品条形码 6924703120××1）上这一点表现得尤为明显。而且，被上诉人所享有的第 38×××18 号注册商标为"孝感"文字及图形商标。据此，孝感某食品公司在其产品外包装上所标识的"孝感众誉麻糖"本身并不侵犯被上诉人孝感某米酒公司所享有的"孝感"文字及图形注册商标专用权。

就上诉人孝感某食品公司涉案麻糖产品正面外包装来看，其在标识"孝感众誉麻糖"时，通过使"众誉"二字变小、变换位置、改变字体色彩等手法，对"众誉"二字特别予以了相应的淡化和弱化处理。相关公众并不一定知晓"孝感麻糖""孝感""孝感牌"为被上诉人孝感某米酒公司的注册商标；对外地绝大多数人来说，"孝感"只是一个产地，"孝感"与"麻糖"二者联合起来之后，只不过是一个具有地方风味的糖果类较为普通的商品名称而已，"孝感麻糖"难以在其与商品来源之间建立起某种必然联系，但本案不容争议的事实是，上诉人孝感某食品公司作为同一地域范围内的经营者，明知被上诉人孝感某米酒公司涉案相关商标注册的事实及其在同行业中的地位与影响力，且涉案麻糖产品的传承、发扬及光大与其长久的努力密不可分。任何一位同行业经营者，特别是在同一地域范围内的竞争者，都不得违背诚信经营的原则。上诉人在其包装盒的正面部位突出使用"孝感麻糖"，超出了其正当使用"孝感麻糖"这一地方风味普通商品名称的合理界限，其主观意图明显，易给相关公众造成混淆和误认。上诉人孝感某食品公司今后在使用"孝感麻糖"作为其商业标识时，应合理避让被上诉人孝感某米酒公司所享有的"孝感麻糖"注册商标专用权。《商标法实施条例》第 50 条规定，在同一种或者类似商品上，将与他人注册商标相同或者近似的标志作为商品名称或者商品装潢使用，误导公众的，属于《商标法》第 52 条第 5 项所称侵犯注册商标专用权的行为。故本院认为，上诉人孝感某食品公司在其产品外包装上标识"孝感众誉麻糖"时明显突出使用"孝感麻糖"字样的行为，侵犯了被上诉人孝感某米酒公司所享有的

"孝感麻糖"注册商标专用权。

涉案"四组合"外包装的下半部分虽与被上诉人孝感某米酒公司"四组合"产品包装下半部分所表现的"董永与七仙女"传说的一幅完整画面不相同，但由于上诉人孝感某食品公司在"四组合"麻糖产品外包装上所使用的底色、上半部分背景图案的布图组合与设计，其整体及要部与被上诉人孝感某米酒公司构成近似，易于造成消费者的混淆和误认。孝感某米酒公司生产孝感麻糖多年，在同类消费品市场社会认知度高，多次获奖且先后两次被授予"中华老字号"，其所生产的孝感麻糖作为知名商品不容置疑。上诉人孝感某食品公司擅自使用与知名商品近似的包装、装潢，造成和他人的知名商品相混淆，其行为符合《反不正当竞争法》第5条第2项的规定，其辩称涉案所销售的"四组合"麻糖产品外包装、装潢并不构成对被上诉人的不正当竞争的理由不能成立。

综上，湖北省高级人民法院判决：撤销一审判决；孝感某食品公司立即停止在其生产、销售的麻糖产品外包装上突出使用与孝感某米酒公司"孝感麻糖"注册商标相同或近似的商业标识的行为，停止使用与孝感某米酒公司"四组合"产品相近似的包装、装潢，并予以销毁；孝感某食品公司于本判决生效之日起10日内赔偿孝感某米酒公司经济损失人民币20万元；驳回孝感某米酒公司的其他诉讼请求。

○ 判解与学理研究

一、使用地名的商标的"其他含义"判定

我国《商标法》第10条第2款规定："县级以上行政区划的地名或者公众知晓的外国地名，不得作为商标。但是，地名具有其他含义或者作为集体商标、证明商标组成部分的除外；已经注册的使用地名的商标继续有效。"该规定限制了将地名注册为商标的行为，而对于地名的"其他含义"界定，《商标法》及《商标法实施条例》均未明确说明。根据《商标法》第11条的规定，仅有本商品的通用名称、图形、型号的；仅直接表示商品的质量、主要原料、功能、用途、重量、数量及其他特点的；其他缺乏显著特征的标志经过使用取得显著特征，并便于识别的，可以作为商标注册。《商标法》第11条规定了商标的"第二含义"的适用范围，但并未规定使用地名的商标的"第二含义"。司法实践中，对使用地名的商标的"其他含义""第二含义"的内涵以及二者关系存在不同的认识。

有观点认为，使用地名的商标的"其他含义"与"第二含义"是两个不同的概念，前者强调地名本身具有引申含义，后者则是通过使用获得的。

也有观点认为，使用地名的商标的"其他含义"等同于"第二含义"。例如，最高人民法院在（2005）民三他字第6号对辽宁省高级人民法院《关于大连某酒业有限公司与大连市金州区某厂商标侵权纠纷一案的请示》的答复中指出，注册商标含有地名的，商标专用权人不得禁止地名所在区域的其他经营者为表明地理来源等正当用途而在商品名称中使用该地名。但是，除各自使用的地名文字相同外，如果商品名称与使用特殊的字体、形状等外观的注册商标构成相同或者近似，或者注册商标使用的地名除具有地域含义外，还具有使相关公众与注册商标的商品来源必然联系起来的其他含义（即第二含义），则不在此限。本案一审判决书中引用了该答复函，同样将使用地名的商标的"其他含义"等同于"第二含义"。一审法院认为"孝感牌""孝感""孝感麻糖"注册商标不仅具有孝感这一地域含义，还在长期使用过程中取得了已为消费者或相关公众所接受的、明显有别于该地名的第二含义，即取得了商品识别功能，使上述注册商标中的孝感这一地名起到商标应有的标识性作用，体现了其麻糖产品的质量保障、声誉、历史悠久等特点。

另有观点认为，应综合分析使用地名的商标的"其他含义"与"第二含义"。商标的本质是标识和区别商品或服务来源的符号，而显著性是商标标志获准注册的基本条件。显著性分为固有显著性和获得显著性。固有显著性是商标本身具备的，获得显著性则是通过使用获得的。此种观点认为判断使用地名的商标是否具有"其他含义"时，应当类推适用商标显著性判断的原则。当地名标识本身不具有固有的"其他含义"时，再考虑其是否可能通过使用获得"第二含义"。

综上所述，对于地名、通用名称以及二者的组合等缺乏显著性或显著性较低的标志，原则上应当属于社会公共资源，不能被垄断和独占。但是，如果生产经营者通过长期经营和使用该类标志使其产生了能够区分商品或服务来源的"第二含义"，在消费者认知中已形成某种固定联系，就可以认为这类标志"获得显著性"而能够被注册为商标。

二、包含地名和通用名称的商标进行合理使用的认定

通用名称与商标、商品特有名称的特点和作用有较大的不同。云南某生物药业有限公司等和昆明市某贸易有限公司等侵犯商标专用权及不正当竞争

纠纷一案[①]中，法院从事实状态和法律特征上对于通用名称与商标、商品特有名称之间的差异进行了阐述：从事实状态上看，通用名称表现为某一类商品或服务的统一或者常用称呼，公众使用该称呼认识、识别、指代某一类商品或服务。从法律特征上看，第一，通用名称是具有识别性的标识，但是与商标、商品特有名称有别，通用名称起到的是识别同类商品或服务、区分不同类商品或服务的作用；而商标、商品特有名称起到的是在大量同类商品或服务中，区分各自不同来源的作用。第二，通用名称的权利属性与商标、商品特有名称完全不同，通用名称处于公共领域，为公众共有，其自由使用体现的是公共性利益；相反，商标、商品特有名称则处于私权领域，为一般民事主体拥有。

基于通用名称的特殊性，对于包含地名和通用名称的商标，其所应具备的商标显著性区别特征趋于弱化，相应地，其被保护的特性同时弱化。但值得注意的是，对于包含地名和通用名称的商标也应当合理使用，否则也构成对注册商标专用权的侵犯。相关立法尚未对包含地名和通用名称的商标进行合理使用的判断因素进行明确规定，在我国司法实践中，通常参考以下几个要素进行综合考量。

（一）是否为描述性使用

描述性使用是包含地名和通用名称的商标进行合理使用的基本前提。对于包含地名和通用名称的商标进行合理使用，本质上并非对他人商标的使用，而是使用了该注册商标中所包含的公共领域中的描述性信息。例如，在查某仙与婺源县段莘中村某食品厂侵害商标权纠纷案[②]中，法官认为："段莘"系婺源县下辖一个乡镇行政区划的地名，是某食品厂所在地，"酥月"作为一种月饼的通称已为婺源县境内食品糕点行业所周知。因此，某食品厂用"段莘"地名加上"酥月"通称的方式命名自己的产品，系直接表示其生产月饼的产地和商品特点，应当认为是基于说明该商品的自然属性的需要，是善意、正常地使用描述性词语来说明产品的特点，不属于商标意义上的使用，应当认定是对"段莘"地名的合理使用。又如，在北京某生物技术有限公司和某股份有限公司商标权权属、侵权纠纷一案[③]中，法院认为，若要描述产自山东省东阿县

---

① 参见云南省昆明市中级人民法院（2010）昆知民初字第 141 号民事判决书、云南省高级人民法院（2011）云高民三终字第 4 号民事判决书。

② 参见江西省上饶市中级人民法院（2018）赣 11 民初 396 号民事判决书、江西省高级人民法院（2019）赣民终 329 号民事判决书。

③ 参见北京市海淀区人民法院（2014）海民（知）初字第 26212 号民事判决书、北京知识产权法院（2015）京知民终字第 1196 号民事判决书。

的阿胶产品，必然会使用到"阿胶"和"东阿"这些文字。在以商品名称等方式使用时，由于描述信息的字数有限，将"东阿"与"阿胶"连用亦属合理。并且北京某生物技术有限公司在其商品上不仅使用了文字"东阿阿胶"，还使用了包括"块""山东"在内的描述性文字，这些文字充分表明了对商品性质、产地的描述，构成对商标中描述性信息的正当使用。

（二）是否进行突出使用

对包含地名和通用名称的商标进行合理使用时，不得突出使用商标权人的商标。即使商标使用人在一旁标识了自己的商标，但如果将商标权人的商标在醒目位置上进行突出显示，也不能构成合理使用。在灌南县汤沟镇某酒业有限公司等与江苏汤沟某酒业有限公司侵害商标权纠纷一案[①]中，被诉侵权产品"青花瓷特曲酒"在包装盒顶部中间位置、酒瓶贴上方及包装箱、包装盒两正面的正上方中间以较小的字体标注自己的商标"齐乐两相缘"，在"齐乐两相缘"的两侧分别标注大号"江苏"和"汤沟"字样。灌南县汤沟镇某酒业有限公司等在其产品包装上使用"江苏汤沟"文字系对"汤沟"文字的突出使用，具有标识商品来源的作用，不属于对"汤沟"地名的正当使用，是一种商标性的使用。本案中，从孝感某食品公司涉案麻糖产品的正面外包装来看，其在标识"孝感众誉麻糖"时，通过使"众誉"二字变小、变换位置、改变字体色彩等手法，对"众誉"二字特别予以了相应的淡化和弱化处理。而在包装盒的显著部位强化突出使用了与孝感某米酒公司"孝感""孝感麻糖"注册商标相同和相近似的文字，从而使其上述产品在客观上造成了与孝感某米酒公司同类产品上标注的"孝感""孝感麻糖"注册商标几近相同的标识效果。

（三）是否导致消费者产生混淆

《商标法》第57条第2项规定，"未经商标注册人的许可，在同一种商品上使用与其注册商标近似的商标，或者在类似商品上使用与其注册商标相同或者近似的商标，容易导致混淆的"属于侵犯注册商标专用权。《商标法实施条例》第76条规定："在同一种商品或者类似商品上将与他人注册商标相同或者近似的标志作为商品名称或者商品装潢使用，误导公众的，属于商标法第五十七条第二项规定的侵犯注册商标专用权的行为。"任何一位同行业经营者，特别是在同一地域范围内的竞争者，都不应违背诚信经营原则。导致消费者产生混淆违反了诚信原则，本质上是对他人竞争优势及商业信誉的一种盗用，超

---

① 参见江苏省连云港市中级人民法院（2014）连知民初字第0028号民事判决书、江苏省高级人民法院（2014）苏知民终字第00241号民事判决书。

出了对他人注册商标的合理使用范围，侵犯了商标权人的注册商标专用权。

本案中，孝感某食品公司作为同一地域范围内的经营者，明知孝感某米酒公司涉案相关商标注册的事实及其在同行业的地位与影响力，且涉案麻糖产品的传承、发扬及光大与其长久的努力密不可分。孝感某食品公司在其包装盒的正面部位突出使用"孝感麻糖"，其主观意图明显。孝感某食品公司的产品标识客观上与孝感某米酒公司同类产品上标注的"孝感""孝感麻糖"注册商标几近相同，容易造成消费者或相关公众的误认和混淆。由于孝感某米酒公司同类产品显著的知名度，这种混淆和误认的可能性会更为加大。因此，孝感某食品公司使用"孝感"地域名称已超出了善意、合理、正当使用的范围，将会使普通消费者认为其产品源于孝感某米酒公司或者至少与其有某种联系，足以造成误认、误购。

三、本案涉及的不正当竞争问题

在商标保护方面，我国的《商标法》和《反不正当竞争法》是相互补充与配合的关系。

本案适用 1993 年《反不正当竞争法》，其第 5 条第 2 项规定："经营者不得采用下列不正当手段从事市场交易，损害竞争对手：（二）擅自使用知名商品特有的名称、包装、装潢，或者使用与知名商品近似的名称、包装、装潢，造成和他人的知名商品相混淆，使购买者误认为是该知名商品。"

本案中，孝感某食品公司在"四组合"麻糖产品外包装上所使用的底色、上半部分背景图案的布图组合与设计，其整体及要部与被上诉人孝感某米酒公司构成近似，易于造成消费者的混淆和误认。孝感某米酒公司生产孝感麻糖多年，在同类消费品市场社会认知度高，多次获奖且先后两次被授予"中华老字号"，其所生产的孝感麻糖属于知名商品。同时，孝感某米酒公司和孝感某食品公司住所地同在孝感市，孝感某食品公司成立时间在后，其显然应当知道孝感某米酒公司已经在先使用了"四组合"麻糖产品装潢图案内容和包装，其主观上明显有仿冒的故意。孝感某食品公司擅自使用与知名商品近似的装潢和包装，造成和他人知名商品相混淆的行为，构成了对孝感某米酒公司的不正当竞争。

四、结论

包含地名和通用名称的商标，其所应具备的商标显著性区别特征趋于弱化。商标专用权人不得禁止他人在类似或相同的商品上为表明商品地理来源或其他正当用途而在其商品名称中使用该地名。但是对于明显突出使用相关字样的行为，足以引起购买者的混淆或者误认的，则构成对相关注册商标专用权的侵犯。此外，擅自使用与相关知名商品近似的装潢或包装，客观上与他人知名商品相混淆，主观上有明显的仿冒故意，构成不正当竞争。该案例对于认定包含地名和通用名称的商标的合理使用问题具有一定的借鉴意义。此外，该案例既体现出对商标权的保护，也展现出对于市场秩序和公平竞争的维护，有利于实现私人利益与社会公共利益之间的平衡。

地名商标的保护与限制

——陈某与合肥某餐饮管理集团公司、安徽某食品有限公司侵害商标权民事纠纷案

/ 梁梓韵

➲ 本案要旨

县级以上行政区划的地名或公众知晓的国外地名具有其他含义或者作为集体商标、证明商标组成部分，有可能符合商标注册申请的条件。如果原告持有的商标包含地名，虽然行政机关予以注册，但是由于地名商标的特殊性，出于对公共利益的保护，需要对地名商标进行一定的限制。

➲ 案件信息

原告：陈某

被告：安徽某食品有限公司、合肥某餐饮管理集团公司

案号：（2018）皖01民初773号

➲ 原被告主张及理由

原告陈某诉称：2016年至2017年间，经消费者反映，合肥某餐饮管理集团公司将"大别山"作为企业字号使用，在经营活动中大量突出使用"大别山"文字标识并宣传、推广，造成相关公众的混淆误认。其经市场调查后，委托合肥市徽元公证处对合肥某餐饮管理集团公司的侵权行为进行了证据保全公证。经过公证比对，陈某发现，合肥某餐饮管理集团公司未经其许可，在餐饮等行业经营活动中突出使用、宣传"大别山"文字标识，使用"大别山"字号，侵犯了其注册商标专用权并构成不正当竞争。

合肥某餐饮管理集团公司作为从事餐饮行业的市场主体，故意复制、仿冒、突出使用、宣传"大别山"注册商标，并将"大别山"作为企业字号使

用，其侵权行为已在市场上造成混淆、误认，淡化、贬损了陈某的商标，构成对其商标专用权的侵害及不正当竞争，给其造成了巨大损失。安徽某食品有限公司作为合肥某餐饮管理集团公司的关联公司，也是案件公证时餐饮服务费用的收款方，共同实施了商标侵权行为，应承担连带责任。现根据《商标法》《反不正当竞争法》及相关法律法规、司法解释的规定，请求法院判决支持其全部诉讼请求。

被告合肥某餐饮管理集团公司辩称：（1）其公司系"丽清大别山"文字、图形、字母组合商标注册商标权人，也应受到同等保护。（2）其公司在宣传中使用"大别山餐饮""源自大别山""源自生态大别山""大别山鹅火锅"等，其目的是证明其使用的食材主要来自大别山地区，上述宣传使用是对其注册商标商品来源的合法宣传，不构成商标侵权。（3）陈某的"大别山"文字商标长期处于闲置停用状态，也无证据证明"大别山"商标系知名商标。（4）其公司是经工商管理部门依法核准登记的公司，使用"大别山"作为企业字号不构成不正当竞争。综上，其公司不存在侵犯陈某"大别山"注册商标权的行为，也不构成不正当竞争，陈某主张赔偿经济损失 200 万元及合理开支 39 000 元无任何事实和法律依据，请求驳回陈某的全部诉讼请求。

被告安徽某食品有限公司辩称：陈某要求其公司作为被告承担侵权责任无事实依据和法律理由，未提供相关证据，请求驳回陈某全部诉讼请求。

⊃ 法院查明的事实

一、关于陈某"大别山"商标的注册及使用情况

2004 年 8 月 28 日，原告陈某经国家工商行政管理总局商标局核准注册商标，商标注册号第 33×××84 号，核定服务项目第 43 类：住所（旅馆、供膳寄宿处）；咖啡馆；自助餐厅；餐厅；饭店；自助餐馆；快餐馆；汽车旅馆；酒吧；流动餐饮供应；茶馆，后续展注册有效期至 2024 年 8 月 27 日。

2014 年 5 月 7 日，陈某经国家工商行政管理总局商标局核准注册商标，商标注册号第 11×××19 号，核定服务项目第 43 类：住所（旅馆、供膳寄宿处）；咖啡馆；自助餐厅；餐厅；饭店；自助餐馆；快餐馆；汽车旅馆；酒吧服务；流动饮食供应；茶馆，有效期限自 2014 年 5 月 7 日起至 2024 年 5 月 6 日止。

2016 年 8 月 21 日，陈某经国家工商行政管理总局商标局核准注册商标，商标注册号第 17×××51 号，有效期限自 2016 年 8 月 21 日起至 2026 年 8

月 20 日止。

2002 年 9 月 14 日，安徽某生态娱乐旅游有限公司成立，经陈某许可使用第 33××84 号"大别山"注册商标，许可期限为 2003 年 4 月 15 日至 2008 年 4 月 14 日。安徽某生态娱乐旅游有限公司经营了名为"大别山某美食城"的饭店，并举行了较为隆重的开业典礼，KU6 等视频网站存有大别山某美食城开业典礼的视频，《安徽市场报》亦在 2003 年 4 月 4 日的报纸对此进行了宣传报道。2004 年 11 月 12 日，安徽某生态娱乐旅游有限公司被吊销营业执照。

2015 年 6 月 25 日，安徽陈某智慧餐饮有限公司成立，并经陈某授权许可使用涉案第 33××84 号"大别山"注册商标，许可期限为 2015 年 6 月 25 日至 2019 年 6 月 24 日。该公司登记的住所地位于合肥市庐阳区。

二、合肥某餐饮管理集团公司、安徽某食品有限公司的成立、商标注册及经营情况

2008 年 7 月 11 日，被告合肥某餐饮管理集团公司成立，经营范围如下：餐饮企业连锁经营管理；餐饮管理咨询；餐饮项目策划及投资；食品加工技术咨询及转让；餐饮文化交流及餐饮产品展览；酒店用品、厨房设备及用品销售；投资管理、餐饮服务（限分支机构经营）。目前合肥某餐饮管理集团公司的法定代表人为张某丽，公司注册资本为 5000 万元。

2010 年 6 月 7 日，合肥某餐饮管理集团公司在第 43 类上注册第 68××91 号"丽清大别山"商标。2012 年 3 月 14 日，合肥某餐饮管理集团公司在第 43 类上注册第 90××87 号商标，上述两注册商标服务项目包括：饭店；餐厅；备办宴席；酒吧；快餐馆；提供野营场地设施；养老院；日间托儿所（看孩子）；住所（旅馆、供膳寄宿处）；出租椅子、桌子、桌布和玻璃器皿。

2012 年 2 月 14 日，陈某就第 68××91 号"丽清大别山"商标向国家工商行政管理总局提出异议，国家工商行政管理总局商标局作出（2012）商标异字第 06369 号商标异议裁定，认为"丽清大别山"与陈某引证的"大别山"商标不构成近似，对第 68××91 号"丽清大别山"商标核准注册。

2015 年 11 月 21 日，合肥某餐饮管理集团公司注册了第 15×××88 号商标。2015 年 11 月 28 日，合肥某餐饮管理集团公司注册第 15×××40 号商标。

陈某提供的合肥某餐饮管理集团公司品牌手册载明，"丽清大别山鹅火锅"在全国有 10 余家直营店、600 多家连锁加盟商户。陈某提供的以"丽清大别山鹅火锅"为字号的企业信息查询资料显示，有近 100 家经营者将"丽清大别山鹅火锅"作为字号登记并经营。

2012 年 11 月，"丽清大别山鹅火锅"被安徽省企业品牌调查研究中心、安徽省市场产品质量监督调查办公室、安徽省策划协会品牌专业委员会、工商导报社联合授予"安徽著名品牌"。2017 年 11 月 15 日，合肥某餐饮管理集团公司被安徽第七届中国徽菜博览会组委会、安徽省餐饮行业协会联合授予"2017 安徽省餐饮行业十佳火锅品牌"。2017 年 12 月 7 日，安徽省著名商标评审委员会认定合肥某餐饮管理集团公司使用在饭店餐饮商品（服务）上的"丽清大别山"商标为"安徽省著名商标"（有效期四年）。2018 年 4 月，合肥某餐饮管理集团公司被中国烹饪协会授予"2017 年度中国火锅百强企业"。

安徽某食品有限公司成立于 2015 年 9 月 7 日，经营范围：食品加工、生产；食品销售；食品加工技术咨询转让。

⊃ 法院判决理由与裁判结果

商标是商品或服务的提供者为了将自己的商品或服务与他人提供的同类或者类似商品或服务相区别而使用的标记。商标的首要功能即识别功能，用于区分商品和服务的来源及提供者，因此显著性是商标的本质属性。而商标的显著性源于两方面：一是固有显著性，商标在创设过程中因其读音、图形及文字组合形成的区别其他商品或服务提供者的识别性；二是获得显著性，商标经过长期使用和宣传后形成知名度，消费者据此将商标指代特定商品或服务。因此，在注册商标专用权侵权与否的判断上，不仅要比较相关商标在字形、读音、含义等构成要素上的近似性，还要综合相关商标的显著性、双方经营状况、商标实际使用情况等因素判断是否足以造成消费者对商品或服务的混淆。按此对本案进行分析，难以认定合肥某餐饮管理集团公司构成对陈某"大别山"商标的侵权。

首先，从商标的显著性来看。本案中诉争的"大别山"商标并非臆造字，本身属于山脉名称，从影响力和知名度而言，地理意义上的大别山远比作为餐饮服务商标的"大别山"更加知名。且陈某注册并使用的商标，仅为单纯的"楷体字 +R"的组合方式，即"大别山 R"，未从构成要素、字体、字号、位置等方面进行选择、组合、设计，也未辅以一定的图形，无法将注册商标"大别山"与地名意义上的"大别山"区分开来，该商标从外观识别度较低，"大别山"商标的固有显著性较弱。

《商标法》第 59 条规定，注册商标中含有的本商品的通用名称、图形、型号，或者直接表示商品的质量、主要原料、功能、用途、重量、数量及其他特点，或者含有地名，注册商标专用权人无权禁止他人正当使用。大别山作为山脉名称，横亘安徽、湖北、河南三省，不仅是革命老区，还因山水秀丽、环境优美、自然资源丰富闻名于世，故已成为旅游度假休闲的优选地和农副产品供应地。合肥某餐饮管理集团公司在经营中使用"源自大别山""大别山鹅火锅"等文字时，给消费者更多的联想是大别山本身所具有的人文含义和食材来源地，陈某作为商标专用权人无权禁止合肥某餐饮管理集团公司将"大别山"作为地理名称进行合理使用。

其次，从双方的经营情况来看。陈某称"大别山"注册商标经其使用、推广经营超过十五年，在餐饮行业具有较高的知名度和美誉度。但是，与陈某这一主张并不相符的事实是：在陈某主张使用"大别山"注册商标的企业和其他组织中，成立于 2002 年 9 月 14 日的安徽省某生态娱乐旅游有限公司，在 2004 年 11 月 12 日被吊销营业执照；成立于 2010 年 6 月 30 日的合肥经济技术开发区陈某餐厅，陈某未提供该餐厅使用"大别山"商标的证据，而该餐厅在 2013 年 3 月 19 日也被注销；成立于 2015 年 6 月 25 日的安徽陈某智慧餐饮有限公司，2016 年 11 月 3 日合肥庐阳区人民法院生效文书判决安徽陈某智慧餐饮有限公司的实际经营场所返还给逍遥津街道办事处，安徽陈某智慧餐饮有限公司仍在该处继续经营的事实并不存在；陈某称其将"大别山"注册商标许可使用的六安市裕安区某饭店、霍山县某小吃部在坐落、规模、经营及有关"大别山"商标的使用上并不突出，相关合同的签订、许可费的支付等证据也未形成完整、自洽的证据锁链。故陈某提交的持续使用或许可他人使用"大别山"注册商标的餐馆在数量、规模、经营时间、品牌打造推广上是有限的，并未形成充分的知名度和美誉度。

与之相对比的是，合肥某餐饮管理集团公司旗下"丽清大别山"品牌拥有众多直营店和加盟店，有着较大的市场占有率和影响力，其市场价值亦获得安徽省著名商标评审委员会等社会组织的认可。从双方相对悬殊的比较中很难得出合肥某餐饮管理集团公司混淆攀附陈某"大别山"商标商誉的意义以及造成淡化、贬损了陈某"大别山"商标的结论。

再次，从使用商标的实际情况看。合肥某餐饮管理集团公司实际使用的商标均采用红色粗体美术字体，与陈某"大别山"商标所使用的楷体字并不相同。且"丽清大别山"五个字字体及颜色等方面在视觉上整体统一，并未显著突出其中"大别山"三字，并在"丽清大别山"上使用了注册商标的"R"标志。合肥某餐饮管理集团公司在门店招牌、店内宣传图片以及招商品牌手册的显要位置处明确标注了合肥某餐饮管理集团公司、"丽清大别山鹅火锅"以及图形等来源信息。从陈某与合肥某餐饮管理集团公司经营的餐饮行业类型来看，合肥某餐饮管理集团公司经营的是以鹅为汤底的火锅系列，而陈某主张使用"大别山"商标的餐馆、饭店主要从事烧炒煎炸的传统餐饮，两者虽同为餐饮行业，但在餐饮服务的细分类型上仍存在明显区别。

最后，《商标法》第58条规定，将他人注册商标、未注册的驰名商标作为企业名称中的字号使用，误导公众，构成不正当竞争行为的，依照《反不正当竞争法》处理。因此，将与他人商标相同或近似的文字注册为企业名称使用，是否构成不正当竞争，同样应考虑被控侵权人的主观意图、所涉商标的知名度、相关公众是否可能混淆误认以及被控侵权人是否有正当理由等因素进行判断。考虑到"大别山"本身作为地名的著名性，考虑到陈某围绕"大别山"注册商标商誉打造的有限性，考虑到合肥某餐饮管理集团公司在经营中以相当显著的方式标明其"丽清大别山"注册商标，难以认定合肥某餐饮管理集团公司在注册"大别山"企业名称的行为有攀附陈某"大别山"注册商标的意图和结果。本院认为，在并不至于误导公众的情况下，陈某有关合肥某餐饮管理集团公司构成不正当竞争的主张与上述事实和法律规定不符，亦难获得支持。

综上所述，"大别山"是众所周知的地理名称，其既是革命老区、将军故里、风景胜地、农副产品基地，也是许多人的共同家园，蕴含了诸多人文含义。对"大别山"的热爱应当表达为对它的爱护、建设以及精神传承与发扬上，而不是随心所欲地独占使用，双方当事人对此亦应有充分的认知。

"大别山"注册商标与"丽清大别山"注册商标在"大别山"三字上存在重叠，大别山本身又是地名，且两注册商标核准的服务类别大类相同，这使得陈某与合肥某餐饮管理集团公司在使用各自注册商标法律边界上存在一定的复杂性。考虑到陈某有关"大别山"商标注册和使用在先，合肥某餐饮管理集团公司在今后的经营活动中应秉持诚信的民法原则以更审慎避让的方式保持与陈某"大别山"注册商标的更大区分。

商标权保护的要义在于商标所指向的商品或服务在满足人们消费心理和需求中所表现的商誉价值，而非简单的商标标识本身，因此商标权既不起步于、也不止步于商标注册，对商标权保护的重点在于实际经营中打造和积累的商品、服务的知名度和美誉度。合肥某餐饮管理集团公司在经营中使用国家工商行政管理总局核准注册的"丽清大别山"商标、"源自大别山"等宣传以及将企业名称登记为"合肥某餐饮管理集团公司"并不会导致其提供的商品、服务与陈某的"大别山"商标发生混淆与误认，因而不构成对陈某"大别山"注册商标专用权的侵犯，也不构成不正当竞争。陈某针对合肥某餐饮管理集团公司的诉讼请求不能成立，本院不予支持。

陈某主张安徽某食品有限公司构成商标侵权，陈某并未提供证据证明安徽某食品有限公司实施了商标侵权行为，其提供的合肥高新技术产业开发区丽清大别山鹅火锅店消费POS单仅能证明餐饮费由安徽某食品有限公司收取，与商标侵权并不属于同一法律关系，不能由此证明安徽某食品有限公司与合肥某餐饮管理集团公司共同实施了商标侵权行为。陈某针对安徽某食品有限公司的诉讼请求亦不能成立，本院不予支持。

⟶ 判解与学理研究

驰名商标是一个国际通用的法律概念，在中国主要是指为相关公众广为知晓并享有较高声誉的商标。对驰名商标进行特殊保护，具有制止不正当竞争、保护商标权人合法权益的重大意义。在司法实践中，针对驰名商标的认定及跨类保护纠纷频繁发生。本案是关于驰名商标认定及跨类保护的典型案例之一。以下将结合案件，对驰名商标的认定及跨类保护加以探讨。

一、地理名称商标的保护

"阳澄湖大闸蟹""景德镇陶瓷""金华火腿"均是著名地理标志、其与一般的区别标识不同，地名的背后承载着源远流长的历史故事和人文情怀，有时还可以充当一种品质的证明，使公众感受到亲切或信赖。由于地理名称在人们心中"自带流量"——其具有丰富的意蕴和较一般的臆造商标更高的知名度，借用地理名称更易于帮助经营者赢得市场优势，更快地打响名堂。地理名称商标在不少经营者的眼中都是极佳的选择对象。

（一）国外对地名商标可注册性的态度

地理名称存在其特殊性，不少国家都出于维护公平竞争的需要对地理名称商标的法律保护作出了限制。美国的《兰哈姆法》、欧洲的《欧共体商标指令》均直接或间接地指出地理名称商标不能获得注册而为法律所保护。原因在于：一方面，地理名称商标本身被认为是不具备显著性的。美国著名法官霍姆斯曾表示，个体没有资格对地理名称进行独占，除非有足够的证据证明某一地理名称已经与经营者提供的商品或服务产生联系，导致如果允许其他具有竞争关系的经营者使用该地理标志会令公众对商品或服务的来源发生误认。① 另一方面，对特定的商品或服务来说，地名是有限的甚至是唯一的，而且往往又是产品最能吸引公众注意力之处，因为这些地理名称不仅可能表示产品的质量或其他特征，还可能以其他方式影响消费者的感受。② 若只让一个经营者对特定地名进行垄断使用，并据此限制该地域其他提供相同商品或服务的经营者标示其供给的来源，这会扰乱公平竞争秩序。③

（二）国内地名商标制度的发展历程

早在1988年，我国就在修订《商标法实施细则》时加入了对地理名称商标的规定。为了整治地理名称抢注现象，《商标法实施细则》第6条规定，除了已经核准注册为商标的之外，县级以上（含县级）行政区划名称和公众知晓的外国地名，不得作为商标。为了加大打击力度，1993年《商标法》采纳了该规定，同时规定，若地名具有其他含义，则可以排除在该条的限制范围外。由于集体商标和证明商标的价值逐渐在市场发展的过程中显现，在2001年修改《商标法》时，规定地理名称商标可以注册为证明商标和集体商标。

我国地名商标制度整体的发展过程呈现一种顺应现实需要而发展、"摸着石头过河"的样态，是一种经验的产物。我国地名商标的初始规定，与20世纪80年代人们的经济发展水平、伦理道德规范、意识形态等非正式制度相匹配。④ 规定该制度时，立法者可能认为，将县级以上行政区划当作商标注册，一方面，在无形之中利用了当地官方的权威和声誉，让人们误认为当地政府为该商品或服务的质量背书；另一方面，地理商标所指向的商品或服务并不必然地经过官方检验和保证，经营有道时，得益者是商标权人，若经营不善、供给的商品或服务有质量瑕疵，或者产生与该地名所指地域无关的纠纷，却要在声誉上让政府和该地域为其买单，因而对地理商标注册进行了严格的限制。而后，随着学界探讨的愈加深入和立法、司法实践认识的进一步深化，商标法围绕维护市场公平竞争的最终目的逐步修改、完善，地名商标的规定也发生了改变——如果县级以上行政区划的地名或公众知晓的国外地名具有其他含义或者作为集体商标、证明商标组成部分，则有可能符合商标注册的申请条件。

---

① American Waltham Watch Co.v.United States Watch Co., 53N.E.141, 142, Mass.1899.
② 邓宏光：《论我国地名商标法律制度的完善》，载《内蒙古社会科学》2008年第4期。
③ World Carpets, Inc., v.Dick Littrell's New World Carpets, 438F.2d482, 485, 5th Cir.1971.
④ 邓宏光：《论我国地名商标法律制度的完善》，载《内蒙古社会科学》2008年第4期。

（三）对"其他含义"的理解

值得注意的是，对于上述"其他含义"，学界和实务界似乎都有着不同的理解方式。最关键的问题在于，《商标法》第 10 条第 2 款的情况是否能遵循《商标法》第 11 条的理解路径？换言之，《商标法》第 10 条第 2 款中所指的"其他含义"是否能被理解为，地理名称可以凭借经过长期的善意使用而取得显著性、获得"第二含义"，从而可以作为商标注册呢？

有研究者发现，对于上述的"其他含义"和"第二含义"的关系，在司法实践中至少有四种相异的解读。①其一，认为"其他含义"与"第二含义"含义相同，彼此之间可以相互替换。其二，认为"其他含义"的内涵更丰富，可以包含"第二含义"，也即，如果经过长期善意使用，地名可以因获得显著性而被注册。其三，认为"其他含义"和"第二含义"之间存在明确的界限，出于维护公序良俗，地名不可以因使用而获得"第二含义"。其四，选择回避解释二者之间的关系。这些分歧出于对《商标法》第 10 条和第 11 条体系理解的不一致，以及语言本身带有的模糊性。由于地理名称作为商标能够为经营者节省宣传投入，带来的经济利益也十分可观，同时并非每个经营者都有足够的商标意识和清晰的法律认知，因此在实践中，依旧存在以县级以上行政区划的地名和公众知晓的外国地名为商标的做法。如前所述，地理名称商标问题与市场秩序息息相关，县级以上行政区划的地名和公众知晓的外国地名是否通过使用而取得，都是立法界、学界和司法实践不能绕开的问题，有待讨论和明确规定。

回归本案，争议商标和引证商标中都含有地名。原告的商标"大别山"是直接引用地名"大别山"，而被告的商标"丽清大别山"则是将地名"大别山"作为其商标的一部分。就两个商标的可注册性而言，可以直接从文义解释得到回答。依据《商标法》第 10 条第 2 款，不得作为商标注册的地名要求是"县级以上行政区划的地名或者公众知晓的外国地名"。"大别山"虽是地名，但其并非县级以上行政区划的地名，甚至并非由行政区划而来——其为一片山地的名称。因此，从合法性而言，"大别山"并不存在《商标法》第 10 条第 2 款不允许注册的情节，也符合《商标法》中其他对注册商标的要求，因而本案的两个涉案商标注册合法有效。

---

① 熊文聪：《词与物：地名的不可商标性反思》，载《交大法学》2020 年第 2 期。

二、地名注册商标保护之限制

虽然非县级以上行政区划的地名和非公众知晓的外国地名并不在《商标法》禁止注册的范围之内，但是由于地名本身的特殊性，法律对其保护范围并不像一般的商标那样广泛，而是有一定的限制。

（一）地名注册商标保护限制的法律依据

我国《商标法》第59条第1款规定："注册商标中含有的本商品的通用名称、图形、型号，或者直接表示商品的质量、主要原料、功能、用途、重量、数量及其他特点，或者含有的地名，注册商标专用权人无权禁止他人正当使用。"没有前述的"第二含义"和"其他含义"之间关系属性模糊不清，本条明确地指出含有地名的注册商标无权禁止他人正当使用。

（二）地名注册商标保护限制的法理正当性

该种限制具有正当性。首先，这种限制能够防止地名商标权利人滥用商标权。把地名商标纳入法律的保护范围，其本意是对其在该商标上凝结商业信誉的投入和劳动的肯定，防止其他经营者"搭便车"，维护市场公平竞争。但是，如果地名商标权利人借此机会限制其他经营者在非商标含义上使用地名，则可能导致排除、限制竞争的结果——地名商标所引用的地名一般与其产地有关，承载着历史和人文情怀，或者产出与商标所用的地名的该类商品品质在公众认知里面一般都有较为正面的评价。如果禁止其他经营者在描述商品时使用该地名，不但有可能导致其他经营者不能够在描述产品质量的场合表达产品的优势，甚至有可能导致其他经营者无法正常描述该商品的产地，从而对其他经营者的经营和良性市场竞争产生阻碍。其次，限制地名注册商标是一种公平、合理地分享公共资源的方式。由于地名是公共领域中的元素，属于公共资源，只是为了合理维护商标权人的市场地位和竞争优势才例外地进入了商标法意义上的独占范围，如果不分情况地赋予商标权人以使用地名的垄断权，则有可能妨碍其他经营者和公众的言论自由。

本案中，一方面，结合原告提出的证据状况，大别山作为地理名称，一方面其并非源于臆造，其地理意义远比作为商标意义更为公众所熟知。另一方面，在原告和被告的商标使用场合，给公众更多的联想是其本身负载的人文意蕴和双方食材的采用地，同时在实际使用情况中，两涉案商标的视觉效果明显相异，因而被告的行为不会导致对商品和服务来源地的混淆或误认，不存在给原告带来损害的情况，因此，原告无权禁止被告以地名的方式合理使用"大别山"。

三、结论

本案中，原告的商标包含地名，虽然行政机关予以注册，但是由于地名商标的特殊性，出于对公共利益的考量，需要对地名商标进行一定的限制。依据《商标法》第59条，原告无权禁止被告在地名的意义上对"大别山"进行合理使用。

商标先用权抗辩的认定

——南通某船务公司与上海某企业发展公司等侵害商标权纠纷案

/ 杨洵

➲ 本案要旨

为保护他人诚实经营而付出的劳动和积累的商誉，我国《商标法》第59条第3款规定了商标先用权制度。构成商标法该条规定上的在先使用需要综合考虑：使用人的商标使用行为早于商标权人的商标注册申请；使用人的商标使用行为早于商标权人对注册商标的使用；商标构成相同或近似，且使用的商品类别亦属相同或类似；使用人实际使用的商标具有一定影响；使用人在原有范围内使用。从我国商标在先使用抗辩制度的目的出发，商标在先使用人的继受人应当有权主张受让商标的在先使用抗辩：一是市场秩序中保护商誉和业务的需要，如果不允许继受人主张在先使用抗辩，可能导致没有市场主体继受相关业务；二是继受者本质上是对商标在先使用人实体业务的承继。

➲ 案件信息

上诉人（一审原告）：南通某船务公司

被上诉人（一审被告）：上海某企业发展公司、上海某有限公司、广州某皮具公司

案号：上海市浦东新区人民法院（2016）沪0115民初45436号、上海知识产权法院（2017）沪73民终65号

➲ 上诉主张及理由

南通某船务公司向一审法院起诉请求：（1）判令上海某企业发展公司、上海某有限公司、广州某皮具公司立即停止对南通某船务公司享有的第×1号注册商标专用权的侵害；（2）判令上海某企业发展公司、上海某有限公司、广

州某皮具公司共同在《中国知识产权报》和《新民晚报》上登报赔礼道歉、消除影响；（3）判令上海某企业发展公司、上海某有限公司、广州某皮具公司就侵犯南通某船务公司注册商标专用权的商品的生产、销售行为连带赔偿南通某船务公司损失 30 万元。一审庭审中，南通某船务公司另主张即使上海某企业发展公司在南通某船务公司商标注册申请前就已经使用上述标识，也应在后续使用中附加适当标识区分商品来源。

上诉人南通某船务公司上诉请求：撤销一审判决，依法改判支持上诉人一审中的诉讼请求。事实和理由如下：第一，一审法院认定事实错误。上海某企业发展公司与上海雄某服饰制衣有限公司（以下简称雄某公司）、上海博某西尼服饰有限公司（以下博某西尼服饰公司）无法律上的继承关系。上海某企业发展公司一审中所列的雄某公司、上海博某西尼服饰公司实施的所谓在先使用行为，与上海某企业发展公司无关。一审法院认为上海某企业发展公司的行为是善意的，但在上诉人申请商标之初，上海某企业发展公司就知晓其在第 18 类皮具商品上不可以再使用该商标进行生产销售，而上海某企业发展公司却仍然订立合同扩大生产销售，其侵权行为具有主观故意。第二，一审法院适用法律错误。（1）上海某企业发展公司主张商标在先使用不符合时间要件。上诉人的商标申请日期是 2012 年 1 月 10 日，初审公告日期是 2012 年 12 月 20 日，注册公告日期是 2013 年 3 月 21 日。上海某企业发展公司受让获得的仅是第 25 类的"博格西尼""BOGEASENI"商标专用权，而不是第 18 类皮具商品的商标专用权，且"在先使用权"不存在转让问题。不能将雄某公司和博某西尼服饰公司的使用行为等同于上海某企业发展公司的在先使用行为。（2）在先使用商标已经超出原有使用范围。上海某企业发展公司与广州某皮具公司于 2013 年 1 月 29 日签订采购合同的行为在上诉人的商标申请日和初审公告日之后，且生产的商品不同于上海某企业发展公司在上诉人申请日前生产的商品，超过了原有的生产范围且是扩大了生产范围。（3）在先使用商标不具有影响力。上海某企业发展公司在上诉人申请日之前签订的两份委托加工合同金额不到人民币 12 万元，皮具产品数量共计 270 只，这样的生产销售规模不能说明其具有影响力。上海某企业发展公司提供的证据不能证明其持有的第 25 类商标具有影响力，且上海某企业发展公司的宣传资料上宣传的商品是第 25 类服饰类商品，其中出现的皮包产品仅为拍摄需要的道具、辅助饰品，不能满足"使用人实际使用的商标具有一定影响"的要件。因此，上海某企业发展公司的在先使用抗辩不能成立，且上海某企业发展公司的行为构成侵权。在此基础上，上诉人对被上诉人上海某有限公司、广州某皮具公司的诉讼请求也应当得到支持。

被上诉人上海某企业发展公司辩称：不同意上诉人的上诉请求，一审法院查明事实清楚，适用法律正确。第一，关于上海某企业发展公司的历史发展及承继关系。雄某公司于 2001 年 1 月 14 日注册了第 ×2 号、第 ×3 号商标，后为将字号与企业商标统一，凸显主营品牌效应，注册成立了博某西尼服饰公司，经营范围与雄某公司基本相同，主营业务相同。2002 年 5 月 15 日，博某西尼服饰公司受让取得了第 ×2 号、第 ×3 号商标。后因杨浦区五角场经济园区招商，对于新注册企业给予扶持，2009 年 9 月 28 日注册成立了上海某企业发展公司，经营范围与雄某公司、博某西尼服饰公司基本相同，主营业务相同。2010 年 10 月 20 日，上海某企业发展公司受让取得了第 ×2 号、第 ×3 号商标，上海某企业发展公司与博某西尼服饰公司共同经营直至 2014 年 4 月博某西尼服饰公司注销。上述三公司的实际控制人均为谢某英、林某长，且企业发展历程符合承继的内在关系，对于涉案商标的使用存在在先使用的客观事实。第二，上述三公司将"博格西尼""BOGEASENI"主要使用在服饰上，同时使用在皮具、皮包上，为善意使用，且为两商标的推广宣传付出了巨大的成本，取得了一定的影响和较好的声誉。第 ×2 号、第 ×3 号商标注册、使用和转移发生在关联公司之间，且早于上诉人的注册商标，甚至早于上诉人的成立时间。同时，上海某企业发展公司的在先使用权抗辩是基于已经发生的事实，而非在上诉人商标注册后，将在先使用权授权他人进行生产销售。第三，上诉人购买的商品是由上海某企业发展公司委托广州某皮具公司生产的，合同签订时间为 2013 年 1 月 29 日，早于上诉人商标核准注册日期。2013 年 4 月 19 日后，上海某企业发展公司对该批商品进行了展示销售，此时上海某企业发展公司对"博格西尼""BOGEASENI"商标在第 18 类上的使用已经持续了 10 年左右，且积累了良好的商誉，而上诉人首次使用其商标是在 2013 年 10 月 10 日。第四，上海某企业发展公司授权他人生产"博格西尼""BOGEASENI"商标的皮包、钱包、皮带主要发生在 2004 年至 2013 年，涉案商品的委托生产是最后一次，共计 430 件，从 2013 年 4 月一直销售至开庭前，之后从未委托他人进行生产销售涉案商品，上诉人认为上海某企业发展公司扩大生产销售是没有依据的。综上，请求法院驳回上诉人的上诉请求，维持原判。

被上诉人上海某有限公司辩称：同意上海某企业发展公司的答辩意见。

被上诉人广州某皮具公司辩称：同意上海某企业发展公司和上海某有限公司的意见。

⊃ 法院查明的事实

南通某船务公司于 2012 年 1 月 10 日申请，并于 2013 年 3 月 21 日经国家工商行政管理总局商标局（以下简称商标局）核准，在第 18 类手提旅行包（箱）、钱包（钱夹）、背包、公文包、旅行用具（皮件）等商品上注册了第 ×1 号商标，注册有效期限至 2023 年 3 月 20 日。

2013 年 10 月 10 日，南通某船务公司与广州市鸿某皮具有限公司签订《真皮票夹委托加工协议》。在 2014 年 4 月 27 日至 2016 年 5 月 20 日间，南通某船务公司又多次委托南通吉某来工艺品有限公司、南通尚某贸易有限公司代为加工箱包产品。在南通某船务公司的公文包、票夹产品正面，标有"BO-GEASENI"字样的烫印 LOGO，在吊牌、合格证和票夹内侧卡位上标有"/"及"精品皮具"字样。南通某船务公司的销售途径主要包括：（1）网络销售；（2）在召开会议、商场举办活动时开设临时专柜；（3）与义乌小商品市场等商品集散市场的销售柜台建立进货销售关系；（4）通过熟人关系介绍销售或由客户单位订购作为礼品之用。

南通某船务公司主要通过平面媒体投放广告。2014 年 7 月至 2016 年 3 月间，南通某船务公司先后通过南通有某广告有限公司、南通天某广告有限公司等，以制作灯箱广告、户外广告栏及发放宣传单等形式宣传其皮具产品。此外，南通某船务公司在 2015 年 12 月 26 日的《扬子晚报》B8 版公告栏、2016 年 3 月 14 日第 479 期《众合信息分类广告》A2 版刊登了纸媒广告。通过经营和宣传推广，南通某船务公司在 2013 年 11 月至 2016 年 7 月间先后向七十余家单位和个人销售手包、票夹、手提公文包等产品。

2001 年 1 月 14 日，经商标局核准，雄某公司在第 25 类的服装、衬衫、鞋（脚上的穿着物）、领带、皮带（服饰用）等商品上注册了第 ×2 号"博格西尼"商标和第 ×3 号"BOGEASENI"商标，上述商标有效期至 2011 年 1 月 13 日。

2001 年 11 月 30 日，案外人林某长、谢某英共同出资设立博某西尼服饰公司。在办理企业名称预先核准过程中，雄某公司出具《授权书》，同意将"博格西尼"作为名称授权谢某英等用作组建博某西尼服饰公司之用。2002 年 5 月 13 日，博某西尼服饰公司从雄某公司处受让取得第 ×2 号、第 ×3 号注册商标。2010 年 9 月 19 日，经续展注册，上述商标的注册有效期延长至 2021 年 1 月 13 日。博某西尼服饰公司另于 2002 年 9 月 25 日向商标局申请在第 25 类商品上注册商标，但该申请于 2004 年 2 月 23 日被驳回。

2009 年 9 月，博某西尼服饰公司与案外人谢某英、林某共同出资设立上海某企业发展公司。2010 年 10 月 20 日，上海某企业发展公司从博某西尼服饰公司处受让取得第 ×2 号、第 ×3 号注册商标。

博某西尼服饰公司、上海某企业发展公司在作为第 ×2 号、第 ×3 号注册商标专用权人期间，除经营服装销售业务外，还从事博格西尼系列皮具产品的委托生产和销售。2004 年与 2007 年，博某西尼服饰公司两次与汕头市某山皮具实业有限公司签订《合同书》，委托后者代为生产皮带、皮包及钱包。2010 年 2 月，上海某企业发展公司与广州马某加贸易有限公司签订《委托加工协议书》。2011 年 2 月，上海某企业发展公司与广州羽某皮具有限公司签订《委托加工协议书》。2013 年 1 月 29 日，上海某企业发展公司与广州某皮具公司签订采购合同，委托其代为生产牛皮手挽挎包 120 只、钱包 180 只、手抓包 30 只和钥匙包 100 只，共计价款 86 020 元。在博格西尼皮具商品的吊牌上，标注有 "BOGEASENI" "博格西尼" 的中英文字样，商品吊牌上所标注的 "BOGEASENI" 字样在 "BOGEA" 与 "SENI" 两部分间存在较为明显的空格分隔。

2011 年 8 月、2012 年 8 月，博某西尼服饰公司分别与上海某有限公司签订《联销续签合同》，有效期分别为 2011 年 9 月 1 日至 2012 年 3 月 31 日、2012 年 9 月 1 日至 2013 年 3 月 31 日。在上海某企业发展公司网站中，还宣传其在全国各地的大型百货公司开设了数十家专柜销售博格西尼系列男装，其中亦包含相关男士皮具商品。

为推广博格西尼品牌，博某西尼服饰公司、上海某企业发展公司持续通过互联网、电视媒体投放广告及参加展会等形式进行品牌宣传。

博格西尼系列产品在 2008 年、2009 年、2011 年、2012 年、2013 年还分别通过画册形式展示产品外观和品牌元素，画册封面突出使用了 "BOGEASENI" 字样，品牌介绍页中使用了 "博格西尼" 和 "BOGEASENI" 中英文字样，产品宣传页中除服饰外还包括手提包、皮带、皮鞋、钱包、钥匙包等皮具。

博某西尼服饰公司于 2014 年 6 月 23 日注销。

➲ 法院判决理由与裁判结果

一、一审法院

一审法院认为：依据《商标法》第 59 条第 3 款之规定，商标注册人申请商标注册前，他人已经在同一种商品或者类似商品上先于商标注册人使用与注册商标相同或者近似并有一定影响的商标的，注册商标专用权人无权禁止该使用人在原使用范围内继续使用该商标，但可以要求其附加适当区别标识。据此，构成商标法意义上的在先使用抗辩须满足以下五方面要件：（1）使用人的商标使用行为早于商标权人的商标注册申请；（2）使用人的商标使用行为早于商标权人对注册商标的使用；（3）使用人实际使用的商标与商标权人注册的商标构成相同或近似，且使用的商品类别亦属相同或类似；（4）使用人实际使用的商标具有一定影响；（5）被控侵权行为属于使用人在原有范围内使用行为的延续。根据本案查明的事实，上海某企业发展公司提出的在先使用抗辩符合上述构成要件，理由如下：

1. 博某西尼服饰公司自 2004 年开始即委托第三方代为生产博格西尼男式手拿包、公文包、票夹、钱包及背包等商品，并以其所享有的"博格西尼""BOGEASENI"注册商标为基础，在上述商品的委托生产、销售和宣传推广过程中使用"博格西尼"和"BOGEASENI"标识。此时，南通某船务公司尚未设立，因此博某西尼服饰公司的上述标识使用行为系基于善意。上海某企业发展公司自 2010 年 10 月受让"博格西尼""BOGEASENI"商标后，继续从事上述博格西尼系列商品的委托生产、销售和推广，也未改变对"博格西尼"和"BOGEASENI"标识的使用方式。此时，南通某船务公司尚未提出其商标注册申请，因此上海某企业发展公司的上述标识使用行为亦基于善意，并非出于"搭"南通某船务公司注册商标"便车"之目的。同时，考虑到第25类商品中的服装、皮带与第18类商品中的手提包、钱包等在男装经营中确有较为紧密的关联，通常情况下男装专卖店将上述商品作为男式系列服装及配饰作整体性销售，故博某西尼服饰公司与上海某企业发展公司虽未注册相关商标，但在相关男式手拿包、公文包、票夹、钱包及背包等商品上持续使用"博格西尼"和"BOGEASENI"标识具有充分、正当的理由。

博某西尼服饰公司及上海某企业发展公司对"博格西尼"和"BOGEASE-NI"标识的使用已构成商标法意义上的商标使用行为。同时，上海某企业发展公司对博某西尼服饰公司之前持续使用上述标识行为所产生的合法利益可予承继，理由如下：首先，博某西尼服饰公司及上海某企业发展公司使用上述标识皆出于善意，其销售目的一致，上述标识持续使用过程中亦未扩大使用商品的范围；其次，在上述标识使用过程中，尽管"博格西尼""BOGEASENI"注册商标的权属主体发生了转移，"博格西尼"和"BOGEASENI"标识的使用主体发生了变化，却并未阻断"博格西尼"和"BOGEASENI"标识在博格西尼系列商品上持续使用的事实，其使用行为并未因主体更迭而中断；最后，博某西尼服饰公司系上海某企业发展公司设立时股东，两公司间存在部分股东重合与业务承继的关系，商标权转让的过渡期间两公司还存在共同经营博格西尼系列商品的事实。因此，虽经营主体发生更迭，但这是两公司实际控制人利用不同主体持续经营博格西尼系列商品的结果，其行为具有持续性。故，基于博某西尼服饰公司及上海某企业发展公司对"博格西尼"和"BOGEASENI"标识的使用均基于善意，两公司的使用行为具有持续性，且两公司存在特定关联，上海某企业发展公司可承继博某西尼服饰公司之前持续使用上述标识行为所产生的合法利益。

商标法关于在先使用抗辩的规定意在解决当注册商标专用权人的权利与他人的正当利益发生冲突时如何平衡各方利益、保证公平竞争的问题。上海某企业发展公司基于其享有权利的"博格西尼""BOGEASENI"注册商标，善意地在其经营男装相关联的男式手拿包、公文包、票夹、钱包及背包等商品上持续使用"博格西尼"和"BOGEASENI"标识，此行为并非出于"搭便车"之目的。同时，上海某企业发展公司对博某西尼服饰公司之前持续使用上述标识行为所产生的合法利益可予承继，故上海某企业发展公司可取得该标识自使用之始所积累的商誉以及相关合法利益，其中当然也包括得以在先使用为由对抗商标权人侵权指控的权利。故上海某企业发展公司所主张的在先使用行为的时间起点可追溯至2004年，该时间点早于南通某船务公司的企业设立时间，也早于以南通某船务公司作为申请人申请注册第×1号商标的日期，以及2013年10月10日南通某船务公司以委托加工票夹的形式首次使用该商标的时间点，符合前述商标在先使用抗辩的第1、2项构成要件。

2. 南通某船务公司第×1号注册商标由英文"BOGEASENI"和中文"博格·西尼"字样组成，两部分依次上下排列。上海某企业发展公司使用的"BOGEASENI"标识与南通某船务公司注册商标中的英文部分相同，"博格西尼"标识则与中文部分仅存在有无分隔符之差别。以相关公众的一般注意力为标准进行判断，容易对商品来源产生误认或认为其来源与南通某船务公司注册商标的商品存在特定联系，故与南通某船务公司的注册商标属近似商标。与此同时，上海某企业发展公司就"博格西尼"和"BOGEASENI"标识的实际使用商品为男式手拿包、公文包、票夹、钱包及背包等，属于南通某船务公司第×1号注册商标核定使用的相同或类似商品，故符合前述商标在先使用抗辩的第3项构成要件。

3. 博某西尼服饰公司与上海某企业发展公司在使用"博格西尼"和"BO-

GEASENI"标识的过程中，通过其持续十数年的经营活动和一定范围内的推广宣传，使"博格西尼"和"BOGEASENI"标识与其商品来源之间建立了明确的指向关系，使相关公众对上述标识及其指向的商品形成了显著的认知和认可，并累积了较好的商誉，具有了一定的影响。同时除在男装及相关男士皮具商品上持续使用"博格西尼"和"BOGEASENI"标识外，上海某企业发展公司并未随意拓展其使用范围，故上海某企业发展公司行为亦符合前述商标在先使用抗辩的第 4 项、第 5 项构成要件。

综上，上海某企业发展公司在手拿包、公文包、票夹、钱包及背包等男式商品上使用"博格西尼"和"BOGEASENI"标识的行为具有在先使用的正当性，故南通某船务公司关于上海某企业发展公司侵害其第 ×1 号注册商标专用权的主张依法不能成立。基于上述前提，广州某皮具公司接受上海某企业发展公司委托为其生产博格西尼商品，上海某有限公司以联销合同形式为上海某企业发展公司设立专柜提供经营场所、销售上海某企业发展公司的商品，亦未侵害南通某船务公司第 ×1 号注册商标专用权。因此，南通某船务公司要求上海某企业发展公司、广州某皮具公司、上海某有限公司停止侵害，登报赔礼道歉、消除影响，以及赔偿因侵权行为造成的经济损失及合理开支的诉讼请求没有法律依据，一审法院不予支持。但南通某船务公司现享有第 ×1 号注册商标专用权确属事实，故依据《商标法》第 59 条第 3 款的规定，上海某企业发展公司只能在原有商品使用范围内继续使用上述标识。同时，为区分商品来源、避免混淆，对南通某船务公司要求上海某企业发展公司在商标使用过程中附加区别标识的主张，一审法院予以支持。故上海某企业发展公司如在后续的经营活动中继续在手拿包、公文包、票夹、钱包及背包等男式商品上使用"博格西尼"和"BOGEASENI"标识，应当附加适当的区别标识，对其与南通某船务公司商品的来源加以明确区分。

一审法院依照《商标法》第 59 条第 3 款，《最高人民法院关于审理商标民事纠纷案件适用法律若干问题的解释》第 9 条、第 10 条、第 11 条第 1 款之规定，判决：一、上海某企业发展公司在原有使用的商品范围内将"博格西尼"和"BOGEASENI"标识作为商标性使用时应附加适当区别标识；二、驳回南通某船务公司的其余诉讼请求。一审案件受理费 5 800 元，由南通某船务公司负担。

二、二审法院

二审法院认为：我国《商标法》第 59 条规定，商标注册人申请商标注册前，他人已经在同一种商品或者类似商品上先于商标注册人使用与注册商标相同或者近似并有一定影响的商标的，注册商标专用权人无权禁止该使用人在原使用范围内继续使用该商标。

（一）关于上海某企业发展公司是否有权主张商标在先使用抗辩

1. 商标在先使用抗辩主体范围的界定

上诉人认为，上海某企业发展公司系受让取得被控侵权标识，其无权主张商标在先使用抗辩，而上海某企业发展公司辩称其系原在先商标使用人博某西尼服饰公司的继受者，有权主张商标在先使用抗辩。对于上海某企业发展公司能否主张商标在先使用抗辩，涉及如何界定《商标法》第59条所规定的商标在先使用抗辩的主体范围。

商标在先使用人本人有权在原有范围内继续使用商标自无异议，但对于商标在先使用人本人之外的主体能否主张商标在先使用抗辩，则需回到我国商标法设立商标在先使用制度的目的来进行分析和判断。设立商标在先使用制度是为了平衡商标在先使用人和注册商标专用权人之间的利益，保护那些已经在市场上具有一定影响但未注册的商标所有人的权益。但同时我国是以商标注册制度为主，虽然法律上有必要给予在先使用的未注册商标一定的保护，但保护水准不宜过高，以免冲击到注册制这一商标管理中的基本制度。对于商标在先使用人本人之外的主体，其是否有权主张在先使用抗辩同样需要在维护商标注册制度稳定的框架下，对商标在先使用人和注册商标专用权人之间进行利益平衡。

本院认为，商标在先使用人的继受人有权主张商标在先使用抗辩。理由在于：一方面，商标在先使用制度既是对善意的商标在先使用人利益的一种适度维护，也是对既存的商标市场秩序的一种维护。当商标在先使用人因各种原因不愿或无法继续经营时，如果不允许商标在先使用人的继受人主张在先使用抗辩，则可能导致市场上没有主体愿意继受在先商标使用人的业务，基于在先商标所积累的经营成果和商誉只能任由其自行消逝，这对商标在先使用人是极不公平的。另一方面，商标在先使用人的继受者本质上并不是对商标在先使用权的受让，而是对商标在先使用人实体业务的承继，在此情况下允许继受者主张商标在先使用通常并不损害注册商标权人的利益。在综合考量注册商标权人利益和商标在先使用人利益的情况下，应当允许商标在先使用人的继受者主张商标在先使用抗辩。

2. 上海某企业发展公司与在先商标使用人是否具有实际的继受关系

上诉人认为，上海某企业发展公司仅是在先使用商标的受让人，其与在先商标使用人并无继受关系。本院认为，2009 年博某西尼服饰公司与其股东谢某英、案外人林某共同出资设立上海某企业发展公司，并于 2010 年将其在第 25 类上的注册商标转让给上海某企业发展公司。在法律关系上，博某西尼服饰公司与上海某企业发展公司之间具有紧密的关联关系。从经营过程来看，博某西尼服饰公司于 2011 年 8 月、2012 年 8 月先后与上海某有限公司签订《联销续签合同》，设立专柜销售博格西尼品牌产品。在 2014 年博某西尼服饰公司注销后，2015 年 3 月，由上海某企业发展公司与上海某有限公司签订《联销续签合同》，继续在原专柜从事经营活动，该合同所约定的经营地点及所经营的品牌产品与前述合同一致。显然，在博某西尼服饰公司注销后，上海某企业发展公司与上海某有限公司续签合同继续在原专柜从事经营活动，其与博某西尼服饰公司在经营业务上具有实际的继受关系。如前所述，在先商标使用人的继受者可主张商标在先使用抗辩，本案中上海某企业发展公司与博某西尼服饰公司有实际业务的继受关系，故其有权主张商标在先使用抗辩。

（二）关于在先使用商标是否具有一定影响力

上诉人认为上海某企业发展公司的宣传资料上宣传的商品是第 25 类服饰类商品，其中出现的皮包产品仅为拍摄需要的道具、辅助饰品，因此，上海某企业发展公司相关品牌宣传的证据不能证明其在第 18 类的皮具上属于"有一定影响的商标"。本院认为，在案证据显示，博某西尼服饰公司在实际经营中除销售男装外，还销售箱包、皮包和皮具。在广告宣传中，也将服装与皮具产品进行共同展示宣传。博某西尼服饰公司长期在服装、箱包、皮具上使用被控侵权标识，已使得该标识与其服装、皮包等产品来源之间形成了一定联系，且累积了较好的商誉，具有一定影响力。故本院认为在先使用商标在箱包、皮具等产品上具有一定的影响力，对于上诉人的相关上诉意见不予采纳。

（三）关于在先使用商标是否超出原使用范围

上诉人认为上海某企业发展公司与广州某皮具公司于 2013 年 1 月 29 日签订采购合同生产的商品不同于上海某企业发展公司在涉案商标申请日前生产的商品，超过了原有的生产范围且扩大了生产范围。对此，本院认为，根据一审查明事实，博某西尼服饰公司 2004 年委托生产的商品为皮带、皮包及钱包，上海某企业发展公司委托广州某皮具公司生产的商品并未超过上述商品范围，且博某西尼服饰公司已实际销售贴附有在先商标的皮包、皮具等产品。上海某企业发展公司与博某西尼服饰公司具有业务上的继受关系，其在皮包产品上使用在先商标并未超过原使用范围。对上诉人的相关上诉意见，本院不予采纳。

综上，上海某企业发展公司主张商标先用权抗辩成立，南通某船务公司无权禁止上海某企业发展公司在原使用范围内继续使用该商标。

二审法院依照《民事诉讼法》第 170 条第 1 款第 1 项规定，判决：驳回上诉，维持原判。

➔ 判解与学理研究

本案是针对民商事侵权诉讼中的商标先用权抗辩引发的纠纷。商标先用权是指商标先使用人对注册商标专用权人禁止权的抗辩权，从积极内容看，商标先使用人仍可以继续使用商标。[①] 商标先用权抗辩需要满足一定的要件，具体包括使用人的商标使用行为早于商标权人的商标注册申请和商标权人对注册商标的使用；商标的构成、外观相同或近似，使用的商品或服务类别相同或类似；在先使用人实际使用的商标具有一定影响力；在先使用人在其原有的使用范围内使用；在先使用人主观上是善意的。本案的启示在于如何具体判断上述要件是否符合。其中，"一定影响"是指在先使用的商标在特定地域内为相关公众所熟知，具有较高知名度；"原有范围"的判断，应当综合考虑主体范围、客体范围、商品或服务类别的范围、地域范围等因素作出判断。在判断"原有范围"中的主体范围时，应当认定在先使用人的业务继受者有权提出在先使用权抗辩。

一、商标先使用权的性质

根据《商标法》第 59 条第 3 款规定："商标注册人申请商标注册前，他人已经在同一种商品或者类似商品上先于商标注册人使用与注册商标相同或者近似并有一定影响的商标的，注册商标专用权人无权禁止该使用人在原使用范围内继续使用该商标，但可以要求其附加适当区别标识。"该款可以视为商标侵权行为的例外之一，是对注册商标专用权的限制。关于商标在先使用权的制度意义，有学者认为是为了业已形成的商标所承载的商品或服务的良好名声和商业信誉。[②] 同时，该制度能够平衡未注册商标人使用商标投入的成本以及商标权人注册商标的商标专用权、商标禁止权，是商标注册制度下对商标使用的再肯定，有利于对已经产生价值的商标进行保护。[③]

---

① 杜颖：《商标先使用权解读：〈商标法〉第 59 条第 3 款的理解与适用》，载《中外法学》2014
年第 5 期。

②［日］纲野诚：《商标》，有斐阁 2002 年版，第 780~781 页。

③ 芮松艳、陈锦川：《〈商标法〉第 59 条第 3 款的理解与适用——以启航案为视角》，载《知识
产权》2016 年第 6 期。

二、商标在先使用抗辩的认定因素

（一）商标注册人申请日前，先使用人已经使用商标

先用权抗辩是否成立的时间点为"申请日前"。在实践中，由于市场瞬息万变，很多市场主体往往是在经营规模达到一定程度后才申请注册商标，因而商标注册时间晚于使用时间，此时相关标识可能为其他市场主体所注册，为了保护使用人的经营投入成本，商标法中将在先使用的时间点界定为注册商标的申请日之前。

本案中，上海某企业发展公司所主张的在先使用行为的时间起点可追溯至 2004 年，该时间点早于南通某船务公司的企业设立时间，也早于以南通某船务公司作为申请人申请注册引证商标的日期，以及 2013 年 10 月 10 日南通某船务公司以委托加工票夹的形式首次使用该商标的时间点，因此满足第一个构成要件。

（二）使用人实际使用的商标与商标权人注册的商标构成相同或近似，且使用的商品类别亦属相同或类似

在非驰名商标的保护范围中，近似商标和类似商品是以注册商标和核准使用的商品为基准。[①] 这是因为如果两枚不同的非驰名商标使用在种类不同或不相似的商品或服务类别中，一般不会导致消费者、竞争者等相关公众对商品或服务来源产生混淆误认。[②] 近似商标和类似商品的判断均需要基于相关公众的一般注意力标准。

本案中，南通某船务公司的争议商标由英文"BOGEASENI"和中文"博格·西尼"字样组成，两部分依次上下排列。上海某企业发展公司使用的"BOGEASENI"标识与南通某船务公司注册商标中的英文部分相同，"博格西尼"标识则与中文部分仅存在有无分隔符之差别。法院认为，相关公众施以一般的注意力，容易对商品来源产生误认或以为商品的来源和南通某船务公司存在特定关系，故争议商标与引证商标属于近似商标。同时，上海某企业发展公司就"博格西尼"和"BOGEASENI"标识的实际使用商品为男式手拿包、公文包、票夹、钱包及背包等，属于南通某船务公司争议商标核定使用的相同或类似商品，故符合前述商标在先使用抗辩的第二个构成要件。

[①]　蔡中华、王欢：《"商标共存"制度之法律质疑》，载《法学杂志》2015 年第 4 期。

[②]　杜颖：《商标先使用权解读：〈商标法〉第 59 条第 3 款的理解与适用》，载《中外法学》2014年第 5 期。

（三）在先使用商标是否具有一定影响力

我国商标法中要求商标在先使用抗辩的结果要件是"产生了一定影响"。"一定影响"的内涵应当与驰名商标中的"为相关公众所熟知"有所不同，这是因为如果在先使用的商标达到为公众所熟知的程度，则应当作为驰名商标进行保护。[①]关于"一定影响"的认定，可以参照《商标审查审理指南》的规定，已经使用并有一定影响的商标是指在中国已经使用并为一定地域范围内相关公众所知晓的未注册商标，同时需要按照个案情况综合认定以下因素：（1）相关公众对该商标的知晓程度；（2）该商标使用的持续时间和地理范围；（3）该商标广告宣传的时间、方式、程度、地理范围；（4）其他使该商标产生一定影响的因素。关于一定地域范围的大小程度没有一定的标准，但可以肯定的是如果商标使用的地域范围过于狭小，先使用人则无法援引先使用抗辩权。在判断是否"有一定影响"时，应当具体考量时间、地域、传媒影响力、商品属性及相关公众等因素。[②]

本案中，博某西尼服饰公司实际经营的范围包括男装、箱包、皮包和皮具，同时将上述几种商品种类共同展示宣传，其长期在上述商品中使用被诉侵权标识，使得涉案标识与上述产品产生了稳定的联系和唯一的对应，积累了较好的商誉，因此在先使用商标在箱包、皮具等产品上具有一定的影响力，满足在先商标合理使用的第三个构成要件。

（四）商标先使用人在原使用范围内继续使用

1. 在先使用抗辩的主体范围

关于在先使用抗辩的主体范围，存在较大争议的是：在先使用人本人之外的其他主体是否有权主张商标在先使用抗辩权呢？实践中存在较多争议的是两类。第一类是业务继受人，如果其在申请日前获得继受，当然可以援引在先使用抗辩权；如果其在申请日后获得继受，是否直接认定其不满足"他人先于商标注册人使用"这一个条件呢？笔者认为，从在先使用抗辩的设立目的来看，其旨在保护先使用人投入的经营成本、平衡市场利益；从市场经济的规律来看，市场主体尤其是企业组织，发生合并、分立等主体变更的情况司空见惯。故先使用人将业务转移给继受人，所需保护的既存利益状态也应当转移至继受人，因此应当保护申请日后成为业务继受人的在先使用权。

---

① 魏琪：《商标先用权〈原使用范围〉浅析》，载《黑龙江省政法管理干部学院学报》2015 年第5 期。

② 傅枫雅：《浅析"有一定影响的商标"判断的考量因素——以"鸭王案"为实例》，载《黑龙江省政法管理干部学院学报》2015 年第 3 期。

第二类主体是先使用人的被许可人。[①] 从在先使用权的权利性质来看，其包括请求撤销权、抗辩权、继续使用权，但是不包括禁用权；而商标法中的许可权需要以禁用权和专有权为基础，故在先使用权本身不包括许可权。[②] 当然，实践中有出现未注册商标使用人将未注册商标许可给其他人使用的情况，对此不应当认定为商标法中的许可，应当视为平等双方的自由意思表示，受民法典保护，但不应当纳入商标法许可的范畴。由此可见，先使用人的被许可人并非商标法中的被许可人，应当视为独立的在先使用人，按照在先使用的构成要件进行判断。比如布某斯公司诉逾某公司侵害商标权纠纷案[③] 中，一审法院认定，即使逾某公司在爱某公司注册商标申请日之前已经使用涉案标识，但是其使用系基于布某斯公司的许可，逾某公司也未能证明其对涉案标识形成了独立的品牌价值或者使之与逾某公司形成稳定的联系，因此逾某公司不满足在先使用权的时间和空间条件。

本案中，涉及是否有权提起商标先用抗辩的特殊人群是业务继受人。在具体的认定中，法院主要从商标在先使用抗辩主体范围的界定、是否具有实际的继受关系两方面进行审查。

首先，法院认为，从商标在先使用制度的目的来看，其制度目的是平衡商标在先使用人和注册商标专用权人之间的利益，是对善意的商标在先使用人利益和既存的商标市场秩序的维护。[④] 如果不允许商标在先使用人的继受人主张在先使用抗辩，则可能导致市场上没有主体愿意继受在先商标使用人的业务，这对商标在先使用人是极不公平的。此外，商标在先使用人的继受者本质上并不是对商标在先使用权的受让，而是对商标在先使用人实体业务的承继，在此情况下允许继受者主张商标在先使用通常并不损害注册商标权人的利益。[⑤] 因此，本案法院在综合考量注册商标权人利益和商标在先使用人利益的情况下，认定应当认可继受者主张商标在先使用抗辩。[⑥] 其次，上海某企业发展公司与在先商标使用人是否具有实际的继受关系，在博某西尼服饰公司注销

[①] 常宝堂：《商标侵权中在先使用及反向混淆的认定》，载《山东法官培训学院学报》2020 年第 1 期。

[②] 王太平：《我国普通未注册商标与注册商标冲突之处理》，载《知识产权》2020 年第 6 期。

[③] 详见陕西省西安市中级人民法院（2016）陕 01 民初 930 号民事判决书。

[④] 柴永旺：《未注册商标在先使用的法律保护——兼评〈商标法〉第 59 条第 3 款的适用》，载《中华商标》2015 年第 5 期。

[⑤] 杨凯旋：《一定影响商业标识保护要件适用研究》，载《西部法学评论》2020 年第 3 期。

[⑥] 参见范静波：《在先商标使用人的继受者享有商标在先使用抗辩权——南通远程船务有限公司诉上海博格西尼企业发展有限公司等侵害商标专用权纠纷案》，载《中华商标》2017 年第 7 期。

后，上海某企业发展公司与上海某有限公司续签合同继续在原专柜从事经营活动，其与博某西尼服饰公司在经营业务上具有实际的继受关系。[①] 故在先商标使用人的继受者可主张商标在先使用抗辩。

2. 在先使用商标的商品或服务类别的范围

关于在先使用商标的商品或服务类别的范围，存在争议的问题如下：是否包括与在先使用商标的商品或服务类别近似的商品或服务？还是应当严格限制在先使用商标的商品或服务类别，将其限定为同一商品或服务？从在先使用权的制度目的来看，其旨在保护有一定影响、混淆可能性较小的在先使用商标的既定利益，如果允许将使用范围扩大到近似商品或服务，具有一定影响的前提条件以及不易造成混淆的结果条件将无法得到满足，可能导致权利滥用，故"原使用范围"应当界定为同一商品或服务。[②] 在认定是否在原有范围内使用未注册商标时，有学者认为可以综合考虑是否超出了企业原有目的，具体可以从企业章程及目标客户群体进行判断。在未注册商标使用人能否将商品范围进行调整时，比如从某一商品转化为高端生产线，如果章程中并未涉及，且原有的受众范围不包括高端生产线对应的受众，则应当认定为超越了原有范围。

关于在先使用的商标本身，能否允许在先使用权人在申请日后扩展使用与在先使用商标近似的其他商标？按照近似商标与注册商标的关系划分，可以具体分为两种情形：一种是近似商标与注册商标的近似程度变得更高；另一种是近似商标与注册商标的近似程度更低。对于第一种情形，相关公众造成混淆误认的可能性更高了，应当为法律所禁止；第二种情形造成的客观结果则是降低了混淆误认的可能性，且符合法律规定中"适当添加区别标识"的规定，故无须禁止。

本案中，上海某企业发展公司与广州某皮具公司于 2013 年 1 月 29 日签订采购合同，博某西尼服饰公司在 2004 年即涉案商标的申请注册之前就开始委托生产皮带、皮包及钱包，上海某企业发展公司委托广州某皮具公司签订采购合同所涉的商品种类并未超过上述商品范围。故此足以证明上海某企业发展公司严格按照在先使用商标的商品或服务范围使用相关标识，并未随意扩展商品使用范围。

---

① 参见范静波：《在先商标使用人的继受者享有商标在先使用抗辩权——南通远程船务有限公司诉上海博格西尼企业发展有限公司等侵害商标专用权纠纷案》，载《中华商标》2017 年第 7 期。

② 王太平：《我国普通未注册商标与注册商标冲突之处理》，载《知识产权》2020 年第 6 期。

3. 地域范围

原使用范围是否包括地域范围的限制呢？商标法保护未注册的有一定影响力的商标，应当以在先使用人的既得利益范围为界限，故在地域范围上，应当以申请日前在先使用人的影响力范围来划定地域范围。[①]

4. 商标使用方式的限制

商标的使用方式具有多样性，比如在商品或服务上使用、在广告宣传中使用等方式。扩展使用方式的行为，是否应当认定为突破了原有使用范围？笔者认为，只要具体的使用方式仍在原有地域范围内，在先使用商标的影响力的作用范围并未改变，则不应当认定为突破原有使用范围。

商标先用权是出于利益衡量的考虑，既要在商标注册制下要求保护商标权人的注册商标专用权，又要保护先使用人通过在先实际使用商标而积累的商誉。[②]同时，商标法的立法目的是防止来源混淆，[③]因此如果在先使用人使用商标的行为，容易导致消费者对商品或服务的来源或者不同来源之间具有特殊联系产生混淆误认，则应当要求商标在先使用人添加适当标识以此区分不同来源。

（五）商标使用人主观善意

《最高人民法院关于审理侵犯专利权纠纷案件应用法律若干问题的解释》第 15 条第 1 款规定，"被诉侵权人以非法获得的技术或者设计主张先用权抗辩的，人民法院不予支持"。商标在先使用的初衷是为了弥补商标注册制度带来的商标抢注、商标不使用的缺陷，因此，如果商标先使用人主观上并不存在不正当竞争等恶意或不当目的，那么不存在保护在先使用事实的需要和前提。[④]

本案中，博某西尼服饰公司在本案原告设立之前即设立，并委托第三方生产男装、皮具、皮包等商品，并在上述商品中使用"博格西尼"和"BO-GEASENI"标识，不存在攀附或不当模仿他人具有影响力商标的恶意。业务继承人上海某企业发展公司自受让上述标识后，继续从事上述博格西尼系列商品的委托生产、销售和推广，也未改变标识的使用方式。此时，南通某船务公司

---

① 程德理：《在先使用商标的"有一定影响"认定研究》，载《知识产权》2018 年第 11 期。

② 王太平：《我国普通未注册商标与注册商标冲突之处理》，载《知识产权》2020 年第 6 期。

③ 杜颖：《商标先使用权解读〈商标法〉第 59 条第 3 款的理解与适用》，载《中外法学》2014 年第 5 期。

④ 杜颖：《商标先使用权解读：〈商标法〉第 59 条第 3 款的理解与适用》，载《中外法学》2014 年第 5 期。

尚未提出其商标注册申请，因此上海某企业发展公司的上述标识使用行为并非出于搭南通某船务公司注册商标便车之目的，应当认定为善意使用。因此，法院最终认定，本案中被告所主张的商标先用权抗辩成立，原告无权禁止其在原使用范围内继续使用该商标。

三、结论

商标先用权抗辩制度的设立，充分考虑了市场主体的惯常做法，同时弥补了商标注册制度的缺陷，在一定程度上打击了抢注行为，为市场主体的自由竞争提供了更好的制度环境，平衡保护了在先使用人的既存利益和商标权人的注册商标专用权。[①] 商标先用权抗辩是对注册商标专用权的限制，故应当从法律规定和证据事实两方面进行严格审查，具体审查是否满足主要的五个构成要件。其中，关于"原使用范围"的主体范围，从我国商标在先使用抗辩制度的目的出发，商标在先使用人的继受人应当有权主张受让商标的在先使用抗辩。关于"一定影响"的程度判断，法院应当从严处理，从而严格把握恶意抢注的认定，否则可能不当扩大未注册商标的禁止权。

---

① 黄汇：《商标法中的公共利益及其保护——以"微信"商标案为对象的逻辑分析与法理展开》载《法学》2015年第10期。

商标通用名称正当使用抗辩分析

——新兴县某凉果实业有限公司、
广东某集团有限公司侵害商标权纠纷案

/ 杨子莹

⟳ 本案要旨

　　根据规定可知，商标正当使用抗辩成立应当包含两部分要件：其一，注册商标包含具有描述性含义的要素；其二，使用行为具有正当性。而在先使用抗辩应当包含"双优先"的形式要件及被诉侵权标志在涉案商标申请注册之前已经产生一定影响力的实质要件。在当事人无法证明其使用满足"双优先"的形式要件时，不能认定构成在先使用。但对于商品通用名称中所包含的制作工艺名称，即使该工艺名称已被注册商标，但结合相关主体在使用该工艺名称的同时添加其他注册商标的情形进行考量，应当认定构成正当使用。

⟳ 案件信息

　　申请人（一审原告、二审被上诉人）：广东某集团有限公司
　　被申请人（一审被告、二审上诉人）：新兴县某凉果实业有限公司
　　案号：广东省潮州市中级人民法院（2018）粤 51 民初 21 号、广东省高级人民法院（2019）粤民终 1861 号、（2020）最高法民申 4489 号

⟳ 原被告主张及理由

　　原告广东某集团有限公司（以下简称某集团公司）诉称：（1）判令新兴县某凉果实业有限公司（以下简称某实业公司）立即停止侵犯某集团公司的商标权及不正当竞争行为，停止在其产品上使用侵权标识，销毁带有侵权标识的库存产品、半成品及产品包装；（2）判令某实业公司赔偿某集团公司的经济损失及制止侵权行为的合理费用共计 20 万元；（3）判令某实业公司承担全案诉讼费用。

➡ 一审法院查明的事实

1994 年 6 月 28 日，杨某某组建成立某集团公司。某集团公司经商标局核准取得第 89×××29 号"九制"文字注册商标，核定使用商品为第 29 类。该商标注册有效期限自 2012 年 1 月 28 日起至 2022 年 1 月 27 日止。

某集团公司的"九制陈皮"产品系杨某某于 1985 年研制的化果皮类凉果，属于广东省潮汕地区的特色食品。某集团公司经过多年经营以及对"九制陈皮"产品进行广告宣传及市场推广，使该产品拥有较高的市场知名度。

2012 年 12 月 28 日，杨某某就"九制陈皮"的外包装设计向国家知识产权局申请了外观设计专利，于 2013 年 4 月 10 日获得包装袋（九制陈皮）的外观设计专利授权，该外包装设计使用于某集团公司的"九制陈皮"产品包装上。

2016 年 1 月 13 日，杨某某因发现其"包装袋（九制陈皮）"外观设计专利被某实业公司侵权，向云浮市知识产权局投诉请求处理。云浮市知识产权局经审理于 2016 年 5 月 11 日作出云知纠字〔2016〕第 1 号专利侵权纠纷案件处理决定书，认定某实业公司生产的被控侵权产品与杨某某的外观设计专利相近似，构成了专利侵权。

2017 年 4 月 27 日至 2018 年 6 月 4 日，杨某某及某集团公司多次就发现相关商家出售侵权产品申请公证，相关公证处出具公证书证实证据保全过程。

在审理过程中，一审法院将前述经公证封存的被诉侵权商品实物予以拆封查验，某实业公司确认该商品实物是其生产的产品。将被诉侵权商品实物与某集团公司的产品实物外包装进行比对可知，被诉侵权商品的包装袋与某集团公司的产品包装袋的图案整体风格、图案布局及颜色等主要设计元素基本相同，两者的产品外包装构成实质性近似。

另查明，某集团公司因维权而购买被诉侵权商品的费用 15 元，支付公证费 1900 元、律师费 5 万元。

另查明，某实业公司于 2000 年 4 月 30 日成立。

➡ 一审法院判决理由与裁判结果

广东省潮州市中级人民法院认为：根据某集团公司、某实业公司的诉辩意见及争议的事实分析，本案系侵害商标权及不正当竞争纠纷。本案双方争议的焦点问题是：（1）某实业公司是否侵害某集团公司的第 89×××29 号"九制"注册商标专用权；（2）某实业公司生产的被诉侵权产品所使用的包装及标识是否构成不正当竞争行为；（3）某实业公司是否应承担侵权责任。

关于争议焦点一。某集团公司的第 89×××29 号"九制"商标是经商标局核准注册的商标，该商标处于有效期限内，其商标专用权应受法律保护。根据《商标法》（2013 年修正）第 57 条及《商标法实施条例》第 76 条的规定，某集团公司生产经营"九制陈皮"产品已经多年，具有较高的市场知名度。某实业公司生产的被诉侵权产品与某集团公司的"九制陈皮"产品系同一种商品。某实业公司在其使用的被诉侵权产品包装袋上标注"九制陈皮"字样作为产品名称并突出使用，并且其产品包装袋的外观设计、装潢亦与某集团公司的"九制陈皮"产品的包装袋构成近似。这足以使相关公众误认为该商品源于某集团公司或者与该公司存在特定的联系，从而造成混淆。依据上述法律规定，应认定某实业公司的行为构成了对某集团公司享有的第 89×××29 号"九制"注册商标专用权的侵害。某实业公司抗辩称其在先使用"九制"标识，"九制"亦是行业的通用名称，并且某集团公司的涉案"九制"商标缺乏显著性，应宣告无效。该辩解意见缺乏依据，一审法院不予采纳。

关于争议焦点二。根据《反不正当竞争法》第 2 条第 1 款及第 6 条的规定，因某集团公司的"九制陈皮"产品经广泛宣传具有较高的市场知名度，某集团公司与某实业公司均系广东省内的同类企业，两者存在市场竞争关系。某实业公司未经某集团公司许可，在同一种商品上使用与某集团公司相同的商品名称，并且其所使用的产品包装袋与某集团公司的产品包装袋相近似，足以使相关公众对该商品产生混淆或误认。结合某实业公司此前的侵权事实，可见某实业公司明显存在攀附某集团公司的"九制陈皮"品牌的主观故意。某实业公司的上述行为违背公平竞争及诚信原则，构成不正当竞争行为。

关于争议焦点三。依据上述认定，某实业公司侵害了某集团公司的第 89×××29 号"九制"注册商标专用权，并且其使用的产品包装与某集团公司的产品包装相近似而构成了不正当竞争行为。关于赔偿数额，综合考虑某集团公司商标的知名度、商品市场价值和某实业公司的侵权状况及影响，以及某集团公司为维权而支出的费用等因素，一审法院确定某实业公司应赔偿某集团公司的经济损失及维权合理费用合计 6 万元。

⊃ 上诉主张及理由

上诉人某实业公司上诉请求：（1）撤销一审判决，依法改判；（2）由某集团公司承担诉讼费用。理由如下：（1）某实业公司使用涉案商标在先，依法享有在先使用权。（2）某实业公司在涉案商品包装上标注"九制陈皮"字样是对商品制作工艺的合理描述，是善意的，并不会造成消费者对涉案产品来源的混淆与误认，其行为不构成商标侵权。首先，涉案产品的整体包装上的商品来源标注明显，不会造成消费者对涉案产品来源产生混淆或者误认。其次，九制陈皮是行业通用的名称。某实业公司在商品包装上使用"九制"字样是为了说明产品经过多道加工工序制造完成的，并不会造成消费者对涉案产品来源的混淆与误认，故不构成商标侵权。庭审中，某实业公司另补充如下上诉理由：某实业公司并没有使用某集团公司知名商品特有名称和装潢，九制成品已经被行业标准列为产品名称，并不属于某集团公司特有的商品名称、包装和装潢。

被上诉人某集团公司答辩称：（1）"九制"商标系某集团公司经营三十多年，我国知名度最高的陈皮类食品品牌，经过长期使用形成极强的显著性与广泛的影响力。对于相关公众而言，其已经将"九制"陈皮与杨某某先生以及某集团公司等同起来，产品品牌与生产商彼此成为代名词。同时，"九制"牌陈皮等果脯食品引领制定国家标准，具有广泛的影响力。（2）某实业公司称"九制陈皮"是行业通用名称，否定该商标的显著性，是故意歪曲事实。（3）一审法院认定事实清楚，适用法律正确，某实业公司侵害某集团公司商标权及不正当竞争的行为，应当予以停止并赔偿某集团公司损失。

➔ 二审法院查明的事实

一审法院查明事实属实，二审法院予以确认。

另查明，某集团公司在二审庭审中明确，其主张的有一定影响的商品名称是指"九制陈皮"，有一定影响的包装、装潢是指专利授权图片中所拍摄的那款产品包装袋上所展示的包装、装潢。

又查明，某集团公司在一审庭审中称，其是将"九制"作为商品名称使用，因为某集团公司有自己的商标。

再查明，某集团公司第89××× 29号"九制"商标的申请日为2010年12月17日。百度百科的"九制陈皮"词条称：九制陈皮采用优良的柑橘皮为原料，经过拣皮、浸漂、保鲜、切皮、腌制、沥干、调料、反复晒制、储存、包装等多个工序，始成正式产品。因工艺繁杂严谨，故称之"九制"……产地为广东潮州，制造商为某集团公司。

⊃ 二审法院判决理由与裁判结果

二审的争议焦点为：（1）某实业公司的商标在先使用抗辩是否成立；（2）某实业公司的商标正当使用抗辩是否成立；（3）某实业公司是否构成不正当竞争。

一、关于某实业公司的商标在先使用权抗辩是否成立的问题

根据《商标法》（2013年修正）第59条第3款的规定，本案中，某实业公司上诉称，其在2000年起就开始使用被诉侵权的"九制陈皮"标志，故其享有该标志的在先使用权。对于某实业公司开始使用被诉侵权标志的时间，经本院核实，其向一审法院提交但未被采信的证据均是指向2006年甚至更往后的时间，而并非其上诉所主张的2000年。根据已查明的事实，涉案商标的注册申请日为2010年12月17日，但某集团公司在陈皮商品上实际使用"九制"标志的时间，则是在20世纪八九十年代，远远早于某实业公司所主张的2000年。综合分析上述案情，本院认为，某实业公司对于其在某集团公司涉案商标注册申请日之前已使用被诉侵权标志的事实举证不足；同时，某实业公司并未提交相应的证据证明被诉侵权标志在某集团公司注册申请涉案商标之前已经具有一定的影响力。因此，某实业公司的该项抗辩依据不足，不能成立，本院予以驳回。

二、关于某实业公司的商标正当使用抗辩是否成立的问题

根据《商标法》（2013年修正）第59条第1款的规定，本案中，某实业公司在上诉中以其系正当使用为由提出不侵权抗辩，其认为"九制"是多道繁杂工艺制作过程的统称，"九制陈皮"则是依照该类工艺制作出的商品的通用名称。本院拟以某实业公司提交的证据为事实依据，针对正当使用抗辩的上述两方面分述如下。

（一）关于"九制陈皮"是否为描述性词语，即商品通用名称的问题

根据《最高人民法院关于审理商标授权确权行政案件若干问题的规定》第10条第1款、第2款的规定，结合某实业公司向本院提交的证据，可证明以下事实：（1）"九制陈皮"早在2006年已被国家标准规定为某类商品的通用名称。（2）在当地政府机构、新闻媒体以及相关公众的普遍认知中，"九制陈皮"已成为某类商品的通用名称。（3）某集团公司在大量场合将"九制陈皮"作为商品通用名称而非商标进行使用。综上，本院认为，某实业公司提交的证据已充分证明，"九制陈皮"不仅是经过多道繁杂工艺腌制而成的陈皮类

产品的法定通用名称，也成为全国范围内相关公众约定俗成的该类商品的通用名称，故"九制陈皮"构成商标法意义上的描述性词语。

（二）关于某实业公司是否属于正当使用的问题

依据在案证据，本院认为某实业公司的使用没有超出正当的界限，理由如下：（1）某实业公司是描述性使用"九制陈皮"，其不是通过"九制陈皮"来指示商品来源，不会造成消费者对于商品来源的混淆误认。某实业公司在其商品左上方的显著位置完整标注了自己注册的"鲜仙乐"图文商标。（2）被诉侵权产品上的"九制陈皮"与某集团公司注册的"九制"商标所使用的字体明显不同。因此，单就"九制"商标而言，某实业公司并没有表现出明显的模仿攀附故意。（3）"九制"作为一种制造工艺，在诸多商品上被使用，相关公众不会轻易通过"九制陈皮"识别商品来源。何况某集团公司在"九制"商标注册之后，仍保持着将"佳宝"与"九制陈皮"并用的传统。上述客观的市场现状之下，消费者更不会将两者的产品混淆误认。

综合考虑上述因素，本院认为，虽然"九制"已被某集团公司注册为商标，但是"九制陈皮"本身是经过复杂工艺腌制而成的陈皮类商品，其在某集团公司申请注册前就已经成为通用名称。某实业公司在商品通用名称的含义上使用"九制陈皮"字样，并且同时规范使用自己的"鲜仙乐"注册商标，不会造成消费者对商品来源的混淆误认。某实业公司的使用没有超出正当、合理的限度，故不宜认定其构成商标侵权。一审法院对此认定有误，本院予以纠正。

三、关于某实业公司是否构成不正当竞争的问题

某实业公司未构成擅自使用某集团公司有一定影响的商品名称的不正当竞争行为。一审法院对此认定有误，本院予以纠正。但某实业公司擅自使用与某集团公司有一定影响的包装、装潢相近似的包装、装潢，主观上具有攀附某集团公司商品声誉的故意，客观上足以导致相关公众混淆两者的商品来源或者误认为两者具有关联关系，构成不正当竞争。一审法院对此认定正确，本院予以维持。

⊃ **再审主张及理由**

某集团公司申请再审称：

1. "九制陈皮"不是通用名称。"九制陈皮"系某集团公司创制，经过某集团公司三十多年不断使用与广泛宣传，在其于 2010 年 12 月 17 日申请注册的第 89×××29 号"九制"商标申请注册之前，"九制陈皮"与某集团公司已在相关公众中建立唯一、稳定的联系。"九制陈皮"的宣传及知名度均与某集团公司或者某集团公司创始人杨某某有关，百度百科亦直接将"九制陈皮"的生产商指向某集团公司。"潮州九制陈皮制作技艺"由某集团公司创制，成为非物质文化遗产，进一步证明"九制"与某集团公司的稳定联系。某集团公司一直将"九制陈皮"作为商标使用，相关公众易将"九制陈皮"认知为某集团公司使用自己创制工艺生产的陈皮产品。某实业公司提交的证明"九制陈皮"为通用名称的证据不能证明被诉侵权行为发生时相关公众的认知情况，二审法院认定"九制陈皮"为通用名称依据明显不足。

2. 某实业公司生产、销售侵害某集团公司第89××× 29号"九制"商标注册商标专用权的产品，应承担相应的法律责任。某实业公司在其产品包装上突出使用"九制陈皮"标识，字体样式、字体大小、使用位置等都极为突出，属于商标性使用。商品品名或者技艺描述应当与产品详情使用一致的字体、位置，而某实业公司将"九制陈皮"标识突出地使用在正面右上角，背面左上角，使用习惯与商品名称不符。某实业公司侵害某集团公司外观设计专利的行为可以证明其存在攀附某集团公司知名度的主观恶意。根据二审法院认定，"九制陈皮"是"潮州名小吃之一"或者"九制"是一种潮州传承制造工艺。某实业公司经营地在云浮市，其地理位置、历史传统、文化习俗、饮食习惯均与潮州有明显区别，某实业公司亦没有举证证明其生产"九制陈皮"的工艺及生产标准，二审法院认定某实业公司使用"九制陈皮"构成正当使用明显不当。依据《民事诉讼法》第200条第2项、第6项、第205条规定，请求法院：撤销二审判决第四项；改判某实业公司立即停止侵害某集团公司第89××× 29号"九制"注册商标专用权，立即停止在其产品上使用"九制"文字标识；改判某实业公司赔偿某集团公司经济损失及维权费用合计6万元；本案一审、二审诉讼费用由某实业公司负担。

⊃ 再审法院判决理由与裁判结果

最高人民法院经审查认为，鉴于双方当事人对一审法院认定某实业公司在与某集团公司第89××× 29号"九制"注册商标核准使用商品相同的商品类别上使用了与该商标近似的"九制陈皮"标识没有异议，本案双方当事人再审审查期间的争议焦点为，某实业公司对被诉侵权标识的正当使用抗辩是否成立。

《商标法》第59条第1款规定："注册商标中含有的本商品的通用名称、

图形、型号，或者直接表示商品质量、主要原料、功能、用途、重量、数量及其他特点，或者含有的地名，注册商标专用权人无权禁止他人正当使用。"《最高人民法院关于审理商标授权确权行政案件若干问题的规定》第10条第1、2、4款规定："诉争商标属于法定的商品名称或者约定俗成的商品名称的，人民法院应当认定其属于商标法第十一条第一款第（一）项所指的通用名称。依据法律规定或者国家标准、行业标准属于商品通用名称的，应当认定为通用名称。相关公众普遍认为某一名称能够指代一类商品的，应当认定为约定俗成的通用名称。被专业工具书、辞典等列为商品名称的，可以作为认定约定俗成的通用名称的参考。约定俗成的通用名称一般以全国范围内相关公众的通常认识为判断标准。对于由于历史传统、风土人情、地理环境等原因形成的相关市场固定的商品，在该相关市场内通用的称谓，人民法院可以认定为通用名称。人民法院审查判断诉争商标是否属于通用名称，一般以商标申请日时的事实状态为准。核准注册时事实状态发生变化的，以核准注册时的事实状态判断其是否属于通用名称。"

关于"九制陈皮"是否为商品通用名称问题。首先，关于相关公众的认知情况。在中华人民共和国质量技术监督局与中华人民共和国国家标准化管理委员会2006年9月18日发布的《蜜饯通则》中，九制陈皮与话梅、杨梅干、芒果干等均为"话化类"产品。《粤港澳信息日报》《中国新闻》《安顺日报》《汕头日报》《法治画报》等新闻媒体的报道、专访中大量出现"广式九制陈皮"与"苏式九制陈皮"的提法，均把"九制陈皮"作为通过特殊工艺腌制的陈皮产品的通用名称。在某集团公司获得的多项荣誉之中，颁发机构均将"九制陈皮"作为商品名称，再与某集团公司的"佳宝"商标组合共同指称某集团公司的产品。其次，关于某集团公司对"九制陈皮"的使用情况。早在1987年，某集团公司就在第9类"果脯、蜜饯"商品上注册了"佳宝"文字商标。某集团公司在接受媒体采访时往往是用"佳宝"九制陈皮称呼其产品。某实业公司提交的某集团公司九制陈皮产品多个不同的包装版本均能证明某集团公司在历年的包装袋上，都是把"佳宝"作为商标同时标注，而并非将"九制"作为商标使用，亦未标注。同时某集团公司在一审庭审中称，某集团公司将"九制"作为商品名称使用，某集团公司有自己的"佳宝"商标。最后，市场上存在其他品牌的九制陈皮产品。某集团公司在第89×××29号"九制"商标无效程序中所提交的新闻报道称"佳宝的九制陈皮是从九制陈皮中走出的大哥"。根据某实业公司在本案中提交的在案证据可知，虽然某集团公司生产的"九制陈皮"最为有名，但是某集团公司并非"九制陈皮"唯一的提供者。苏州、潮汕等地区还存在其他商家生产的"九制陈皮"产品,"九制陈皮"并未与某集团公司在相关公众中建立唯一、稳定的联系。百度百科显示"九制陈皮"生产商为某集团公司并不能推翻上述事实。因此,二审法院认为"九制陈皮"是经过多道繁杂工艺腌制而成的陈皮类产品的通用名称并无不当。某集团公司关于"九制陈皮"不是通用名称的再审理由缺乏事实依据,本院不予支持。

关于某实业公司对"九制陈皮"标识的使用是否构成正当使用的问题。某实业公司在被诉侵权产品包装正面左上方的显著位置完整标注了"鲜仙乐"图文商标,附加了标识,同时商标下方标注了醒目的"XianXianLe"。某实业公司的名称亦标注在包装正面下方易于识别的位置。"九制陈皮"标识位于包装袋正面及背面,没有标注,包装袋背面亦标注了"品名:九制陈皮(广式凉果)"。由此可见,某实业公司将"九制陈皮"作为商品名称使用,属于《商标法》第 59 条第 1 款规定的正当使用。被诉侵权产品是一种经加工而成的腌制陈皮类制品,且品名为"九制陈皮",某集团公司未提交证据证明被诉侵权产品不是九制陈皮,且不属于二审法院认定的经多道繁杂工艺腌制而成的陈皮类产品,故二审法院认定某实业公司的使用没有超出正当的界限并无不当,某实业公司对被诉侵权标识的正当使用抗辩成立,某集团公司再审理由缺乏事实和法律依据,本院不予支持。

依照《民事诉讼法》第 204 条第 1 款、《最高人民法院关于适用〈中华人民共和国民事诉讼法〉的解释》第 395 条第二款规定,裁定如下:驳回广东某集团有限公司的再审申请。

⊃ 判解与学理研究

本案针对的是在商标侵权诉讼中涉及商标正当使用抗辩的问题。为保护他人对相关标识的合法权益,亦为平衡私人利益与公共利益,商标法对通用名称正当使用抗辩进行了规定。判断通用名称正当使用抗辩是否成立应从两方面分别进行分析:其一,商标标识是否为商标通用名称的问题;其二,对于标识的使用是否为正当使用的问题。关于通用名称的认定无非两种方式,或法定或约定。而关于正当使用的判断则应结合使用该标识发挥的作用及使用者的主观意图等进行判断。本案即关于通用名称正当使用抗辩的典型案例之一。以下将结合案件,对通用名称正当使用抗辩加以探讨。

一、正当使用抗辩的适用范围

关于"正当使用"的规定首见于 2002 年《商标法实施条例》,虽然在

2014年《商标法实施条例》中删除了此规定，但是在2013年修正的《商标法》中，在第59条新增了关于"正当使用"的规定。2019年《商标法》修正时保留了这一规定。

探讨正当使用抗辩的适用范围，即为明确正当使用抗辩仅适用于衍生第二含义从而获准注册的商标，还是适用于全部商标。要想明确这一问题，应当着眼于正当使用抗辩的立法目的。通过法律规定可知，正当使用抗辩的立法目的即为保护相关公众对表示商品或服务的通用名称或特点的词汇及图形等表明商品或服务所具备的固有属性或特征的处于公共领域的信息资源的自由使用的权利，以此保证相关公众的自由表达，亦是对注册商标权人的私人权益与社会公众的公共利益的平衡。因此，基于正当使用抗辩的立法目的而言，应是对于全部含有表明商品或服务通用名称或特点的词汇或图形等元素的商标，皆可适用正当使用抗辩。而之所以出现关于正当使用抗辩的适用范围问题的探讨，则是因为法律条文的规定。在早期规定中，如1999年《国家工商行政管理局关于商标行政执法中若干问题的意见》第9条，是将使用与注册商标相同或相似的词汇或图形以说明商品或服务的特征或属性的行为明确说明"不属于商标侵权行为"，即正当使用抗辩的适用对象为全部注册商标，而随后2002年的《商标法实施条例》则将正当使用抗辩的适用对象限定在含有一系列说明商品或服务的特征或属性的词汇或图形的注册商标，即正当使用抗辩的适用对象为因产生第二含义后获准注册的商标。这一转变缩小了正当使用抗辩的适用范围，相关主体因使用说明自身商品或服务的特征或属性的词汇或图形而遭受非因第二含义获准注册的商标权利人的侵权指控时，难以明确保护自身合法权益的法律依据。因此，基于正当使用抗辩的立法目的考量，为维护社会公众使用公共信息资源的合法权益，只要相关主体使用该类资源是为正当描述商品或服务，就应受到法律保护，商标权人无权禁止，亦不构成商标侵权。①

二、描述性商标正当使用的理论依据

探讨描述性商标正当使用的理论依据即为从理论层面探讨描述性商标正当使用的必要性，可从正当使用抗辩的立法目的探知一二。首先，亦为最重要的一点，这是遵循利益平衡理论的必然要求。虽然说明商品或服务的特征或属性的词汇或图形因为特定主体的广泛使用而产生了第二含义，因而获准商标注

---

① 张玉敏：《商标法上正当使用抗辩研究》，载《法律适用》2012年第10期。

册受到商标专用权保护，但这并不代表此类词汇或图形的第一含义也被商标专用权所覆盖。与之相反，该类词汇的第一含义仍处于公共领域，相关主体有正当使用的权利。因此，为平衡商标权人的合法权益与社会公众正当使用这类词汇或图形的合法权益，规定正当使用抗辩十分必要。其次，这是遵循诚信原则的必然要求。说明商品或服务的特征或属性的词汇或图形，大部分是在人类社会与文明的发展过程中产生的，关于此类词汇或图形所表明的具体内涵亦符合大部分社会主体的认知，属于社会公共资源。即使特定主体通过其使用与宣传使得该类词汇或图形获得第二含义从而获准商标注册，但该类词汇或图形的第一含义仍属于社会公共信息资源。如果通过商标注册行为使得某一特定主体达成对该类词汇或图形的垄断，则有悖于诚信原则。[1]

三、通用名称的认定

本文主要考虑商品通用名称正当使用抗辩。而分析商品通用名称正当使用抗辩，首先需探讨何为通用名称。

根据《最高人民法院关于审理商标授权确权行政案件若干问题的规定》第 10 条可知，通用名称包括法定的商品名称或约定俗成的商品名称。顾名思义，"依据法律规定或者国家标准、行业标准属于商品通用名称的"，为法定的通用名称。而认定约定俗成的通用名称则需要从三个方面进行考量。首先，认定约定俗成的通用名称应当以相关公众的一般认知为准。即该类通用名称为约定俗成产生的，应当是相关公众共识的产物，即为一般认知。其次，就认定的地域范围而言，一般以全国范围为准，特殊情况下"对于由于历史传统、风土人情、地理环境等原因形成的相关市场固定的商品，在该相关市场内通用的称谓，人民法院可以认定为通用名称"[2]，即如果相关商品因地理、历史或其他社会文化因素而主要流通于某一特定区域，则以该特定区域为准。最后，就认定的时间而言，认定通用名称一般以商标申请日为准。但因判断是否为通用名称旨在区分商标专用权与社会公共领域，因此，如商标核准注册时发生变化的，以核准注册时为准。[3]扩展至商标侵权诉讼中，则应当以被诉侵权行为发生时为准。[4]

---

[1] 童申：《描述性注册商标正当使用研究》，华中师范大学 2019 年硕士学位论文。

[2] 详见《最高人民法院关于审理商标授权确权行政案件若干问题的规定》第 10 条第 2 款。

[3] 详见《最高人民法院关于审理商标授权确权行政案件若干问题的规定》第 10 条第 4 款。

[4] 尹腊梅：《商标通用名称正当使用抗辩实证考察——一则网络游戏名称侵权引发的思考》，载《上海交通大学学报（哲学社会科学版）》2017 年第 3 期。

四、正当使用的认定

2002 年《商标法实施条例》第 49 条首先对"正当使用"进行规定,"注册商标中含有的本商品的通用名称……注册商标专用权人无权禁止他人正当使用"。在 2006 年发布的《北京市高级人民法院关于审理商标民事纠纷案件若干问题的解答》第 26 条及第 27 条规定中,对正当使用商标标识行为的构成要件进行说明,对属于正当使用商标标识的行为进行了列举。[①] 该条例第 26 条规定,证明关于商标标识的使用行为构成正当使用应当满足三个构成要件:首先,主观上是善意的,亦即不存在攀附他人商标商誉等的恶意。其次,未作为自己商品的商标使用,即不通过该商标标识区分商品或服务来源从而误导消费者。最后,使用该商标标识的目的仅限于说明或描述自己的商品,根据法条能够构成正当使用的,皆是因为注册商标中包含描述性词汇或地名等元素,因此,即使该类词汇已作为商标获准注册,但当其他主体的商品或服务同样具有相同或相似特征时,仍可用该类词汇加以说明或描述,但亦仅限于说明或描述。因此,对于判断标识使用行为是否构成正当使用应当结合主客观两个方面:主观上,标识使用人不通过该标识区分商品来源,而仅对自身商品或服务作客观描述或指示;客观上,该商品或服务确实具备描述或指示的特质或性能。相较而言,该条例第 27 条所列举的六项属于商标标识正当使用的行为,包含了描述性使用行为以及指示性使用行为。对于正当使用的指向,是因为商品或服务所具备的特质或性能需要表明,即使该元素已被获准注册商标,获得注册商标权的保护,但该元素所具备的第一含义仍处于公共领域之中,因此,只要对该元素的使用仅限于第一含义,则该使用行为就是对公共领域资源的使用,具有正当性。这是出于平衡商标权人的私人利益与社会公众的公共利益的考量。同时,该使用行为是使用者开展市场活动,使消费者快速便捷地了解商品或服务所必需的,但又不致误导消费者,具备社会及法律上的正当性。[②]

五、通用名称正当使用抗辩举证责任的分配

《民事诉讼法》第 64 条第 1 款规定:"当事人对自己提出的主张,有责任提供证据。"根据"谁主张,谁举证"的民事诉讼基本原则,主张通用名称正当使用抗辩的一方应当承担举证责任。并且商标一旦被核准注册,则被推定处于合法状态,但如有其他相关主体证明该商标不再合法的除外。

当然,证据资料应当能在当事人间共同使用,而无论是哪方当事人提供

---

① 杨巧:《商标法上公有领域的保护》,载《知识产权》2012 年第 4 期。

② 张玉敏:《商标法上正当使用抗辩研究》,载《法律适用》2012 年第 10 期。

的该证据资料。在涉及通用名称正当使用抗辩的案件中，案涉商标往往具有一定的知名度，而知名度的高低往往是与通用化的风险成正比的，且此知名度不仅仅指被相关公众所知晓，而是让相关公众能将其与特定商品或服务联系。因此，如果在商标侵权案件中商标权人为证明商标的知名度而提供的对商标使用的证明材料，其中包含诸如自身亦将商标作为一般产品名称而非区分商品或服务来源的商标的行为，则此类证据材料亦可被法院考量甚至采纳为被诉侵权人所主张的通用名称正当使用抗辩的证据材料。①

六、防止商标通用名称化

商标从获准注册至拥有一定知名度的过程中包含着商标权人及相关主体大量的投入，因此，为了防止商标通用名称化而损害商标权人的合法权益，需注意以下事项。

首先，同时使用商标与通用名称。这一点是从商标权人或合法使用商标的相关主体的行为出发的。商标权人或合法使用商标的相关主体始终应当注意自身对商标的使用行为，将商标与通用名称同时使用，使得消费者对商品的基本认知及商品来源更加明确，亦可凸显商标区分商品来源的功能，使商标免于通用名称化的危机。这一点是从商标权人或合法使用商标的相关主体自身的主观能动性出发，亦为防止商标通用名称化最为重要的因素之一。其次，规范相关媒体及社会性使用中对商标与通用名称的使用方式。商标通用名称化是一个过程性的变化，其需要时间以成为相关公众的一般认知。而诸如媒体等影响范围广、传播速度快的社会性使用会加速其成为相关公众的一般认知的过程。因此，对于诸如媒体等社会影响较大、辐射范围较广的使用，如相关主体发现其不规范使用时，应当及时制止并要求其改正。这一点也依靠商标权人或合法使用商标的相关主体的主动性，但相较于前一点而言，是一种事中的制止。最后，一旦商标通用名称化，则难以主张权利。商标通用名称化一般而言需要一定的过程，但并非特别漫长。有通用名称化趋势的商标普遍具备一定的知名度，有一定的社会公众基础，因此如果商标权人、合法使用商标的相关主体及相关媒体等不规范商标与商品名称的使用行为，商标通用名称化也是合乎常理的。②

总之，为防止商标通用名称化，事前，应发挥商标权人或合法使用商标的相关主体的主观能动性，规范自身商标与通用名称的使用行为，使相关公众

---

① 尹腊梅：《商标通用名称正当使用抗辩实证考察———则网络游戏名称侵权引发的思考》，载《上海交通大学学报（哲学社会科学版）》2017年第3期。

② 李然：《商品通用名称认定标准的反思与重构》，载《电子知识产权》2020年第6期。

对商标及通用名称产生区别性的认知，从根本上防止商标通用名称化；事中，则应抓住信息传播的关键环节（媒体），尽量阻止通用化影响的扩大，这仍需要商标权人或合法使用商标的相关主体的积极主动；事后，如商标已经通用名称化，除非衍生出第二含义再获准商标注册，否则难以再主张权利。

七、结论

虽然商标权人对注册商标享有排他性的权利，但是其不得禁止社会公众使用注册商标组成元素中包含公共信息资源，例如商品的通用名称或直接表示商品质量、功能等的文字或词汇。以申请注册商标达成对该类元素的专用显然有失公允，因此，规定正当使用抗辩有利于维护社会公共利益，促成私人利益及公共利益之间的利益平衡。既为平衡，则在对注册商标权进行制约的同时对正当使用抗辩亦应当存在限制性规定，本案即主要涉及商品通用名称正当使用抗辩问题。对于该问题，首先应从法定或约定俗成的角度判定是否属于商品通用名称，其次则应结合使用者主观意图及使用效果判断该使用行为是否构成正当使用。当前述两项皆符合时，商品通用名称正当使用抗辩才能够成立。同时根据一般原则，关于商品通用名称正当使用抗辩是否成立的举证责任由主张方承担。此外，尽管包含公共领域元素，但商标权人为成功申请注册商标一定投入了部分人力物力财力，因此，为了更好地维护自身合法权益，对如何防止商标通用名称化亦当重视。

商标商号冲突解决机制研究

——北京某包子铺与山东某餐饮管理有限公司侵害商标权与
不正当竞争纠纷案

/ 苏媛

⊃ 本案要旨

注册商标的功能在于区分商品来源；企业名称中的字号同样具有区分商品来源之功能。因注册商标与企业名称核准主体以及核准程序的不同，注册商标和企业字号时常存在冲突，此种冲突合法与否，须从时间先后、使用形式、当事人主观心态等角度进行综合判断。行为人姓名中含有他人注册商标字样的，当然可以合理使用姓名，但该种使用须是善意的且不侵害他人在先权利。明知他人注册商标声誉，借助自身姓名与他人注册商标名称相同之便利，将自身姓名注册为企业字号，违背诚信原则，明显具有攀附他人注册商标知名度的恶意。在其经营场所、宣传标语、公司网站上使用该字号，相关公众会将字号作为区分商品或服务来源的标识，该行为属于商标性使用，构成"给他人注册商标专用权造成其他损害的行为"，不属于对姓名的合理使用，侵犯他人注册商标专用权。

⊃ 案件信息

申请人（一审原告、二审上诉人）：北京某包子铺

被申请人（一审被告、二审被上诉人）：山东某餐饮管理有限公司（原名为济南某餐饮管理有限公司）

案号：山东省济南市中级人民法院（2013）济民三初字第716号、山东省高级人民法院（2014）鲁民三终字第43号、最高人民法院（2016）最高法民再238号

➲ 再审主张及理由

再审申请人北京某包子铺（以下简称某包子铺）向最高人民法院主张：（1）撤销一审、二审判决；（2）山东某餐饮管理有限公司（以下简称某餐饮公司，其原名简称济南某公司）立即停止侵权行为，销毁任何带有"庆丰"标志的招牌、名片、价格单等；（3）某餐饮公司立即停止使用含有"庆丰"文字的企业名称；（4）某餐饮公司在《济南日报》上刊登声明，消除影响；（5）某餐饮公司赔偿某包子铺经济损失及合理开支 50 万元。理由如下：（1）"庆丰"系某包子铺在先的企业字号及注册商标，具有较强的显著性，其登记及注册远早于某餐饮公司成立日，在先权应受法律保护。（2）某包子铺是北京传统小吃代表，"庆丰"已经成为我国驰名老字号，具有较高知名度。某包子铺以连锁及加盟方式，在全国范围内开设某包子铺，地域包括山东。某包子铺注重品牌宣传，投入大量广告费，在某餐饮公司成立前具有较高的知名度。"庆丰"商标多次被认定为著名商标。二审法院以注册商标核定服务具有地域性限定商标权的保护范围，违反商标法对注册商标在全国范围内保护的原则。（3）某餐饮公司设立之前，法定代表人徐某丰长期在北京从事餐饮服务，经营北京某大学餐厅，附近开设三家某包子铺，徐某丰知晓某包子铺的商标及字号的知名度情况。其使用"庆丰"字号成立餐饮公司，并在官网网站、店面门头、菜单、广告宣传上突出使用，主观上具有"搭便车"的恶意，属于商标性使用，二审法院认定其属于对企业名称简称或字号的非突出使用错误。某餐饮公司突出使用"庆丰"商标及字号的行为容易造成相关公众的混淆和误认，构成商标侵权；其将"庆丰"作为企业字号登记使用，经营相同或类似的服务，构成不正当竞争。

被申请人某餐饮公司未提交书面答辩意见。在再审程序中，某餐饮公司主张其对"庆丰"文字的使用属于合理使用其企业字号，且系对其公司法定代表人徐某丰名字的合理使用。

➲ 法院查明的事实

1986 年 6 月 3 日，北京市工商行政管理局颁发给北京市西城区饮食公司某包子铺的营业执照载明，经营地址：西长安街 × 号，经济性质：全民，核算形式：独立核算，开业日期：1956 年，经营方式：零售，经营范围：面食。

2000 年 5 月 15 日，北京市工商行政管理局西城分局颁发给北京市西城区某包子铺的企业法人营业执照载明，经营地址：西安门大街 85 号，经济性质：

全民所有制，成立时间：1982 年 1 月 5 日，经营范围：面食（含流质食品、冷荤、凉菜）、零售酒、饮料。2007 年 7 月 24 日，北京市西城区某包子铺经核准变更名称为某包子铺。北京某饮食集团公司为某包子铺的企业管理部门。

1998 年 1 月 28 日，北京某饮食集团公司经核准注册取得"慶豐"商标，商标注册证第 11×××38 号，核定服务项目第 42 类（现为第 43 类）：餐馆、临时餐室、自助餐室、快餐馆和咖啡馆。2008 年 8 月 14 日，上述商标经核准变更注册人名义为某包子铺，经续展注册有效期自 2008 年 4 月 28 日至 2018 年 4 月 27 日。

2003 年 7 月 21 日，北京市西城区某包子铺经核准注册取得"老庆丰 + laoqingfeng"商标，商标注册证第 32×××12 号，核定使用商品第 30 类：方便面、糕点、面包、饺子、大饼、馒头、元宵、豆沙、包子、肉泡馍。2008 年 11 月 13 日，上述商标经核准变更注册人名义为某包子铺，经续展注册有效期自 2013 年 7 月 21 日至 2023 年 7 月 20 日。

某包子铺月坛店于 2007 年被北京市商务局认定为"中国风味特色餐厅"。2007 年，某包子铺在北京广播电台、北京电视台投入广告费用 1 316 604 元。2008 年至 2009 年 6 月 20 日，某包子铺在上述媒体投入广告费用 3 222 500 元。2006 年 7 月 7 日，《新京报》曾对某包子铺做过介绍。2009 年 2 月 4 日，某包子铺与王某签订特许经营合同，经营地点为北京市朝阳区管庄西里 × 楼 × 层，经营店铺名称为北京管庄某包子铺，一次性加盟费 10 万元，庆丰品牌使用费每年 6 万元。2009 年 12 月 22 日，某包子铺与杨某签订特许经营合同，经营地点为北京市海淀区车道沟甲 × 号 × 层，经营店铺名称为北京军乐某包子铺，一次性加盟费 10 万元，庆丰品牌使用费每年 6 万元。

2009 年 6 月 24 日，某餐饮公司核准登记设立，法定代表人为徐某丰，注册资本 50 万元，公司类型为有限责任公司（自然人投资），经营管理范围为餐饮管理及咨询，公司股东为三自然人，其中徐某丰出资 50 万元，占注册资本的 70%。2013 年 7 月 23 日，北京市中信公证处应某包子铺申请，登录某餐饮公司的网站进行证据保全，出具了（2013）京中信内经证字 18419 号公证书。该公证书记载，某餐饮公司网站设有"走进庆丰""庆丰文化""庆丰精彩""庆丰新闻"等栏目，自 2009 年 7 月 15 日至 2012 年 8 月 26 日，某餐饮公司开办了某餐厅等八家企业内设餐厅。2010 年 6 月 4 日，济南某汽车有限公司餐厅开业，某餐饮公司打出"某餐饮全体员工欢迎您"横幅。

⊃ 法院判决理由与裁判结果

一、一审法院

山东省济南市中级人民法院认为本案的争议焦点在于：（1）某餐饮公司注册并使用"济南某餐饮管理有限公司"企业名称是否侵害某包子铺的注册商标专用权。（2）某餐饮公司在其网站上设立"走进庆丰"等项目，在经营场所使用"庆丰"，并打出"某餐饮全体员工欢迎您"横幅是否侵害了某包子铺的注册商标专有权。

中国传统商业文化中，商家喜欢选择使用带有喜庆祥和含义的词汇作为企业字号或商标。但这类字号或者商标的自有显著性不高，有赖于商家后天的使用和维护。

关于济南某公司注册并使用"济南某餐饮管理有限公司"是否侵犯某包子铺的注册商标专用权。这一争议焦点涉及注册商标与企业字号的冲突解决问题。具体到本案，济南某公司注册并使用"济南某餐饮管理有限公司"企业名称始于2009年6月24日，经营地域为济南。"慶豐"和"老庆丰"这两个商标分别注册于1998年1月28日和2003年7月21日，某包子铺受让两涉案商标的时间分别为2008年8月14日和2008年11月13日，某包子铺无法证明在济南某公司注册使用被诉企业名称时，其经营地域和商誉已经涉及或影响到济南和山东。故济南某公司注册并使用"济南某餐饮管理有限公司"企业名称具有合理性，并未侵犯某包子铺的注册商标专用权。

关于济南某公司在其网站设立"走进庆丰"等项目，并在其经营场所的门头、招牌、菜单、横幅使用"庆丰"字样是否侵犯某包子铺的注册商标专用权。本案中，济南某公司使用"庆丰"二字时与其使用环境一致，并未从字体、大小和颜色等方面突出使用，是对企业名称简称或字号的合理使用。

综上，驳回某包子铺的诉讼请求。

二、二审法院

山东省高级人民法院认为本案争议焦点如下：（1）济南某公司的被控侵权行为是否侵害某包子铺涉案商标权；（2）济南某公司的被控侵权行为是否构成不正当竞争。

关于济南某公司的被控侵权行为是否侵害某包子铺涉案商标权的问题。本案中，某包子铺主张保护的商标有两个，即繁体庆丰文字商标和简体老庆丰文字拼音商标。首先，济南某公司使用"庆丰"二字并未从字体、大小和颜色等方面突出使用，是对企业名称或字号的合理使用。其次，被控侵权标识"庆丰"与繁体庆丰文字商标相比，差别较大，不构成相似商标；被控侵权标识"庆丰"与简体老庆丰文字拼音对比，仅"庆丰"二字相同，其他文字拼音也不相同。最后，涉案商标知名度有限，仅限于北京地区。某包子铺未能证明涉案商标在被控侵权行为发生时在山东及济南地区具有较高知名度。

故驳回某包子铺的全部上诉请求，维持原判。

三、再审法院

最高人民法院认为，本案争议焦点在于：（1）某餐饮公司在其网站、经营场所使用"庆丰"文字的行为是否侵害某包子铺的涉案注册商标专用权；（2）某餐饮公司将"庆丰"文字作为其企业字号注册并使用的行为，是否构成不正当竞争；（3）某餐饮公司应如何承担民事责任。

关于某餐饮公司在其网站、经营场所使用"庆丰"文字的行为是否侵犯涉案注册商标专用权的问题。首先，某餐饮公司使用"庆丰"文字的行为将导致相关公众误认为是区别商品或服务来源的标识，其行为属于对"庆丰"商标标识的突出使用，构成商标性使用。其次，某包子铺的"慶豐"商标核准注册时间早于某餐饮公司成立时间有十余年之久，"老庆丰+laoqingfeng"商标的核准注册时间比某餐饮公司成立时间早近六年。某包子铺也被北京市商务局认定为"中国风味特色餐厅"。某包子铺投入大量的广告费用宣传品牌，并采用全国连锁经营的模式，"庆丰"具有较高的显著性和知名度。再次，某餐饮公司使用的"庆丰"与涉案注册商标构成近似。"慶豐"与"庆丰"是汉字繁体与简体的对应关系，其呼叫相同；"老庆丰+laoqingfeng"完全包含了"庆丰"文字，同时某包子铺和某餐饮公司的商品或服务领域相同，构成类似的餐饮服务，容易使相关公众对商品或服务的来源产生误认、导致混淆。最后，某餐饮公司使用"庆丰"文字不属于合理使用。某餐饮公司的法定代表人为徐某丰，其姓名中含有"庆丰"二字，徐某丰享有合法的姓名权，可以合理使用自己的姓名，但将其姓名作为商标或企业字号进行商业使用时，不得违反诚信原则，不得损害他人在先权利。徐某丰曾在北京餐饮行业工作，知晓某包子铺的知名度和影响力，却在其经营场所突出使用与某包子铺注册商标相同或相似的商标，明显具有攀附某包子铺商标知名度的恶意，容易使相关公众产生误认，属于《最高人民法院关于审理商标民事纠纷案件适用法律若干问题的解释》第1条第1款规定的"给他人注册商标专用权造成其他损害的行为"，不属于对该公司法定代表人姓名的合理使用。某餐饮公司的被控侵权行为构成对某包子铺涉案注册商标专用权的侵犯。

关于某餐饮公司将"庆丰"文字作为其企业字号注册并使用的行为是否构成不正当竞争。某包子铺自 1956 年开业，1982 年 1 月 5 日起开始使用"庆丰"企业字号，至某餐饮公司注册之日已逾 27 年，具有较高市场知名度。某餐饮公司擅自将某包子铺字号作为其字号注册使用，经营相同的商品或服务，具有攀附某包子铺企业名称知名度的恶意，构成不正当竞争。

综上，撤销山东省高级人民法院（2014）鲁民三终字第 43 号民事判决、山东省济南市中级人民法院（2013）济民三初字第 716 号民事判决；某餐饮公司立即停止使用"庆丰"标识，并立即停止在其企业名称中使用"庆丰"字号的不正当竞争行为，同时在判决生效之日起 10 日内，赔偿某包子铺经济损失及合理费用 5 万元。

⊃ 判解与学理研究

本案系处理注册商标和企业字号之间冲突关系的典型案例。商标和商号的冲突时常发生，如何应对商标与商号的冲突关系是司法实务界以及学界的重要讨论命题。商标和商号冲突的发生，无论是"机缘巧合"，抑或"有心为之"，可依照两者在时间上的先后关系，将权利冲突表现形式细化为：第一，将他人在先的注册商标作为企业名称中的字号进行登记并使用；第二，将他人在先登记并使用的字号作为商标加以注册。本文对商标与商号的冲突解决机制进行研究，在明晰商标与商号的基本概念后，分析冲突背后的原因，对商标商号冲突解决原则进行阐述，进而提炼我国现行法律体系对此冲突的基本解决路径。

一、两个不同的概念：商标与商号

商标与商号是两个不同的法律概念，受不同的法律调整。根据我国《商标法》的规定，商标是指任何能够将自然人、法人或者非法人组织的商品与他人的商品区分开的标志，包括文字、图形、字母、数字、三维标志、颜色组合和声音等元素及元素组合，其功能价值在于区分特定商品或服务的来源，在全国范围内进行保护。商号，又名字号，是企业名称的核心组成要素。根据《企业名称登记管理规定》，企业名称经各地工商管理部门核准，由行政区域、字号、行业或经营特点、组织形式这四个部分组成，并用以区分企业主体的商业标识，代表厂商信誉，仅在一定区域内进行保护，具有明显的地方保护特征。

二、商标与商号冲突发生原因之探

除了经营主体为实施"搭便车"的行为，主观层面积极"创造"商标商号冲突的经济动因外，商标商号冲突发生亦有自身原因，主要体现在制度层面、功能层面：在制度层面，商标与商号的分立保护机制以及主管机关的差异化使两者的注册程序和保护范围具有明显的分立性，运行机制为商标商号的冲突埋下了隐患；在功能层面，商标和企业字号本质上均为商业性标识，在功能上有一定相似性。具体详述如下。

（一）制度层面：商标与商号的分立保护机制

我国对商标与商号保护上采取分立保护机制，两者在主管部门、核准程序、保护范围均存在差异，差异化的程序使得商标与商号的冲突时常发生。[①]根据《商标法》第 2 条的规定，我国的商标注册和管理工作由国务院工商行政管理部门商标局统一管理。商标一经注册，在其申请注册的商品或服务类别上获得全国范围内的排他性权利。根据《企业名称登记管理规定》第 2 条的规定，我国企业名称的登记管理工作由县级以上人民政府市场监督管理部门负责，国务院市场监督管理部门统筹管理，企业名称效力限于注册登记机关的辖区范围。可见，我国对企业名称登记注册采取"分级管理、地域管理"的原则。这导致在同一辖区的不同行业内、不同辖区的同一行业内，不同辖区的不同行业内，甚至是不同级别的行政区划内或相同行业内部都可能使用同一个商号。[②]

分立保护机制下，我国在商标与商号的法律保护力度方面也存在不均衡。商标由专门法进行保护，且已经形成了一套完善的法律体系，而商号同样作为商业标识的一种，则缺乏一部单独法进行专门保护，且目前相关保护规范的层级较低。此种法律保护的不均衡导致"将他人知名商号申请注册商标以获得排他性专用权""将他人商标申请注册为企业商号"的现象时有发生。

（二）功能层面：商标与商号功能上的相似性

商标与商号的组成要素存在交叉关系。商标的组成要素包括文字、图形、字母、数字、三维标志、颜色组合和声音等因素；而商号需由两个以上的汉字构成。组成要素的相似性使得两者在构成形式上具有相似性。从本质上看，商标与商号均属于发挥识别功能的商业标识，是企业重要的无形资产，均具有无形性和地域性两种特征，二者有发生交叉而产生冲突的客观基础。正是认识到

---

① 参见杨玉熹：《商号与商标：权利冲突与解决》，载《现代法学》1999 年第 4 期。

② 参见张欢：《商标权和商号权的权利冲突分析》，载《中华商标》2016 年第 6 期。

两者的相同属性，国际公约层面将两者纳入统一的保护体系，《保护工业产权巴黎公约》第 1 条第 2 款及第 3 款明确了工业产权的范围，其中就包含商标和厂商名称。虽然我国并未使用厂商名称这一概念，但此概念与我国的企业名称是同一概念。正是考虑商标与商号共同享有的识别功能，即便二者在区别对象上存在不同，但其识别功能具有同质性，均以商业标识展示在消费者面前，并意图在消费者心里建立与特定商品服务或者特定企业主体的稳定对应关系，高度的相似性使得冲突的发生成为了必然。这与世界知识产权组织的观点不谋而合，其认为由于商号或者企业名称与商标都具有标识功能，因而商号、企业名称和商标之间发生冲突是不可避免的。[①]

三、商标与商号冲突解决的机制

在明晰商标与商号冲突的原因后，我国在立法和司法上明确了解决商标商号冲突的基本原则以及保护路径。

（一）权利冲突解决的基本原则

司法实践中，解决商业标识的冲突问题通常是在坚持、贯彻诚信原则的基础上，从权利发生的先后顺序、商业标识的使用行为的合理性角度出发，平衡商标和商号之间的利益关系。如天津市高级人民法院于 2016 年 1 月发布的《商标权纠纷案件审理指南》中明确解决商业标识权利冲突的基本原则为诚实信用原则、保护在先权利原则、禁止混淆原则。

1. 基本原则：诚信原则

诚信原则是市场主体实施市场经济活动所需要遵循的基本原则，亦是解决商标权与商号权冲突应遵循的首要原则，在商标法领域可以具化为形式层面的保护在先权利原则以及实质层面的禁止混淆原则。我国《商标法》第 7 条规定，在商标注册申请环节以及使用环节应当遵循诚实信用原则；企业名称的注册登记亦是如此。然而，法律的应然与实践中的实然无法一一对应。通过商标商号冲突产生的原因可知，市场主体对他人商标、商号恶意攀附的不当使用行为是权利冲突产生的直接经济动因。这种意在攀附他人商标或者字号知名度的行为，严重影响了正常的市场竞争秩序，给正常开展市场经济活动的企业主体的合法权益造成了损害。为打击不正当攀附他人商标或商号知名度的行为或者"搭便车"行为，需要重申诚信原则在商业标识冲突解决中的基础性地位。

---

① 王岩：《论商业标识的权利冲突》，载《云南大学报（法学版）》2003 年第 1 期。

2. 基础层面：保护在先权利原则

保护在先权利原则，是指在商标与商号发生冲突时，要以权利产生的时间先后为依据，优先保护在先的合法权利，是一项普遍适用于解决法律冲突的法律原则。① 它体现了"先来后到"的保护精神。对在先存在的合法权利进行保护具有不言自明的法理依据，如在他人享有在先权利的情况下，在后行为如构成了对在先权利的妨害，即会构成侵权，这是公平和秩序的必然要求，也体现了在先权利本身的法律效力。可见，时间优位性在权利冲突解决中所发挥的重要作用。我国在商标和企业名称的权利取得制度上采用注册主义模式，故可以根据权利取得的时间顺序，直观地确定在先的合法权利。但需要澄清的一点是，保护在先权利原则的适用并不意味着在先的合法权利可以排斥一切在后的权利，因商业标识相关案件的复杂性，我们仍需要综合考虑在后权利人的权利获得形式的合法与否、主观心态善意与否、使用方式合理与否以及诉争商业标识本身显著性强弱、知名度大小等诸多因素，以避免单纯以在先权利人的利益作为唯一衡量因素。② 从此角度来看，保护在先权利原则是解决商标、商号等商业标识冲突问题的重要原则。

3. 实质层面：禁止混淆原则

禁止混淆原则是解决商标与商号冲突的实质层面的原则，其要求市场主体对商标或商号的使用行为必须是合理、恰当的，避免消费者对特定商品、服务乃至企业主体产生混淆，是平衡在先权利与在后权利冲突关系的重要原则。商标、商号作为市场主体重要的商业标识，对构建正当的市场竞争秩序有重要作用，而这有赖于市场主体对其商业标识的规范使用。禁止混淆原则的核心在于商标法领域"商标使用行为"以及反不正当竞争领域"混淆行为"的认定。"商标使用行为"以及"混淆行为"的认定均与混淆可能性有紧密关系，认定在先商标（商号）与在后商号（商标）之间是否存在混淆可能性，可以从商标与商号整体或者主要部分的相似程度，识别对象在商品、服务或者商业活动的相似程度，商业标识的显著性、知名度等因素进行综合的认定。

（二）商标商号冲突解决的法律路径

在遵循前述权利冲突的解决原则的前提下，我国在商标商号冲突问题上总体呈现商标法保护为主和反不正当竞争法保护为辅的双重路径选择。正如前

---

① 参见陈一凡：《商标与商号：权利冲突与合理避让》，燕山大学 2020 年硕士学位论文。

② 参见《江苏省高级人民法院商标权纠纷案件审理指南》。

文所述，商标商号冲突表现形式包含"在后商标与在先商号的冲突"以及"在先商标与在后商号的冲突"。对前述两类冲突类型，我国将其置于商标法框架以及反不正当竞争法框架下予以解决。

1. 商标法保护路径

商标法保护路径是商标商号冲突解决的主要方式。商标法中的商标侵权认定相关规则以及商标注册程序上的救济为商标商号冲突解决提供了较为体系化的规范依据。具体如下：

第一，对于在先商标与在后商号的冲突问题，商标法围绕"商标性使用"设置了配套的商标侵权认定规则。对于在相同或类似的领域内使用与在先商标相同或近似的标识，导致相关公众对商品或服务来源产生混淆的，构成商标侵权，需要承担停止使用、赔偿损失等民事责任。

第二，对于在后商标与在先商号的冲突问题，商标法通过在先权利条款、商标异议程序、注册商标无效宣告程序等规范平衡二者的冲突关系，此种保护基本涵盖了事前的商标注册环节以及事后的商标存续环节。对于在后商标与在先商号的冲突，既可以在事前予以避免，也可以在事后予以宣告无效：在事前的商标注册申请环节，商号作为企业主体的合法权利，商号权利人面对他人将与自己商号相同或近似的标识申请注册为商标的行为，可以在商标初审公告阶段提出异议从而阻止他人的商标注册行为；在事后的商标存续环节，商号权利人可自商标注册之日起五年内以注册商标侵害在先权利为由请求商标评审委员会宣告注册商标无效。

2. 反不正当竞争法保护路径

反不正当竞争法保护路径是商标商号冲突解决的兜底方式，其通过"混淆行为"条款，即《反不正当竞争法》第6条明确规定擅自使用他人有一定影响的企业名称（包括简称、字号等），引人误以为是他人商品或者与他人存在特定联系的，系混淆行为。《商标法》第58条规定将他人注册商标、未注册的驰名商标作为企业名称使用，误导公众，依照《反不正当竞争法》的相关规则予以处理。其提示在先商标和在后商号的冲突解决以《反不正当竞争法》所确立的混淆规则为依据。从法律功能定位来看，《反不正当竞争法》的功能是兜底性、补充性。正是因为我国缺乏对商号的部门法保护，立法保护层级较低，才使得需要引入反不正当竞争法对其予以保护。

四、结论

作为企业主体的商业标识，商标与商号具有相似的识别功能，我国对二者所采取的分立保护机制是商标与商号冲突时常发生的主要原因。此种冲突中各方标识的合法与否，需要遵循诚信原则、保护在先权利原则以及禁止混淆原则，从时间先后、使用形式以及主观心态等角度进行综合判断，以实现在先合法权利以及正常有效的市场竞争秩序的保护。我国在商标商号冲突问题的解决上，采取商标法和反不正当竞争法的双重保护路径，为两者的保护提供了较为系统的保护模式。我国仍须加快商业标识的立法工作，将商号的法律保护问题进行专门立法，以实现商标商号的同等保护。

商标商号冲突的法律问题探讨

——云南某文化传播有限公司与昆明市五华区某幼儿园侵害商标权纠纷案

/ 杨洵

➲ 本案要旨

将与他人注册商标相同或相近似的文字作为企业的字号在相同或类似商品上突出使用，容易使相关公众产生误认的，属于商标法规定的给他人注册商标专用权造成其他损害的行为。判断商号的使用行为是否侵犯注册商标专用权，需要综合考虑两者的近似程度、两者核定使用的商品或服务的类似程度、是否突出使用商号、是否造成相关公众混淆、商号使用人是否具有不正当攀附商标商誉的主观目的。如果商号使用人一直以来都将涉案商号与其他文字同时使用，且属于正常使用行为，则不应当认定为突出使用商号。如果商号使用人的主体单位存续多年且在辖区内具有一定知名度，一直稳定地将商号与其他文字同时使用，则使用商号的行为存在相应的历史渊源，就不应当认定商号使用人存在攀附注册商誉的故意。如果涉案商标并未投入实际使用，不致引起相关公众对二者的服务产生混淆误认，则不应当认定商号的使用行为侵犯了商标专用权。

➲ 案件信息

申请人（一审原告、二审上诉人）：云南某文化传播有限公司

被申请人（一审被告、二审被上诉人）：昆明市五华区某幼儿园

案号：云南省昆明市中级人民法院（2017）云01民初1318号、云南省高级人民法院（2018）云民终232号、最高人民法院（2018）最高法民申3122号

⊃ 上诉主张及理由

云南某文化传播有限公司（以下简称某文化公司）上诉称：（1）昆明市五华区某幼儿园（以下简称某幼儿园）在教育服务中对"云铜"文字的使用构成突出使用，侵害了某文化公司的商标权。（2）某文化公司于2008年7月25日向商标局申请注册了涉案"云铜"商标，而某幼儿园于2009年1月12日才正式获批以"云铜"作为字号注册登记为民办非企业单位，故应保护某文化公司的在先权利。（3）某幼儿园使用"云铜"作为企业字号进行违法商业经营，涉嫌经济刑事犯罪，法院应裁定中止审理，将犯罪线索移送有关公安机关或检察机关，待刑事程序终结后再恢复审理。

某幼儿园辩称：某幼儿园没有突出使用"云铜"二字，而是对其单位名称进行正当使用。在某文化公司没有申请或取得商标专用权时，某幼儿园已经使用了"云铜"二字作为企业名称。在使用过程中，某幼儿园没有在企业名称上特别突出使用"云铜"二字，而是依法依规使用。某文化公司至今未在教育领域使用过云铜商标，因此某幼儿园不可能存在影响某文化公司招生和生意的情况。某幼儿园的开办依法经过相关部门批准，具有办学资格。经过不断的努力，某幼儿园已经在省、市、区教育领域内取得了较高知名度，得到政府及相关部门的高度评价。而某幼儿园至今未见到过某文化公司开办的学校和教育机构。某幼儿园使用"云铜"二字作为单位名称具有相应的历史渊源，"云铜"二字并非某文化公司原创的文字组合。

⊃ 一审法院查明的事实

某文化公司于2008年1月21日经昆明市五华区市场监督管理局登记颁发营业执照。2008年7月25日，某文化公司向国家工商行政管理总局（以下简称商标局）商标局申请注册第68×××53号商标，2010年9月14日获得批准，注册有效期限自2010年9月14日起至2020年9月13日止，核定使用商品/服务项目第41类内容包括：学校（教育）、组织教育或娱乐竞赛等。

某幼儿园的外部环境、标识：墙面贴有"云铜幼儿园招生简介"一张、屋顶上悬挂有"云铜幼儿园"牌子两块和"康贝儿幼教机构云铜幼儿园"一张、大门柱上挂有"云铜幼儿园""云铜小学""云铜中学"牌匾两块，以及门柱上挂有"云铜幼儿园支部"牌匾一块。

➲ 一审法院判决理由与裁判结果

一审法院认为：某文化公司作为商标局核准颁发的第 68×××53 号"云铜"商标注册证的注册人，享有该商标专用权，受法律保护，其注册商标的专用权应当以核准注册的商标和核定使用的商品为限。"云""铜"两个汉字本身就有不同的文字解释，两者组合的名词也会有不同的文义解释，而且汉字本身就属于知识，具有社会性、共享性及在一定基础上的权利相容性等特点。某文化公司虽然享有"云铜"注册商标的专用权，但法律对注册商标的保护不是绝对的，某文化公司并不享有排除他人使用任何包括"云铜"在内的企业字号及商标、商品名称的权利。

某文化公司主张云铜幼儿园侵害商标权的主要观点是某幼儿园在企业名称中使用"云铜"文字。根据《最高人民法院关于审理商标民事纠纷案件适用法律若干问题的解释》第 1 条第 1 款第 1 项的规定，给他人注册商标专用权造成其他损害的行为包括"将与他人注册商标相同或者相近似的文字作为企业的字号在相同或者类似商品上突出使用，容易使相关公众产生误认的"情形，某文化公司主张某幼儿园侵权，应当证明某幼儿园在企业名称中使用"云铜"文字客观上存在突出使用情况，并容易使相关公众产生误认，才依法构成给他人注册商标权造成其他损害的行为。某文化公司所提交的证据保全公证书仅证明某幼儿园在企业名称中使用了"云铜"文字，未能证实某幼儿园在使用"云铜"文字时，有放大字体、颜色显现等引起公众注意、突出使用的方式，因此不能认定某幼儿园将某文化公司注册商标"云铜"文字作为该企业的字号在相同服务上突出使用，故某幼儿园不构成侵害某文化公司享有的第 68×××53 号"云铜"注册商标专用权。而且，某文化公司所主张及提交的证据均证明云铜幼儿园使用"云铜"文字仅在企业名称范围内，与某文化公司注册商标专用权保护的范围不相同。因此，即便如某文化公司所述，某幼儿园使用"云铜"文字客观上构成突出使用，由于双方使用的方式不同，某幼儿园在企业名称这一方式上合法使用，某文化公司在核准注册的商标和核定使用的服务范围合法使用，公众不会对某文化公司和某幼儿园产生混淆和误认，权利冲突现象可以避免。故某文化公司主张因其享有"云铜"合法注册商标专用权，要求某幼儿园停止在其企业名称中使用"云铜"文字的主张，一审法院不予支持。

至于某幼儿园抗辩在先使用"云铜"字样在企业名称中的观点，经查，从某文化公司申请"云铜"注册商标专用权的时间至获得合法注册商标的时间，与某幼儿园申请成立政府同意批准的时间进行比较，可以推测某文化公司和某幼儿园使用"云铜"文字的时间均在同一时间段内，且该问题不影响本案处理结果，故某幼儿园主张其在先使用作为合理使用的辩解，一审法院不予采信。

● 二审法院查明的事实

二审法院对一审法院认定的事实予以确认。同时，二审法院补充查明以下案件事实：某幼儿园位于昆明市普吉路 × 号云冶社区内，原名称为云南某某幼儿园（以下简称某某幼儿园）。2007 年，某某幼儿园房屋因系危房被拆除。2008 年，云南某厂破产重组为云南某锌业股份有限公司。某某幼儿园由云南某锌业股份有限公司委托昆明某物业管理有限责任公司管理。某某幼儿园房屋进行重建。昆明某物业管理有限责任公司经申请获得批复后，同意把某某幼儿园更名为某幼儿园。后王某仙向昆明市五华区教育局申请开办昆明市五华区某幼儿园，并获得批准。2009 年 1 月 12 日，经昆明市五华区民政局审核同意，某幼儿园登记为民办非企业单位（法人）。另外，在云冶社区内，除某幼儿园外，更名为"云铜"字号的教育单位，还有昆明市五华区某小学、昆明市五华区某中学。

● 二审法院判决理由与裁判结果

二审法院认为：关于某幼儿园将"云铜"文字注册为单位字号进行使用是否侵犯某文化公司注册商标专用权的问题。从本案查明的事实看，某幼儿园的前身是某某幼儿园，随着云南某厂破产重组为云南某锌业股份有限公司，包括某幼儿园在内的云冶社区内的学校，其单位名称中的字号相应更改为"云铜"。故某幼儿园登记使用"云铜"为其单位字号存在相应历史渊源。

对于商标权人能否禁止他人将其商标作为企业名称中字号的问题，需要结合注册使用企业名称是否具有不正当性来判断。比如，不正当地将他人具有较高知名度的在先注册商标作为字号注册登记为企业名称，即使规范使用仍足以产生市场混淆的，可以按照不正当竞争来处理。本案中，某文化公司成立于 2008 年 1 月 21 日，并于 2008 年 7 月 25 日向商标局申请注册涉案商标，于 2010 年 9 月 14 日获得核准注册。而某幼儿园登记成立的时间是 2009 年 1 月 12 日。也就是说，在某幼儿园登记成立时，涉案商标尚未获得注册核准，亦不存在某文化公司使用"云铜"商标，并使其获得较高知名度的事实。因此，某幼儿园将"云铜"注册登记为其单位字号并非攀附涉案注册商标的声誉，而是源于相关企业破产重组而进行名称变更等历史原因。本案中，某幼儿园将"云铜"登记为其单位字号正当、合理、合法。

关于某幼儿园突出使用"云铜"字号，是否容易造成相关公众误认的问题。某文化公司的注册商标专用权和某幼儿园的单位名称权均是经法定程序确认、受法律保护的民事权利，因而不同的权利主体在行使权利时，均不得超越其权利边界而损害他人的合法权益。

根据《最高人民法院关于审理商标民事纠纷案件适用法律若干问题的解释》第1条第1项的规定，将与他人注册商标相同或者相近似的文字作为企业的字号在相同或者类似商品上突出使用，容易使相关公众产生误认的，属于《商标法》第52条第5项规定的给他人注册商标专用权造成其他损害的行为。本案中，某幼儿园字号与某文化公司涉案注册商标文字相同；某幼儿园的服务与某文化公司涉案注册商标核定使用的学校教育服务属于类似服务。

对于某幼儿园是否存在突出使用字号的问题。本院认为，从某文化公司一审提交的公证保全照片来看，无论是"某幼儿园招生简介"，还是"昆明市五华区某幼儿园""中国共产党昆明市五华区某幼儿园支部""某幼儿园""康贝儿幼教机构某幼儿园"匾牌，以及网页上显示的"某幼儿园地址、电话等信息"，某幼儿园均是将"云铜"与"幼儿园"文字连接使用，并不存在将"云铜"二字单独使用于商品或服务上，或以其他方式突出使用"云铜"字号的情形。本案中，某幼儿园对"云铜"字号的使用方式均是在表明其单位的名称信息，并不具有与他人注册商标产生混淆的恶意。另外，从本案查明的事实来看，某幼儿园经过多年的经营，在辖区内具有了一定知名度；而某文化公司在本案中虽主张其在教育服务中对涉案注册商标进行了实际使用，但其并未提交有效证据对其主张予以佐证。在某文化公司不能证明其在教育服务中对涉案商标进行了实际使用而使涉案商标具有了一定知名度和显著性的情况下，本院认为，相关公众不会对某幼儿园与某文化公司的服务产生混淆和误认。因此，某文化公司关于某幼儿园突出使用"云铜"字号，容易使相关公众造成误认的主张不能成立。

本院认为，某文化公司关于某幼儿园侵害其注册商标专用权的主张缺乏事实和法律依据，均不能成立。因已认定某文化公司的主张不能成立，本院不再对某幼儿园的先用权抗辩进行分析和评判。

⊃ 再审主张及理由

某文化公司申请再审称：（1）在某文化公司"云铜"商标申请注册在先的情况下，某幼儿园仍将"云铜"注册登记为民办非企业字号，且某幼儿园与某文化公司成立的"昆明市云铜幼儿艺术培训中心"在同一辖区，同为幼儿教育培训机构，引起社会公众的混淆误认，损害了某文化公司的合法商誉。（2）某幼儿园在经营场所大楼外部楼顶公开悬挂"云铜幼儿园"招牌，并在互联网上以"云铜幼儿园"为名发布商业招生广告，属于突出使用。（3）某幼儿园涉嫌犯罪，其非法利用国有资产，以非法承包方式成立民办非营利单位，进行非法商业经营获取暴利，应当移交相关部门给予刑事制裁。

申请再审中，某幼儿园未提交意见。

⊃ 再审法院查明的事实

再审法院对一、二审法院认定的事实予以确认。

⊃ 再审法院判决理由与裁判结果

再审法院认为，本案中，某幼儿园使用的字号与某文化公司涉案注册商标"云铜"文字相同；某幼儿园从事的幼儿教育活动与某文化公司涉案注册商标核定使用的学校教育服务属于类似服务。判断某幼儿园是否侵犯某文化公司的注册商标专用权，主要应评判某幼儿园是否存在突出使用字号及是否会使相关公众产生混淆误认，并应对某幼儿园是否具有不正当攀附某文化公司商标商誉的主观目的进行考量。

关于是否突出使用"云铜"字号。根据某文化公司的主张及提交的相关证据，本案中，某幼儿园在墙上张贴"某幼儿园招生简介"，在房顶上安装"某幼儿园"及"康贝儿幼教机构某幼儿园"牌匾，在幼儿园门柱上悬挂"某幼儿园支部"牌匾，在社区入口大门柱上悬挂"某幼儿园"牌匾，在康贝尔幼教机构的网页上刊登以某幼儿园为名义的招生宣传内容。上述使用中，某幼儿园均是将"云铜"与"幼儿园"文字同时使用，属于用于表明单位名称的正常使用方式，没有单独或以其他方式突出使用"云铜"字样，不构成突出使用"云铜"字号的情形。

关于是否引起相关公众混淆误认。某幼儿园于 2009 年 1 月 12 日登记成立，其前身是某某幼儿园，系云南某厂下属幼儿园，已经在云冶社区存续多年，在辖区内具有了一定知名度。因云南某厂破产重组为云南某锌业股份有限公司，包括某幼儿园在内的云冶社区内的学校、幼儿园等机构，单位名称中的字号均相应更改为"云铜"。某文化公司成立于2008年1月21日，并于同年7月25日向商标局申请注册涉案商标，于2010年9月14日获得核准注册。某文化公司提交的证据不足以证明其在教育服务类别上对涉案注册商标进行了实际使用，尤其是在与某幼儿园经营的幼儿教育类别上进行了实际使用。且相关公众较容易区分开办幼儿园与幼儿艺术培训之间的不同，不致引起相关公众对二者的服务产生混淆误认。

关于某幼儿园是否存在不当攀附涉案注册商标商誉的主观故意。如前已述，某幼儿园登记使用"云铜"为其单位字号，与所属企业破产重组后变更了企业名称直接相关，存在相应历史渊源，具有正当、合理理由。且某幼儿园登记注册时，涉案商标尚未获得注册核准，亦未通过某文化公司的使用积累较高商誉，因此，某幼儿园亦不存在攀附涉案注册商标商誉的主观故意。

综上，某幼儿园使用"云铜"作为单位名称字号，经过相关主管部门的审批，其享有的商号权与某文化公司享有的注册商标专用权同属于受法律保护的民事权利。某文化公司关于某幼儿园突出使用"云铜"字号，容易使相关公众造成误认，侵害其注册商标专用权的主张缺乏事实和法律依据，本院不予支持。

➲ 判解与学理研究

本案是针对使用他人注册商标作为商号是否构成商标侵权而引发的诉讼。商标和商号的权利冲突是商业标识权利冲突中的类型之一。在现实的商业环境中，商标和商号分别有不同的作用表现，也存在不同的权利范围，因此在不构成相关公众混淆的情形下，商标权人一般不能禁止第三人将与自己商标相同或近似的标识登记为商号使用。[1]但由于商标和字号的无形性，且我国实行的是商标和商号各自注册或登记的制度，随着市场主体的增多和市场范围的扩大，两者在使用上极有可能产生重叠、发生权利冲突。在解决商标和商号权利冲突的案件中，法官既要尊重知识产权作为私权利的价值所在，也要维护知识产权中承载的公共利益，实现私益与公益之间的平衡。商标权中法律界限的划定、商标法律适用具体问题的解决等，往往不单单是就事论事，而需要追溯到商标及商标权的本质和根源。本案对使用商号的行为是否构成商标侵权以及明确商

---

① 参见杨晓玲：《商业标识权利冲突法律问题研究》，西南政法大学2016年博士学位论文。

标专用权和商号权各自边界的判断，具有很强的实践意义。

一、商标与商号权利冲突的形式

（一）商标与商号产生权利冲突的原因

商号和商标都属于商业标识类知识产权，企业名称一般由行政区划、字号、行业、组织形式等几个要素组成，其中字号或者称为商号，是最具识别意义的组成部分；而商标一般由文字、图形等要素构成。[①] 商标和商号两种民事权利的冲突的产生，与商标、商号本身具有的特点以及法律规定息息相关。

从知识产权法的立法模式来看，商号和商标权同属于知识产权的范畴，由于大多数国家的知识产权立法都是单独立法，无法充分考虑各个权利之间的协调，[②] 商号和商标权亦是如此。从内涵来看，商标是指能够将特定来源的商品或服务与其他来源的商品或服务区别开的可视化标识；商号则是来源商家或厂家的字号，是企业名称的主要组成部分。[③] 从两者的表现形式来看，二者的表现形式较为近似，使得冲突的出现比较频繁。从功能上看，两者的主要功能都是标识商品或服务的来源，以此区别不同生产商或服务商，消费者往往将具有某种商标或商号的商品或服务与某一特定商品或服务提供者联系起来，故实践中常常出现分属不同商品或服务提供者的商标和商号发生混淆的情形。[④]

从两种权利的取得或登记制度来看，我国商标权取得制度采用全国统一的申请注册模式，一定程度上兼顾保护未注册商标，一个主体可以注册多个商标；而商号权采用的是分级登记制度，且一个企业主体只有一个字号；同时两种权利的审查授权部门不同，二者缺乏统一的管理，因此客观上造成了商标商号登记和管理的分离，使权利冲突的风险增加。[⑤] 由此可见，商标和商号都是以文字为主的表现形式，主要功能均是标识商品或服务来源，都是依照法定程序而获得。同时，由于市场经济中的竞争和利益驱动，有些企业为"搭便车"、攀附他人的商誉，故意将他人的商标或商号作为本企业的商号或商标使用，意图造成消费者混淆。理论上，商标和商号标识来源的识别方式有所不同，通常

---

① 参见谭颖：《企业名称与商标冲突的侵权认定和责任承担》，载《人民司法·案例》2010年第10期。

② 参见郝雪玲：《解决商标权与商号权冲突的司法视角》，载《人民司法》2009年第17期。

③ 参见郑立霞：《商标与商号冲突界定的考量因素》，载《中华商标》2017年第8期。

④ 参见郝雪玲：《解决商标权与商号权冲突的司法视角》，载《人民司法》2009年第17期。

⑤ 参见胡良荣：《论我国商号法律保护的不足与完善》，载《江苏大学学报（社会科学版）》2010年第4期。

情况下两者可以在市场上共存。但实践中，由于商标和商号包含的文字及文字顺序可能完全一致，相关市场主体亦不可能也无法时时刻刻完全规范地使用商标和商号，且我国的商标注册制和企业名称登记制存在一定矛盾，商标和商号两种权利完全可能产生冲突。

（二）商标与商号权利冲突的形式

总体来说，商标和商号两种权利的冲突主要有以下几种表现形式：第一，将与他人注册商标相同或近似的文字作为企业字号在相同或者类似商品上突出使用，容易使相关公众产生误认的；第二，违反诚信原则，使用与他人注册商标中的文字相同或近似的企业字号，虽未突出使用，但足以使相关公众对其商品或者服务的来源产生混淆；第三，将与他人企业字号相同或近似的文字作为商标使用，容易使相关公众产生混淆误认的。[①] 根据上述分类，法院在判断两种权利冲突的案件中，应当首先判断商标和商号两种权利出现的时间，以便将纠纷归类后适用不同的构成要件进行判断。[②] 上述三种情形依据的权利基础有所不同，第一种是对注册商标专用权的侵犯，第二种构成不正当竞争，第三种侵犯的是企业名称权，在具体案件中需要根据原告的诉求来判断属于哪一种情形。同时，还需要注意例外情况，在注册商标与商号冲突中，未违背诚信原则，且未突出使用，但由于历史原因客观上造成了混淆，不应当简单认定为商标侵权或不正当竞争，应当结合历史因素等具体情形，平衡冲突双方的利益，公平解决纠纷。

本案中，某文化公司主张其于 2008 年 7 月 25 日向商标局申请注册了涉案"云铜"商标，某幼儿园于 2009 年 1 月 12 日正式获批以"云铜"作为字号注册登记为民办非企业单位，某幼儿园在教育服务中对"云铜"文字的使用构成突出使用，侵害了其商标权。因此，本案应当属于第一种情况，因此本文主要分析这种情况下的侵权判断要件、法律适用及其他相关问题。

二、使用他人商标作为商号是否构成商标侵权的判断

如果行为人将注册商标中的文字登记为商号并突出使用，导致相关公众对商品或服务的来源产生混淆，属于在商标法意义上使用相关标识或文字，超越了商号权的范围，构成侵犯他人商标权的侵权行为。根据《最高人民法院

---

① 参见谭颖：《企业名称与商标冲突的侵权认定和责任承担》，载《人民司法·案例》2010 年第 10 期。

② 参见李永明、麻剑辉：《商标权与商号权的权利冲突及解决途径》，载《法学家》2002 年第 4 期。

关于审理商标民事纠纷案件适用法律若干问题的解释》第1条第1款的规定，"将与他人注册商标相同或者相近似的文字作为企业的字号在相同或者类似商品上突出使用，容易使相关公众产生误认的"，构成商标法中规定的给他人注册商标专用权造成其他损害的行为。这种商标侵权行为需要具备以下构成要件：一是使用与他人注册商标相同或近似的文字；二是行为人将使用的文字作为企业的名称字号；三是将名称字号在注册商标核准使用的相同或类似商品上突出使用；四是容易使相关公众造成混淆。① 除此之外，还需要判断被诉侵权人是否具有攀附他人商誉的不正当目的。

（一）使用与他人注册商标相同或近似的文字作为企业的名称字号

在认定商号的使用行为是否侵犯注册商标权时，首先应当判断所使用的企业名称字号是否与他人注册商标中的文字相同或近似。这里的近似主要是指注册商标与商号本身及商号的具体表现形式相比较，其中包含的文字字形、读音、颜色及其他要素近似，容易使相关公众对商品或服务的来源产生混淆。在认定商标和商标是否近似时，《最高人民法院关于审理商标民事纠纷案件适用法律若干问题的解释》确立了认定商标相同或者近似的原则：以相关公众的一般注意力为标准；进行商标的整体比对、主要部分的比对，并在比对对象隔离的状态下分别进行；考虑请求保护注册商标的显著性和知名度。笔者认为，在判断商号和商标之间的近似程度时，能够参照上述标准进行综合考量。

本案中，某幼儿园使用的字号是"云铜"，某文化公司使用的商号亦是"云铜"文字，两者完全相同。

（二）将名称字号在注册商标核准使用的相同或类似商品上突出使用

将与他人注册商标相同或者相近似的文字作为企业的字号在相同商品或者类似商品上突出使用，容易使相关公众产生误认，属于侵犯注册商标专用权的行为。② 从企业名称的构成看，一般包括字号、行业与组织形式三部分，字号是其中唯一具有独创性的部分。③ 突出使用字号使字号起到了类似商标的指示商品或服务来源的标识功能。是否突出使用，应以相关公众在一般注意力下的认知为标准，使相关公众能够在对商品或服务的接触中迅速获得或着重注意

---

① 郑立霞：《商标与商号冲突界定的考量因素》，载《中华商标》2017年第8期。

② 参见谭颖：《企业名称与商标冲突的侵权认定和责任承担》，载《人民司法·案例》2010年第10期。

③ 参见李丽婷：《"制止混淆"在解决商标权与商号权冲突中的运用》，载《宁夏大学学报（人文社会科学版）》2008年第4期。

到字号信息，并将这一信息与某个商标联系起来。[①] 实践中主要通过对字号部分的反差度和位置的显著程度进行比较而作出判断，同时受商标在相关公众中的知名程度影响，知名度越高，越容易判定突出使用。[②]

本案中，某文化公司注册的"云铜"商标核定使用的服务项目是第41类内容，包括学校（教育）、组织教育或娱乐竞赛等，某幼儿园从事的幼儿教育活动与某文化公司涉案注册商标核定使用的学校教育服务属于类似服务。因此重点在于"突出使用"的判断，由于法律没有明确规定，实践中有不同见解。笔者认为，将注册商标中的文字以字体、大小、颜色等方式进行突出使用只是作为判断的要素之一，并不是充分条件，应从整体上把握，综合考虑涉案商标的特点及保护商标的目的。是否突出使用，应当以相关公众的一般注意力为标准，如果使得相关公众能够着重注意到字号并将之与某个商标联系起来，一般应当认定为突出使用，具体可以从字号部分的显著程度及涉案商标知名度进行判断。[③] 比如在"榜样商标案"[④] 中，法院认为涉案商标是文字商标，主要特征是文字含义及读音，对于文字商标所使用的字体、颜色、大小均非起到商标识别作用的主要特征，加之涉案商标在广西广告领域具有较高知名度，被告未规范使用企业名称，而是省略登记名称中的行政区划，使用"榜样"为核心的榜样广告传媒公司及榜样传媒来标称企业，虽然其中的"榜样"文字在字体、大小或颜色等方面与其企业名称中的其他文字没有不同之处，但因其含义及读音已经足以造成相关公众的混淆误认或者认为双方当事人之间存在特定关系，某榜样公司侵占了广西某榜样公司的商业信誉，故认定某榜样公司省略其登记名称中的行政区划，简化使用"榜样广告传媒有限公司"及"榜样传媒"作为企业名称，这种不规范使用已构成对"榜样"文字的突出使用。[⑤]

本案中，某幼儿园在墙上张贴"某幼儿园招生简介"，在房顶上安装"某幼儿园"及"康贝尔幼教机构某幼儿园"牌匾，在幼儿园门柱上悬挂"某幼儿园支部"牌匾，在社区入口大门柱上悬挂"某幼儿园"牌匾，在康贝尔幼教机构的网页上刊登以某幼儿园为名义的招生宣传内容。因此，法院认定被告在具

① 蒋志培、夏君丽等：《对〈最高人民法院关于审理注册商标、企业名称民事纠纷案件若干问题的规定〉的理解与适用（上）》，载《工商行政管理》2008年第8期。

② 谭颖：《企业名称与商标冲突的侵权认定和责任承担》，载《人民司法》2010年第10期。

③ 参见谭颖：《企业名称与商标冲突的侵权认定和责任承担》，载《人民司法·案例》2010年第10期。

④ 详见广西壮族自治区高级人民法院（2013）桂民三终字第33号民事判决书。

⑤ 参见陆鹏宇：《突出使用字号易与他人商标产生误认构成侵权》，载《人民司法（案例）》2016年第2期。

体使用形式上均是将"云铜"与"幼儿园"文字同时使用，属于表明单位名称的正常使用方式，没有单独或以其他方式突出使用"云铜"字样，不构成突出使用"云铜"字号的情形。

（三）容易造成相关公众混淆

混淆误认判断是侵权判断的重要环节，也是判断商标权与商号权是否发生冲突的前提依据，商标与商号的权利无论是通过使用、注册还是驰名产生，其保护的基本依据都是建立在避免混淆之上的。①

本案中，某幼儿园由某某幼儿园演变而来，已经在云冶社区存续多年，并具有了一定知名度，后因为企业改制，将单位名称中的字号均相应更改为"云铜"。本案法院以此认定，某文化公司成立时间、申请注册涉案商标时间均晚于某幼儿园的成立时间，同时某文化公司未在教育服务类别上对涉案注册商标进行实际使用，尤其是在与某幼儿园经营的幼儿教育类别上进行实际使用。法院最后得出结论，相关公众较容易区分开办幼儿园与幼儿艺术培训之间的不同，不致引起相关公众对二者的服务产生混淆误认。

（四）具有不正当目的

是否构成商标侵权还需要判断被诉侵权人是否具有攀附他人商誉的不正当目的。本案中，某幼儿园登记使用"云铜"为其单位字号与其企业改制的历史现实相关，不具有不当攀附涉案商标的恶意。同时，法院指出，某幼儿园登记注册时，涉案商标既未注册核准，亦未积累较高商誉，据此难以认定本案被告某幼儿园存在攀附涉案注册商标商誉的主观故意，故其使用涉案标识的行为应当认定为将他人注册商标在先使用，不应当认定为商标侵权行为。

三、结论

在利益平衡的观念下，商标获得注册的效果并非商标权人获得了商标中涉及的文字或其他要素的垄断权。就注册商标而言，商标权人的权利范围应当界定为该标识在商标意义上的含义，对于该标识非商标意义上的含义应当属于公共领域，因此，第三人能够在该标识非商标法意义的含义上自由使用该标识，其中包括将该标识作为商号进行使用。② 实践中，将注册商标中的文字登记为商号并使用的行为是否构成商标侵权行为，需要根据个案情况并具体结合

---

① 参见李丽婷：《"制止混淆"在解决商标权与商号权冲突中的运用》，载《宁夏大学学报（人文社会科学版）》2008 年第 4 期。

② 参见杨卓：《简化使用企业名称与他人注册商标混淆的侵权认定》，载《人民司法·案例》2009 年第 2 期。

以下几个判断因素进行综合考量：第一，使用的企业字号是否与他人注册商标中的文字相同或近似；第二，是否在注册商标核准使用的相同或类似商品上突出使用；第三，是否容易使相关公众混淆误认；第四，被诉侵权人是否具有攀附他人注册商标上所载的商誉的不正当目的。其中，第二个因素中的"突出使用"和第三个因素中的"混淆"是判断的重点和难点。[①] 本案的启示在于，突出使用的判断可以从具体使用形式着手，如果行为人将涉案字号与企业性质等其他要素一并使用，属于用于表明单位名称的正常使用方式，则不应当认定为突出使用；"混淆"可以从行为人的字号历史渊源、知名度和商标权人的使用情况着手判断，如果行为人的字号具有正当的历史渊源，且随着经营的扩大，字号和企业的知名度较高，同时商标权人并未在对应的领域实际使用涉案商标，则不应当认定为容易造成混淆误认。唯有如此，才能正确把握注册商标权和商号权的界限，进而更好地实现私权和公共利益的平衡。

---

① 参见李永明、麻剑辉：《商标权与商号权的权利冲突及解决途径》，载《法学家》2002 年第 4 期。

商号权与商标权冲突的产生原因、公共利益问题及解决途径

——苏州市某眼镜公司与上海某集团公司等商标权侵权及不正当竞争纠纷案

/ 刘碧君

➲ 本案要旨

若与已有知名度的商标相似的企业字号客观上起到了与商标相同的区分商品来源的作用，易造成相关公众误认，则应当认为其影响了市场竞争的正当秩序，构成不正当竞争。商号与商标因指代作用的相似性、特征的区别性和保护的分离性常常发生冲突，存在一方出于攀附知名度的故意注册或登记相似的商号商标的情况。这种冲突涉及公共利益问题，其解决途径应当寻求前置程序中的交叉审查、后置程序中的公告异议制度和司法裁判标准的统一。

➲ 案件信息

上诉人（一审被告）：苏州市某眼镜公司

被上诉人（一审原告）：上海某集团公司、上海某眼镜公司

一审被告：苏州市某眼镜公司观前店、吴某泉、周某珍

案号：江苏省苏州市中级人民法院（2007）苏中民三初字第 0089 号、江苏省高级人民法院（2009）苏民三终字第 0181 号

➲ 原被告主张及理由

原告上海某集团公司、上海某眼镜公司诉请：（1）被告立即停止侵犯原告注册商标专用权的侵权行为和不正当竞争行为；（2）禁止被告在其网站、加盟店、企业名称所有相关服务上使用原告的"吴良材"注册商标；（3）被告停

止使用含有"吴良材"文字的企业名称，变更后的企业名称中不得含有"吴良材"文字；（4）被告赔偿原告经济损失人民币50万元；（5）被告在自己的网站和《苏州日报》显著位置向原告公开赔礼道歉，就其侵权行为消除影响；（6）被告承担因本案发生的合理费用；（7）被告承担本案诉讼费用。

被告苏州市某眼镜公司答辩称：（1）其基于依法取得的"吴良材"字号权从事正常的经营活动，原告无权限制其行使民事权利，更无权要求其停止使用"吴良材"字号；（2）苏州市某眼镜公司是江苏省乃至全国眼镜行业中有较高知名度的企业；（3）眼镜行业经营的特殊性决定了任何企业都不会依赖于服务商标，这是服务商标的特点以及眼镜行业的特点所共同决定的；（4）原告在诉状中自称是"吴良材"的传人，但是该主张没有相关的证据佐证，应当不予采信；（5）对照商标法及相关司法解释，原告的"吴良材"商标不具备驰名商标的条件，因此也不能以此对抗他人在先的字号权；（6）原告上海某眼镜公司不是本案的利害关系人，不是适格的原告，没有诉权。请求法院查明事实，依法驳回原告的诉讼请求。

➜ 一审法院查明的事实

1989年，上海某眼镜公司的前身某眼镜商店依法核准注册取得了第50××69号"吴良材"文字商标，核定使用商品为第9类"眼镜盒、眼镜链、眼镜"等。后企业名称多次变更，该商标也依法变更商标注册人名义两次。1999年，上海某眼镜公司的前身上海三联商业集团某眼镜公司依法核准注册取得第12×××81号"吴良材"文字商标，核定服务项目为第42类"眼镜行服务"。2004年，上述两个商标均转让至其上级公司上海某集团公司。同年，上海某集团公司将该两商标以普通许可方式无偿许可上海某眼镜公司使用。同年，上海某集团公司依法核准注册取得第34×××48号"吴良材"文字商标，核定服务项目为第40类"光学玻璃研磨；光学镜片研磨"等。2005年，上海某集团公司亦将该商标以普通许可方式无偿许可上海某眼镜公司使用。本案诉讼中，上海某集团公司于2008年将上述三个商标均转让至由上海某集团公司与上海某眼镜公司共有。

原告注册于第42类"眼镜行服务"上的第12×××81号商标分别于2002年和2005年被上海市工商行政管理局授予"著名商标"。2004年，国家商标局认定该商标为"驰名商标"。

被告苏州市某眼镜公司前身苏州市宝某眼镜有限公司（以下简称宝某公

司）成立于 1992 年。1998 年，宝某公司经营部依法变更企业名称为"苏州市宝某眼镜有限公司吴良材眼镜商店"。1999 年，宝某公司及其分支机构宝某公司经营部分别依法核准变更名称为"苏州市某眼镜公司"和"苏州市某眼镜公司观前店"，该两名字沿用至今。经营范围为"眼镜验配；批发零售：隐形眼镜及护理用品、钟表、照相器材"。2004 年，苏州市某眼镜公司依法核准注册取得第 34××× 91 号字母 WLC 加框商标，核定服务项目为第 44 类"眼镜行等"。2006 年，苏州市某眼镜公司观前店负责人钱某勤以个人名义核准注册取得第 40×××65 号"美加奈"文字商标，核定使用商品为第 9 类"擦眼镜布、光学矫正透镜片（光）；眼镜（光学）；眼镜框；眼镜架等"。

被告吴某泉和周某珍系苏州市某眼镜公司的加盟店业主。该两被告与苏州市某眼镜公司签订的加盟协议均载明"门头店招、店堂装饰的格式由甲方（苏州市某眼镜公司）提供统一色彩图样"。

2001 年，吴良材第五代后人吴某城，第六代后人吴某生、吴某立、吴某莲曾经以本案原告上海某眼镜公司为被告，诉至法院要求其停止妨碍吴良材后人合法使用"吴良材"字号的行为。该案经过上海市二中院一审、上海市高院终审认定上海某眼镜公司对"吴良材"享有企业名称权和商标权，故对吴某城等人的诉讼请求未予支持。

"吴良材"注册商标被认定为驰名商标后，上海某集团公司曾于 2004 年向江苏省苏州工商行政管理局（以下简称苏州工商局）申请撤销苏州市某眼镜公司企业名称，苏州工商局对此答复：苏州市某眼镜公司名称变更先于"吴良材"驰名商标的认定，故对该请求予以驳回。后上海某集团公司提起行政复议，江苏省工商行政管理局依法撤销了苏州工商局的答复行为，并责令其重新作出具体行政行为。2007 年，苏州工商局再次出具《关于对上海某集团公司企业名称争议的复函》，认为上海某集团公司举报苏州市某眼镜公司使用"吴良材"字号恶意侵犯商标专用权，构成不正当竞争行为的请求事项，证据不足，应予补正。

➲ 一审法院判决理由与裁判结果

一审法院认为，依据《最高人民法院关于审理商标民事纠纷案件适用法律若干问题的解释》第 1 条第 1 项的规定，四被告对其"吴良材"字号的使用行为已同时具备了以下构成要件：（1）在网站、店面招牌、眼镜盒、眼镜布等产品和服务上使用与他人注册商标相同的文字。（2）在相同或者类似商品和服务上使用。（3）突出使用，被告在对其企业名称的实际标注过程中并未规范标注全称，而是仅标注了"吴良材"或者"苏州吴良材"，其中"苏州"是行政区划，"吴良材"才是字号的识别要素。故本案中应当将被告标注"吴良材"的行为依法认定为突出使用行为。（4）容易使相关消费者产生混淆或者误认。目前，在原告已在江苏乃至全国市场范围内广泛开设加盟连锁店，"吴良材"注册商标在市场上享有一定知名度的情况下，被告的上述使用行为客观上会引起消费者对原被告产品与服务间存在某种关联的错误认识，从而造成混淆或者误认。综合上述因素，四被告在其网站、店面招牌、眼镜盒、眼镜布等相关产品和服务上对其"吴良材"字号的使用已侵害了涉案"吴良材"注册商标专用权。

一审法院认为，尽管本案权利冲突的产生有其客观背景，但是仍然应当依照保护在先权利、维护公平竞争和诚实信用的原则正确界定当事人的合法权益。本案中，上海某眼镜公司作为"中华老字号"企业，是"吴良材"品牌的合法传承者。其早在1989年即在第9类"眼镜"等系列产品上核准注册了"吴良材"文字商标，取得了"吴良材"文字商标专用权。经过多年来对"吴良材"字号及商标持续广泛地使用，原告"吴良材"品牌在国内尤其是长三角地区眼镜行业已享有较高的知名度和盛誉。而被告苏州市某眼镜公司观前店及苏州市某眼镜公司分别到1998年、1999年始将"吴良材"登记为企业名称并使用，该两被告作为在原告主要市场覆盖区域内经营眼镜的主体，其在与"吴良材"品牌间不具有任何历史渊源的情况下擅自将字号由"宝顺"变更为"吴良材"，主观上显然具有攀附"吴良材"强大品牌声誉的故意，客观上也会导致消费者在已将原告与"吴良材"品牌间建立起固定化且直接的指向性联系的基础上，对原被告所提供产品与服务的来源产生混淆和误认，从而损害原告正常的市场竞争利益。综上，被告苏州市某眼镜公司及苏州市某眼镜公司观前店将具有较高知名度的"吴良材"字号及注册商标登记为企业字号，无论其是否突出使用均难以避免产生市场混淆，该行为已构成不正当竞争。

综上，一审法院判决如下：一、四被告立即停止涉案侵犯注册商标专用权的行为；二、被告苏州市某眼镜公司于本判决生效后3个月内到工商登记机关办理企业名称变更登记手续，变更后的企业名称中不得含有"吴良材"字样；三、被告苏州市某眼镜公司观前店、吴某泉、周某珍于本判决生效后30日内到工商登记机关办理企业名称变更登记手续，变更后的企业名称中不得含有"吴良材"字样；四、被告苏州市某眼镜公司、苏州市某眼镜公司观前店于本判决生效后10日内赔偿原告上海某集团公司、上海某眼镜公司经济损失人民币 15 万元及为制止本案诉讼支出的合理费用 2 万元；五、被告苏州市某眼镜公司、吴某泉于本判决生效后 10 日内赔偿原告上海某集团公司、上海某眼镜公司经济损失人民币 3 万元及为制止本案诉讼支出的合理费用 3000 元；六、被告苏州市某眼镜公司、周某珍于本判决生效后 10 日内赔偿原告上海某集团公司、上海某眼镜公司经济损失人民币 1.5 万元及为制止本案诉讼支出的合理费用 2000 元；七、被告苏州市某眼镜公司、苏州市某眼镜公司观前店、吴某泉、周某珍于本判决生效后 15 日内，分别就各自涉案侵权行为在《苏州日报》上作出公开启事一次，消除影响；八、驳回原告上海某集团公司、上海某眼镜公司其他诉讼请求。

○ 上诉主张及理由

苏州市某眼镜公司不服一审判决提起上诉，认为：一审法院认定事实证据不足。（1）企业字号的在先权利是指在一定行政区域内的在先登记的权利，而不是在全国范围内的在先登记权。上诉人首先在苏州地区取得"吴良材"企业字号权，该登记行为合法有效，上诉人没有义务在登记注册企业名称的时候在全国范围内进行检索。上诉人的行为完全是善意的、正当的民事行为。（2）上诉人对于企业字号的使用完全符合法律规定和行业惯例，并不构成对企业字号的突出使用。（3）被上诉人不是"吴良材"的唯一渊源，被上诉人无论是在历史上还是在目前都无法独占"吴良材"字号。鉴于"吴良材"被大量使用，消费者不可能在被上诉人与"吴良材"间建立起固定化且直接指向性联系。上诉人登记注册"吴良材"字号的时间为 1998 年，没有证据证明在1998 年之前"上海吴良材"已经具有了知名度，或者足以让上诉人产生攀附其品牌的主观动机。（4）"吴良材"案有着极为复杂的历史背景和深刻的社会原因，不能将责任归责于某一个企业。

上海某集团公司与上海某眼镜公司共同答辩称：一审判决程序合法，认定事实清楚，适用法律正确，证据运用得当，逻辑推理清晰。请求二审法院驳回上诉，维持原判。

○ 二审法院查明的事实

二审法院查明：（1）上海某集团公司和上海某眼镜公司先后向江苏省无锡市中级人民法院、常州市中级人民法院等江苏省境内 6 个中级人民法院，针对苏州市某眼镜公司在各地区的加盟商和分支机构提起商标侵权和不正当竞争诉讼。本案是其中之一。（2）苏州市某眼镜公司一审庭审中述称：该公司与中华人民共和国成立前的老字号吴良材眼镜店没有联系，其之所以于1999年11月将公司字号从原来的宝顺变更为吴良材，主要是因为历史上存在吴良材这个人，在眼镜行业是著名的人物，对中国眼镜行业的发展有影响；吴良材主要成名在江浙一带，在北方没有人知道。

➲ 二审法院判决理由与裁判结果

二审法院认为，关于苏州市某眼镜公司将吴良材登记为企业字号并使用的行为是否构成对涉案三件"吴良材"注册商标专用权的侵犯及是否构成不正当竞争问题，主要从以下两方面判断：

1. 关于是否构成商标侵权。根据《最高人民法院关于审理商标民事纠纷案件适用法律若干问题的解释》第1条第1项的规定，将与他人注册商标相同或相近似的文字作为企业字号在相同或者类似商品上突出使用，容易使相关公众产生误认的，属于侵犯商标权的行为。所谓突出使用企业字号，一般来讲是指将字号与构成企业名称的其他组成部分相分离或相区别，或者单独使用字号，或者使用特殊的字体、颜色或者大小将字号突出出来等。司法解释之所以强调突出使用企业字号才构成商标侵权，是基于如果在商品上突出使用字号，则客观上起到了标识商品来源的作用，容易使相关公众对商品来源产生误认。因此，上述所列举的单独使用字号或者仅突出字号固然属于突出使用字号的情形，但是即使将字号与行政区划或者行业特点结合使用，如果客观上仍突出了字号的标识作用，亦应属于对企业字号的突出使用。本案中，苏州市某眼镜公司在其网站、店面招牌、眼镜盒、眼镜布等相关产品和服务上，或者单独使用"吴良材"，或者使用"苏州吴良材""苏州吴良材眼镜""吴良材眼镜"等字样，这样的使用方式实际上仍达到了突出使用"吴良材"的效果，亦属于侵犯"吴良材"注册商标专用权的行为。

2. 关于是否构成不正当竞争行为。二审法院认为，从苏州市某眼镜公司一审庭审中的陈述来看，其在与"吴良材"字号或商标没有任何渊源的情况下，之所以将企业字号由"宝顺"变更为"吴良材"的原因在于其知晓"吴良材"在眼镜行业的影响。由于"吴良材"作为企业字号的长期使用，其知名度和影响力也随之不断扩大，并于1993年被国内贸易部认定为"中华老字号"，结合相关陈述，可以证明在上诉人于1998年3月及1999年11月变更其经营部及企业字号之前，"吴良材"作为眼镜行业的企业字号在江浙地区已具有较高知名度。上诉人苏州市某眼镜公司作为"吴良材"字号影响力所覆盖区域内的同行业竞争者，其在理应知晓"吴良材"字号知名度及影响力的情况下，仍将其企业名称由"宝顺"变更为"吴良材"，主观上具有明显攀附上海某眼镜公司"吴良材"字号知名度和影响力的故意。

综上，二审法院判决驳回上诉，维持原判决。

⊃ 判解与学理研究

本案是商标与商号相冲突的典型案件。一些经营者经营历史悠久，在长时间的经营中积累了较高的商业信誉和知名度，又因为商标、商号分别保护和公私合营等历史原因，在商号和商标的注册上出现了不统一现象。而其他经营者出于利益驱动或攀附的故意，通过注册相似或相同的商标、字号"借用"其知名度进行经营，即出现商标与商号相冲突的情形。在此种情形中，如其中一方具有较高的知名度，则需要对相关公众的公共利益进行考量。本文从商号权与商标权冲突的产生原因、所涉及的公共利益问题和解决途径三个方面进行分析。

一、商号权与商标权冲突的产生原因

商号，又称字号，是企业名称的组成要素之一。《企业名称登记管理规定》（2020年修订）第6条规定："企业名称由行政区划名称、字号、行业或者经营特点、组织形式组成。"商号权是指企业对自己使用的营业标志所依法享有的专用权，其法律意义在于他人使用相同或类似的名称时，权利人可以要求停止使用，避免发生混同；在他人非法侵权而造成损失时，权利人可以要求赔偿损失。[①]

商标是用于区分商品或服务来源的标识，一般认为商标权包括商标权人对其注册商标享有充分支配和完全使用，并且禁止他人未经许可擅自使用其注册商标的权利。[②]

通常情况下，经营者在商品包装或服务描述中会同时使用商号和商标，并期待相关公众将商品或服务、商标和经营者本身联系起来，从而通过长期向市场提供商品或服务建立相关公众对其经营者的信任，并在自身发展中取得有利地位。商标、商号各自发挥其功能，与商品本身的质量一同"三位一体"地

---

① 参见吴汉东：《知识产权法》（第4版），北京大学出版社2014年版，第362页。
② 参见吴汉东：《知识产权保护论》，载《法学研究》2000年第1期。

建立、积累经营者的商业信誉。

商号与商标具有功能上的相似性和保护上的分离性。商号和商标在市场中共同发挥对经营者的指代作用，共同承载着经营者通过经营行为积累的商业信誉，但在形式、范围、保护方式等特征上互相区别。在指代功能的发挥上，商号作为经营者的"名称"，以其本身的性质发挥指代功能；商标作为识别商品或服务来源的标志，通过建立、巩固商品或服务与作为来源的法人之间的关系发挥指代作用。在排他效力的强弱上，商号权的限制范围更狭小，仅在其登记的行政区域内具有排他效力，商标则在全国范围内生效，具有更强的排他效力。在保护方式上，商标权主要由《商标法》规制，而商号权则由《民法典》和《企业名称登记管理规定》等保护。[①]

功能上的相似性和其他特征的区别性造成了经营者在商号和商标注册上的不统一现象，即一个具有知名度的经营者可能并未将其商号作为商标注册，而具有知名度的商标的持有人可能也并未以该商标的文字作为商号。当商标与商号不统一时，商品或服务、商标、经营者"三位一体"的商誉认识体系就有可能陷入混乱。在利益驱动下，"搭便车"行为也就由此产生，即一个企业如果能以知名商标登记为企业名称或将知名商号注册为商标，则节约了大量的费用，分享了后者所属企业开拓的市场。[②]同理，将已经知名的商标登记为企业名称，也是一种分享前人经营成果的"搭便车"行为。这种行为形成了商号权与商标权之间的冲突。而又由于"搭便车"行为中存在一方拥有较为知名的商号或者商标，在相关冲突的解决中，必须注意其中的公共利益问题，即需要考虑到裁量中可能影响的公共利益。

二、商号权与商标权冲突的公共利益问题

权利的私权性质与公共利益之间的平衡是知识产权利益平衡的核心。商标法不仅保护商标权人的私权，也承担着"建立和维护公平竞争的良好市场秩序，鼓励通过创新创造和树立市场声誉来获得市场竞争优势，从而为社会公众提供更多更好的物质和精神产品"[③]的制度目标。即应当通过《商标法》《反不正当竞争法》等制度的维护，使得商号权人或商标权人能够获得其经营所积累的商誉，享受商誉带来的市场扩大、利益增加等正向影响，同时承担商誉损害

---

① 参见李亮：《商号与商标：权利冲突与解决》，载中国法院网 2008 年 12 月 8 日，https://www.chinacourt.org/article/detail/2008/12/id/335352.shtml。

② 参见杨玉熹：《商号与商标：权利冲突与解决》，载《现代法学》1999 年第 4 期。

③ 参见张韬略、张伟君：《〈商标法〉维护公共利益的路径选择——兼谈禁止"具有不良影响"标志注册条款的适用》，载《知识产权》2015 年第 4 期。

带来的负面影响；在相关权利的维护中，也应保证相关公众能够通过商号、商标、商品形成对某一经营者的信赖且这种信赖不因"搭便车"或类似行为遭受损害。

本案中，"吴良材"这一品牌经过经营者长时间的传承和积累，已经形成了独特的品牌价值，能够为相关公众知悉和信任。在相关公众对眼镜类别商品进行选择时，也会将"吴良材"品牌长时间经营积累的商誉作为考虑因素。两被告将企业商号变更为"吴良材"的行为，将使得"吴良材"这一商号的知名度被稀释，无法与商标、商品共同体现经营者的商业信誉。这一行为不仅是借用已有知名度的老字号获取利益，也将造成商标、商号、商品"三位一体"的经营者信誉认知体系的混乱。一审法院在判决中强调"尽管权利冲突的产生有其客观背景，仍然应当以保护在先权利、维护公平竞争和诚实信用的原则正确界定当事人的合法权益"，并认为两被告在主客观上攀附了"吴良材"老字号的知名度，损害了原告的市场竞争利益。其中，一审法院认为，两被告将具有较高知名度的"吴良材"老字号登记为商号，"无论其是否突出使用均难以避免产生市场混淆，该行为已构成不正当竞争"。二审法院依据《最高人民法院关于审理商标民事纠纷案件适用法律若干问题的解释》第1条第1款的规定，认为"突出使用企业字号"作为侵犯商标权的构成要素的目的是判断其是否起到了标识商品来源的作用，因此即使没有通过特殊字体、颜色、字号等方式将商号突出使用，只要客观上造成了相关公众对商品来源产生混淆的结果，即可认为是"达到了突出使用的效果"，从而构成侵犯商标权的行为。

两审法院将"突出使用"这一要素的认定聚焦于是否可能造成相关公众的混淆而非体现形式，这一认定核心包含了对公共利益的考虑。案涉商标"吴良材"是在相关公众范围内具有高知名度的老字号，承载了经营者较高的商业信誉。两被告虽然在相关产品和服务上使用了带有行政区划名称的"苏州吴良材"等字样，但并不能断开这一表述与"吴良材"的联系，造成相关公众误认的同时，也破坏了原告正常的市场经营，使得原告承担了非其自身经营行为带来的风险。

作为商号权和商标权冲突的典型案件，本案体现了冲突中所涉及的两方面公共利益问题。一是相关公众的混淆问题，这一问题由商标商号在市场中发挥标识作用的本质决定，其本身作为商誉的载体，承载着相关公众对于某一经营者的信赖，而当其承担的标识作用产生混乱时，相关公众因此建立的信赖受到破坏。二是原权利人的经营秩序破坏问题，这一问题源于商标的市场性质，"搭便车"行为使得经营者及其同业竞争者通过经营行为达成的合理的利益分配受到破坏，从而影响了市场正常的竞争秩序，对公共利益造成了影响。在相关裁判和冲突解决规则的设置中，应当注意裁判结果对公共利益的影响，作出有利于公共利益的决定。

三、商号权与商标权冲突的解决途径

对于商号权与商标权的冲突的法律规定，《商标法》第58条规定："将他人注册商标、未注册的驰名商标作为企业名称中的字号使用，误导公众，构成不正当竞争行为的，依照《中华人民共和国反不正当竞争法》处理。"《反不正当竞争法》第6条规定："经营者不得实施下列混淆行为，引人误认为是他人商品或者与他人存在特定联系……（二）擅自使用他人有一定影响的企业名称（包括简称、字号等）、社会组织名称（包括简称等）、姓名（包括笔名、艺名、译名等）……"《最高人民法院关于审理商标民事纠纷案件适用法律若干问题的解释》第1条第1款规定："将与他人注册商标相同或者相近似的文字作为企业的字号在相同或者类似商品上突出使用，容易使相关公众产生误认的"，"属于《商标法》第五十七条第七项规定的给他人注册商标专用权造成其他损害的行为"。在《企业名称管理规定》中，没有与商标相关的规定。由此可见，对于在先的商号而言，仅在其具有一定影响时，将与该商号相同或者近似的文字作为商标使用才构成不正当竞争；而对于在先的商标而言，无论是注册的商标和未注册的驰名商标，他人将其作为商号使用，达到引起相关公众混淆的程度，即成立商标权侵权。由此可见，商号权和商标权的保护并不平衡。在保护方式上，二者的保护均需要借助当事人维权的方式来维护其权利，缺乏前置审查流程中的考虑。

在商号权与商标权冲突的解决中，应兼顾前置、后置两个节点中的保护。在商标注册中，应当进一步完善《商标法》第9条和第32条中"不得与他人在先取得的合法权利相冲突""不得损害他人现有的在先权利"的"在先权利"概念，将具有一定知名度的商号权纳入该概念中，阻止与知名商号相同或近似的在后商标注册，从而保障一部分老字号、知名经营者的商号权。通过"在先权利"这一术语的确定和完善，同时保证商标注册后在先进行企业名称登记的相似商号权人能够在原有范围内继续使用其商号，防止造成商标权的不当扩张。相应地，在企业名称登记管理中，也应引入"在先权利"这一概念，审核企业登记时所选择的商号是否侵犯他人的在先权利，是否可能攀附已具有知名度的商标，并保证商号登记后在先的不知名商标原有范围内的使用。在前置的审查流程中，对具有知名度的商号和商标进行相对平等的保障。这一交叉的前

置审查可以通过建立交叉检索数据库实现，并可以通过建立同类商品或服务内的驰名商标、知名商号数据库减小搜索范围。

在后置的争议解决程序中，可以通过建立更为多元的异议、争议解决程序解决商号权和商标权的冲突。如在企业名称登记过程中增设公告异议程序，给予在先商标权人对预期的"搭便车"行为的救济，相应在商标注册的公告异议程序中增加在先的知名商号作为商号权人的救济途径。在司法裁判中，应当依据具体的案件事实，以容易使相关公众混淆从而影响公共利益为判断核心，形成统一的标准认定商标侵权行为或界定商号使用的不正当竞争行为。

通过商号与商标的交叉审查和"在先权利"原则适用，减少商号与商标之间的冲突；通过明确或完善公告异议制度，减少在先权利人的救济成本，并在司法裁判中统一标准，实现商号权保护与商标权保护的平衡。通过前置和后置的两个节点，实现商号权与商标权的平等保护。

四、结论

商号权与商标权产生冲突的原因在于商号与商标在指代功能发挥上的相似性、特征上的区别性和法律保护上的分离性。二者冲突所涉的公共利益问题主要包括两方面：一是对相关公众期待和信赖的影响；二是对正常的市场竞争、利益分配秩序的破坏。在冲突解决途径上，主要有前置和后置两种途径，前置途径即完善"在先权利"概念，设置商号与商标在注册登记时的交叉审查，减少此类冲突；后置途径即将二者的冲突纳入或增设于公告异议程序，减少权利人的救济成本，并统一司法裁判中的标准，保证商标权与商号权保护的平衡。

注册商标权与地理标志权的冲突与协调

——浙江某食品有限公司与上海某食品有限公司、浙江某火腿厂侵害商标权纠纷案

/ 郭珊

➲ 本案要旨

注册商标和地理标志在我国都受到法律保护。当注册商标与地理标志发生冲突时，应充分尊重历史，并通过诚实信用原则和利益平衡原则进行解决。如果注册商标中含有通用名称、地名等显著性较低的标志，则商标权人无权禁止他人基于描述产品特点的目的进行正当使用，尤其当他人是作为地理标志使用时，则更应予以尊重，这种使用学理上称为叙述性合理使用，是对商标权的限制。虽然商标法允许他人的叙述性使用，但这种使用应当是善意且正当的，应当附加其他标志将二者区分开来，不至于引起消费者混淆。依照相关法律规定，地理标志的使用也是严格规范的，在使用时应充分尊重原告的商标权，注意区分。因此商标权人和地理标志权人在发生冲突时应互相尊重，在未造成社会公众混淆的情况下，充分保护竞争者的商业表达自由、商品信息的传达以及正常的市场竞争秩序，防止权利滥用，从而有利于资源的合理配置与市场的公平竞争。

➲ 案件信息

原告：浙江某食品有限公司

被告：上海某食品有限公司、浙江某火腿厂

案号：上海市第二中级人民法院（2003）沪二中民五（知）初字第 239 号

➲ 原被告主张及理由

原告浙江某食品有限公司（以下简称浙江某公司）诉称：原告系"金华

火腿"注册商标的专用权人。注册商标由"金华火腿"字样外加印章形方框构成,是具有显著性特征的可视性标志。1986 年,经商标局批准,原告对其注册商标在火腿表皮的具体使用样式做了适当改变,但具有与注册商标同等的法律效力。2003 年 7 月,原告在被告上海某食品有限公司(以下简称上海某公司)门店发现被告正在销售的火腿使用了原告的注册商标"金华火腿",原告遂发函给上海某公司,要求其停止销售侵权商品。同年 9 月,原告在被告上海某公司门店再次发现其销售的火腿上印有"金华火腿"的字样,该火腿的生产单位是浙江某火腿厂(以下简称某火腿厂)。某火腿厂擅自使用"金华火腿"字样,侵犯了原告的注册商标专用权。被告上海某公司明知销售的系侵犯他人注册商标专用权的商品,也侵犯了原告注册商标专用权。据此,请求法院判令两被告停止侵权、消除影响、赔偿损失、赔礼道歉。

被告上海某公司辩称:(1)被告在销售某火腿厂产品前,已经对产品的外包装、商标等进行了检查和核对。确认外包装上标明的"真方宗"商标是某火腿厂的注册商标,使用的原产地域名称和标记经国家职能部门审批。(2)"金华火腿"是知名的商品名称,被告销售的"金华火腿"产自金华地区,不会误导消费者,也没有对消费者造成侵害。(3)被告店铺拥有"中华老字号"美名,"金华火腿"是其经营的传统产品。故请求法院驳回原告的诉讼请求。

被告某火腿厂辩称:(1)原告注册商标标识是"金华",而不是"金华火腿"。原告注册商标证上的商标标识为"金华",而商标注册证是唯一证明原告商标权保护范围的法律文件。法院在相关判决以及原告在自己的网站中均明确原告的注册商标为"金华"。商标局曾同意原告在其产品上使用"金华火腿"字样,是基于原告相关请示中对加工工艺的特殊要求的描述,但这种不规范使用不能对抗他人正当使用。(2)"金华火腿"是原产地域产品名称,被告使用该名称未侵犯原告的注册商标专用权。国家部委的有关公告及其国家标准明确,"金华火腿"是原产地域产品名称,只要生产厂家履行一定的法律手续就可以使用该名称。(3)被告使用"金华"属于合理使用。①"金华"是行政地域名称;②"火腿"是产品的通用名称,原告无权禁止他人使用;③被告使用属于善意使用,符合诚信原则。(4)"金华火腿"是知名商品特有的名称。"金华火腿"具有 1200 多年的历史,早在 17 世纪已经被广泛使用,并得到社会的接受和公认,是典型的在先使用。另外,允许被告使用"金华火腿"是对社会效益最大化的表现。(5)被告主观上没有侵害原告注册商标的故意。被告使用"金华火腿"的目的是要向消费者表明产品产地是金华,是真正的"金华火腿"，主观上不存在侵权故意。综上，请求法院驳回原告的诉讼请求。

⊃ 法院查明的事实

第一，1979 年 10 月，浙江省浦江县食品公司在第 33 类商品（火腿）上申请注册了注册证号为第 13××31 号的商标。后商品使用类别由第 33 类转为商品国际分类第 29 类。商标注册证记载"商标金华牌"，该文字下面有一底色为红色的长方形纸张，纸张中有装饰性线条组成的方框，方框上端标有"发展经济保障供给"，中间是"金华火腿"字样，下端有"浦江县食品公司"字样。该长方形红色纸张右下角有下列文字："注：'发展经济、保障供给'、企业名称及装潢不在专用范围内。"

1983 年 3 月 14 日，该商标经核准转让给浙江某食品公司。2000 年 10 月 7 日，商标注册人变更为原告浙江某公司。2002 年 12 月，商标经续展注册有效期自 2003 年 3 月 1 日至 2013 年 2 月 28 日。

1986 年 8 月 21 日，浙江某公司在向商标局《关于"金华"火腿商标事宜的请示》中提出："今后凡印制有'金华'火腿商标的火腿包装物、产品合格证等，以及'金华'火腿商标的宣传、广告，除去掉'发展经济、保障供给''浦江县食品公司'部分外，均按照注册证核准的'金华'火腿商标标识使用，并标明'注册商标'或注册标记；由于工艺上的特点，在火腿上直接印盖的'金华火腿'的字体与排列位置，仍按照历史沿用的样式使用，但是，不标明'注册商标'或者注册标记，以此区别于注册证核准的注册标识。"同年 9 月，商标局《关于"金华"火腿商标使用问题的复函》同意浙江某公司《关于"金华"火腿商标事宜的请示》的使用方法。

原告在生产销售的火腿腿皮上标有"浙江某公司监制"、"金华火腿"、生产单位编号以及生产日期代号等。

2004 年 3 月 9 日，商标局《关于"金华火腿"字样正当使用问题的批复》认为，使用在商标注册核准使用的商品和服务国际分类第 29 类火腿商品上的"金华火腿"商标，是食品公司的注册商标；"金华特产火腿""××（商标）金华火腿"和"金华××（商标）火腿"属于《商标法实施条例》第 49 条所述的正当使用方式；同时，在实际使用中，上述正当使用方式应当文字排列方向一致，字体、大小、颜色也应相同，不得突出"金华火腿"字样。

第二，1992 年 8 月、1997 年 10 月、2001 年 3 月和 2004 年 1 月，浙江省

工商行政管理局先后认定原告"金华火腿"商标为浙江省著名商标。

浙江某公司获得的金质奖章证书、浙江名牌产品证书等对原告获奖产品表述为"金华牌"金华火腿或"金华牌"特级金华火腿。2001 年 9 月，浙江名牌产品认定委员会颁发给浙江某公司的浙江名牌产品证书中，对原告获奖产品的表述为"金华牌"火腿。浙江省杭州市中级人民法院（2003）杭民三初字第 110 号民事判决书以及浙江省高级人民法院（2004）浙民三终字第 154 号民事判决书对原告商标的表述为"金华牌"和"金华"火腿注册商标。

第三，1999 年 8 月 17 日，国家质量技术监督局颁布实施了《原产地域产品保护规定》，其第 2 条规定："本规定所称原产地域产品，是指利用产自特定地域的原材料，按照传统工艺在特定地域内所生产的，质量、特色或者声誉在本质上取决于其原产地域地理特征并依照本规定经审核批准以原产地域进行命名的产品。"该规定第 16 条规定："生产者申请经保护办注册登记后，即可以在其产品上使用原产地域产品专用标志，获得原产地域产品保护。"

1999 年 12 月 7 日，国家质量技术监督局发布国家标准《原产地域产品通用要求》，该标准第 6.4 款规定，"原产地域产品标签的内容除符合国家有关规定外，还应规定特殊标注的内容，如原产地域名称、原材料的名称和地址，并使用原产地域专用标志"；该标准第 7.1 款中规定，原产地域产品专用"标志的轮廓为椭圆型，灰色外圈，绿色底色，椭圆中央为红色的中华人民共和国地图，椭圆型下部为灰色的万里长城。在椭圆型上部标注'中华人民共和国原产地域产品'字样，字体为黑色、综艺体"。

2002 年 8 月 28 日，国家质检局发布 2002 年第 84 号公告，通过了对"金华火腿"原产地域产品保护申请的审查，批准自公告日起对金华火腿实施原产地域产品保护。

2003 年 4 月 24 日，国家质检局发布国家标准《原产地域产品金华火腿》。该标准第 5.3.3 款规定，"金华火腿应在当年立冬至次年立春之间进行腌制，从腌制到发酵达到后熟时间不少于 9 个月"；该标准第 8.1.1 款规定，"销售包装产品标志按 GB7718（《食品标签通用标准》）的规定执行，标明以下内容：金华火腿原产地域产品名称、产品标准号、生产者名称和地址、净含量、生产日期、保质期、质量等级，并在金华火腿销售包装醒目位置标明中华人民共和国原产地域产品专用标志"。

2003 年 9 月 24 日，国家质检局发布 2003 年第 87 号公告，通过了对某火腿厂等 55 家企业提出的金华火腿原产地域产品专用标志使用申请的审核，并给予注册登记。自该日起，上述 55 家企业可以按照有关规定在其产品上使用"金华火腿"原产地域产品专用标志，获得原产地域产品保护。

第四，1995 年，中国特产之乡命名暨宣传活动组织委员会命名浙江省金华市为"中国金华火腿之乡"。

2002 年 12 月 9 日，金华市人民政府办公室、衢州市人民政府办公室印发了《金华火腿原产地域产品保护管理办法（试行）》。该办法第 5 条规定："任何单位和个人使用金华火腿原产地域专用标志，必须按规定程序申请，经国家质量监督检验检疫总局原产地域产品保护办公室注册登记后，方可在其产品上使用。"该办法第 9 条规定："金华火腿原产地域产品保护专用标志由国家标准所规定的原产地域产品专用标志图案和'金华火腿'文字组成。专用标志直接印制在包装物或说明书上，也可使用在企业产品介绍上。"该办法第 12 条规定："持有《金华火腿原产地域产品专用标志证书》，生产的火腿符合金华火腿国家强制性标准要求的生产者，有权在其生产的金华火腿产品的标签、包装、广告说明书上使用金华火腿原产地域产品专用标志，获得原产地域产品保护；有权在其生产的金华火腿产品表皮上加印'×× 牌金华火腿，原产地管委会认定'字样，字样的印章由金华火腿管委会统一发放，统一管理。"

2003 年 4 月 21 日，某火腿厂在核定使用的第 29 类商品（火腿、肉等）上申请注册了"真方宗"注册商标，注册有效期至 2013 年 4 月 20 日。同年 6 月，某火腿厂被金华火腿行业协会评定为首届"金华火腿明星企业"。

2003 年 10 月 16 日，金华火腿原产地域产品保护管理委员会核发给某火腿厂《金华火腿原产地域产品专用标志使用证书》。同年 11 月 12 日，某火腿厂与金华市质量技术监督检测中心签订《金华火腿原产地域产品质量责任书》。

第五，2003 年 7 月 27 日，原告向上海某公司发函，告知"金华火腿"系原告注册商标，要求其在收到函件后立即停止销售侵犯原告注册商标专用权的火腿，否则将采取相关的法律行动。

2003 年 10 月 14 日，原告委托代理人张某在上海某公司处购买到"真方宗"牌火腿一只。上海市公证处对原告的上述购买过程进行了公证，并出具了（2003）沪证经第 5829 号公证书。

2003 年 11 月 20 日，本院根据原告申请，对被告上海某公司销售行为进行了证据保全，保全上海某公司销售的火腿一只以及部分销售发票。

⟳ 法院判决理由与裁判结果

一、关于原告注册商标的专用权保护范围

关于原告注册商标的专用权保护范围，应当根据商标当时注册的历史背景以及商标注册证上记载的内容确定。原告商标注册证是一个完整的整体，该商标注册于 20 世纪 70 年代末，那时注册商标的形式、商标注册证等，与目前有明显的不同，但是这并不改变商标专用权的保护范围。原告商标注册证右下角明确注明将"'发展经济、保障供给'、企业名称及装潢内容"排除在专用范围外，商标局作为我国商标注册和管理工作的主管部门也在其《关于"金华火腿"字样正当使用问题的批复》中明确，食品公司的注册商标为"金华火腿"商标。由此可以认定，原告注册商标专用权保护范围的核心是"金华火腿"。被告某火腿厂称原告注册商标的专用权保护范围仅仅为"金华"的观点，与事实不符，本院不予支持。

二、关于两被告行为是否侵犯原告注册商标专用权

原产地域产品与其他知识产权一样，在我国受法律保护。被告某火腿厂有权依法使用原产地域产品名称及专用标志。国家质检局批准了对"金华火腿"实施原产地域产品保护，同意包括某火腿厂在内的 55 家企业使用"金华火腿"原产地域产品专用标志。因此，被告某火腿厂有权依照国家的相关规定在其生产、销售的火腿产品外包装、标签等处标注"金华火腿"原产地域产品名称及原产地域产品专用标记。

被告某火腿厂的使用行为不构成对原告商标权的侵害。首先，被告在其火腿外包装显著位置标明了自己的注册商标"真方宗"，同时也标明了企业名称、厂址、联系方式等信息。其次，被告在火腿腿皮上标注的"金华火腿"字样下端标明了"原产地管委会认定"，在腿皮上端还标有"真方宗"注册商标。因此，从上述使用方式可以认定，某火腿厂标注"金华火腿"目的是表明原产地域产品。故某火腿厂上述使用"金华火腿"原产地域产品名称行为，不构成对原告注册商标专用权的侵害。

对于本案争议的商标权与原产地域产品冲突，应按照诚信、尊重历史以及权利与义务平衡的原则予以解决。从"金华火腿"历史发展来看，"金华火腿"有着悠久的历史，品牌的形成凝聚着金华地区以及相关地区几十代人的心血和智慧。原告成为商标注册人以后，对提升商标知名度做了大量的工作。原告的商标多次获浙江省著名商标、国家技术监督局金质奖及浙江省名

牌产品等荣誉称号。原告的注册商标应当受到法律的保护。但是，原告作为注册商标的专用权人，无权禁止他人正当使用。在我国，权利人的注册商标专用权与原产地域产品均受到法律保护，只要权利人依照相关规定使用均属合法、合理。在本案中，被告某火腿厂经国家质检局审核批准使用原产地域产品名称和专用标志受法律保护，被告的使用行为不构成对原告商标权的侵害。

原产地域产品的权利人应严格依法行使权利。在本案中，应当指出，某火腿厂在使用"金华火腿"原产地域产品名称时，存在一定瑕疵。一是在向国家有关职能部门提出申请使用但尚未获得批准的情况下，已经在其销售的部分火腿产品上使用了"金华火腿""原产地管委会认定"等字样。二是在产品的外包装和标签上没有标注"金华火腿"原产地域产品名称和专用标志。今后，某火腿厂应当严格依照国家的规定，规范使用"金华火腿"原产地域产品名称及其专用标志，尊重原告的注册商标专用权，避免与原告的注册商标发生冲突。

被告上海某公司是金华火腿的销售商，鉴于生产商某火腿厂的行为不构成对原告商标专用权侵害，故上海某公司的销售行为也不构成对原告商标权的侵害。

综上，法院认为，对于本案争议的处理，既要严格依照现有的法律法规，又要尊重历史，促进权利义务的平衡。原告注册商标专用权保护范围的核心是"金华火腿"，其专用权受法律保护。任何侵犯原告注册商标专用权的行为，都应依法承担责任。但是，原告无权禁止他人正当使用。"金华火腿"经国家质检局批准实施原产地域产品保护，被告某火腿厂获准使用"金华火腿"原产地域专用标志，因此，某火腿厂上述行为属于正当使用。但是，被告某火腿厂今后应当规范使用原产地域产品。原、被告之间均应相互尊重对方的知识产权，依法行使自己的权利。原告指控两被告侵犯其注册商标专用权的依据不足，法院不予支持。

⊃ 判解与学理研究

我国同时存在商标制度和地理标志制度，当某个地名同时作为商标和地理标志受到保护时，不同权利人之间的权利就会发生冲突，本案就是涉及商标权和地理标志权冲突的典型案例。下文将结合本案，对司法实践中出现的这一问题进行探讨。

一、地理标志与商标的区别

商标是使用在商品或服务上能够识别来源的具有显著特征的标志，根据

《商标法》第 10 条第 2 款的规定，一般情形下县级以上行政区划的地名不得作为商标注册，除非该地名具有其他含义或者将该地名作为集体商标或证明商标的组成部分进行注册。虽然《商标法》对地名的注册进行了限制，但县级以下行政区划的地名并不在此限制范围内，因此仍有一些地名被注册为商标。根据《商标法》第 16 条第 2 款，地理标志是指"标示某商品来源于某地区，该商品的特定质量、信誉或者其他特征，主要由该地区的自然因素或者人文因素所决定的标志"。商标和地理标志都具有指示来源的作用，但是二者之间也存在一些区别。

第一，二者指示的来源不同。商标指示的来源是商品的生产者，使消费者能够将其与其他商品区分开来。而地理标志指示的来源是商品的产地，且地理标志还能证明商品因来源于该产地所形成的特殊质量和信誉。虽然商标也能够起到一定的保障商品质量的功能，但是这种功能是生产者长期的经营和积累的商誉所带来的，且并非所有的商标都能够对商品质量起到正面的保障作用。第二，二者的权利属性不同。商标权具有专有性，他人只有经商标权人许可才能使用。地理标志权并不具有专有性，原产于该地域且满足一定条件的生产经营者均可在其产品上使用该地理标志，因此地理标志由特定利益群体所共同享有。第三，二者的保护期限不同。我国商标权的保护期限是 10 年，在法定期限内续展后可以继续有效，而法律对地理标志的保护期限没有明确限制，地理标志获得保护后，只要该地域的自然环境或人文环境仍存在，且其所能够代表的质量、品质等特征也继续保持，则该地理标志能够一直被保护。

二、地理标志与商标权利冲突的原因

首先，从立法的历史沿革看。我国 1993 年《商标法》修改之前，立法对于地名商标的注册并未予以限制，因此当时有很多地名都被注册为商标，且1993 年《商标法》的效力并不及于已经注册的商标，当时注册的地名商标也都保留至今，如本案中涉案地名商标"金华火腿"就注册于 1979 年且至今仍有效。再加上《商标法》并不阻止县级以下行政区划的地名以及包含地名的集体商标和证明商标的注册，实际上存在很多地名作为商标或商标的组成部分被注册的情形，也容易造成商标权与地理标志权之间的冲突。

其次，从地理标志本身的保护制度看。我国签订的《保护工业产权巴黎公约》和《TRIPs 协议》等国际条约中都要求对地理标志进行保护，为了达到公约中对地理标志的保护要求，我国在 2001 年修正的《商标法》第 16条中增加了对地理标志的规定，并在 2002 年发布的《商标法实施条例》第

6条中规定，地理标志可以作为集体商标或证明商标申请注册。集体商标或证明商标的注册人应当为具有一定资质的团体、协会或组织，而满足条件的生产经营者能够向商标注册人申请在产品上使用该地理标志。除了通过商标制度对地理标志进行保护，我国还借鉴法国的模式设置了专门的地理标志保护制度，1999年国家质量技术监督局发布了《原产地域产品保护规定》，2001年国家出入境检验检疫局也发布了《原产地标记管理规定》《原产地标记管理规定实施办法》对原产地标记进行登记管理。2005年，上述两局合并后的国家质量监督检验检疫总局又发布了专门的《地理标志产品保护规定》，将原产地域产品改名为地理标志产品，与此同时原来的《原产地域产品保护规定》也废止了。地理标志同样要通过申请才能获得，审核通过后相关部门须制定相应的国家标准、地方标准或管理规范，生产经营者只有达到标准后才能被核准使用该地理标志，并且应使用统一的专用标志。此外，对于农产品，我国农业部还专门设置了农产品地理标志制度，其于2002年修改了《农业法》，该法第23条规定，符合规定产地及生产规范要求的农产品可以申请使用农产品地理标志，并于2007年发布了《农产品地理标志管理办法》。综上，我国同时存在三种制度可以对地理标志进行保护，虽然这种方式加大了地理标志的保护力度，但是三者同时共存也会导致更多权利冲突现象。

三、地理标志与商标权利冲突的类型

（一）在先商标权与在后地理标志权的冲突

在先商标权与在后地理标志的冲突指的是地名先被注册为商标，之后又作为地理标志被申报并获准，此时如果有生产经营者在其产品上使用了该地理标志，则可能引发商标权人与地理标志使用人的冲突。如"茅台"这一地名在1986年就被注册为商标，被使用在"酒"这类商品上，后来"茅台酒"又被认定为地理标志，因此所有符合相应标准的产品生产经营者都可以申请使用"茅台酒"这一地理名称，会使消费者将之与"茅台"的商标混淆，容易引发争议。为了保护"茅台"这一著名商标，也为了让贵州茅台酒这一特产得到更好发展，国家质量监督检验检疫总局将"茅台酒"这一地理标志改为"贵州茅台酒"，并且对这一地理标志所保护的产地范围进行了调整，以此平衡二者之间的利益。本案所涉及的也是在先商标与在后地理标志之间的争议，"金华火腿"在《商标法》对地名商标的注册进行限制之前就进行了注册，后"金华火腿"又获得了地理标志的保护，从而导致了商标注册人与地理标志使用者之间

的纠纷。

（二）在先地理标志权与在后商标权的冲突

如果地名先被核准为地理标志并进行使用，而在此之后另一主体又将这一地名注册为商标，则在商标的注册和使用过程中也会产生纠纷。如在"湘莲"商标案中，福建某食品公司主要从事莲子系列产品的商业活动，并申请将"湘莲"注册为商标，后湘潭县湘莲协会对此提出异议，认为"湘莲"指的是湖南生产的莲子，具有地理标志的属性，福建某食品公司所生产的莲子并非湖南所产，若允许其将"湘莲"注册为商标并在产品上进行使用则会使相关公众发生误认。商标评审委员会经审查认为，"湘莲"符合《商标法》第 16 条第 2 款对地理标志的规定，可以认定为莲子商品的一种地理标志，并据此撤销了"湘莲"商标的注册。商标评审委员会在审查时"湘莲"尚未被申请和获批为地理标志，这也是商标评审委员会首次在商标争议的行政程序中将某一标志实质认定为地理标志。这一案件也说明，在后申请注册的商标不得侵犯在先的地理标志权，不得将含有商品地理标志且商品非来源于该地区的商标进行注册。

四、地理标志与商标权利冲突的司法解决路径

实践中商标和地理标志产生冲突的情形更为复杂，司法实践在处理时应考量以下因素。

（一）在先权利优先

如果地理标志权是在先权利，我国《商标法》第 16 条第 2 款已明确规定，对于包含地理标志且容易使公众对商品的产地发生误认的商标，不予注册并禁止使用。另外，《商标法》第 32 条也规定注册商标不得损害他人在先权利，这里的在先权利也包括地理标志权。地理标志属于集体共享的资源，如果被注册为商标，则被私权垄断，不利于地方产业的发展。因此如果将在先存在的地理标志作为商标或商标的一部分申请注册商标时，应当不能被允许。

如果商标权是在先权利，我国立法中并未予以明确规定，《TRIPs 协议》中也仅规定商标中不得含有会引发公众对产地发生误认的地理标志，但同样未规定不得对与他人在先商标相同或近似的地理标志进行保护，对此国际社会中也一直存在争议。在 DS174 美国诉欧盟农产品和食品地理标志保护措施案中，美国和欧盟也因为这一问题产生了分歧。美国认为根据《TRIPs 协议》第 16.1

条^①的规定，注册商标权人可以阻止他人使用与其商标相同或相似的标记，这里的"标记"也同样包括地理标志，因此在先商标的权利人应当有权禁止与其相同或相似的在后地理标志在相同或类似商品上使用，欧盟第2081/92号条例关于在先商标和在后地理标志可以共存的规定与《TRIPs协议》相冲突。而欧盟则认为，商标注册专有权并不意味着能排除他人的专有权利，地理标志权的形成需要很长时间的培育，同样十分重要，即使存在在先商标权，仍应对地理标志予以保护。最终DSB专家组支持了美国的观点，认为《TRIPs协议》第16.1条中所规定的商标权能对抗的标记包含地理标志。因此从国际上看，无论是商标权在先还是地理标志权在先，都应当优先进行保护。

（二）利益平衡原则

利益平衡原则是知识产权法的基本原则，在处理知识产权相关纠纷时，不仅应当平衡公共利益和私人利益，还应当平衡各权利方的利益。虽然从现有制度上看应优先保护在先权利，但是由于历史、立法、制度等各种因素，实践中的问题更加复杂，在处理商标权和地理标志权之间的冲突时，不能采取"一刀切"的做法，而应当综合考量多重因素。由于商标制度的问题，我国不乏地名商标的存在，出于对商标获准注册的行政行为的信赖，注册商标权人在商业活动中对商标进行了使用并投入了大量的成本，商标也因商标权人的付出获得价值，基于商标权人付出且注册时合法的地名商标应当获得法律的保护。而地理标志是综合历史、地理、人文、人力等因素形成的产物，往往需要经过较长时间的发展才能形成，是该地区内所有人民劳动的产物和智慧的结晶，对地理标志的保护还有利于该地区产业的发展和文化的传播，对我国文化和经济的发展也有推动作用，因此地理标志相较于商标而言涉及更多公共利益。如果因为在先商标权的存在就禁止地理标志的使用，反而会使公共资源被私人占有和垄断。因此在不会使公众发生混淆误认的情况下，结合各种因素考量和利益平衡，应当允许二者合理共存。

（三）诚信原则

诚信原则也是民事主体从事民事活动时应遵循的基本准则，法律保护民事主体通过诚实劳动获得的财产性权利，同时也要求民事主体在行使民事权利的过程中善良诚实，不侵害他人利益和社会公共利益。无论是商标还是地理标

---

① 《TRIPs协议》第16.1条规定：注册商标的所有权人享有专有权，以阻止所有第三方未经该所有权人同意在贸易过程中对与已注册商标的货物或服务的相同或类似货物或服务使用相同或类似标记，如此类使用会导致混淆的可能性。在对相同货物或服务使用相同标记的情况下，应推定存在混淆的可能性。上述权利不得损害任何现有的优先权，也不得影响各成员以使用为基础提供权利的可能性。

志，在申请注册时都应当遵守诚信原则，不得有损害他人和社会的恶意，出于恶意的申请注册都不应得到法律的保护。在使用商标和地理标志的过程中，权利人也应当严格遵守标准和规范，不得超出权利范围。如果商标和地理标志共存，双方权利人也应当采取措施避免公众的混淆，商标权人应当允许他人对地理标志的正当使用，而获准使用地理标志的生产经营者，也应当尊重商标权人的利益，在产品上注明自身商标使二者区分开来。

五、结论

注册商标和地理标志均受我国立法保护，但在实践中二者之间易发生冲突。本案判决对于此种冲突的解决具有一定启示意义。地理标志的形成离不开一方自然与人文的孕育，通常具有着悠久历史，属于智慧的结晶，而注册商标之上也积累了商标权人的信赖利益以及对品牌的培育成本。当发生冲突时，应按照诚实信用、尊重历史以及权利与义务平衡的原则予以解决。与此同时，双方在行使权利时，均应充分尊重对方权利，规范自身使用方式，促进两种保护制度共存共赢。

域名与商标权相冲突的法律问题及其协调

——某信息技术有限公司诉某互联科技发展有限公司等侵犯商标权及不正当竞争纠纷案

/ 刘碧君

➲ 本案要旨

在使用域名的行为构成侵权或不正当竞争的判断中，构成要件应包括请求保护的民事权益的合法性、被诉域名足以造成相关公众误认的混淆性、被诉侵权人无正当理由的不正当性和被诉侵权人的主观恶意。为防范、解决域名争议，应当设置包括审查注册、争议解决等过程的体系性规范。

➲ 案件信息

申请人（一审原告、二审上诉人）：北京某信息技术有限公司

被申请人（一审被告、二审被上诉人）：北京某互联科技发展有限公司

被申请人（一审第三人、二审被上诉人）：北京某网景科技发展有限公司

案由：侵犯商标专用权及不正当竞争纠纷

案号：北京市第二中级人民法院（2009）二中民初字第 10988 号、北京市高级人民法院（2011）高民终字第 846 号、最高人民法院（2011）民申字第 670 号

➲ 原被告主张及理由

原告诉称：2008 年 3 月，原告创办了"开心网"（kaixin001.com），原告同时拥有"开心"文字注册商标专用权，"开心网"作为知名网站具有很高的商业价值。2008 年 10 月，原告发现被告北京某互联科技发展有限公司（以下简称某互联公司）于 2008 年 10 月开通了同一名称的"开心网"（kaixin.com），该网站的网站名称、服务功能、对象及内容与原告网站完全相同。2009 年，被

告某互联公司将"开心网"（kaixin.com）的《电信与信息服务业务经营许可证》持有人变更为被告北京某网景科技发展有限公司（以下简称某网景公司）。原告认为，二被告的行为共同侵犯了原告的注册商标专用权，同时二被告的行为构成了不正当竞争，请求判令：（1）二被告停止使用"开心网"及与"开心网"近似的名称作为网站名称；（2）二被告停止使用"kaixin.com"域名；（3）二被告连带赔偿原告经济损失1000万元；（4）二被告公开赔礼道歉；（5）二被告承担全部诉讼费用。

二被告辩称：第一，"开心网"（kaixin.com）的服务类别与原告"开心"文字注册商标核准的服务类别不近似，被告某互联公司未侵犯原告的注册商标专用权。第二，原告不能举证证明原告"开心网"（kaixin001.com）于2008年10月之前已经知名。第三，被控侵权的"开心网"（kaixin.com）的经营主体已由被告某互联公司变更为某网景公司，被告某互联公司并非本案适格主体。第四，"开心网"（kaixin.com）业绩与网站名称并无关联。第五，被告某互联公司受让"kaixin.com"域名早于原告受让"开心"文字注册商标的时间，原告对"开心"不享有合法有效的在先权利；原告主张的内容不构成知名服务的特有装潢，二被告的行为没有侵犯原告"知名服务的特有装潢"；开心网名称、SNS网站形式、网页模板已进入公共领域；原告在本案中不能同时主张"开心"文字注册商标专用权和知名服务特有名称权。第六，被告某网景公司接管"开心网"（kaixin.com）是善意的，判令停止使用"kaixin.com"域名将损害被告某网景公司的利益。第七，即便原告的权利受到了损害，停止"开心网"（kaixin.com）网站名称和域名的使用也过于严苛。

⊃ 一审法院查明的事实

1996年，四川某实业公司获得了"开心"文字注册商标专用权，核准服务项目为第42类。2008年，该商标转让给北京某信息技术有限公司（以下简称某公司）。该商标有效期至2016年。

2009年，某互联公司以连续三年停止使用为由，向国家工商行政管理总局商标局申请撤销某公司的"开心"文字注册商标并被受理。

2008年3月，某公司开通了社交网站"开心网"（kaixin001.com），提供社会性网络服务。《电信与信息服务业务经营许可证》记载：经营单位名称：某公司；网站名称：开心人；网址：www.kaixin001.com。

某公司认为其运营的"开心网"（kaixin001.com）已经知名。

2008 年 10 月 16 日，某互联公司受让取得"kaixin.Com"域名，2008 年 10 月，某互联公司开通了社交网站"开心网"（kaixin.com），提供社会性网络服务。《电信与信息服务业务经营许可证》记载：经营单位名称：某互联公司；网站名称及网址：真开心网，www.kaixin.com。

2009 年，多家媒体报道千橡旗下"开心网"（kaixin.com）频频向用户信箱发送提醒注册的垃圾邮件。同年，中央电视台对"开心网"（kaixin.com）等网站涉足"黑帮"网络游戏"教父"进行了曝光。

2009 年 5 月 11 日，《电信与信息服务业务经营许可证》记载：经营单位名称：某网景公司；网站名称：真开心网；网址 www.kaixin.com。

某公司主张某互联公司、某网景公司实施的侵权行为包括：在运营的"开心网"（kaixin.com）网站名称中使用"开心"字样侵犯了"开心"文字注册商标专用权，"开心网"（kaixin.com）网站名称同时构成了对"开心网"（kaixin001.com）知名服务特有名称"开心网"的仿冒，构成了不正当竞争；使用"kaixin.com"域名，属于在类似服务上使用"开心"文字注册商标，侵犯了"开心"文字注册商标专用权，同时构成对"开心网"（kaixin001.com）知名服务特有名称"开心网""kaixin001.com"知名域名的仿冒，构成不正当竞争；在运营的"开心网"（kaixin.com）网站首页使用苹果笑脸与"开心网"文字组合标志，构成对"开心网"（kaixin001.com）网站首页星形笑脸与"开心网"文字组合标志知名服务的特有装潢的仿冒，构成不正当竞争。

某公司主张某互联公司、某网景公司的上述侵权行为造成的后果为："开心网"（kaixin.com）运营黑帮游戏、发垃圾邮件，导致公众对"开心网"（kaixin001.com）的评价降低，造成商誉损失；"开心网"（kaixin.com）与"开心网"（kaixin001.com）争夺客户，导致某公司巨大经济损失。

➲ 一审法院判决理由与裁判结果

某公司受让取得"开心"文字注册商标，其对该商标享有的专用权受到保护，未经某公司的许可，他人不得在同一服务或类似服务上使用与其注册商标相同或者近似的商标。某互联公司和某网景公司虽然在其经营的社交网站中使用了"开心网"标识和"kaixin.com"域名，提供社会性网络服务，但鉴于该服务类别与涉案"开心"文字注册商标核准的服务类别不相同，亦不近似，故某互联公司和某网景公司的上述行为并未侵犯某公司的注册商标专用权。

社交网站"开心网"（kaixin001.com）于 2008 年 3 月开通后，用户数量迅速扩张，并在较短时间内得到了网络用户和业界认可，已构成知名服务，该网站名称作为网络用户识别该服务的最重要途径，成为了该知名服务的特有名称，受到我国反不正当竞争法的保护。某互联公司作为互联网业界具有一定影响力的公司，在明知某公司通过"开心网"（kaixin001.com）提供的社会性网络服务已构成知名服务的情况下，于2008年10月始，使用该知名服务的特有名称"开心网"作为网站名称，在相同行业和领域中向公众提供社会性网络服务，使网络用户对二者提供的服务产生混淆，某互联公司的上述行为具有主观过错，违反了诚实信用原则，构成了不正当竞争，应承担相应的法律责任。

本案中，某公司还主张使用"kaixin.com"域名系对"开心网"知名服务特有名称、"kaixin001.com"知名域名的仿冒，构成不正当竞争。对此本院认为，"开心网"之所以被认定为某公司知名服务的特有名称，是由于在当前的网络环境下，相比域名而言，网站名称是网络用户识别网络服务及区别不同的网络服务的更重要、更基本的方式和途径。本案中，"kaixin.com"域名、"开心网"名称与"kaixin001.com"域名之间虽具有一定关联，但仍有一定差异，在通常情况下，单纯基于上述关联，不足以导致网络用户对经营者提供的不同网络服务产生误认，故本院认定，某互联公司和某网景公司使用"kaixin.com"域名的行为，不是对"开心网"知名服务特有名称、"kaixin001.com"域名的仿冒行为，不构成不正当竞争。

综上，某公司主张某互联公司和某网景公司在其运营的"开心网"（kaixin.com）中，使用"开心网"作为网站名称，系在同业竞争中，使用某公司提供的知名社会性网络服务的特有名称的行为，构成了不正当竞争，应承担停止侵权、赔偿损失的民事责任，该主张理由正当，本院予以支持。本院将综合某互联公司、某网景公司涉案侵权行为的方式、期间、规模、后果及主观过错程度等因素，综合酌定侵权赔偿数额。同时，本院虽确认涉案"开心网"（kaixin.com）的登记经营者已从某互联公司变更为某网景公司，且目前二主体已无投资关联，但某互联公司和某网景公司在变更"开心网"（kaixin.com）登记经营者过程中，均具有主观过错，本院认为，考虑到本案的具体情况，某公司主张应由某互联公司与某网景公司共同赔偿其因侵权造成的经济损失，理由正当，本院予以支持。

北京市第二中级人民法院依照《商标法》第51条，《反不正当竞争法》第2条第1款、第5条第2项、第20条第1款，《最高人民法院关于审理不正当竞争民事案件应用法律若干问题的解释》第3条，《最高人民法院关于审理涉及计算机网络域名民事纠纷案件适用法律若干问题的解释》第4条，作出如下判决：

某互联公司、某网景公司自本判决生效之日起，不得在提供社会性网络服务中使用与某公司的知名服务的特有名称"开心网"相同或近似的名称。

某互联公司、某网景公司于本判决生效之日起 10 日内，赔偿某公司经济损失 40 万元。

驳回某公司的其他诉讼请求。

⊃ 上诉主张及理由

某公司不服原审判决，向本院提出上诉，请求撤销原审判决第二项、第三项，判令某互联公司和某网景公司停止使用"kaixin.com"域名并在新浪网、《京华时报》、《北京晚报》、《光明日报》上公开赔礼道歉，改判某互联公司和某网景公司赔偿某公司经济损失 1000 万元。某公司的主要上诉理由是：（1）原审法院认定某互联公司和某网景公司使用"开心网"名称进行网站服务与"开心"注册商标核定的服务不相同、不类似，使用"kaixin.com"域名不足以导致网络用户产生误认，未认定某互联公司和某网景公司具有恶意，未认定"kaixin.com"网站的所有用户均为"开心网"（kaixin001.com）损失的用户，认定某互联公司和某网景公司假冒"开心网"运营黑帮游戏未对某公司的商誉造成损害，均属认定事实错误。（2）某互联公司和某网景公司假冒"开心网"主观恶意明显，客观上使某公司损失了 2000 多万用户，法院判赔数额过低。

某互联公司和某网景公司均服从原审判决。

⊃ 二审法院查明的事实

各方当事人均认可"kaixin001.com"域名的注册时间晚于"kaixin.com"域名的注册时间。本院诉讼中，某公司认可目前尚无评估互联网价值的成型公式。某公司明确其主张的服务类似，是指某互联公司和某网景公司运营"开心网"（kaixin.com）的行为属于《类似商品和服务区分表》第 42 类类似群组中的"替他人创建和维护网站；托管计算机站（网站）"，与其注册商标"开心"核定的"计算机出租"构成类似服务。

⊃ 二审法院判决理由与裁判结果

北京市高级人民法院认为：根据《最高人民法院关于审理商标民事纠纷

案件适用法律若干问题的解释》的规定，类似服务是指在服务的目的、内容、方式、对象等方面相同，或者相关公众一般认为存在特定联系、容易造成混淆的服务。本案中，某互联公司和某网景公司使用"开心网"标识、"kaixin.com"域名从事的是帮助互联网用户建立社会性网络的互联网应用服务，而非"替他人创建和维护网站、托管计算机站（网站）"，该服务与第42类服务中类似群组的计算机出租等计算机编程及相关服务相比，在服务的目的、内容、方式、对象等方面存在较大差异，不会使相关公众对服务提供者产生混淆、误认。因此，原审法院关于某互联公司和某网景公司使用"开心网"标识、"kaixin.com"域名所提供的社会性网络服务与"开心"注册商标核定的服务类别不相同、不类似的认定并无不当。

《最高人民法院关于审理涉及计算机网络域名民事纠纷案件适用法律若干问题的解释》（以下简称《域名纠纷解释》）第4条规定："人民法院审理域名纠纷案件，对符合下列各项条件的，应当认定被告注册、使用域名等行为构成侵权或不正当竞争：（一）原告请求保护的民事权益合法有效；（二）被告域名或其主要部分构成对原告驰名商标的复制、模仿、翻译或音译；或者与原告的注册商标、域名等相同或近似，足以造成相关公众的误认；（三）被告对该域名或其主要部分不享有权益，也无注册、使用该域名的正当理由；（四）被告对该域名的注册、使用具有恶意。"根据上述规定可知，被告注册域名的行为被认定为侵权或不正当竞争的前提是被告的域名晚于原告的域名。本案中，首先，某公司"kaixin001.com"域名的注册时间晚于"kaixin.com"域名的注册时间，故某互联公司和某网景公司受让并使用"kaixin.com"域名的行为不符合上述规定中应当被认定为侵权或不正当竞争的条件。其次，由于"开心网"是某公司知名网站的名称，某互联公司和某网景公司的侵权行为具体表现是将"kaixin.com"域名设置为指向与某公司知名网站名称相同的"开心网"，导致互联网用户对涉案网站发生混淆的原因也是某互联公司和某网景公司将其域名"kaixin.com"指向"开心网"。所以，在原审法院已经判令某互联公司和某网景公司不得在提供社会性网络服务中使用与某公司知名网站名称"开心网"相同或近似的名称的情况下，"kaixin.com"域名与某公司知名网站名称"开心网"的关联已经断开，某互联公司和某网景公司根据原审判决的内容使用"kaixin.com"域名不会再导致互联网用户产生混淆、误认，原审判决已足以消除互联网用户对涉案两家"开心网"所产生的混淆、误认后果。因此，某互联公司和某网景公司注册和使用"kaixin.com"域名的行为本身并不构成不正当竞争。在某互联公司和某网景公司使用"kaixin.com"域名不构成侵权或不正当竞争条件的情况下，原审法院不再就主观过错作出认定并无不当。

北京市高级人民法院依据《民事诉讼法》第 153 条第 1 款第 1 项，作出如下判决：驳回上诉，维持原判。

➭ 再审主张及理由

某公司申请再审称：（1）一、二审判决认定的基本事实缺乏证据证明。①一、二审判决认定涉案社交网站服务与"开心"文字注册商标核准的服务类别不相同亦不近似，缺乏事实依据。社交网站服务是以网络服务的形式为用户提供社交服务，为用户提供网络服务必须为用户创建网站，属于《类似商品和服务区分表》第 4220 小类中的"为他人创建的网站"；用网站形式提供的社交服务属于《类似商品和服务区分表》中第 4505 小类的"交友服务"和 4502 小类的"社交陪伴"。"开心"文字商标核准的服务项目在《类似商品和服务区分表》（基于尼斯分类第九版）中分别属于 4220 小类计算机出租和 4505 小类婚姻介绍所和 4502 小类陪伴。故被申请人的社交网站服务与"开心"文字商标核准的服务类别在同一小类上，应属于同一类别的近似服务。②被申请人于 2008 年 10 月 16 日受让取得"kaixin.com"域名，并于同日向域名注册机构更新注册"kaixin.com"域名，但一、二审判决未能认定被申请人注册、使用"kaixin.com"域名的时间晚于其注册、使用"kaixin001.com"的时间，属于认定事实错误。③一、二审判决认定被申请人仿冒开心网所为的不良行为未给某公司造成损害，缺乏证据证明。（2）一、二审判决适用法律错误。①二审判决对法律的适用违背立法本意。二审判决第 13 页"被告注册域名的行为被认定为侵权或不正当竞争的前提是被告的域名晚于原告的域名"，但《域名纠纷解释》第 4 条的规定不能得出上述有关前提条件的判断。一、二审判决也没有严格适用《域名纠纷解释》第 4 条的规定对被申请人注册和使用"kaixin.com"域名的行为进行审查，属于适用法律错误。《域名纠纷解释》中的"被告注册、使用域名等行为……"是指被告注册、使用域名的行为，而非案外他人注册、使用域名的行为。二审法院以案外他人原始注册"kaixin.com"的时间为依据，而不是以被申请人注册"kaixin.com"的时间为依据与其注册"kaixin001.com"的时间进行审查对比，违反了《域名纠纷解释》的规定。②一审法院未根据《域名纠纷解释》第 4 条规定的四个条件判断域名侵权是否成立，属适用法律错误。③二审法院以未生效的一审判决结果作为证据论证被申请人一审判决前发生的注册和使用"kaixin.com"域名的行为不构成不正当竞争，既违反了

《民事诉讼法》第 7 条"以事实为根据"的基本诉讼原则，也违反了《域名纠纷解释》第 4 条关于侵权判断条件的规定，同时也不符合基本的思维逻辑，属于适用法律错误。④一、二审法院关于赔偿数额的认定明显违反了法律规定。根据《商标法》第 56 条第 1 款和《最高人民法院关于审理商标民事纠纷案件适用法律若干问题的解释》第 14 条、第 15 条的规定，其采用"平均每个注册用户给开心网带来的利益乘以被申请人因侵权所得的注册用户数"这一方法计算被申请人的侵权所得符合法律的规定。一、二审法院适用《商标法》第 56 条第 2 款的规定酌定赔偿属于适用法律错误。某公司依据《民事诉讼法》第 179 条第 1 款第 2 项、第 6 项的规定申请再审，请求撤销二审判决，撤销一审判决第二、三项，判决二被申请人停止使用"kanxin.com"域名，改判二被申请人赔偿 1000 万元，并判令二被申请人在新浪网、《京华时报》、《北京晚报》、《光明日报》上公开赔礼道歉。

二被申请人提出意见认为：（1）某公司仅能就"开心"标识主张商标权，且其商标权及诉权存在严重缺陷。①某公司无权就"开心"标识同时主张商标权及知名服务的特有名称权。本案中，某公司已经受让取得"开心"商标，且也主张该商标作为权利基础，因此，已经丧失了就"开心"标识主张知名服务特有名称的权利，商标权是其在本案中唯一可以主张的权利基础。②某公司商标权极可能被撤销。其已就"开心"商标在"计算机出租"服务上以连续三年不使用为由提起撤销申请，该商标在上述类别上被撤销的可能性极大。③某公司并未取得对商标转让核准之前的行为主张商标侵权的起诉权。某公司无权就被申请人 2008 年 12 月 30 日之前受让 kaixin.com 域名的行为、使用开心网网站名称的行为以及 kaixin.com 域名的行为主张商标侵权。（2）"开心网"网站名称不构成商标侵权及不正当竞争。①"开心网"网站名称不构成商标侵权。某公司"开心"商标注册类别与其提供的服务不构成类似服务。某公司核定使用的服务项目是计算机出租属于 42 类，而其则是面向公众提供网上的交流娱乐空间，二者在服务目的、内容、方式、对象等方面均无交叉之处，不构成类似。②"开心网"网站名称不构成不正当竞争。商标权及知名服务特有名称权不能同时享有，某公司已主张了商标权，故不能主张知名服务的特有名称权。某公司提交的证据不足以证明其知名。"开心"的显著性不强，不能起到区别和标识服务来源的作用。网站名称是经过使用而取得的权利，在其使用"开心"之前，某公司登记注册的网站名称是"开心人"，不是"开心"；在其使用 kaixin.com 域名之前，某公司主动放弃购买该域名。（3）其使用 kaixin.com 域名不构成商标侵权及不正当竞争。①其受让、使用 kaixin.com 域名不构成商标侵权。首先，其受让域名早于某公司取得"开心"商标，某公司对"开心"不享有合法有效的在先权益。其次，参照商标局《拼音商标与汉字商标近似判定的标准》及《域名纠纷解释》第4条第2项的规定，kaixin.com域名与"开心"商标不构成近似。②使用kaixin.com域名不构成不正当竞争。首先，某公司请求保护的民事权益，即就"开心"标识享有的知名服务特有名称权，因其举证不足，并非合法享有的民事权益。其次，某公司请求保护的知名网站特有名称"开心"与域名"kaixin.com"不近似。最后，其使用kaixin.com域名不具有恶意。"开心网"的发展系依托其成功运营其他网站所积累起来的声誉及自有用户群的推荐和推广，不存在"搭"某公司"便车"的必要。（4）其网站不存在仿冒某公司主页行为。（5）其不存在诋毁某公司商誉的情形。就有关诋毁商誉的指控，某公司在法律认知上存在严重错误。（6）某公司主张救济方式不合理。①某公司侵权损害赔偿请求不应支持。第一，某公司采用了可得利润减少的计算方式，但其计算方式没有法律依据。某公司以收入代替利润，不符合法律规定，且没有提供利润下降的证据以及收入减少与被诉侵权行为之间的因果关系。第二，计算公式中的各项数据漏洞百出。用户数错误、收入金额错误。第三，某公司的注册商标在计算机出租服务类别上连续三年停止使用，因此可以不支持其损害赔偿请求。②某公司主张被申请人停止使用域名不应被支持。即使被申请人行为构成侵权，从制止侵权的角度，停止使用域名也并非本案唯一且适度的手段。请求本院严格依照法律规定评价涉案行为，作出公正判决。

➲ 再审法院判决理由与裁判结果

最高人民法院认为，本案的争议焦点为：涉案社交网站服务与"开心"文字注册商标核准的服务类别是否相同或类似；kaixin.com域名是否应当停止使用；某互联公司和某网景公司是否应赔偿某公司1000万元及是否应在新浪网等媒体上公开赔礼道歉。

一、涉案社交网站服务与"开心"文字注册商标核准的服务类别是否相同或类似

某公司申请再审中主张涉案社交网站服务与"开心"文字注册商标核准的服务类别中的"计算机出租""陪伴"以及"婚姻介绍所"构成相同或类似。社交网站服务是以网络服务的形式达到为用户提供社交服务的目的，其提供的是一个综合性的社交平台，与"开心"文字注册商标核准的第42类服务中的

"计算机出租""陪伴"和"婚姻介绍所"在服务目的、内容、方式和对象等方面不尽相同，也不易使相关公众对服务提供者产生误认或混淆，因此依据《最高人民法院关于审理商标民事纠纷案件适用法律若干问题的解释》第 11 条的规定，涉案社交网站服务与"开心"文字注册商标核准的服务不相同也不类似。某公司该项申请再审理由依据不足，不予支持。

二、某互联公司和某网景公司的 kaixin.com 域名是否应当停止使用

某公司主张该域名停止使用的理由有：一是该域名侵犯了其"开心"文字注册商标专用权，构成商标侵权；二是该域名仿冒其知名服务的特有名称"开心网"及 kaixin001.com 域名，构成不正当竞争。

1.某互联公司和某网景公司的 kaixin.com 域名是否侵犯了某公司的"开心"文字注册商标专用权，构成商标侵权。《最高人民法院关于审理商标民事纠纷案件适用法律若干问题的解释》第 1 条第 3 项规定，将与他人注册商标相同或者相近似的文字注册为域名，并且通过该域名进行相关商品交易的电子商务，容易使相关公众产生误认的，属于《商标法》第 52 条第 5 项规定的给他人注册商标专用权造成其他损害的行为。因此，域名构成侵犯注册商标专用权，需要具备以下条件：域名与注册商标文字相同或近似；通过该域名进行相关商品交易的电子商务，容易使相关公众产生误认。本案中，同上理由，某互联公司和某网景公司的 kaixin.com 域名指向的涉案社交网站服务与"开心"文字注册商标核准服务类别不相同、不类似，不易使相关公众产生误认，故该域名的注册、使用没有侵犯某公司"开心"文字商标专用权。因此，某公司该项申请再审理由不成立，不予支持。

2.kaixin.com 域名是否仿冒某公司知名服务的特有名称"开心网"和"kaixin001.com"域名，构成不正当竞争。《域名纠纷解释》第 4 条主要是保护在先权利。本案中，kaixin.com 域名注册时间早于某公司的 kaixin001.com 域名注册时间和知名服务的特有名称"开心网"开通时间，故本案中判定某互联公司和某网景公司的 kaixin.com 域名是否仿冒某公司知名服务的特有名称"开心网"和"kaixin001.com"域名，构成不正当竞争，并不适用《域名纠纷解释》第 4 条的规定。某公司认为本案域名争议应适用《域名纠纷解释》第 4 条系对该条规定的错误理解。2008 年 3 月，某公司开通了"开心网"（kaixin001.com）为网络用户提供社会性网络服务，其提供的证据证明在该网站开通的较短时间内其注册网络用户已达到 750 多万，在 Alexa 网站的世界排名已在 100 位左右，并被网络媒体大量报道，因此该网站提供的服务已经构成知名服务，而作为网络用户识别该服务的网站名称也构成了知名服务的特有名称。某互联公司作为一家与某公司在同一地区从事相同行业的互联网公司，在某公司"开心网"在相关公众中具有较高知名度并成为知名网站的情况下，于 2008 年 10月受让取得"kaixin.com"域名，并使用该域名开通了与某公司"开心网"从事同样社会性网络服务的"开心网"（kaixin.com），其主观恶意明显，客观上也造成了网络用户对两个开心网的误认或混淆，误导了网络用户访问涉案网站，损害了某公司的权益。一、二审法院认定某互联公司和某网景公司仿冒某公司"开心网"知名服务特有名称，构成不正当竞争，并判决上述公司不得在提供社会性网络服务中使用与某公司知名服务的特有名称"开心网"相同或近似的名称正确，本院予以确认。但 kaixin.com 域名注册在先，某互联公司合法受让该域名本身并无过错，仅是其使用该域名指向开心网的行为，扰乱了正常的市场秩序，违反了诚实信用原则，构成了不正当竞争。退一步讲，如果某互联公司受让 kaixin.com 域名后，其使用该域名指向的不是与某公司从事同样社会性网络服务，则可视其为正常的自由竞争，法律并不加以干预。故本院认为一、二审法院上述判决足以制止某互联公司和某网景公司的不正当竞争行为，因此，某公司在申请再审中仍主张某互联公司和某网景公司的 kaixin.com 域名仿冒其知名服务的特有名称"开心网"和 kaixin001.com 域名构成不正当竞争的理由并不充分。

综上，某公司申请再审中主张某互联公司和某网景公司停止使用 kaixin.com 域名的理由不成立，本院不予支持。

三、某互联公司和某网景公司是否应赔偿某公司 1000 万元及是否应在新浪网等媒体上公开赔礼道歉

关于赔偿数额问题。某公司主张某互联公司和某网景公司的侵权所得为"平均每个注册用户给开心网带来的利益乘以被申请人因侵权所得的注册用户数"，即以"单位利益乘以侵权数量"来计算其损失，单位利益是以某公司广告收入除以某公司的注册用户数来计算。本院认为，广告收入虽与注册用户数有一定的联系，但广告收入还往往与公司的知名度、所从事的行业、管理团队等因素有关，故某公司上述计算公式并不具有科学性和合理性，且其也认为目前业界尚无评估互联网用户价值的方法，故一、二审法院在侵权人因侵权所得利益，或者被侵权人因被侵权所受损失难以确定的情况下，依据某互联公司和某网景公司侵权行为的方式、期间、规模、后果以及主观过错程度等因素，酌定侵权赔偿数额 40 万元未有不妥，本院予以确认。

关于赔礼道歉问题。本案中，某互联公司和某网景公司主观恶意明显，且在涉案网站上运行"黑帮"网络游戏，被有关行政部门处罚，因网络用户易对两开心网产生混淆和误认，因此在一定程度上损害了某公司的商誉，但某公司主张赔礼道歉的责任承担方式一般适用于自然人而非法人，故一、二审法院不予支持亦未有不妥，本院予以确认。

综上，某公司的再审申请不符合《民事诉讼法》第179条第1款第2项、第6项规定的情形。依照《民事诉讼法》第181条第1款之规定，裁定如下：驳回某公司的再审申请。

➲ 判解与学理研究

本案中，原告对被告的行为提出了侵犯商标专用权、构成不正当竞争等主张。两审法院及再审法院均认为原被告所提供的服务类别不相同且不类似，因而不构成注册商标侵权。二审法院对域名的侵权和不正当竞争行为的构成要件进行了解析，其主要依据为《域名纠纷解释》第4条的规定："人民法院审理域名纠纷案件，对符合下列各项条件的，应当认定被告注册、使用域名等行为构成侵权或不正当竞争：（一）原告请求保护的民事权益合法有效；（二）被告域名或其主要部分构成对原告驰名商标的复制、模仿、翻译或音译；或者与原告的注册商标、域名等相同或近似，足以造成相关公众的误认；（三）被告对该域名或其主要部分不享有权益，也无注册、使用该域名的正当理由；（四）被告对该域名的注册、使用具有恶意。"本文主要对该案所涉及的域名对商标专用权的侵犯或因域名的复制或模仿而构成的不正当竞争行为进行分析。

一、域名的特点及法律性质

《互联网域名管理办法》第55条对域名一词的解释是"互联网上识别和定位计算机的层次结构式的字符标识，与该计算机的IP地址相对应"。国务院办公厅发布的《关于加强政府网站域名管理的通知》中，言明"域名是政府网站的基本组成部分和重要身份标识"。互联网上网站具有一个独占的唯一标识，称为IP地址，IP地址由数字组成，不便于普通用户记忆，因此需要一个与之等价的、便于相关公众记忆和匹配的地址标识名称。这种便于记忆名称被称为域名，可被解析、匹配到特定IP地址上。① 由此可见，域名在互联网上起到了

---

① 参见刘晗：《域名系统、网络主权与互联网治理——历史反思及其当代启示》，载《中外法学》2016年第2期。

身份标识的作用，与 IP 地址相对应。域名由数字、字母或数字字母的组合构成。作为网站的识别性标记，域名具有类似商标的经济功能，是相关公众识别某一网站来源时的辨认方式之一。某种程度上，域名可以作为商誉的载体，起到引导消费者的作用，被誉为"电子商标"。

（一）域名的特点

域名是互联网技术发展的产物。作为全球化背景下发展而成的、依托新兴互联网科技产生的一种无形产物，域名具有区别于其他无形财产和知识产权的如下特点。

1. 域名具有全球范围内的唯一性

互联网具有全球的共通性，一个网站确定域名之后，全球范围内的相关公众都可以通过域名定位到该网站。同时，依据世界上通行的域名管理制度规定，每个域名只能对应网络环境下唯一的网络名称，现代科学技术不允许两个完全一致的域名同时存在于网络中。[①] 这种全球范围内的唯一性带来了域名持有人对域名的垄断。一经注册，域名持有人即可享有该域名，全球范围内的其他申请人都不能再进行选择和使用。因此，可以说域名的垄断是超过商标权地域范围的，具有更强的排他性。

2. 域名具有标识性

如前所述，域名是易被相关公众读取和记忆的网络地址，又由于其自身构成的可识别性，相关公众很容易将域名和网站联系起来，使域名在互联网服务提供中起到标识网站及网站提供者的作用。与起到标识作用的商标相比，域名因其构成上的限制更多，仅能容纳数字和字母，无法达到商标的显著性强度，且数量上比商标更少，更容易用尽。

3. 域名具有稀缺性

实践中，经营者在选择域名时，多选择与自己的名称、商标有关的域名。由于商号、商标的地域性，其可能表现为不同的语言、不同的法人类型、不同地区的主体，但在其选择域名时，只能单一地选择字母或数字。持有不同商标、商号不同的主体，可能在域名的选择中选择相似的域名。由此形成了商标和域名之间多对一的关系。

4. 域名具有经济价值，即财产性

在互联网技术发达、网上商业服务便捷的今天，易于记忆的域名对经营者的经营行为有很大的助益。域名可供选择的数量是有限的，随着越来越多

的域名被注册而不断减少，不同国家地区的经营者则不断更替叠加。随着供求关系的改变，域名的价值不断提升。在此基础上，商标权和域名的冲突不断发生。依据注册时间先后的不同，可将这种冲突分为两类：一种是商标注册在先，即域名抢注行为，包括善意和恶意；另一种是域名注册在先，包括域名淡化和涉及商标权滥用的反向域名侵夺。

5. 域名具有法定性

域名并非直接获得，而是由域名管理机构对申请进行审查后进行注册，一经注册也并非一直享有，依据相关的法律，需要按照程序缴纳相应的费用。虽然目前域名管理机构一般为民间机构，域名的注册、管理、争议等均缺少相应的行政部门，但其通过法律获得保护，可以认为是具有法定性。

综合来看，域名不同于物权，不是自然产生的，而是由相关管理机构注册后发挥其标识性，具有时间性，如果域名持有人不再缴纳相应费用，其对域名的持有也随之消失。同样，域名也具有区别于知识产权的全球性，目前的主要知识产权类型均具有地域性，仅在一定地域范围内发生作用，而域名一经注册即在全球范围内独占，形成更强的垄断。与更强的垄断相对，域名在标识功能这一方面是弱于商标的，由于域名本身的限制，虽然其比 IP 地址更易于相关公众识别，但缺乏商标的直观性和显著性。相关公众在识别互联网服务的来源时，也会倾向于通过商标而非域名进行识别。

（二）域名的法律性质争议

目前，域名的法律性质没有明确的界定，理论界就此主要存在以下观点：暂时搁置说，即对域名本身的法律性质取回避态度，主要关注其他权利与域名之间的纠纷争议解决；民事利益说，即承认域名承载利益，应成为一种民事权益，其具体权利分类尚不明确；知识产权说，但在知识产权范畴内的具体权利分类上仍没有定论；权利否认说，否认域名的权利性质，认为其仅是技术发展带来的符号表现形式。[①]

《域名纠纷解释》第 3 条规定："域名纠纷案件的案由，根据双方当事人争议的法律关系的性质确定，并在其前冠以计算机网络域名；争议的法律关系的性质难以确定的，可以通称为计算机网络域名纠纷案件。"从中可以看出，我国目前并未明确域名的法律性质，在解决实践中的争议案件时，以双方之间的法律关系为主。随着互联网技术的发展和普及，"云服务"成为了新时代经营行为的大势所趋，域名更多地开始发挥自身的标识性功能，成为相关公众定

---

① 参见邵培樟：《论域名的法律性质》，载《河北法学》2006 年第 6 期。

位网站和服务提供者的判断要素之一。因此，对于域名的法律性质，不应任其一直处于悬而未决的状态，而应当将其进行归类，并据此完善相关规则。域名的无形性和财产性决定了其更能适用知识产权体系的保护和限制，但其与传统的知识产权存在性质上的差异。如域名具有全球性，在全球范围内一经注册即具有排他性，而传统知识产权具有地域性。如一般知识产权的权利保护方式为"排他"，即通过法律禁止他人使用的方式来维护权利人的权利，域名的排他性则由域名的客观区别性衍生，不同于知识产权排他性的法定来源。但从性质上来看，域名是一种无形的具有价值的财产。其能够在经营者的使用中起到标识网站服务的作用，从而成为商誉的载体。知识产权本身并不是封闭的概念，其中容纳了多种性质特征不同的权利。如专利权具有通过公开换取法律对他人使用行为的禁止，从而获得权利的特征，但商业秘密不需要公开，相应地，在保护程度、方式等方面有不同限制。因此，域名可以作为一种新型的知识产权进行规定并体系化。

随着互联网技术的发展，网络的应用日趋生活化、日常化。域名作为互联网网站的"门牌号"，在商业活动中的位置越发重要。因此，域名与其他权利之间的冲突逐渐增多。想要解决协调域名与商标权之间的冲突，应当首先探析冲突形成的主要原因。

二、商标权与域名的冲突

在功能上，域名和商标具有一定的相似性，都指向面对相关公众群体的标识功能。除此之外，二者在多方面具有不同的属性。域名的标识功能连接网站和网站的受众，不指向特定的商品或者服务；商标则连接商品或服务及其来源，更特定具体。域名的表现形式是字母、数字或字母数字的组合；商标的表现形式则包括图片、文字、图片文字的组合，随着技术的提升，还有立体商标、声音商标的出现。商标的表现形式比域名更丰富，相对应地，要求更高的显著性。域名的组合数量是有限的，每个域名都在全球范围内具有唯一性，虽然可以通过增加域名的长度来增加域名的数量，但过长的域名同样不利于相关公众记忆和匹配，长度适当的域名的总数量本身即是有限的。商标则因其地域性、丰富性和匹配商品类别的特征，出现"用尽"的情况的可能性更小。

由于域名和商标的表现形式不同而功能具有相似性，在经营者希望能够注册与自己商标相对应的域名以加深相关公众对其商标和商品来源的联系时，很可能遇到商标与域名"多对一"的情况。即不同经营范围、不同地域，甚至持有不同商标的经营者，可能在选择域名时选择相近的域名。与商标的注册相比，域名的注册审查更为宽松，一般采取"先申请，先注册"的原则予以注册，因此缺乏注册时对是否侵犯在先权利的审查，更容易出现与现有的商标、字号、商品名称、已注册域名相似相近的域名。由此，商标与域名之间的冲突随着互联网经营的不断普及而愈演愈烈。

本案即为域名审查较为宽松所造成的与商标之间的冲突的典型案例。原告"kaixin001.com"域名的注册时间晚于被告"kaixin.com"域名的注册时间，可以看出因为被告已经对"开心网"中最明显的词汇"开心"一词的拼音进行了域名注册，而原告因为域名的唯一性，注册了相似的域名并用以开展经营活动。原告认为被告注册、使用域名的行为构成侵权或不正当竞争。法院列举了《域名纠纷解释》第4条规定中所包含的四个要件，即：（1）保护的民事权益合法有效；（2）足以造成相关公众的误认；（3）被告对该域名不享有权益；（4）被告具有恶意，并认为，若出现域名对商标权的侵犯或域名近似构成不正当竞争，应以域名晚于请求保护的商标或域名为前提。在本案中，虽然由于原告的域名注册时间较晚而无法构成域名与域名之间的侵权或不正当竞争，但可以通过被告域名对原告的知名网站名称的侵犯获得一定救济。因此，域名可能与多种权利之间产生冲突，域名与商标权的冲突不足以认定为侵权时，可以通过域名使用行为对知名名称等其他权利的不正当竞争认定平衡双方利益。

三、域名和商标权冲突的协调

随着网络通信技术的发展，域名将成为经营者争夺市场优势地位的重点，域名纠纷解决和预防的重要性不断增加。域名的法律性质、域名争议处理规则的完善都是亟待解决的问题。《中国互联网络信息中心域名争议解决办法》失效之后，关于域名纠纷解决的规定主要有《域名纠纷解释》和《国家顶级域名注册实施细则》，后者在第7章第46条规定"域名注册服务机构应当积极配合法院、仲裁机构或者域名争议解决机构的域名争议解决工作"。二者在处理机构、处理依据上将域名纠纷的解决放入其依托的双方法律关系框架内。在《商标法》和《反不正当竞争法》中，包括部分与域名问题相交叉的问题处理规范。

在相关法律的完善上，不同学者有不同的观点。有学者认为，应当进行域名的特别立法，建立域名防御登记体系，严格域名的注册程序。[①] 有学者认

---

① 参见杨玲梅：《域名与商标权之冲突与协调》，《中南民族大学学报（人文社会科学版）》2009年第4期。

为，应当增加域名与商标权利冲突时的行政解决办法，设立专门行政部门专门处理域名的法律纠纷问题。[①] 也有学者提出，要构建作为实体性权利的域名权制度，建立防御登记体系、异议制度、专门管理机构等。[②] 总体而言，均承认域名作为一种权利与现有的权利类型的相同点和不同点，并以此为依据建立包括审查、异议、管理机构、纠纷处理等过程的域名权制度系统，既从权利授予上避免域名和包括商标权在内的其他权利的冲突，也从解决终端上设置专门的行政部门或明确专门的裁判规则来处理争议问题。

四、结论

本案是一个较为复杂的案件，包含多种侵权行为。本文分析主要关注于域名和商标权之间的冲突。域名是互联网发展的产物，是网站的身份标识，经审查注册获得，具有全球性、唯一性、时间性。在法律规定和实践中，目前并没有明确域名的法律性质，本文认为，根据域名的特质和在互联网发展的背景下其在现实中发挥的功能，应当将域名视作一种新型的知识产权。因为域名与商标权相似的功能和相区别的地域、类别、表现特征，域名和商标权之间常常产生冲突。随着域名的实践逐渐丰富，其也需要更加特定和系统的体系性规范。

---

① 参见毛宁：《域名与商标权法律权利冲突相关问题浅析》，载《山东社会科学》2016 年第 S1 期。

② 参见赵林青：《对域名法律保护的思考——以域名与商标的冲突为视角》，载《法学杂志》2007 年第 5 期。

驰名商标跨类保护的边界与限制

——山西某酒厂与国家工商行政管理总局
商标评审委员会商标异议复审行政纠纷案

/ 姜美辰

⊃ 本案要旨

跨类保护并非绝对、无限的保护，而要强调客观判断标准，即相关公众认为不同来源的商品或经营者存在关联，排除程度不高的"联想"。对取材于公共资源并因此取得较大知名度的驰名商标，更应当严格把握跨类保护的客观标准，否则将造成垄断公共资源的现象，影响公众利用公共资源。如果引证商标和被异议商标核定使用的商品或服务类别差别较大，一般公众不会将两类商品或服务混淆，也不可能认为两个经营者之间存在某种关联关系，此种情况下不应当将该驰名商标进行跨类保护。

⊃ 案件信息

上诉人（一审原告）：山西某酒厂

被上诉人（一审被告）：国家工商行政管理总局商标评审委员会

一审第三人：安徽某集团公司

案号：北京市第一中级人民法院（2010）一中知行初字第 1241 号、北京市高级人民法院（2010）高行终字第 1118 号

⊃ 原被告主张及理由

山西某酒厂提起诉讼称：首先，其引证商标具有显著性，且已经是驰名商标，安徽某集团公司的被异议商标与引证商标近似，极有可能误导公众，致使原告的利益受损。其次，被异议商标在树木、谷（谷类）等商品上亦不应予以核准注册。被异议商标与引证商标指定使用的商品虽然不相同或类似，但

一般消费者并不具备商品分类和区分标准的专业知识，两商标并存易使消费者混淆误认商品的产源，致使山西某酒厂的利益可能受到损害。综上，山西某酒厂请求：撤销国家工商行政管理总局商标评审委员会（以下简称商标评审委员会）作出的商评字〔2010〕第186号《关于第31×××76号"杏花村"商标异议复审裁定书》（以下简称第186号裁定）。

商标评审委员会辩称：引证商标在相关领域和时限内的知名度不能使其当然取得在其他领域的绝对保护。被异议商标指定使用的第31类树木、谷（谷类）等商品与引证商标核定使用的第33类白酒等商品在生产方式、销售渠道、服务对象等方面区别较大。加之，"杏花村"并非山西某酒厂独创，其显著性因不是独创而相对较弱，"杏花村"商标虽在酒类商品上具有一定的知名度，但亦难以认定被异议商标在树木、谷（谷类）等商品上的注册和使用，会误导公众，损害山西某酒厂的合法权益。因此，被异议商标的注册未构成《商标法》第13条第2款规定的复制、摹仿他人驰名商标的情形。

安徽某集团公司述称：对于驰名商标的跨类保护范围，并不能仅凭主观臆断，而要强调客观判断标准，即要求"使相关公众对商品或者其经营者产生相当程度的联系"，而不能是程度不高的"联想"。因杜牧《清明》一诗闻名于世的"杏花村"首先是历史文化的一部分，山西某酒厂基于"杏花村"所获得的驰名商标权利并不是无限的。被异议商标指定使用的第31类树木、谷（谷类）商品与引证商标核定使用的第33类白酒、含酒精饮料（啤酒除外）商品根本不可能产生混同，公众绝无可能将这两类商品混淆，公众也不可能因此认为山西某酒厂与安徽某集团公司之间存在某种关联关系。

➲ 法院查明的事实

2002年2月28日，安徽某集团公司在第31类树木、谷（谷类）、酿酒麦芽等商品上提出"杏花村"商标，后被初步审定公告。被异议商标公告异议期内，山西某酒厂以其在第33类酒商品上注册的"杏花村"商标为驰名商标为由申请对被异议商标不予核准注册。

2010年1月11日，商标评审委员会作出第186号裁定，对被异议商标在树木、谷（谷类）等商品上予以核准注册，在酿酒麦芽商品上不予核准注册。该裁定认为：山西某酒厂提交了其"杏花村"商标被认定为驰名商标的证书，安徽某集团公司对山西某酒厂的"杏花村"商标构成驰名商标的事实亦未予否认，因此，商标评审委员会对此事实予以认可。被异议商标为文字"杏花村"，与山西某酒厂引证商标一的主要认读部分、引证商标二的文字相同，属于近似的标识。因此，本案的焦点问题在于非类似商品上提出注册申请的被异议商标是否会误导公众，致使山西某酒厂的商标权益可能受到损害。对于混淆、误导可能性的判定，应当综合考虑引证商标的知名度、独创性以及被异议商标与引证商标各自使用的商品的关联程度。山西某酒厂的"杏花村"商标核定使用的第 33 类白酒、含酒精饮料（啤酒除外）商品与被异议商标指定使用的第 31 类树木、谷（谷类）等商品在生产方式、销售渠道、消费对象等方面区别较大。加之"杏花村"一词并非山西某酒厂所独创，尚难以认定被异议商标在树木、谷（谷类）等商品上的注册和使用，将造成消费者的混淆误认，可能致使山西某酒厂的利益受到损害。被异议商标指定使用的酿酒麦芽商品与各引证商标核定使用的白酒、含酒精饮料（啤酒除外）商品在生产过程中具有密切的联系，因此，被异议商标使用在酿酒麦芽上易使消费者产生混淆误认。商标评审委员会依照《商标法》第 13 条第 2 款、第 33 条、第 34 条、第 41 条之规定，裁定：被异议商标在树木、谷（谷类）等商品上予以核准注册，在酿酒麦芽商品上不予核准注册。

一审审理查明：1980 年 12 月 15 日，杏花村汾酒厂提出引证商标一注册申请，其专用期限经续展至 2013 年 2 月 28 日，核定使用商品为第 33 类的白酒。引证商标一的现注册人为山西某酒厂。

1996 年 7 月 15 日，山西某酒厂提出引证商标二注册申请，并于 1997 年 8 月 21 日被核准注册，专用权期限经续展至 2017 年 8 月 20 日，核定使用商品为第 33 类的含酒精的饮料（啤酒除外）。

2002 年 2 月 28 日，安徽某集团公司提出被异议商标注册申请，指定使用商品为第 31 类的树木、谷（谷类）、植物用种苗、活动物、鲜水果、新鲜蔬菜、植物种子、饲料、酿酒麦芽、植物，2002 年 9 月 28 日被初步审定公告。

在法定异议期限内，山西某酒厂针对被异议商标向商标局提出商标异议申请。2006 年 9 月 13 日，商标局作出第 2785 号裁定，对被异议商标予以核准注册。

山西某酒厂不服第 2785 号裁定，向商标评审委员会提出复审申请。

⊃ 一审法院判决理由与裁判结果

北京市第一中级人民法院认为，《商标法》第 13 条第 2 款中混淆、误导可能性的判断，应当综合考虑引证商标的知名度、独创性以及被异议商标与引证商标各自使用的商品的关联程度。本案中，虽然山西某酒厂的"杏花村"商标在酒类商品上已经成为驰名商标，但是，鉴于"杏花村"一词并非山西某酒厂所独创，且山西某酒厂的"杏花村"商标核定使用的第33类白酒、含酒精饮料（啤酒除外）商品与被异议商标指定使用的第31类树木、谷（谷类）等商品在生产方式、销售渠道、消费对象等方面区别较大，被异议商标在树木、谷（谷类）等商品上的注册和使用并不会造成消费者的混淆误认，致使山西某酒厂的利益受到损害。因此，被异议商标在树木、谷（谷类）商品上的注册并未违反《商标法》第13条第2款之规定。

⊃ 上诉主张及理由

山西某酒厂不服，提起上诉，请求：撤销原审判决并依法改判。其主要上诉理由如下：（1）原审判决认定事实的标准不合法。原审判决认为《商标法》第13条中混淆、误导可能性的判断，应当综合考虑引证商标的知名度、独创性以及被异议商标与引证商标各自使用的商品的关联程度，这一认定标准不符合《最高人民法院关于审理涉及驰名商标保护的民事纠纷案件应用法律若干问题的解释》第9条、第10条和《商标法》第9条的规定。上述司法解释和商标法要求在判断构成损害驰名商标所有人利益的标准是具有显著性、知名度和关联性，没有要求引证商标具有独创性。山西某酒厂在原审诉讼中已经加以阐明，原审法院对此置之不理，仍采用第186号裁定中的"知名度、独创性和关联性"的标准，因此原审判决的认定标准缺乏法律依据。（2）原审判决对事实的认定只强调没有法律依据的"独创性"，而回避了"显著性、知名度和关联性"的事实。引证商标一"杏花村"为驰名商标，具有极高的知名度，对"杏花村"的使用已经产生并具有唯一对应于山西某酒厂产源的标识性效果，一提到"杏花村"，人们便认为是山西某酒厂，如果准许被异议商标注册，易使消费者误认为和山西某酒厂有某种联系。虽然引证商标和被异议商标的指定使用商品分属不同类别，但都是食品类，都可以通过超市、食品店、副食店销售，都是人们的生活用品，因此构成类似商品，原审判决认定上述商品在生产方式、销售渠道、消费对象等方面区别较大，显然是错误的。（3）原审判决认定事实和适用法律错误。原审判决认为被异议商标的注册、使用并不会造成消费者的混淆和误认，致使山西某酒厂的利益受到损害。这一认定属于主观臆断，缺乏事实和法律依据，《商标法》第13条第2款规定的"致使该驰名商标注册人的利益可能受到损害"只是一种可能性，只要有可能就构成"混淆、误认"，因此原审判决的上述认定没有依据。（4）被异议商标系地名商标，不具有显著性。根据《商标法》第11条的规定，应不予注册，但原审判决对此一字不提，属于适用法律错误。

商标评审委员会和安徽某集团公司服从原审判决。

➔ 二审法院判决理由与裁判结果

北京市高级人民法院认为，"杏花村"与酒的联系，并非始自山西某酒厂对引证商标的使用、宣传。杜牧的著名诗句早已使人们将"杏花村"与酒商品联系在一起，山西某酒厂利用这种早已存在的联系建立引证商标一在酒类商品尤其是汾酒商品上的知名度并使之成为驰名商标，但由此对引证商标一的保护也不应不适当地扩大，尤其是不应当禁止他人同样地从杜牧诗句这一公众资源中获取、选择并建立自己的品牌，只要不会造成对引证商标一及山西某酒厂利益的损害即可。安徽某集团公司在树木、谷（谷类）等商品上申请注册被异议商标，并不足以导致相关公众误认为该商标与引证商标一存在相当程度的联系，从而减弱引证商标一的显著性或不当利用引证商标一的市场声誉。被异议商标的申请、注册未违反《商标法》第13条第2款的规定。二审法院因此判决驳回上诉，维持原判。

➔ 判解与学理研究

本案是关于驰名商标跨类保护的限制研究中的典型案件。对于驰名商标的保护，众多学者已进行了一定的学术讨论，司法实践中也多有涉及，但是对于如何对驰名商标跨类保护的范围进行合理、必要的限制，还有一定的研究空间。

一、驰名商标跨类保护的概念

我国《商标法》第13条第3款规定："就不相同或者不类似商品申请注册的商标是复制、摹仿或者翻译他人已经在中国注册的驰名商标，误导公众，致使该驰名商标注册人的利益可能受到损害的，不予注册并禁止使用。"该规定确立了注册驰名商标跨类保护的禁止混淆制度，即在不相同或不类似商品或服务上复制、摹仿或者翻译他人已经在我国注册的驰名商标，这种行为有可能导致相关公众误以为在后商标所标示的商品或服务来源于在先注册的驰名商标权人，或者误认为在后商标与在先注册驰名商标的经营者之间存在某种经营上的联系，在后商标将不会被准予注册，并且会被禁止使用。

《最高人民法院关于审理涉及驰名商标保护的民事纠纷案件应用法律若干问题的解释》第9条第2款规定："足以使相关公众认为被诉商标与驰名商标具有相当程度的联系，而减弱驰名商标的显著性、贬损驰名商标的市场声誉，或者不正当利用驰名商标的市场声誉的，属于商标法第十三条第三款规定的'误导公众，致使该驰名商标注册人的利益可能受到损害'。"从该条的规定来看，最高人民法院通过解释"误导公众"引入了注册驰名商标的保护制度。①

从这些规定中可以看出，我国的司法解释运用两种标准不同的理论，即"跨类禁止混淆"与"跨类反淡化保护"来保护不同知名度的注册驰名商标，其中，对一般的注册驰名商标采用跨类禁止混淆的保护标准，而对于重点的、具有较高知名度的驰名注册商标则采用跨类反淡化保护的标准。②

二、驰名商标跨类保护限制的正当性分析

驰名商标的跨类保护制度确实是对商标权人以及驰名商标背后的商誉的一种保护，但是对于驰名商标的跨类保护不仅要注重保护，同时也要注重对保护范围的限制，不能将保护范围无限度地扩张。为了防止漫无边际地保护，需要对驰名商标的跨类保护进行限制。知识产权法的利益平衡理论对于为何要对保护的范围进行限制给予合理解释。从商标权的利益结构角度分析，商标法中制度结构承载着商标权人的利益、公众的利益以及商标权人的竞争者的利益，在多数情况下，这些利益具有同向性。保护商标权人的利益，确保商标权人的商标商誉不被混淆和淡化，不遭受侵权行为人的侵犯，从而保障消费者对商誉和商品的信赖及选择不被侵犯，这相当于是对消费者乃至公众的一种保护，同时也维护了市场竞争秩序和社会公平。但是利益同向保护并不是一以贯之地发生，这些利益存在冲突的可能，当对商标权的保护超越了正当的边界时，就可能会侵害他人的利益。因此，在对商标权的保护中要同时兼顾商标权人的个人利益以及社会利益这两个利益端，使其达到平衡的理想状态。针对驰名商标而言，作为商标的一种特殊客体，必然也要放置于知识产权公有领域的范围下进行思考，商标既是商标权人的私有

---

① 参见祝建军：《驰名商标跨类别保护应受到限制——两则案例引发的思考》，载《知识产权》2011年第10期。

② 参见祝建军：《驰名商标的司法保护》，载《人民司法·应用》2011年第7期。

权利，也是公有领域的产物，同时还是与大众息息相关的社会成果，商标标识的来源更是取材于公有领域的素材中，所以对于驰名商标的跨类保护一定要设置相应的限制范围，否则对于权利的边界没有限制限缩，则会使个体权利无限制地扩张，这样无益于他人权利的行使，也会导致公共利益受损。所以，从社会整体利益的角度出发，必须对其设置适当的限制，只有这样才能防止驰名商标权人滥用其权利，从而真正做到维护市场的公平竞争秩序，维护商业环境和氛围，实现商标法的立法宗旨。相反，如果对于驰名商标的保护没有任何限制，则不能有效地实现驰名商标所有人和社会公众的利益平衡，反而会助长其滥用行为，损害竞争秩序。[1]

三、注册驰名商标跨类保护边界个案认定

驰名商标跨类保护限制的认定因素无法穷尽，并且随着个案的不同，可能会出现多种情况，但是根据本案可以总结出能够达成共识的划定边界的原则。首先，本案中突出的裁判原则就是利益平衡原则，在驰名商标的跨类保护范围的界定中，一定要从原则方向上把握利益平衡原则，也就是要确保达到社会公众利益和个体利益的平衡，从而起到维护市场环境稳定、促进经济发展的作用。利益平衡原则一直是指导知识产权立法和司法实践的重要原则，这一思想应当贯彻指导于商标类案件的裁判中，尤其对于界限和边界的划定问题，即如何平衡多方主体的利益，如何不损害市场主体的利益，不造成资源垄断和浪费，如何对公有领域的要素进行保护，防止垄断私有，有利于裁判的公正和整体社会利益的保护。本案中，因为"杏花村"一词取自诗人杜牧的著名诗句，无论是小学生还是成年人，几乎人人对于此诗句都耳熟能详，无论是学校课堂还是平时的旅游宣传或者日常交谈，这一词汇已经变化成为一种符号，甚至是一种代替"清明"文化和"酒"文化的象征词汇，其本身就是公共领域的词语，任何一家企业或者公司都无法将其垄断，包括山西某酒厂，也难以凭借其在酒类商品上注册申请并被认定为驰名商标的"杏花村"商标的专有权来阻止他人对"杏花村"这一公共领域资源的利用。知识产权法中存在的公共领域，是无法容忍个别权利人的垄断，对公共领域资源的利用的自由程度决定了文化的发展和社会的进步程度，也决定了知识产权法发展的水平，所以要确保公有

---

[1]　参见冯晓青：《注册驰名商标反淡化保护之探讨》，载《湖南大学学报（社会科学版）》2012年第2期。

领域的开放以及防止垄断行为发生。[1]

四、我国驰名商标跨类保护制度的完善

我国驰名商标的跨类保护在理论界一直有所讨论，实务案例的增加也倒逼了理论的研究，并且实务中出现的各种各样的案件情况也丰富了实务经验，但是对于驰名商标的保护还存在一定的进步空间。

（一）正确认识混淆保护与淡化保护的关系

跨类保护下，对驰名商标的混淆认定的关键在于，不仅要判断侵权人商标标识的使用是否会导致公众认为被告商品与原告商标所有者之间有联系，还要看这种联系是否会导致原告商誉被"搭便车"，以及侵权人是否有搭载商誉便车的企图，或者有其他不正当竞争的目的和后果。在商标相关的保护机制中，是否存在混淆这一情况，关键在于对"混淆可能性"的判定。因此，在基于混淆可能性判定的情形下，对驰名商标进行认定时需要着重考量原告商标在被告标志所应用的地域范围以及行业领域内，相关公众对其知晓程度如何，同时也要关注商品与商标二者之间的关联紧密程度。运用混淆理论保护驰名商标时，其逻辑进路应当是先深入分析接触到被告商品的相关公众产生混淆的可能性大小，然后依据"混淆可能性"明确原告商标所需要达到的驰名的程度，进而判定商标侵权行为是否成立。"淡化"保护为驰名商标赋予的则是一种绝对权，只要某一驰名商标能够满足淡化保护所要求的驰名程度，其便能在全部类别上获取排他性的保护。

（二）注重对驰名商标跨类保护的限制

驰名商标的保护并不是全类保护，应当注意不能对公有领域中的要素大范围地全类保护，从而导致公有领域的限缩。驰名商标的保护并不等于没有节制地、没有边界地保护。司法审判中如果固守一元思维，一旦将某一注册商标认定为驰名商标，则他人在任何不相类似的商品或者服务上使用与其相同或者近似的商标，都落入侵权的范围，驰名商标跨类保护将没有边界，公有领域会受到侵蚀，这将违背驰名商标跨类保护的初衷。

---

[1] 参见郭霭雯：《对驰名商标跨类保护界限的思考——评"杏花村"商标异议复审案》，载《中华商标》2012 年第 1 期。

五、结论

驰名商标的跨类保护并非绝对性地、无边际无限制地保护，尤其是对取材于公共资源并因此取得较大知名度的驰名商标，更应当严格把握跨类保护的标准，否则将导致公众无法利用公共资源，造成垄断公共资源的现象。

驰名商标的认定及跨类保护的限制

——山西某酒厂与国家工商行政管理总局
商标评审委员会商标异议复审行政纠纷案

/ 梁梓韵

➲ 本案要旨

驰名商标的跨类保护制度，其理论基础是商标淡化理论，从而驰名商标跨类保护也有一定的限制——只有在"误导公众，致使该驰名商标注册人的利益可能受到损害"的情况下才能被触发。若驰名商标的元素源于公共领域，为了确保公众能够从知识产权保护制度中获得接近知识和信息的自由和便利，驰名商标权利人不能凭借首先注册申请该商标且被认定为驰名而阻止他人对该公共领域资源的利用。

➲ 案件信息

上诉人（一审原告）：山西某酒厂

被上诉人（一审被告）：国家工商行政管理总局商标评审委员会

一审第三人：安徽省某文化旅游发展有限公司

案号：北京市第一中级人民法院（2010）一中知行初字第 913 号、北京市高级人民法院（2010）高行终字第 1086 号

➲ 原被告主张及理由

原告山西某酒厂诉称：（1）其在先注册的第 14××71 号商标，经过多年使用已具有很高知名度，构成驰名商标，被异议商标已构成对引证商标的复制、摹仿，该商标的注册会使其利益受到损害。此外，其已于 2000 年 5 月成立某旅行社，该旅行社与第三人经营范围一致，且亦具有较高知名度，据此，被异议商标的注册不符合《商标法》第 13 条第 2 款的规定，不应予以

注册。（2）被异议商标中"杏花村"的使用系对地名的使用，不具有显著性，不符合《商标法》第 11 条的规定，不应予以注册。综上，第 32351 号裁定认定错误，请求法院依法予以撤销。被告国家工商行管理总局商标评审委员会（以下简称商标评审委员会）认为第 32351 号裁定认定事实清楚，适用法律正确，请求法院依法予以维持。第三人安徽省某文化旅游发展有限公司（以下简称某旅游公司）认为第 32351 号裁定认定事实清楚，适用法律正确，请求法院依法予以维持。北京市第一中级人民法院认定山西某酒厂的起诉理由不能成立，商标评审委员会作出的第 32351 号裁定认定事实清楚，适用法律正确，依法应予维持，判决维持商标评审委员会作出的第 32351 号裁定。

⮕ 法院查明的事实

被异议商标为第 19××× 07 号"杏花村及图"商标，该商标由安徽省某餐饮娱乐有限公司于 2001 年 5 月 28 日向国家工商行政管理总局商标局（以下简称商标局）提出注册申请，指定使用服务为第 39 类：旅行社（不包括预订旅馆）、旅行安排；观光旅游；旅行预订。现该商标已转让给某旅游公司。

在法定异议期内，山西某酒厂针对被异议商标提出异议申请。针对该异议申请，商标局作出（2006）商标异字第 02795 号裁定，核准被异议商标的注册。

山西某酒厂为证明引证商标为驰名商标，在诉讼阶段补充提交了相应证据，其中产生于被异议商标申请日之前且与引证商标的知名度有关的证据为："杏花村"商标于被异议商标申请日前获得的相应获奖证书，共五份，其中产生时间最晚的证据为两份 1996 年的获奖证书。

一审中，山西某酒厂认可其在异议复审程序中并未书面提出有关被异议商标不具有显著性的理由，但称其曾向商标评审委员会口头提出，但其未提交证据予以证明。商标评审委员会对此不予认可。

二审期间，山西某酒厂向法院提交了下列四组证据：（1）央视调查咨询中心关于"汾酒"广告的特约监测报告（2000 年 10 月 1 日至 2000 年 12 月 31 日），用以证明"杏花村"商标持续宣传使用；（2）央视汾酒广告合同（2000~2002），用以证明"杏花村"商标持续宣传使用；（3）山西某酒厂 1998 年至 2002 年的完税证明，用以证明其 1998 年至 2002 年持续使用、生产、销售"杏花村"产品，创造较大税收贡献社会；（4）山西某酒厂的前身于民国时期注册的商标，用以证明"杏花村"品牌使用历史较长，有较大影响。

另查明，安徽省某餐饮娱乐有限公司成立于 2001 年 4 月 28 日，后根据池州市对外贸易经济合作局 2002 年 7 月 29 日作出的《关于同意安徽省某餐饮娱乐有限公司更名为某旅游公司的批复》(池外发〔2002〕55 号)，更名为本案原审第三人某旅游公司。

➲ 一审法院判决理由与裁判结果

一审法院认为，《商标法》第 13 条第 2 款规定，就不相同或者不相类似商品申请注册的商标是复制、摹仿或者翻译他人已经在中国注册的驰名商标，误导公众，致使该驰名商标注册人的利益可能受到损害的，不予注册并禁止使用。根据上述法律规定可知，在同时符合下列要件的情况下，在先驰名商标注册人有权在与核定使用商品或服务不同的类别上禁止在后商标的注册及使用：(1) 在先注册商标在中国境内为其核定使用的商品或服务的相关公众所广为知晓，构成驰名商标；(2) 在后申请注册的商标是对在先已注册驰名商标的复制、摹仿或者翻译；(3) 在后商标的注册及使用会产生"误导公众，致使该驰名商标注册人的利益可能受到损害"的后果。

鉴于此，首先对引证商标一是否符合"在先注册商标在中国境内为其核定使用的商品或服务的相关公众所广为知晓，构成驰名商标"这一要件予以评述。

根据《商标法》第 14 条的规定，认定驰名商标应当考虑下列因素：(1) 相关公众对该商标的知晓程度；(2) 该商标使用的持续时间；(3) 该商标的任何宣传工作的持续时间、程度和地理范围；(4) 该商标作为驰名商标受保护的记录；(5) 该商标驰名的其他因素。

本案中，山西某酒厂提交了商标局作出的认定驰名商标的证书，但鉴于作为驰名商标受保护的记录仅是《商标法》第 14 条认定商标是否驰名所考虑的因素之一，而第三人并未对引证商标为驰名商标表示明确认可，且该证书的作出时间是 1997 年，距被异议商标申请日 2001 年有四年的时间，故本案中山西某酒厂仍须举证证明引证商标在中国境内被相关公众广为知晓。除上述驰名商标认定证书外，山西某酒厂在商标异议复审程序中，用以证明引证商标在被异议商标申请注册日之前知名度的证据分别是《山西日报》中的《山西十佳旅游景点评出》的报道以及山西某酒厂在中国及其他国家或地区的商标注册证。鉴于《山西日报》仅涉及旅游景点"酒都杏花村"的报道，并不涉及引证商标的使用情况，中国及其他国家或地区的商标注册证亦仅涉及山西某酒厂其他注册商标的注册情况，并不涉及引证商标的使用情况，故上述证据并不足以证明引证商标在被异议商标申请日之前在中国境内已被相关公众广为知晓。

本案诉讼中山西某酒厂补充提交了相关获奖证书作为知名度证据，但鉴于上述证据在商标行政程序中未予提交，并非商标评审委员会作出第 32351 号裁定的依据，故依法不予考虑。即便在考虑上述证据的情况下，鉴于其产生时间距被异议商标申请日最近的证据系两份 1996 年的获奖证书，该时间距被异议商标的申请日有五年的时间间隔，故在无其他证据佐证的情况下，上述证据仅能在一定程度上证明引证商标一在 1996 年的知名度，而无法证明在被异议商标申请日时引证商标的知名度。据此，上述证据亦不足以证明引证商标在被异议商标申请日之前在中国境内已为相关公众广为知晓。山西某酒厂认为引证商标为驰名商标的主张不能成立。

在引证商标一未构成驰名商标的情况下，被异议商标的注册并不违反《商标法》第 13 条第 2 款的规定，应予注册。山西某酒厂认为被异议商标的注册不符合《商标法》第 13 条第 2 款规定的主张不能成立。

此外，山西某酒厂还主张因被异议商标不具有显著性，故其注册不符合《商标法》第 11 条规定。鉴于山西某酒厂在商标异议复审阶段并未提出该复审理由，故该理由并非本案审理范围，原审判决对此不予评述。

⊃ 上诉主张及理由

山西某酒厂不服原审判决进行上诉，诉称：（1）原审判决法律适用和事实认定均有错误。①原审判决将《最高人民法院关于审理商标民事纠纷案件适用法律若干问题的解释》第 22 条、《最高人民法院关于审理涉及驰名商标保护的民事纠纷案件应用法律若干问题的解释》第 7 条规定的"不持异议"擅自改为"明确认可"并适用于本案，是对司法解释的曲解。即使不是曲解，上述司法解释的范围也仅限于商标民事案件，不能适用于行政案件。②商标评审委员会和某旅游公司在诉讼中否认引证商标系驰名商标，违反诚实信用和"禁止反言"原则。商标评审委员会和某旅游公司对引证商标系驰名商标是否提出异议，应以其在商标异议复审阶段的意思表示为准，而不应以其在诉讼阶段的表示为准。原审法院应不再审查而直接认定。③原审判决对山西某酒厂和商标评审委员会、某旅游公司不同对待，实行双重标准。④原审判决无视引证商标为社会公众广为知晓的事实，否定其为驰名商标，明显属于认定事实错误。同时，本案符合《商标法》第 13 条第 2 款所要求的三个条件，被异议商标应不予注册并禁止使用。（2）被异议商标系地名商标，缺乏显著特征，无论山西某酒厂在商标异议复审阶段是否提出，也无论是否有人提出异议，都不应予以注册。《最高人民法院关于行政诉讼证据若干问题的规定》第2条规定："原告或者第三人提出其在行政程序中没有提出的反驳理由或者证据的，经人民法院准许，被告可以在第一审程序中补充相应的证据。"据此，山西某酒厂有权在第一审诉讼程序中提出其在行政程序中没有提出的反驳理由，原审判决认为"鉴于原告在异议复审阶段并未提出该复审理由，故该理由并非本案审理范围"，是完全错误的。（3）原审判决与最高人民法院强化驰名商标保护的司法解释精神背道而驰。《最高人民法院关于审理商标授权确权行政案件若干问题的意见》第11条规定："对于已经在中国注册的驰名商标，在不相类似商品上确定其保护范围时，要注意与其驰名程度相适应。对于社会公众广为知晓的已经在中国注册的驰名商标，在不相类似商品上确定其保护范围时，要给予与其驰名程度相适应的较宽范围的保护。"

被上诉人商标评审委员会和原审第三人某旅游公司均服从原审判决。

⊃ 二审法院判决理由与裁判结果

一、关于引证商标一在被异议商标申请日前是否构成驰名商标

根据有关法律和司法解释的规定，曾被人民法院或者国务院工商行政管理部门认定驰名的商标，当事人对该商标驰名的事实不持异议的，人民法院应当予以认定。而人民法院审理行政案件，系对具体行政行为是否合法进行审查。因此，当事人对商标驰名的事实是否持有异议，应以具体行政行为作出时即本案中的商标异议复审裁定作出时的意思表示为准。

从第32351号裁定的内容看，该裁定不仅引用了《商标法》第13条第2款，而且在对争议焦点进行归纳时，也将本案争议问题总结为在被异议商标申请注册之前，在引证商标一"已具有较高的知名度"的前提下，"在非类似商品上提出注册申请的被异议商标是否会误导公众，致使山西某酒厂商标权益可能受到损害"的问题上，显然，第32351号裁定是从《商标法》第13条第2款驰名商标保护的角度论述被异议商标是否应当获准注册的，而《商标法》第13条第2款适用的逻辑前提恰恰是驰名商标的存在。因此，第32351号裁定实际上确认了引证商标一在被异议商标申请注册前已经是在中国注册的驰名商标的事实。

原审判决对引证商标一在被异议商标申请日之前系驰名商标的事实未予

认定，属于事实认定错误，本院予以纠正。山西某酒厂的该项上诉主张成立，本院予以支持。

二、引证商标一是否应获得在被异议商标指定使用商品类别上的保护

《商标法》第13条第2款规定："就不相同或者不相类似商品申请注册的商标是复制、摹仿或者翻译他人已经在中国注册的驰名商标，误导公众，致使该驰名商标注册人的利益可能受到损害的，不予注册并禁止使用。"

本案中，被异议商标的主要认读部分为"杏花村"，与引证商标一的主要认读部分、引证商标二文字相同，属于近似的标识。引证商标一核定使用的商品为第33类的"白酒"商品，而被异议商标指定使用在第39类的"旅行社（不包括预订旅馆）；旅行安排；观光旅游；旅行预订"等服务上，二者属于在不相同或者不相类似商品上申请注册的近似商标。因此，第二个焦点问题的关键在于被异议商标的注册是否会误导公众，损害山西某酒厂的利益。

根据《最高人民法院关于审理涉及驰名商标保护的民事纠纷案件应用法律若干问题的解释》第9条的规定，"误导公众，致使该驰名商标注册人的利益可能受到损害"，是指"足以使相关公众认为被诉商标与驰名商标具有相当程度的联系，而减弱驰名商标的显著性、贬损驰名商标的市场声誉，或者不正当利用驰名商标的市场声誉"的情形，这种相当程度的联系，不能是程度不高的"联想"。"杏花村"与酒的联系，并非始自山西某酒厂对引证商标的使用、宣传。杜牧的著名诗句早已使人们将"杏花村"与酒商品联系在一起，山西某酒厂利用这种早已存在的联系建立引证商标一在酒类商品尤其是汾酒商品上的知名度并使之成为驰名商标，但由此对引证商标一的保护也不应不适当地扩大，尤其是不应当禁止他人同样地从杜牧诗句这一公众资源中获取、选择并建立自己的品牌，只要不会造成对引证商标一及山西某酒厂利益的损害即可。某旅游公司在商标异议复审阶段提交的证据证明，数量众多的史料、文献认为杜牧《清明》诗中的"杏花村"在安徽池州，在旅行社等服务上申请注册被异议商标，理由正当，不会导致相关公众误认为该商标与引证商标一存在相当程度的联系，从而减弱引证商标一的显著性或不当利用引证商标一的市场声誉。上诉人山西某酒厂关于被异议商标的申请注册违反《商标法》第13条第2款的上诉理由不能成立，本院不予支持。

三、被异议商标是否缺乏显著特征而不应予以注册

山西某酒厂在原审诉讼期间主张被异议商标系地名商标，缺乏显著特征，

根据《商标法》第11条的规定，不应注册，原审判决对此未予涉及，属于适用法律错误。对此，本院认为，人民法院审理行政案件，系对具体行政行为是否合法进行审查。山西某酒厂在商标异议复审阶段并未提出此项主张，不在第32351号裁定审查范围内，原审法院对这一具体行政行为未涉及的主张不予审理并无不妥。《最高人民法院关于行政诉讼证据若干问题的规定》第2条规定的是"原告或者第三人提出其在行政程序中没有提出的反驳理由或者证据，经人民法院准许，被告可以在第一审程序中补充相应的证据"。而山西某酒厂在第一审程序中处于原告的诉讼地位，根据上述司法解释，也并不能得出山西某酒厂"有权在第一审诉讼程序中提出其在行政程序中没有提出的反驳理由"的结论。因此，山西某酒厂的该项上诉主张亦不能成立，本院不予支持。

➲ 判解与学理研究

驰名商标是一个国际通用的法律概念，在中国主要是指为相关公众广为知晓并享有较高声誉的商标。[①] 对驰名商标进行特殊保护，具有制止不正当竞争、保护商标权人合法权益的重大意义。司法实践中，针对驰名商标的认定及跨类保护而产生的纠纷频繁发生。本案是关于驰名商标认定及跨类保护的典型案例之一。以下将结合案件，对驰名商标的认定及跨类保护加以探讨。

一、驰名商标的认定标准

（一）驰名商标的认定标准

"驰名商标"的概念最早出现于国际性法律文件《保护工业产权巴黎公约》，具体规定于该公约的第6条之二，但并没有明确具体的认定标准。如今许多国家都确认了驰名商标的法律地位，但是认定的标准不一。例如，《英国商标法》第56条明确规定，在英国受保护的驰名商标必须是在该国众所周知的商标。关于"众所周知"，英国在司法实践中综合给定商标是否为商标、属于何种商品或服务、出于何处的民意测验结果加以认定。在某些判例中，法院的要求具体到可识别该商标与其出处之联系的人要达到实质数量。[②]《美国联邦商标淡化法》立法资料显示，驰名商标的声名必须覆盖美国领土的"实质部

---

① 参见冯晓青主编：《知识产权法》（第4版），中国政法大学出版社2024年版，第517页。

② See Christopher Morcom, United Kingdomsection, in Mostert F.W.（Editor）（2004），Famous and Well-Known Marks：An International Analysis，NewYork：INTA.P.176-177，Chap.4.

分",而对如何认定"实质部分",需要在具体的案件中进行界定。[①]《德国商标和其他标志保护法》也规定,驰名商标的认定要求在德国领土的实质部分被认知,认定依据是特定交易范围内消费者认知该商标的百分比。[②]

我国对驰名商标的认定标准具体体现于《商标法》第 14 条。具体而言,需要考虑相关公众对商标的知晓程度、商标使用的持续时间、商标的任何宣传工作的持续时间以及程度和地理范围、商标作为驰名商标受保护的记录等。

（二）驰名商标的认定原则

驰名商标作为一种对高信誉度商标的特殊保护制度,在过去很长一段时间内呈现异化的状态:企业把"驰名商标"当作一种荣誉称号,在商品包装、容器或广告宣传、展览以及其他商业活动中使用。部分企业为了获取该"称号",甚至不惜制造假案以追求行政和司法认定。实质上,驰名商标保护的意义在于其为反击商标侵权的有力武器,因此驰名商标认定与保护是联系在一起的;此外,驰名商标的"驰名"程度也可能会随着时间发展发生变化,可能增加,也可能减弱甚至不再驰名。这也就决定了驰名商标的认定不能是一劳永逸的"荣誉称号"。[③]

基于这种认识,我国《商标法》规定,驰名商标的认定与保护所遵循的是"被动保护、个案认定"的基本原则。此外,《商标法》2013 年修正时明确规定"生产、经营者不得将'驰名商标'字样用于商品、商品包装或者容器上,或者用于广告宣传、展览以及其他商业活动中",以遏制驰名商标认定中的寻租行为。

（三）驰名商标的认定机关与认定程序

根据我国《商标法》的规定,驰名商标的认定实行司法、行政认定并行的"双轨认定"体制。在实践中,商标局、司法机关享有驰名商标认定权。

在商标评审阶段,若驰名商标权利人认为他人经初步审定公告或已注册的商标属于侵犯《商标法》中有关驰名商标保护的规定的情形,有权向商标局提出异议申请的同时申请认定驰名商标。

已注册驰名商标的权利人认为他人使用的商标属于侵犯《商标法》中有关驰名商标保护的规定的情形,可以向有管辖权的法院起诉,同时申请认定驰

---

① See The United States Trademark Association Trademark Review Commission Reportand Recommendations to USTA Presidentand Boardofdirectors, 77TMR375, 458–59（1987）.

② 参见顾亦鸣:《论驰名商标的国际认定及保护模式研究》,载《学术研究》2009 年第 7 期。

③ 参见冯晓青主编:《知识产权法》,中国政法大学出版社 2008 年版,第 364 页。

名商标。① 同时，根据《最高人民法院关于审理商标民事纠纷案件适用法律若干问题的解释》第 22 条规定，其对商标局的认定持有异议的，可以向人民法院请求司法审查。

（四）驰名商标认定中被诉侵权商标人"不持异议"的判断

《最高人民法院关于审理涉及驰名商标保护的民事纠纷案件应用法律若干问题的解释》第 7 条规定："被诉侵犯商标权或者不正当竞争行为发生前，曾被人民法院或者行政管理部门认定驰名的商标，被告对该商标驰名的事实不持异议的，人民法院应当予以认定。被告提出异议的，原告仍应当对该商标驰名的事实负举证责任。"因此，司法机关的认定具有最终的效力，如果当事人对行政机关的认定存有异议，有权请求司法机关进行审查并作出最终裁判。

值得注意的是对上述条款中"不持异议"的理解。对于涉案商标是否驰名的问题上，可能存在不同的观点。一种观点认为，被诉侵犯商标权人对涉案商标驰名的事实明确表示认可，此时当然可以理解为条款中所指的被诉侵犯商标权人不持异议的情形，因而适用该条款没有障碍。另一种观点认为，被诉侵犯商标权人对涉案商标驰名的事实明确表示反对，此时自然不满足被诉侵犯商标权人不持异议的条件，因而不能适用该条款。这两种都是界限明晰且容易作出正确判断的情形。

但是在实践中，还可能出现另一种情况——被诉侵权商标人对涉案商标是否驰名的事实没有明确表态，此时应当如何判断其真实意思？从法教义学的角度出发，对该法条进行文义解释，可以遵循以下思路："持异议"包含两种情况：一种是被诉侵权商标人明确向有权机关表示异议，另一种是被诉侵权商标人的行为能够被推定为其持有异议。因此，只要被诉侵权商标人并无明确向有权机关表示异议，或者说在争议处理的过程中没有可以被推定为其持有异议的行为，则可认定为"不持异议"，即可适用《最高人民法院关于审理涉及驰名商标保护的民事纠纷案件应用法律若干问题的解释》第 7 条的规定。

二、驰名商标的跨类保护与限制

（一）注册驰名商标跨类保护具有合理性

从法律规定的现状而言，注册驰名商标的跨类保护有其实然的合法依据。国际层面上，依据《TRIPs 协议》第 16 条第 3 项，只要满足商标在对那些商品或服务的使用方面可表达这些商品或服务与注册商标所有权人之间存在联

---

① 参见冯晓青主编：《知识产权法》（第 4 版），中国政法大学出版社 2024 年版，第 519 页。

系，且该注册商标所有人的利益将有可能因该使用而受到损害时，《保护工业产权巴黎公约》第6条关于驰名商标的规定适用于在不相类似的商品或服务上使用有关的商标。国内层面上，我国《商标法》第13条第3款规定："就不相同或者不相类似商品申请注册的商标是复制、摹仿或者翻译他人已经在中国注册的驰名商标，误导公众，致使该驰名商标注册人的利益可能受到损害的，不予注册并禁止使用。"结合《最高人民法院关于审理涉及驰名商标保护的民事纠纷案件应用法律若干问题的解释》第9条第2款、第10条和第11条，可以理解为我国对注册驰名商标的保护从相同或类似商品上使用相同或近似商标扩张至"不相同或者不相类似商品"，也即我国确定了注册驰名商标的跨类保护规则。上述司法解释涉及对《商标法》第13条第2款的正确理解适用，因此对于商标确权纠纷案件也存在重要的指导价值。

从法理上看，驰名商标的跨类保护也有其内在合理性。1927年，美国学者弗兰克·斯凯特在《哈佛法律评论》上发表文章提出著名的"淡化理论"，认为传统商标混淆理论无法对相同或近似的商标、名称在非竞争性的商品上使用，消费者对于商品来源没有发生认识错误的状况提供保护，然而这种行为又会逐渐使商标和其所有人之间唯一特定的联系被淡化，从而损害商标的销售力和广告价值。[1] 商标淡化者却可以从商标权人已经建立起来的商标信誉中获得利益，这种自由"搭便车"的行为，对商标权人来说是不公的，因而需要由法律干预以补偿商标权人的利益。[2]

（二）注册驰名商标跨类保护的限制具有合理性

从现行规定而言，从反面解读《商标法》第13条、《最高人民法院关于审理涉及驰名商标保护的民事纠纷案件应用法律若干问题的解释》第9条第2款、第10条和第11条，可以得出注册驰名商标跨类保护的限制范围：如果事实不足以使公众认为被诉商标与驰名商标具有相当程度的联系，从而减弱驰名商标的显著性、贬损驰名商标的市场声誉，或者不正当利用驰名商标的市场声誉的，不能认定为符合适用《商标法》第13条第2款的情形。因此，这种联系必须具有"相当程度"，而不能是一种比较弱的、似是而非的联系，且只有在"误导公众、从而使驰名商标所有人利益受到损害"之时才可以触发跨类保护。

---

① See Frand Schehter, *The Retational Bases of Trademark Protection*, *Harvarard Law Review*, 1927（6）：816–818.

② 参见冯晓青：《注册驰名商标反淡化保护之探讨》，载《湖南大学学报（社会科学版）》2012年第2期。

从法理上看，对注册驰名商标跨类保护的限制是具有合理性的。驰名商标的跨类保护建立于商标淡化理论之上，如果在其他类别上的使用不可能淡化商标和其所有人之间唯一特定的联系，则不属于"搭便车"行为，这种情况下不需要受到驰名商标跨类保护的限制。

就本案而言，原告所引证的驰名商标核定使用的商品为第33类的"白酒"商品，而被异议商标指定使用在第39类的"旅行社（不包括预订旅馆）；旅行安排；观光旅游；旅行预订"等服务上，二者属于在不相同或者不相类似商品上申请注册的近似商标。被异议商标是否能被允许注册，关键在于是否落入驰名商标跨类保护的控制范围内。然而，本案中，其一，由于"杏花村"一词在大部分公众的眼中更容易被与杜牧的著名诗句"牧童遥指杏花村"联系起来。其二，被诉商标指定使用品类为"旅行社（不包括预订旅馆）；旅行安排；观光旅游；旅行预订"，与驰名商标的核定使用品类"白酒"商品差距较大，两者的市场重合度并不高，相关公众一般不会将被异议商标与引证驰名商标联系起来，也不会因此使驰名商标所有人利益受到损害，从而不能触发驰名商标的跨类保护。

（三）本案反映了公共领域资源的占有与知识产权独占性之间的关系

本案较为独特的一点是，引证驰名商标"杏花村"并非由山西某酒厂原创，而是出自杜牧的著名诗句，且早在几百年，"杏花村"就在该诗句中与美酒产生了联系，因而从这个角度而言，"杏花村"一词已经是一个属于公共领域的词汇。因此，在本案中，山西杏花村并没有充分的理由阻止他人对这一公共领域资源的利用。事实上，从知识产权法理学的角度看，知识产权法中存在广泛的公有领域，正是知识产权法律确认和维护公有领域的存在、确保公有领域资源利用的自由和便利，才使得公众能够从知识产权保护制度中获得接近知识和信息的自由和便利。[①]

三、结论

驰名商标的认定和保护一直是司法实践中的重难点。驰名商标认定的过程中，需注意对《最高人民法院关于审理涉及驰名商标保护的民事纠纷案件应用法律若干问题的解释》第7条中"不持异议"的理解。本案的启示是，只要被诉侵权商标人并无明确向有权机关表示异议，或者说在争议处理的过程中没有可以被推定为其持有异议的行为，则可认定为"不持异议"，即可适用《最

---

① 参见冯晓青：《注册驰名商标需要扩大保护，但亦存在度的限制——杏花村商标注册行政纠纷案解析》，载《中国法律》2011年第2期。

高人民法院关于审理涉及驰名商标保护的民事纠纷案件应用法律若干问题的解释》第 7 条的规定。驰名商标的跨类保护制度，其理论基础是商标淡化理论，从而驰名商标跨类保护也有一定的限制——只有在"误导公众，致使该驰名商标注册人的利益可能受到损害"的情况下才能被触发。本案的独特启示在于，若驰名商标的元素是源于公共领域，为了确保公众能够从知识产权保护制度中获得接近知识和信息的自由和便利，如果不是在特定的商标法意义上，驰名商标权利人难以凭借首先注册申请该商标且被认定为驰名商标而阻止他人对该公共领域资源的利用。

驰名商标跨类保护与商标反向混淆的边界

——浙江某新能源有限公司、浙江某电器有限公司与杭州某卫厨科技有限公司、杨某侵害商标权纠纷案

/ 郭雅菲

⊃ 本案要旨

在商标侵权认定中，判断是否构成混淆不能单独以商标标识的近似性作为唯一衡量依据，而应以相关标志的使用是否实质性破坏其商品或者服务的识别功能作为核心判断标准。商标标识本身的近似不是认定商标侵权是否成立的决定性因素，如果使用行为并未损害涉案商标的识别和区分功能，亦未因此而导致市场混淆的后果，该种使用行为就不在商标法所禁止的范围之内。注册商标后并不能天然垄断该标志所对应的市场，商标法基于利益平衡原则，通过商标权保护强度和商标实际使用情况等各种因素来评价使用近似标识的行为，既考虑大企业驰名商标跨类保护对于市场区分能力的影响，也考虑小企业商标反向混淆认定的正当性与合理性。在发生争议的商标权保护范围和保护程度上，需要平衡各方利益，谨慎确定法律责任。

⊃ 案件信息

申请人（一审被告、二审上诉人）：杭州某卫厨科技有限公司

被申请人（一审原告、二审上诉人）：浙江某新能源有限公司、浙江某电器有限公司

上诉人（一审被告）：杨某

案号：江苏省苏州市中级人民法院（2010）苏中知民初字第0312号、江苏省高级人民法院（2011）苏知民终字第0143号、最高人民法院（2016）最高法民再216号

➔ 原被告主张及理由

2009年，浙江某新能源有限公司（以下简称某新能源公司）和浙江某电器有限公司（以下简称某电器公司）发现杨某在经营场所销售标有"AUPU奥普"商标的金属吊顶，产品上标注的生产者为杭州某卫厨科技有限公司（以下简称某卫厨科技公司）。另外，杨某在经营场所的装潢和广告宣传中大量使用了"奥普1+N浴顶"和"AUPU奥普"等文字宣传。某卫厨科技公司和杨某未经某新能源公司许可，擅自在第6类金属建筑材料上使用与某新能源公司涉案注册商标相近似的"AUPU奥普"，违反了《商标法》第52条第1款第1项的规定，侵犯了某新能源公司的注册商标专用权，损害了某新能源公司和某电器公司的合法权益。请求法院判令杨某和某卫厨科技公司：（1）立即停止在金属吊顶等产品上使用"AUPU奥普"商标；（2）立即停止在经营场所、网站或其他相关媒体上进行有关"奥普浴顶"的广告宣传；（3）连带赔偿某新能源公司和某电器公司经济损失人民币500万元（包括合理费用）；（4）在全国范围的报纸、电视、网站等相关媒体上发表声明消除影响。

杨某一审辩称：（1）某电器公司在起诉状中陈述其在2009年9月1日经某新能源公司的许可取得涉案注册商标使用权的事实不成立；（2）某新能源公司和某电器公司在起诉状中陈述其于2009年11月17日经公证在杨某的经营场所内购买所谓的侵权产品14箱的描述与事实情况不符；（3）某新能源公司从杨某处所购得的浴顶扣板，在销售时实际覆盖了保护膜，保护膜上标注了某卫厨科技公司的注册商标，而公证书并没有反映出该保护膜被擅自揭去的事实；（4）杨某系某卫厨科技公司的经销商，其在某卫厨科技公司的合法授权下使用"AUPU奥普"商标，所销售的产品来源合法，杨某尽到了必要的审查和注意义务；（5）某新能源公司和某电器公司在起诉状中所主张的损害事实不成立。综上，杨某认为某新能源公司和某电器公司在起诉状中所陈述的侵权事实和损害赔偿的事实均不成立，请求法院驳回其诉讼请求。

某卫厨科技公司一审辩称：（1）某电器公司不是本案适格原告，某电器公司经两次授权取得商标使用权，但不是排他被许可人，故不享有注册商标专用权；（2）在本案诉讼之前，某卫厨科技公司已对本案某新能源公司主张保护的商标向商标评审委员会申请了争议撤销，故本案应中止审理，待商标评审委员会作出有效裁定之后再恢复审理；（3）浴顶扣板并非独立意义上的产品，一般与电器产品搭配销售，杨某门店以经销奥普浴霸为主，故相关消费者不会将某卫厨科技公司的扣板误认为是某新能源公司的产品；（4）某新能源公司主张保护的商标核定使用商品为第6类中的金属建筑材料，被控侵权商标的使用商品与金属建筑材料不同，某卫厨科技公司使用被控侵权商标是合法合理使用；（5）某电器公司和某新能源公司未能提供证据对某新能源公司主张保护的商标进行宣传和商业性使用的情况加以证实，故某新能源公司和某电器公司提出的损害赔偿没有事实和法律依据。

➲ 一审法院查明的事实

2002年，商标局核准注册涉案商标，商标注册号为1737××1，核定使用商品为第6类，包括金属毛巾架、金属固定毛巾分配器、金属建筑材料、家具用金属附件、金属锁（非电）、五金家具、窗用金属附件、钉子、保险柜和金属箱，注册有效期自2002年3月28日起至2012年3月27日止。后某新能源公司受让成为该商标专用权人。2009年11月17日，商标局备案号为200917××5的商标使用许可合同备案通知书载明：某新能源公司许可某（中国）投资有限公司使用第1737××1号商标，许可期限为2009年11月1日至2012年3月27日。2009年12月12日，某（中国）投资有限公司与某电器公司签订商标使用许可合同，约定某（中国）投资有限公司许可某电器公司使用第1737××1号商标。

杭州某照明器材有限公司（以下简称某照明公司）经核准注册"奥普"商标，注册号为730××9，核定使用商品为第11类：照明器材、取暖器、排气扇、照明、取暖、排风一体机。1998年6月28日，某照明公司经核准注册"奥普"商标，注册号为1187××9，核定使用商品为第11类：热气沐浴装置、浴用加热器、沐浴单间等。

某照明公司后更名为某某电器公司。2001年6月，"奥普"注册商标被评为杭州市著名商标。2002年3月，使用在浴霸通风扇上的商标被评为浙江省著名商标。2004年1月，某某电器公司的某企业商号被认定为浙江省知名商号。2002年7月7日，某照明公司经核准注册"AUPU"商标，注册号为1803××2，核定使用商品为第11类：冰箱、厨房炉灶、排气风扇、取暖器、浴室装置等。2005年1月，某某电器公司使用在11类浴霸、通风扇上的商标被认定为浙江省著名商标。2005年9月8日，湖北省武汉市中级人民法院（2005）武知初字第25号民事判决书认定某某电器公司注册并使用在第11类商品上的"奥普"商标为驰名商标。

2004年3月21日，某某电器公司经核准注册"奥普"商标，注册号为3338××2，核定使用商品为第6类。2006年12月21日，某某电器公司经核准注册取得"AUPU"商标，注册号为4217××2，核定使用商品为第6类：非电气金属缆绳等。2009年4月14日，某某电器公司经核准注册"1+N"商标，注册号为5244××1，核定使用商品为第6类：铝、金属隔板（建筑）等。2009年5月25日，某某电器公司与某卫厨科技公司签订商标使用许可合同，约定某某电器公司将5244××1号商标许可某卫厨科技公司使用。2009年8月21日，某某电器公司经核准注册商标，注册号为5244××2，核定使用商品同5244××1号注册商标。

2008年4月29日，某某电器公司与某卫厨科技公司签订商标使用许可合同，约定某某电器公司将注册号为730××9、1187××9、1803××2、3338××2、4217××2的商标许可某卫厨科技公司使用。

⊃ 一审法院判决理由与裁判结果

一审法院认为，争议焦点如下：一是本案是否应当中止诉讼；二是被控侵权产品上所标注的"AUPU 奥普"是否用于标识金属建筑材料商品；三是被控侵权行为是否侵害某新能源公司的注册商标专用权；四是在构成侵权的情况下，杨某和某卫厨科技公司如何承担侵权责任。

一审法院认为，某电器公司作为涉案注册商标的被许可使用人，与某新能源公司一起提起诉讼，应视为得到授权，其与某新能源公司一并作为原告提起诉讼符合法律规定。某卫厨科技公司在被控侵权产品上标注"AUPU 奥普®"的行为，应当视为商标使用。集成吊顶是一种包含电器和金属建筑材料的组合体，其所集成的商品各有其商品类别归属的，应当分别归于其所属类别，故对某卫厨科技公司该项抗辩，不予支持。关于某卫厨科技公司提出的涉案金属扣板属于注册商标分类中第6类中金属半加工制品的观点，没有依据，不能成立。被控侵权商品属金属建筑材料，属某新能源公司涉案注册商标的核定使用商品范围内。综合考量其文字的字形、读音、含义或者图形的构图及颜色或者各要素组合后的整体结构。本案中，某卫厨科技公司在金属扣板产品上显著标注了"AUPU 奥普"标识，与涉案注册商标相比，其中的汉字"奥普"完全相同，英文字母"AUPU"与涉案注册商标中的"aopu"仅一个字母之差，从商标呼叫功能判断，均为"奥普"，读音相同；从字形来看，"AUPU 奥普"与两者应属于近似，以一般消费者的注意力往往容易造成混淆和误认，故杨某和某卫厨科技公司在金属扣板商品上使用"AUPU 奥普 ®"商标标识的行为构成对某新能源公司涉案注册商标专用权的侵犯。一审法院对杨某系经销商并有合法来源的抗辩予以采信。杨某依法应当承担停止销售侵权商品但免除赔偿损失的民事责任。某卫厨科技公司的赔偿责任依法酌定。

一审法院判决：一、杨某和某卫厨科技公司立即停止侵犯涉案注册商标专用权的行为；二、某卫厨科技公司赔偿某新能源公司和某电器公司损失人民币 10 万元，于判决生效之日起 15 日内履行完毕；三、某卫厨科技公司就本案所涉侵犯注册商标专用权事项在《中国消费者报》刊登启事一次，消除影响；四、驳回某新能源公司和某电器公司的其他诉讼请求。如果未按判决指定的期间履行给付金钱义务，应当依照《民事诉讼法》第 229 条之规定，加倍支付迟延履行期间的债务利息。一审案件受理费 47 040 元，由某新能源公司和某电器公司承担 38 240 元，某卫厨科技公司承担 8800 元。

➲ 上诉主张及理由

某新能源公司和某电器公司上诉并答辩称：一审判决有关商标侵权认定，以及停止侵权、消除影响的判决部分事实认定及适用法律正确，但是赔偿责任部分，适用法律不当，理由如下：（1）某新能源公司和某电器公司所提供的证据足以证明其曾就某卫厨科技公司的商标侵权行为进行行政投诉，南京市工商行政管理机关也已责令某卫厨科技公司改正。但某卫厨科技公司仍然继续实施并扩大侵权行为，主观恶意明显，属于故意侵权。（2）某卫厨科技公司侵权时间长，销售范围广，侵权获利巨大，给某新能源公司和某电器公司造成了严重的损失。故请求依法改判支持某新能源公司和某电器公司关于损害赔偿的诉讼请求；一审、二审诉讼费用均由某卫厨科技公司承担。

某卫厨科技公司和杨某上诉并答辩称：（1）被控侵权商标的使用不会造成相关公众的混淆误认，系合理、合法地使用，因此某卫厨科技公司和杨某的行为并不构成商标侵权。（2）判决某卫厨科技公司和杨某承担损害赔偿和消除影响的法律责任没有事实基础，某卫厨科技公司和杨某并未侵害某新能源公司和某电器公司的商标权，也未造成损害或影响其商誉。请求依法撤销原审判决，并判决依法驳回某新能源公司和某电器公司的所有诉讼请求，或者将本案发回重审。

⊃ 二审法院查明的事实

二审查明的主要事实与一审一致。

⊃ 二审法院判决理由与裁判结果

二审争议焦点如下：（1）某卫厨科技公司与杨某是否侵害某新能源公司的商标专用权；（2）如果侵权，一审认定的民事责任是否适当。

二审法院认为：（1）某卫厨科技公司在其生产和销售的金属吊顶扣板使用"AUPU 奥普"标识的行为、杨某销售使用"AUPU 奥普"标识的金属吊顶扣板的行为构成对某新能源公司涉案注册商标专用权的侵犯，其应当承担相应的民事责任。（2）一审判决确定的赔偿额过低。

二审法院判决：一、维持江苏省苏州市中级人民法院（2010）苏中知民初字第 0312 号民事判决第一项、第三项；二、变更江苏省苏州市中级人民法院（2010）苏中知民初字第 0312 号民事判决第二项为某卫厨科技公司赔偿某新能源公司损失人民币 30 万元，于本判决生效之日起 15 日内履行完毕；三、变更江苏省苏州市中级人民法院（2010）苏中知民初字第 0312 号民事判决第四项为驳回某新能源公司的其他诉讼请求；四、驳回某卫厨科技公司和杨某的上诉。

⊃ 再审主张及理由

某卫厨科技公司向法院申请再审称：（1）一审、二审判决认定侵权的基本事实缺乏证据证明。（2）二审法院判令某卫厨科技公司赔偿某新能源公司30 万元损失并刊登启事消除影响是错误的。（3）某新能源公司对涉案商标的使用亦会造成相关公众对商品来源的误认。（4）一审、二审判决侵害了某某电器公司的合法权益。某卫厨科技公司请求法院撤销一审、二审判决，提审本案并依法驳回某新能源公司的诉讼请求，判决禁止某新能源公司使用其所有的注册商标中的"奥普"文字。2016 年 5 月 31 日，某卫厨科技公司向法院书面申请放弃再审请求事项的第三项，即"判决禁止某新能源公司使用其涉案商标中的'奥普'文字"。并补充意见认为，被诉侵权标识与涉案商标核定使用商品不同，标识区别明显，二者均可以合法使用。

某新能源公司请求法院依法驳回某卫厨科技公司的再审申请。

➲ 再审法院查明的事实

再审审查及提审过程中，某卫厨科技公司补充提交了 17 组证据材料。某卫厨科技公司提交的《类似商品和服务区分表》《国家计委、财政部关于商标业务收费标准的通知》等共 74 页、《家用和类似用途多功能吊顶装置》《金属及金属复合材料吊顶板》等国家标准，用以证明金属吊顶板的定义，系国家有关部门的文件资料，法院对其真实性予以确认，在本案中具有参考作用。部分法院裁判文书复印件等材料共 63 页、商评字（2015）第 48255 号裁定书、商评驰字（2015）22 号通报、（2015）商标异字第 9493 号决定书为部分法院裁判文书及商标行政审查程序的相关文书，在本案中具有参考作用。

再查明，北京市第二中级人民法院于 2011 年 12 月 20 日作出的（2011）二中民初字第 18727 号判决中有相关认定。

➲ 再审法院判决理由与裁判结果

本案的争议焦点问题是二审判决认定某卫厨科技公司、杨某的行为构成侵害某新能源公司的注册商标专用权，并判决奥普公司承担赔偿经济损失和消除影响的民事责任是否正确。

首先，关于某新能源公司在本案中主张权利的基础。基于知识产权保护激励创新的目的和比例原则，知识产权的保护范围和强度要与特定知识产权的创新和贡献程度相适应。只有使保护范围、强度与创新贡献相适应、相匹配，才能真正激励创新、鼓励创造，才符合比例原则的要求。对于商标权的保护强度，应当与其应有的显著性和知名度相适应。具体到本案而言，涉案商标由中文文字和拼音两部分组成，其中的中文文字"奥普"为臆造词，具有较强的固有显著性，且与某某电器公司、某卫厨科技公司的商号完全一致。根据原审法院查明的事实，"奥普"文字商标早在 1995 年就已由某卫厨科技公司的关联企业核准注册在第 11 类商品之上。2001 年 6 月，"奥普"商标已经被评为杭州市著名商标。此后，"奥普"商号被认定为浙江省知名商号，"奥普"系列商标先后被评为浙江省著名商标，并被司法裁判认定为驰名商标。因此，至涉案商标申请日之前，经某某电器公司、某卫厨科技公司及其关联企业的使用，"奥普"系列商标已经在与涉案商标核定使用的"金属建筑材料"商品关联程度很高的浴霸等电器商品上具有了较高的知名度。而与此相比，某新能源公司在受让涉案商标后，主要是通过许可某电器公司使用的方式对涉案商标进行使用。但本案证据显示，某电器公司在对涉案商标进行使用的过程中，多次因不规范使用或突出使用"奥普"文字等行为，受到工商行政管理部门的处罚或被司法机关认定为不正当竞争行为，而其商誉攀附的对象，正是在市场中已经具有较高知名度的某某电器产品。作为对某电器公司的使用行为负有监督职责，且与某电器公司作为共同原告提起本案诉讼的某新能源公司，对某电器公司的上述行为应当是清楚的。因此，某新能源公司在本案中并未提交证据证明，其已经通过正当的使用行为，使涉案商标产生了足以受到法律保护的显著性和知名度。由此可见，涉案商标中的"奥普"文字的显著性和知名度，实际上源于某卫厨科技公司及其关联企业的使用行为。涉案商标虽然在"金属建筑材料"上享有注册商标专用权，但对该权利的保护范围和保护强度，应当与某新能源公司对该商标的显著性和知名度所作出的贡献相符。

其次，关于被诉侵权标识的使用方式是否会导致市场混淆的后果。根据原审法院查明的事实，从某某电器公司享有在先权利的情况来看，除在第 11 类"浴室装置"等商品上拥有的"奥普"及"AUPU"注册商标之外，某某电器公司在第 6 类"建筑用金属板、金属隔板（建筑）"上还拥有"1+N""1+N 浴顶"注册商标，在第 11 类"浴室装置"等商品上拥有"1+N""1+N 浴顶""浴顶"等注册商标。上述商标的核准注册日期均早于本案被诉侵权行为发生的时间。从被诉侵权产品的销售场所来看，某新能源公司公证购买被诉侵权产品的行为发生在某卫厨科技公司经销商的门店之中。在该门店的招牌上，以突出的方式使用了"奥普"及"1+N 浴顶"字样。从被诉侵权产品对标识的使用情况来看，在被诉侵权产品的外包装上，除标注有"产品名称：普通扣板"之外，还清晰地标明了生产商某卫厨科技公司企业名称的全称、"1+N 浴顶"、"浴顶"的商标图样。在拆开外包装后，可看到扣板侧面同时标注有"AUPU 奥普 ®""1+N 浴顶"以及某卫厨科技公司企业名称的全称。由此可见，被诉侵权产品的销售地点为某卫厨科技公司的正规销售门店，该门店之上突出标注了某卫厨科技公司的字号及注册商标。被诉侵权产品的外包装和产品本身均清晰标注了某卫厨科技公司企业名称的全称及某某电器公司在第 6 类商品上拥有的"1+N 浴顶"等其他注册商标，据此，一般消费者凭借某卫厨科技公司在销售场所和被诉侵权商品上标注的上述信息，已足以实现对商品来源的清晰区分，不会导致误认被诉侵权产品源于某新能源公司的结果，也不会产生攀附某新能源公司对涉案商标享有的商业信誉的损害后果。需指出的是，商标法所要保护的，是商标所具有的识别和区分商品及服务来源的功能，而并非仅以注册行为所固化的商标标识本身。因此，商标标识本身的近似不是认定侵权行为是否成立的决定性因素，如果使用行为并未损害涉案商标的识别和区分功能，亦未因此而导致市场混淆的后果，该种使用行为就不在商标法所禁止的范围之内。据此，某卫厨科技公司使用被诉侵权标识的行为不构成对涉案商标权的侵害，在此基础上，杨某销售被诉侵权产品的行为亦不构成侵权行为。

最高人民法院判决：一、撤销江苏省高级人民法院（2011）苏知民终字第 0143 号民事判决；二、撤销江苏省苏州市中级人民法院（2010）苏中知民初字第 0312 号民事判决；三、驳回某新能源公司的全部诉讼请求。本案一审案件受理费 47 040 元，二审案件受理费 47 040 元，均由某新能源公司负担。

○ 判解与学理研究

在商标侵权的判断上，不能以商标标志的近似为唯一要素判断混淆与否，而应以其识别和区分功能是否被破坏为基础进行判断。本案涉及驰名商标跨类保护与商标反向混淆的应用边界问题。本案二审判决书并未明确使用"反向混淆"，但案件情况符合反向混淆的构成要件，法院认为，某卫厨科技公司使用"AUPU 奥普"标识的行为侵犯了某新能源公司的注册商标权，但是这一判断最后被最高人民法院推翻，最高人民法院基于商标权保护强度和商标实际使用情况，认定某卫厨科技公司未侵犯某新能源公司的商标权。

一、驰名商标跨类保护与商标反向混淆

驰名商标的跨类保护是商标法的规定，基于驰名商标的知名度和消费者的信赖利益，保护驰名商标在非注册类别商品或者服务方面的关联性和影响力，能够保持市场秩序的稳定，鼓励商标权人正确使用商标，打击恶意注册行为。但是，驰名商标跨类保护应用不当的话，会挤占小企业的市场，可能会产生商标反向混淆的后果。因此，是保护驰名商标的影响力，还是保护中小企业的合法商标利益，是本案所反映的深层次问题，即驰名商标跨类保护和商标反向混淆互为反对关系，需要明确通过什么方式判别驰名商标跨类保护与商标反向混淆各自的边界。驰名商标跨类保护的理论比较常见，在本文中主要针对反向混淆理论及其与驰名商标跨类保护的关系进行分析。

反向混淆理论的发展并非一帆风顺。1918 年美国霍姆斯大法官在国际新闻一案中指出假冒造成方向相反的错误同样应受到谴责，[①] 这是反向混淆理论的最初来源。1968 年美国第七巡回法院在福特公司与西部汽车公司关于野马商标的侵权问题上作出了不利于商标权人的判决。直到 1977 年轮胎案，反向混淆才被确立为商标侵权。[②] 但是，根据不同的案件情况，能否认定为反向混淆、构成反向混淆是否需要承担侵权责任、承担何种程度的侵权责任，这些问题仍然是有争议的。

学界也有很多反对的声音，认为反向混淆不属于混淆。理由是反向混淆欠缺成熟的理论基础，规制商标反向混淆可能引发大规模的商标恶意抢注风潮。[③] 因为混淆的一般理论是激励理论，通过经营者诚信经营、勤勉地使用商标，在市场中获得商誉，对于商誉和合法收益的法律保护激励着经营者注册、使用商标，从而促进市场经济的发展。但是如果法院支持规制反向混淆，可能导致未使用或者较少使用的商标获得过分保护，限制了其他经营者使用相应标志的权利，并使商标注册成为圈占资源的手段，抢注商标后可以通过寻租式诉讼、绑架式许可获得高额赔偿款或者许可使用费，违背了商标法立法目的，破坏市场公平竞争秩序。这里涉及的利益就反映了对驰名商标的影响力的关注。控诉侵权的商标权人往往是名不见经传的小规模企业甚至个人，知名度极低甚至没有知名度，因此认为其商标权与大规模的知名度高的企业带来的社会效益相比，不值得保护。

从财产权理论和注册商标制度出发，商标本身就是值得保护的财产。其实无须讨论小企业商标反映的财产价值是否值得保护，因为商标权本身就值得保护，这是对授权机制的尊重，以维护商标权体系所形成的秩序。认为商标缺乏知名度而不值得保护的理解太过功利，违反商标法立法目的，破坏现有商标体系。经营者或者商标的知名度不是考察商标是否值得保护的因素，只是影响商标权保护的力度和水平。至于是否会产生恶意诉讼或者商标敲诈，在法律政策和司法判定上本身就有相应的规制机制，比如商标连续三年未使用的撤销制度、恶意注册商标的判定规则、赔偿数额的计算方法等。另外，以激励理论定义混淆制度的目的具有局限性，因为物质激励只能影响商标权人的动机，而具体市场主体的行为是根据实际经营情况以及对于风险与收益的把控决定的。

---

① See International News Servicev.Associated Press.

② See Big OTire Dealers，Incv.Goodyear Tire & Rubber Co.

③ 参见李扬：《法政策学视点下的知识产权法》，知识产权出版社 2017 年版，第 439~444 页。

二、驰名商标与反向混淆中的利益平衡机制

根据通说，反向混淆是一种商标侵权方式。认定反向混淆的性质为混淆侵权并对之进行规制存在其正当性与合理性。

首先，反向混淆影响了商标权的正常行使。商标权人的商品由于在市场中受到标志在后使用人的干扰，使商标功能减弱或者丧失，消费者错误联系之后，甚至可能认为是商标权人在恶意"搭便车"，使其商誉下降。如果商标权人无法制止他人的反向混淆行为，除非投入更多宣传，否则很难再次恢复其商标和商誉的独立性，极易丧失开拓市场的机会。

其次，反向混淆损害消费者利益。商标失去自身功能后，消费者产生混淆，无法得到真实有效的商品信息，容易作出违反消费者真实意愿的购买决定。消费者的知情权等合法权益受到损害，市场秩序的安定也不复存在。

再次，反向混淆破坏注册商标制度。商标注册制度存在的价值就是防止其他竞争者通过使用商标权人的商标而获取利益或者损害商标权人的行为发生。反向混淆使商标注册的效果减弱甚至失去意义，这会导致市场主体不愿意再进行商标注册，而更愿意通过使用或者加大宣传的方式更好获得法律保护，但这对于刚刚加入市场竞争的小企业或者市场规模较小的企业来说是无法做到的，为此可能失去商标和竞争力而被市场淘汰，最终导致市场被个别大企业垄断。另外，只认可正向混淆构成侵权而否认反向混淆构成侵权，就如同只保护获得显著性的注册商标而不保护固有显著性的注册商标一样不合理。商标使用可以使商标价值提升，但并非只有在市场上使用并获得成功的商标才能受到法律保护。商标注册制度的意义就在于管理市场并提供法律保护。

最后，反向混淆认定侵权与正向混淆相比，同样符合商标法的立法目的。正向混淆侧重保护通过诚信经营获得的商誉，打击市场竞争中的"搭便车"行为；反向混淆侧重保护商标权本身不受侵犯，为企业经营发展留下成长空间，为商誉的建立扫清障碍。两者的共同点均是维护商标功能和价值，维持市场公平竞争秩序。认可反向混淆理论，改变对于小企业总是企图盗窃大企业商誉的刻板印象，对小企业温柔相待，尊重小企业产品服务的独立性，鼓励小企业依靠自身实力提升商标价值。况且，考虑到经营理念的差异和冲突，小企业并非与大企业挂钩就一定会获利。

通过对反向混淆性质、构成要件、法律责任承担情况的分析，可以发现反向混淆一方面涉及商标权人的利益，另一方面涉及其他经营者的公平竞争的

利益，尤其是驰名商标权人的利益，还有消费者的利益。因此，反向混淆制度的设计与司法判定方式就是在构建一种利益平衡机制。

从经济学视角看，反向混淆的商标使用行为具有外部性。在后使用者通过大规模宣传、使用行为，使在前商标权人的商标名气大增，可能使其产品购买数量增多，属于正外部性；但同时阻碍了在先使用人对商标的控制和管理，造成负外部性。由于这种外部性触碰到了商标权保护的边界，因此，如何判定商标权保护范围和保护程度，需要平衡各方利益。法院在驰名商标的跨类保护和反向混淆问题上，要小心判断和求证，谨慎确定法律责任，方能达到各方利益平衡，实现公平正义。

三、案例分析与推演

结合本案具体情况，二审法院认定反向混淆的反面就是最高人民法院再审判决中驰名商标的跨类保护，接下来本文对判决结果进行分析。构成反向混淆的要件较一般正向混淆而言，主要有以下四点：

第一，一方拥有一定保护强度的注册商标专用权。这是反向混淆认定的基础，但需要注意，商标权不仅涉及有无的问题，还涉及保护强度的问题。虽然本案中某新能源公司关于涉案商标在特定商品类别"金属建筑材料"上享有商标权，但最高人民法院认为，对该权利的保护范围和保护强度，应当与某新能源公司对该商标的显著性和知名度所作出的贡献相匹配。涉案商标由中文文字和拼音两部分组成，其中的中文"奥普"为臆造词，具有较强的固有显著性，且与某某电器公司、某卫厨科技公司的商号完全一致。而某卫厨科技公司的"奥普"文字商标注册时间早，且知名度高，多次被评为或者认定为驰名商标。而与此相比，某新能源公司在受让涉案商标后，主要通过许可某电器公司使用的方式对涉案商标进行使用。

第二，拥有商标的一方的商标知名度较低，一般为小企业或者个人，市场影响力弱于在后使用商标的另一方，一般为大企业。这是反向混淆最本质的特征，也是消费者发生误认的最主要原因。而大企业铺天盖地的广告宣传、促销活动是消费者购物信息的重要来源。本案中，与涉案商标相比，某卫厨科技公司在电器这个品类上的"奥普"注册商标具有较高的知名度。

第三，消费者存在实际混淆或者混淆可能性，认为小企业的商品源于大企业或者与大企业有联系。需要注意的是，混淆性近似和混淆可能性是两个不同的概念。前者是指商标本身存在物理上直观的近似性；后者是指商标使用行为有导致消费者混淆商品来源的可能。仅构成近似商标并不代表可能导致消费者混淆商品来源，一般不具有竞争关系、商品类别差异较大的商标的混淆可能性较小。二审法院指出，消费者将某卫厨科技公司被控金属扣板弄错源于某新能源公司的可能性较小，但将某新能源公司生产销售的金属扣板弄错源于某卫厨科技公司或认为有关联可能性较大。但是最高人民法院认为，某卫厨科技公司享有在先权利，包括多个在先注册商标，并且，从被诉侵权产品的销售场所、对标识的使用情况来看，被诉侵权产品的销售地点为某卫厨科技公司的依法合规授权的销售门店，在门店及被诉侵权产品的外包装和产品本身这三个最直观的宣传之处均明确标注了某卫厨科技公司企业名称的全称及其他注册商标。据此，普通消费者很容易依据某卫厨科技公司在销售场所和被诉侵权商品上标注的上述信息，已足以实现对商品来源的清晰明确的区分，不会导致误认被诉侵权产品源于某新能源公司的后果。

第四，被诉侵权方存在不当的商标性使用行为。本案特殊之处在于，随着集成吊顶技术的出现，双方分别在不同类别的商品上拥有涉及"奥普"文字的注册商标，各自不规范使用的结果，引发了相对恶性的市场竞争，同时亦已引发了系列诉讼。

另外，同正向混淆一样，反向混淆还需要判断损害后果和行为与后果之间的因果关系。对于损害后果而言，反向混淆破坏商标功能，影响商标权的行使，剥夺商标权人的市场机会，甚至可能被"误伤"而商誉下降。二审法院认为，在本案中，某卫厨科技公司明知其使用的商标标识与涉案商标存在近似，依然在其生产和销售的相同、类似商品金属扣板上予以使用，构成商标侵权，会减弱乃至磨灭涉案注册商标在消费者心目中的影响，该行为妨碍某新能源公司合法行使涉案商标专用权，对其合法利益造成损害。最高人民法院则持相关观点，认为某卫厨科技公司不会产生攀附某新能源公司对涉案商标享有的商业信誉的损害后果。

故根据最高人民法院审理本案时产生的新证据和对于某新能源公司商标使用行为的重新认定，实际上是作出对于本案不符合商标反向混淆的构成要件、不属于商标反向混淆的范畴的判断，驳回了某新能源公司的全部诉讼请求。

三、结论

反向混淆制度能够为在先不知名中小企业的商标专用权提供一定程度的保护，因此，需要平衡驰名商标保护与反向混淆制度之间的利益关系。最高人民法院推翻商标反向混淆认定，基于商标权保护强度和商标实际使用情况，指出某卫厨科技公司未侵犯某新能源公司的商标权。某新能源公司的商标注册在一类与某卫厨科技公司知名商标核定使用商品相关的商品上，且是通过许可他人的方式使用，本身知名度不高，并且被许可人还存在不规范使用商标的情况，在另案中构成攀附某卫厨科技公司商誉的不正当竞争。最高人民法院考虑到知识产权保护激励创新的目的和比例原则，并分析某卫厨科技公司使用情况，指出不会发生市场混淆，故判定不构成反向侵权。

成语商标的侵权判定

——曹某与云南某茶公司侵害商标权纠纷案

/ 郭雅菲

⊃ 本案要旨

成语商标的保护力度与普通商标无差异。繁体字版成语，若其在注册指定商品范围内具有显著性，相关公众可用以识别商品来源。被控侵权商品使用简体字版本的该文字作为商品包装装潢，读音和字义是相同的，和涉案商标构成近似，使用在同一种商品上易使相关公众产生混淆，构成商标侵权。成语商标的成语部分是最具显著性的部分，他人未经许可不得将该成语使用在同类或者类似的商品上，否则构成侵权，无论其自身商标是否知名，也无论这个成语是否十分常见。

⊃ 案件信息

申请人（一审原告、二审被上诉人）：曹某

被申请人（一审被告、二审上诉人）：云南某茶公司

案号：云南省昆明市中级人民法院（2016）云01民初246号、云南省高级人民法院（2016）云民终738号、最高人民法院（2017）最高法民再273号

⊃ 原被告主张及理由

原告曹某诉称：（1）被告立即停止对原告享有的第5492××7号第30类注册商标"金戈铁马"商标专用权的侵害，停止销售标有"金戈铁马"字样的所有侵权产品；（2）被告在省级媒体（报纸或电台）刊登声明公开道歉、消除影响；（3）被告赔偿原告损失1 260 000元；（4）被告赔偿原告律师代理费及其他合理费用共计63 990元；（5）本案诉讼费由被告承担。事实和理由如下：2015年2月，原告发现被告在昆明各茶叶市场的某茶专卖店均有出售名为

"金戈铁马"字样的茶叶。被告在互联网上也销售在包装上印有"金戈铁马"字样的茶叶。被告品鉴活动共计发售 252 000 饼印有"金戈铁马"的茶饼。被告的行为严重侵害了原告享有的"金戈铁马"注册商标专用权。

被告云南某茶公司答辩称：（1）"金戈铁马"一词源于《新五代史·李袭吉传》，是我国传统的成语，"金戈铁马"一词不是原告独创，而是我国传统文化的一部分，因而原告的注册商标缺乏显著性，原告不能禁止他人合理使用。（2）经过被告对市场的调查以及对原告担任法定代表人的某金戈铁马茶业有限公司网站的搜索，并未发现市场上有"金戈铁马"茶叶的商品在销售，也未在原告的公司网站上发现对"金戈铁马"品牌的商品宣传。因此，被告认为原告的注册商标缺乏知名度。请求法院驳回原告的全部诉讼请求。

⊃ 法院查明的事实

一审法院查明：2009 年 6 月 14 日，原告曹某注册取得第 5492××7 号注册商标，该商标系文字与图形组合商标，文字"金戈铁马"系横向排列繁体中文，在"金戈铁马"文字下面有一个树叶的图案。该商标核定使用商品为第 30 类：茶；蜂蜜；糖；咖啡；谷类制品；面粉制品；糕点；调味品；膨化水果片、蔬菜片；食用淀粉产品，注册有效期限为 2009 年 6 月 14 日至 2019 年 6 月 13 日。被告云南某茶公司分别于 2010 年 1 月 21 日、2014 年 9 月 7 日通过注册取得第 6209××2 号、第 12201××4 号注册商标，该两项商标分别为文字"松鹤延年"＋圆形＋鹤的图案组成的组合商标和"下关沱茶"文字商标，该两项商标核定使用商品均为包括茶在内的第 30 类商品。

2014 年，被告在其生产的金印系列产品包装上使用了"甲午金戈铁马铁饼"字样，字体为简体字，其中"甲午"及"铁饼"字体较小，而"金戈铁马"四字字体较大，且位于茶饼外包装及内包装的显著位置，在"金戈铁马"四字旁边还配有一匹呈现奔跑状态马的图案。同时，被告在其生产的上述茶饼的内、外包装上均标注有"松鹤延年"注册商标和"下关沱茶"字样，并在内、外包装上标注有被告云南某茶公司名称。2015 年 2 月，原告的委托代理人王某波曾向被告发出《律师函》。

二审法院查明：曹某向一审法院提交的商标局于 2015 年 12 月 4 日出具的《关于第 5492××7 号第 30 类"金戈铁马"注册商标连续三年不使用撤销申请的决定》可以证明，2015 年 3 月 13 日，案外人韩某国就以曹某的涉案商标连续三年不使用为由，向商标局申请撤销。商标局经审查认为，曹某提交的商标使用证据有效，能够证明涉案商标在 2012 年 3 月 13 日至 2015 年 3 月 12 日被使用，韩某国关于涉案商标连续三年未使用的理由不能成立，并据此驳回了韩某国的撤销申请。本院认为，商标局的上述认定已经证明涉案商标自 2012 年 3 月 13 日至 2015 年 3 月 12 日被使用，云南某茶公司关于涉案商标自本案起诉前三年，即 2013 年 2 月 23 日至 2016 年 2 月 22 日未使用的抗辩不成立。

○ 法院判决理由与裁判结果

一、一审法院

一审法院认为：根据《商标法》第 48 条规定，识别性是商标的基本特性。本案被告使用"甲午金戈铁马铁饼"标志系使用在被控侵权商品的内、外包装上，并配以一匹呈现奔跑状态马的图案，同时在被控侵权商品内、外包装上均标注有"松鹤延年"注册商标和"下关沱茶"字样，因此，被告的使用仅是作为商品装潢的使用，并不是商标性使用。经审查，原告第 5492××7 号注册商标核定使用商品为第 30 类，包括茶、蜂蜜、糖、咖啡等，而被控侵权商品为茶类，与原告的注册商标核定使用商品属于同种商品。同时，将被告使用的标志与原告注册商标进行视觉效果比对，从商标的构成要素来看，原告的注册商标系文字与图形组合商标，文字"金戈铁马"系横向排列繁体中文，在"金戈铁马"文字下面有一个树叶的图案；而被告使用的"金戈铁马"字样为简体中文，且并未使用树叶的图案，故原告注册商标与被告使用的标志不相同。但两者构成要素中存在一定的相似要素，被告虽然主张其对"甲午金戈铁马铁饼"标志系整体使用，但经审查"甲午"及"铁饼"字体较小，而"金戈铁马"四字字体较大，而且位于茶饼外包装及内包装的显著位置，且原告虽是文字与图形组合商标，但该文字"金戈铁马"在原告注册商标构成元素中更为显著，而被告突出使用"金戈铁马"四字，虽然字体不一样，但读音和字义是相同的，故而两者构成近似。

然而视觉效果上存在相似要素，并不必然导致侵权成立，根据《商标法实施条例》第 76 条的规定，在认定是否容易导致混淆、误导公众时，除了考虑近似因素之外，还应当根据主张权利的商标和被诉侵权的标志的实际使用状况、使用历史、相关公众的认知状态等因素综合予以判定。本案中，首先，原告早于 2009 年 6 月 14 日就已经注册了第 5492××7 号"金戈铁马"注册商标，而被告的"松鹤延年"和"下关沱茶"商标，分别注册于 2010 年、2014

年，均晚于原告商标注册时间；其次，原告于 2009 年 8 月 16 日许可某金戈铁马茶业有限公司使用其注册商标，而被告生产被控侵权商品系 2014 年，也晚于原告注册商标的使用时间；最后，某金戈铁马茶业有限公司在多款茶叶上使用了第 5492××7 号"金戈铁马"注册商标，并已形成了一定的市场份额，具有一定的消费群体，被告在被控侵权商品上突出使用"金戈铁马"标志，容易使相关公众产生混淆、误导。综上，被告在同一种商品上使用与原告涉案注册商标近似的标志作为商品装潢使用，误导公众，且该使用行为未经原告许可，故侵犯了原告商标专用权。

综上，一审法院判决：一、云南某某公司立即停止销售标有"金戈铁马"标志的侵权商品；二、云南某某公司于判决生效后 10 日内赔偿曹某经济损失 20 万元；三、驳回曹某的其他诉讼请求。

二、二审法院

云南某茶公司不服一审判决，上诉请求：（1）依法撤销昆明市中级人民法院（2016）云 01 民初 246 号民事判决第一项、第二项；（2）由曹某承担本案全部诉讼费用。事实和理由如下：（1）曹某是以云南某茶公司在 2014 年生产的金印系列产品"甲午金戈铁马铁饼"的包装上使用了与曹某的第 5492××7 号"金戈铁马"商标完全相同的标识而认为云南某茶公司构成侵权，但一审只认定二者构成近似而非相同，并在此基础上认定云南某茶公司侵权，此举违反了"不告不理"的原则。（2）云南某茶公司在其"甲午金戈铁马铁饼"产品上的显著位置以鲜明色彩标注了该公司自己的注册商标及生产厂家名称，且该商标本身就是著名商标，而曹某的商标缺乏显著性和知名度，相关公众不会把该公司的"甲午金戈铁马铁饼"产品的出处与曹某的注册商标所标识的产品的出处相混淆，也不会误导公众，云南某茶公司的"甲午金戈铁马铁饼"产品没有对曹某构成侵权。（3）即使云南某茶公司构成侵权，曹某也没有证据证实其在起诉前三年生产销售过其注册商标所标识的商品，云南某茶公司也无须赔偿曹某的经济损失。

二审法院认为：第一，关于一审判决是否违反"不告不理"原则，本案中，曹某以涉案商标"金戈铁马"权利人的身份，并以云南某茶公司的相关行为对该商标构成侵权为由提起了侵权诉讼并提出相关侵权责任的诉讼请求，一审法院根据本案具体情况和相关法律规定，以不同于曹某主张云南某茶公司侵权的理由认定云南某茶公司对曹某构成侵权，即以云南某茶公司的被控侵权商品的包装装潢所用标志与曹某的"金戈铁马"注册商标构成"近似"，而非曹某主张的"相同"为由，认定云南某茶公司构成侵权，这一认定并未超出曹某基于侵权指控而提出的诉讼请求。二审法院认为一审判决并未违反"不告不理"原则。第二，关于云南某茶公司是否对曹某享有的"金戈铁马"注册商标专用权实施侵权行为，一审是以云南某茶公司的被控侵权商品包装装潢使用的"金戈铁马"标志与曹某的"金戈铁马"涉案商标构成近似，并认为这种近似容易使相关公众将被控侵权商品与曹某的商标混淆，误导公众，故根据《商标法实施条例》第76条的规定，认定云南某茶公司构成侵权。而云南某茶公司认为被控侵权商品包装装潢上所使用的"金戈铁马"标志，与涉案商标"金戈铁马"既不相同，也不相似，而且也不会误导公众，因此不构成侵权。

具体到本案，首先，将被控侵权商品包装装潢上所使用的"金戈铁马"标志，与涉案商标"金戈铁马"相比，二者在读音和含义上没有区别，但在视觉效果方面存在以下区别：（1）排列上，前者的"金戈铁马"四字是竖向排列，而查阅了曹某向法院提交的其产品实物图片，发现涉案商标中的"金戈铁马"四字基本上是横向排列；（2）构图上，前者的主体画面是竖向的"金戈铁马"四字旁边有一匹奔马，后者则是横向的"金戈铁马"四字下面加一片树叶；（3）字形字体上，前者是简体字，后者则是繁体字，字形也有明显区别。根据上述比对的结果，二者虽然在读音和含义上相同，但由于涉案商标属于文字和图形组合商标，而且是印在商品包装上，对于相关公众而言，二者在视觉效果方面的区别造成的影响更大。换言之，二审法院认为二者在视觉方面存在的上述区别，能够抵消读音和含义相同可能造成的混淆或误导公众的后果。其次，从被控侵权商品的包装装潢整体来看，该包装上的"金戈铁马"四字虽然被放大突出，在装潢中也比较显著，但该标志只是用在了包装正面，外包装侧面和后面明确标注了云南某茶公司的公司名称、地址，而且正面左上角用显著的红色印有云南某茶公司自己的"下关沱茶"商标，因此，整体而言，相关公众从被控侵权商品包装装潢上，不会将被控侵权商品误认为是涉案商标的商品或者与该商品有特定联系。最后，从商标的知名度和显著性来看，云南某茶公司提交的一份"中华老字号"认定书可以证实，该公司在被控侵权商品上使用的"下关沱茶"商标，已经被商务部认定为"中华老字号"，而曹某没有提交任何证据，证明涉案商标除获得注册以外，还获得过其他能表示其知名度的国家权威机构的认证，二审法院由此推断，被控侵权商品上所使用的"下关沱茶"商标的知名度，远远高于涉案商标的知名度，被控侵权商品没有必要攀附涉案商标来提高自己的知名度，而且涉案商标所使用的"金戈铁马"四字，在文学作品中经常出现，相关公众即使注意到被控侵权商品上的这四个字，也不会将被控侵权商品当然地与涉案商标的商品联系在一起，更不会当然地误认为二者都是曹某或者曹某所授权的公司生产的商品。

综上，二审法院认为被控侵权商品包装装潢上所用的标志，与涉案商标既不相似，也不相同，更不会误导公众，云南某茶公司在其"金戈铁马"系列茶饼的包装装潢上使用"金戈铁马"标志，不属于《商标法》第57条第2项规定侵犯曹某注册商标专用权的行为。二审判决撤销一审判决，驳回曹某的全部诉讼请求。

三、再审法院

曹某申请再审称：（1）二审法院认为公众能够予以区别显然是错误的。（2）二审法院无视公众的一般判断能力和思维习惯，在一个商品包装装潢的正面显著位置使用显著"金戈铁马"标识，足以让公众认为此商品与"金戈铁马"的商标有密切联系甚至认为"金戈铁马"就是该商品的商标。（3）二审法院以商标知名度的大小来衡量受法律保护的程度违背法律面前人人平等的原则。

再审法院认为：根据《商标法》第57规定，本案中，曹某第5492××7号注册商标核定使用商品为第30类，包括茶、蜂蜜、糖、咖啡等，而被控侵权商品为茶类，与曹某的注册商标核定使用商品属于同种商品。同时，将云南某茶公司使用的标志与曹某注册商标进行视觉效果比对，从商标的构成要素来看，曹某的注册商标系文字与图形组合商标，文字"金戈铁马"系横向排列繁体中文，在"金戈铁马"文字下面有一个树叶的图案；而云南某茶公司使用的"金戈铁马"字样为简体中文，且并未使用树叶的图案，故曹某注册商标与云南某茶公司使用的标志不相同。但两者构成要素中存在一定相似要素，云南某茶公司虽然主张其对"甲午金戈铁马铁饼"标志系整体使用，但经审查，"甲午"及"铁饼"字体较小，而"金戈铁马"四字字体较大，而且位于茶饼外包装及内包装的显著位置。曹某的注册商标虽是文字与图形组合商标，但该文字"金戈铁马"在曹某注册商标构成元素中更为显著，而云南某茶公司突出使用"金戈铁马"四字，虽然字体不一样，但读音和字义是相同的，故而两者构成近似，使用在同一种茶叶商品上易使相关公众产生混淆。二审法院关于"被控侵权商品包装装潢上所用的标志，与涉案商标既不相似，也不相同，更不会误导公众"的认定有误，法院予以纠正。

此外，原审法院推断"被控侵权商品上所使用的下关沱茶商标的知名度，远远高于涉案商标的知名度，被控侵权商品没有必要攀附涉案商标来提高自己的知名度"。关于该推断，法院认为，首先，商标作为一种区分商品或者服务来源的标识，其基本属性是其标识性。"金戈铁马"虽然是文学作品中的常见词汇，但其注册使用在第30类茶、蜂蜜、糖、咖啡等商品上具有显著性，能够发挥识别商品来源的作用，曹某对该商标享有的注册商标权并不因该词汇常出现在文字作品中而与一般注册商标有所不同。其次，人民法院认定事实应当是在审查当事人提供证据的基础上进行审查判定，而非进行简单推断。即使根据案件优势证据需要对当事人的相关意图进行推断时，也须结合相关证据认定的事实进行。根据一审法院查明的事实，曹某于2009年6月14日就已经注册了第5492××7号"金戈铁马"注册商标，而云南某茶公司的"松鹤延年"（第6209××2号）和"下关沱茶"商标（第12201××4号），分别注册于2010年、2014年，均晚于原告商标注册时间；曹某于2009年8月16日许可某金戈铁马茶业有限公司使用其注册商标，而云南某茶公司生产被控侵权商品系2014年，也晚于曹某注册商标的使用时间；某金戈铁马茶业有限公司在多款茶叶上使用了第5492××7号"金戈铁马"注册商标，并已形成了一定的市场份额，具有一定的消费群体。在没有证据证明"下关沱茶"商标（第12201××4号）具有更高知名度的情况下，原审此推断并无事实依据。最后，即使下关沱茶商标较本案诉争商标具有更高的知名度，原审法院认定被诉侵权商品没有必要攀附涉案商标来提高自己的知名度虽有一定的可能性，但该推断忽视了注册商标作为一项标识性民事权利的权能和作用，其不仅有权禁止他人在相同类似商品上使用该注册商标标识，更有权使用其注册商标标识其商品或者服务，在相关公众中建立该商标标识与其商品来源的联系。相关公众是否会混淆误认，既包括将使用被诉侵权标识的商品误认为商标权人的商品或者与商标权人有某种联系，也包括将商标权人的商品误认为被诉侵权人的商品或者误认商标权人与被诉侵权人有某种联系，妨碍商标权人行使其注册商标专用权，进而实质性妨碍该注册商标发挥识别作用。因此，如果认为被诉侵权人享有的注册商标更有知名度即可以任意在其商品上使用他人享有注册商标的标识，将实质性损害该注册商标发挥识别商品来源的基本功能，对该注册商标专用权造成基本性损害。二审法院以被诉侵权商品自有商标知名度高为由认定不构成侵犯涉案注册商标专用权，认定事实和适用法律均有不当，法院予以纠正。

综上，云南某茶公司未经许可，在同一种商品上使用与曹某涉案注册商标近似的标识，容易导致相关公众混淆，侵犯了曹某对第5492××7号"金戈铁马"注册商标享有的注册商标专用权。再审法院判决：一、撤销云南省高级人民法院（2016）云民终738号民事判决；二、维持云南省昆明市中级人民法院（2016）云 01 民初 246 号民事判决。

> **⊃ 判解与学理研究**

　　成语是我国语言文化的精粹之一，其内涵丰富，用语凝练，常含有历史故事或者哲学典故，代表了沿袭的固定表达的语用体系，是我国人民共同的文化财富，属于公共领域的范畴。人们朗朗上口、耳熟能详的成语能否作为商标而在某种情况下归入私人领域控制呢？如果成语商标成功注册，那么成语的使用是否会受到不合理限制，又如何平衡商标权人与同业经营者使用成语的利益呢？"金戈铁马"商标案给了我们很多启发。

一、成语商标的商标法基础

　　处于公共领域的成语，能否通过商标注册的方式在某种程度上代表商品或者服务来源呢？我们需要承认，从形式上看，我国《商标法》并不排除成语形式的文字商标得到注册。但是，需要注意的是，成语商标得到注册需要满足我国商标法的相关法律限制，成语注册为商标的成功率实际上是极为有限的。之所以得出这个结论，离不开《商标法》相关规定作为法律基础，以及许多典型案例的例证。要想将成语注册为商标，需要面对三重考验：第一个考验是将成语注册为商标是否会带有欺骗性、容易使公众对商品的质量等特点或者产地产生误认的考验；第二个考验是将成语注册为商标是否具有显著性的考验；第三个考验是将成语注册为商标是否会产生不良影响的考验。

　　成语注册为商标，相对而言，欺骗性的第一个考验是较为简单的考察。由于成语可能本身具有描述性以及夸张、比喻等修辞手法，当成语作为商标指向商标或者服务的特点时，可能会引起消费者的误解和疑惑。例如，"加油添醋"是指叙事或说话时增添原来没有的内容，如果指定用在食品类的商品上，可能就给消费者带来食品配料中存在油和醋的误导。又如，"等价连城"形容价值很高，放在书画作品等商品或者拍卖服务方面，则显得具有误导性和欺骗性。

　　第二个考验是成语商标作为具有固定含义的用语，很可能与《商标法》第 11 条的规定不符。虽然通过第一个考验的成语，不具有欺骗性，但是如果用非常直白的成语形容商品或者服务，也无法通过显著性的第二个考验。针对《商标法》第 11 条规定，可以举出许多成语商标不具有显著性的例证。例如，"翠羽明珰"比喻珍贵的物品或富家女子的华丽饰品，用来指代耳饰等饰品类商品就不具有显著性。再如，"精金良玉"表示纯金美玉，用于申请注册真金、玉石制品方面的商品也不具有显著性。同样"佳肴美馔""山珍海味""甘脆肥浓""八珍玉食"这类表示食物美味的成语，用在食品或者餐饮服务方面也不会具有显著性。但是需要注意，显著性的判断紧紧联系在拟申请商标指代的商品或者服务上，因此如果成语的含义与所指代的商品或者服务风马牛不相及，毫无关联，其是可以成为所指代商品服务范围内的成语商标的。例如，"五谷丰登"用在粮食作物方面不具有显著性，但是如果"五谷丰登"是指代空调等电器产品的商标就是能够获得注册的。"书香门第"注册在混凝土、建筑构件等商品上，虽然经过驳回后复审的过程，也是注册成功的例证。又如，本案的"金戈铁马"商标，"金戈铁马"这个成语本来是指战争、军队或戎马生涯，但使用在茶叶这类商品上就具有显著性。但是有时候，即使成语含义与所指代的商品或者服务不相干，也可能因为缺乏显著性的理由被驳回注册申请。例如，"德业双馨""笃学不倦"这类形容美好品德操守的多个成语，拟申请注册在咖啡、茶、糖果等商品上，却被驳回而无法注册，给出的驳回理由就是缺乏显著性。因此，成语是否具有显著性存在较大的不确定性，需要评审人员在个案中具体判别。

不良影响的第三个考验是最为常见的成语注册为商标的障碍，也是需要特别注意的。这主要涉及我国《商标法》第 10 条第 1 款第 8 项的规定，成语注册为商标不能"有害于社会主义道德风尚或者有其他不良影响"。即使具备成语使用的显著性，也可能因为存在不良影响而被驳回注册申请。这第三座山主要是为了维护公共秩序和保护公共领域，而对不规范使用成语、不合时宜滥用成语等行为进行规制，整治成语使用乱象，维护汉语言的正确传播。例如，将成语"小题大做"变化为"小蹄大作"，用来指代猪蹄等商品，被法院认定为对我国语言文字的正确理解和认识起到消极作用，对我国教育文化事业产生负面影响，不利于我国语言历史文化的传承及国家文化建设的发展。[①] 同样，使用成语的谐音字、近似字来转化成语的做法，并不是机灵和巧妙的值得称赞的做法，反而是应当受到规范的行为。所以，"随芯所欲"注册在计算机相关外围设备类商品上、"味所欲为"使用在食品餐饮方面、"津津友味"使用在包装食品上、"有焙而来"使用在面包上、"心满意竹"使用在浴巾等商品上等都是被驳回注册申请的例证。这些不规范使用成语的行为，大概率会被认定为具有不良影响。另外，"实事求是"这类具有哲学含义和政治意义的成语，显然也不适合作为商标进行注册，否则会产生消极的影响。

---

① 参见北京知识产权法院（2018）京 73 行初 3373 号行政判决书。

因此，一个成语只有通过上述三重考验，才能够获得成功注册为商标的机会。本案的"金戈铁马"商标就是这样一个幸运儿。

二、本案成语商标如何获得保护

本案涉及的事实较为丰富，经历了一审确认侵权，二审推翻一审认定，最高人民法院再审又推翻二审结论，最终确认成立对于成语商标的侵权行为。由此可见，成语商标的维权路并非一帆风顺。本案的争议焦点在于云南某茶公司销售的印有"金戈铁马"的茶类商品是否侵犯了曹某所享有的涉案商标专用权。

首先，对于在相同商品上使用近似商标的侵权类型进行分析。从商品类别上，涉案商标指定使用商品类别包含茶，云南某茶公司属于在同种商品上使用"金戈铁马"的行为。从商标近似程度上看，涉案商标是由横向排列繁体中文"金戈铁马"及其下方树叶的图案组成的组合商标，而云南某茶公司则在涉案商品上使用的是简体中文"金戈铁马"，未使用相同商标。但两者是否相似，审理法院给出了不同的结论。二审法院认为两者不近似，主要从"金戈铁马"文字横向和竖向的排列差异、"金戈铁马"旁边配图是奔马和树叶的构图差异以及简体字、繁体字字形字体差异，得出公众不会因为如此的视觉差异而产生混淆的结论。而一审法院和最高人民法院均认为两者近似，因为涉案商标中"金戈铁马"是具有显著性的部分，而云南某茶公司突出使用了"金戈铁马"，虽然字体不同，但读音和字义相同，使用在茶这种商品上会导致公众混淆。因此，侵权类型吻合，在此基础上要分析是否存在侵权阻却事由。

其次，对于成语商标保护强度的分析与被诉侵权人商标知名度影响的判断。二审法院凭借一份"中华老字号"认定书认为，被诉侵权人自身商标具有更高知名度，没有攀附曹某商标商誉的必要。并且二审法院认为，由于"金戈铁马"是经常在文学作品中出现的成语，因此否认了涉案商标的识别性，忽视了成语商标能够具备显著性的事实。最高人民法院对此指出，成语商标由于指向茶类等特定商品，具有显著性，不会因为成语经常出现在文学作品中而使该商标失去识别性或者导致受到保护程度减弱。而从相关商标注册、转让使用的时间来看，目前的证据并不能证明被诉侵权人自身商标具有更高知名度。并且，最高人民法院在此提出反向混淆的问题，认为即使被诉侵权人商标知名度更高，还是会因为使用涉案商标而影响涉案商标的指示识别功能，构成反向混淆侵权。

三、结论

将成语申请注册为商标，该行为本质上是从公共领域内拿出来文字表述的一部分，构造出受到法律保护的私有权利。成语获得注册需要跨越三重考验，这是维护公共领域秩序的应有之义。选择成语作为商标，其积极影响是市场宣传更加便利，无需臆造新词，消费者接受度较高。但是，通过本案"金戈铁马"商标遭遇的波澜，可以看出成语商标也会产生一定的侵权认定争议。笔者建议成语商标的权利人重视成语与所使用商品类别的差异性，做好商标使用相关的证据留存工作，便于在纠纷来临之时，能够从容应对。

"旧瓶装新酒"是否会构成商标侵权

——某销售公司诉浙江某啤酒公司等侵害商标权及不正当竞争纠纷案

/ 李鑫

● 本案要旨

为避免资源浪费和鼓励环保，废酒瓶的回收无论是作为行业习惯还是国家政策导向都有其正当性，但是这并非法律规定的强制性义务，不得以此为由侵犯他人的合法权利。如果回收的啤酒瓶上存在标识他人注册商标的浮雕，被告既没有采取一定的合理措施避免相关公众的接触与识别，也不作任何提示，反而采用与他人近似的包装装潢进行销售，导致相关公众对商品的来源产生混淆，就可以认定为具有"搭便车"的故意，属于商标侵权行为。

● 案件信息

申请人（一审被告、二审上诉人）：浙江某啤酒公司

被申请人（一审原告、二审被上诉人）：某销售公司

一审被告：抚州某啤酒公司、黑龙江某啤酒集团公司、浙江某投资公司

案号：上海市第一中级人民法院（2012）沪一中民五（知）初字第 188 号、上海市高级人民法院（2013）沪高民三（知）终字第 111 号、最高人民法院（2014）民申字第 1182 号

● 原被告主张及理由

原告诉称："百威"（Budweiser）是世界著名的啤酒品牌，在中国市场上享有极高的知名度，曾被认定为中国驰名商标。原告根据《商标使用维权许可协议》享有"百威"和"百威英博"注册商标的使用权，有权对侵权行为提起诉讼。

四被告共同生产、销售啤酒，擅自在其生产和销售的啤酒瓶上使用"百

威""百威英博"商标和"百威英博"字号,导致相关公众误认。该行为对原告的商标、字号、声誉造成了严重损害,故原告请求本院判令四被告立即停止生产、销售使用原告"百威英博"字号的产品,停止生产、销售使用"百威""百威英博"商标的产品;四被告连带赔偿原告经济损失及合理费用人民币(以下币种同)500万元;四被告共同在《文汇报》上刊登声明,向原告赔礼道歉、消除影响。

四被告辩称:在程序上,商标权和字号权是两个不同的权利,原告应分别起诉。在实体上,首先,酒瓶上的"百威英博"并非作为商标使用。其次,被控侵权的啤酒系被告浙江某啤酒公司汾湖公司生产,其余被告未实施生产行为。再次,浙江某啤酒公司汾湖公司使用的是回收酒瓶,使用的是酒瓶的容器功能,没有将酒瓶上的文字作为商标使用,且使用回收瓶符合国家政策和行业惯例。最后,消费者并非按照啤酒瓶上的文字来区分商品来源,被告在瓶贴上已经突出使用了自己的商标,与原告有显著区别,消费者不会误认。

⟶ 法院查明的事实

一审法院查明:2011年8月7日,安海斯-布希公司经核准注册了第7069××1号"百威英博"文字商标,核定使用商品为第32类的啤酒等。2012年7月,安海斯-布希公司(许可人)与原告(被许可人)签订《商标使用维权许可协议》,约定由许可人许可被许可人使用附件所列的注册商标,授权被许可人在中国境内以被许可人的名义维权并提起诉讼,并因维权获得赔偿款项。该协议附件中包含了第7069××1号"百威英博"商标。

2012年5月8日,原告代理人在公证员的监督下,前往上海市通海路的仓库,对存放在该处的喜盈门冰纯啤酒进行拍照。该库存为上海市工商行政管理局浦东分局委托存放,其中500毫升的啤酒105箱,每箱12瓶。在其中抽样2瓶啤酒,酒瓶在瓶体下部有"百威英博"或"百威英博专用瓶"浮雕字样。上海市长宁公证处对上述事实进行了公证。

2012年5月25日,原告代理人在公证员的监督下,前往位于浙江省诸暨市草塔镇凯翔大道与智圣路交会处的世纪华联(诸暨市草塔慧东平价商店)购买了喜盈门冰纯啤酒(580毫升)一箱(12瓶),支付价款35元。原告代理人另购买了2瓶上述啤酒,支付价款10元。上述啤酒瓶在瓶体下部均有"百威英博"或"百威英博专用瓶"浮雕字样。酒瓶背贴以小字记载浙江某啤酒公司汾湖公司出品、哈尔滨某喜盈门公司监制,并以更小字体注明"瓶体字样与本产品无关"。上海市长宁公证处对上述事实进行了公证。

2012年6月，原告代理人在公证员的监督下，前往位于上海市浦东新区的跃民某饭店用餐，购买菜品若干并在啤酒类菜单上选购"哈啤冰纯"啤酒2瓶，共支付价款280元。用餐后，原告代理人取得空酒瓶1个，未饮用的啤酒1瓶。啤酒瓶容积均为500毫升，瓶体下部分别有"百威英博""百威英博专用瓶"浮雕字样。酒瓶背贴以小字记载，生产厂家及日期见瓶盖喷码编号，并注明"瓶体字样与本产品无关"。未饮用的啤酒瓶盖上喷码为"201206××A"。上海市普陀公证处对上述事实进行了公证。

还查明：浙江某投资公司投资管理的企业包括黑龙江某啤酒集团公司、浙江某啤酒公司汾湖公司、哈尔滨某喜盈门公司、抚州某啤酒公司等。汾湖公司、抚州某啤酒公司均系浙江某投资公司控股的啤酒生产企业。2011年2月25日，浙江某投资公司授权浙江某啤酒公司汾湖公司使用"喜盈门"和"Heimen"商标，使用期限自同年3月1日至2013年3月1日。2011年6月13日，浙江某投资公司受让了第3201××4号"喜盈门"和第6940××9号"Heimen"商标，核定使用商品均为第32类的啤酒等。

二审法院、再审法院认可一审法院查明的事实。

➡ 一审法院判决理由与裁判结果

上海市第一中级人民法院认为：

一、关于在酒瓶上使用"百威英博"或"百威英博专用瓶"文字是否属于对"百威英博"商标的使用

首先，在啤酒瓶上使用"百威英博"或者"百威英博专用瓶"的浮雕文字，显然是在商品容器上使用商标，属于商标使用的范围。其次，使用方式属于商标使用方式并不能必然得出该使用为商标使用的结论，关键还要看这种使用是否可以区分商品来源。本院认为，凡是注意到酒瓶上"百威英博"字样的相关公众通常都会认为该啤酒源于百威英博，这种认识相当清晰，不会产生歧义。

二、关于回收利用带有他人商标的酒瓶是否属于合理使用

首先，回收利用啤酒瓶固然符合环保的政策导向，但这不能解释为该政策导向具有妨碍他人行使商标权的意图。现行法律法规中并没有使用回收酒瓶的强制性规定，由此可见，啤酒生产企业并没有回收利用酒瓶的法定义务，其不会因履行法定义务而产生损害他人商标权的风险。其次，酒瓶的转移占有只代表了物权的转移，与商标权无涉，故不能认为酒瓶转移的事实赋予了其占有人使用酒瓶上商标的权利。如果允许被告用带有原告商标的酒瓶灌装被告的啤酒，则原告商标的商品来源识别功能必然受损。商标法上合理使用的抗辩必须具备足够的正当性，本案中被告使用"百威英博"商标所带来的是双方当事人利益的明显失衡，难谓其正当性，故被告的抗辩不能成立。

三、被告使用前述酒瓶是否会导致啤酒来源的混淆

在相同商品上使用相同商标并不以混淆可能性为侵权构成要件。只要被告实施了该商标使用行为，就当然构成侵权。尽管酒瓶本身是一种容器，但酒瓶上的文字是客观存在的，而且本院之前已经分析过，该文字的使用是商标使用，故被告的行为构成商标侵权，理应承担停止侵害、赔偿损失、消除影响的侵权责任。

四、四被告是否因共同侵权而应承担连带责任

本案中，喜盈门啤酒的背贴生产厂家浙江某啤酒公司汾湖公司也承认啤酒由其生产、销售，结合原告在诉前通过工商部门查处的情况来看，没有证据表明其他被告与浙江某啤酒公司汾湖公司合谋并参与了该啤酒的生产和销售，故上述被告不构成共同侵权。尽管上述被告之间存在关联关系，但是由于其相互为独立法人，现有证据又不能证明它们存在混同或者被当作侵权工具的情形，故不存在公司人格否认进而承担连带责任的结论。原告有关上述被告承担共同侵权责任的主张，本院不予支持，浙江某啤酒公司汾湖公司应独立承担前述侵权责任。

此外，双方当事人就原告是否有权将商标权和字号权益合并主张也产生了争议。在实体上，无论是商标权还是企业名称权，其指向均为"百威英博"这一标识，侵害该标识所造成的也是同一损害后果，因反不正当竞争法为商业标识提供的是补充性保护，故在该标识已经获得商标法强保护的情况下，无须重叠保护。

综上，上海市第一中级人民法院判决被告浙江某啤酒公司立即停止侵害原告某销售公司享有的第7069××1号"百威英博"商标使用权，并承担民事责任。

⊃ 上诉主张及理由

浙江某啤酒公司不服,向法院提起上诉,请求撤销一审判决,依法改判驳回被上诉人某销售公司的全部诉讼请求,一审、二审诉讼费由被上诉人承担。主要上诉理由如下:(1)"百威英博"等文字在啤酒瓶上以透明浮雕形式显示,不是商标性使用,未起到区别商品来源的作用,也不会导致消费者对产品的原产地产生混淆。上诉人浙江某啤酒公司已履行并尽到了标识商品来源、告知并提醒消费者的义务,客观上也未造成混淆的后果,不构成商标侵权。(2)上诉人系合法使用涉案啤酒瓶,符合行业惯例,并无傍名牌"搭便车"的行为。涉案啤酒瓶并非上诉人自行生产,而是从市场上回收的,酒瓶下部烙印的"百威英博"字样无法去除。啤酒瓶的回收利用符合国家政策规定。

被上诉人某销售公司答辩称:(1)涉案啤酒瓶上的"百威英博"文字属于商标的使用,上诉人浙江某啤酒公司的行为侵犯了被上诉人的注册商标专用权。(2)涉案啤酒瓶系上诉人生产,上诉人关于涉案啤酒瓶是回收瓶的抗辩不能成立。回收利用带有他人注册商标的酒瓶并非行业惯例,即使涉案啤酒瓶是上诉人回收而来,回收利用带有他人注册商标的啤酒瓶亦不属于合理利用。

原审被告浙江某投资公司陈述意见称:商标的使用应与注册的商标一致,涉案啤酒瓶下部使用的"百威英博专用瓶",不属于商标的使用。原审法院关于"凡是注意到酒瓶上'百威英博'字样的相关公众通常都会认为该啤酒来源于百威英博"的认定有误。

其余当事人均未针对浙江某啤酒公司的上诉向法院陈述意见。

⊃ 二审法院判决理由与裁判结果

上海市高级人民法院认为:

一、在酒瓶上使用"百威英博"或"百威英博专用瓶"文字是否属于对"百威英博"商标的使用,是否会造成混淆

本案中,上诉人将上述文字使用在商品容器上,属于商标使用的范畴。相关消费者注意到"百威英博"字样时,通常会认为该商品源于百威英博商标的权利人或者该商品与百威英博商标的权利人具有相当程度的联系。除了浮雕文字之外,还在酒瓶上粘贴了与百威英博知名商品哈尔滨啤酒(冰纯系列)相近的包装装潢(包括酒瓶上的冰块浮雕和瓶贴的颜色、图案等要素组合而成的统一整体),使啤酒瓶上的"百威英博"文字发挥商标识别功能的可能性显著提高。虽然上诉人在被控侵权产品包装上还使用了"HEIMEN""喜盈门"等商标标识，但是考虑到"百威英博"商标的知名度及其旗下拥有不同啤酒品牌的事实，消费者在注意到上诉人在其啤酒瓶上使用的"百威英博"文字时仍然会对该商品的来源产生混淆或误认。

二、上诉人行为是否属于合法使用酒瓶，是否有"傍名牌""搭便车"的主观故意

综合本案一审、二审中上诉人提交的证据材料以及相关证人证言，尚不能完全证明涉案啤酒瓶系上诉人从市场上回收所得的事实主张。虽然回收利用啤酒瓶符合环保的政策导向，但是这并不意味着法律允许啤酒生产企业在利用回收啤酒瓶的过程中可以侵害他人依法享有的注册商标专用权。

同时，上诉人浙江某啤酒公司还在其被控侵权产品上使用了与百威英博知名商品哈尔滨啤酒（冰纯系列）相近似的包装装潢。而哈尔滨啤酒正是"百威英博"旗下的品牌，因此上诉人将刻有"百威英博""百威英博专用瓶"浮雕文字的啤酒瓶和与哈尔滨啤酒近似的包装装潢一并使用，其目的就是要误导消费者，以增加混淆和误认的可能性。

综合上诉人浙江某啤酒公司实施的上述一系列行为来看，其"傍名牌""搭便车"的主观故意明显。因此，无论涉案啤酒瓶系上诉人自行生产或者系其从市场上回收所得，上诉人在被控侵权产品的啤酒瓶上使用"百威英博""百威英博专用瓶"文字的行为均已构成对"百威英博"注册商标专用权的侵害。

综上，上海市高级人民法院判决：驳回上诉，维持原判。

⊃ 再审主张及理由

浙江某啤酒公司申请再审称：（1）涉案啤酒瓶确系申请人从市场上回收所得。一审、二审法院认为申请人提供的证据不足以证明其使用的"百威英博"啤酒瓶是回收瓶属于事实认定错误。（2）根据啤酒企业的行业惯例和国家对啤酒行业的相关规定要求，啤酒企业可以使用回收的啤酒瓶用于瓶装啤酒。（3）申请人使用回收啤酒瓶并非商标使用。被申请人将"百威英博"字样烙在啤酒瓶上是作为公司名使用，而非商标使用。（4）申请人使用回收啤酒瓶系合理使用。申请人用被申请人的啤酒瓶来灌装其部分"喜盈门啤酒"，是使用啤酒瓶作为容器的功能，而非使用被申请人的商标。涉案文字在所回收的旧瓶上客观存在，且为与瓶身连为一体的玻璃浮雕，申请人在技术上无法消除。

（5）回收瓶上的"百威英博"文字未发挥商标识别功能，不会造成消费者误认。并且，申请人在啤酒瓶上特别注明"瓶体字样与本产品无关"。（6）被申请人预见到啤酒瓶可能会被回收合理利用，但并未采取特殊措施，故起诉他人侵权，既不合情理，也缺乏事实和法律依据。（7）全国有多家法院均作出了啤酒企业使用回收具有他人原厂标识啤酒瓶的行为并不属于侵犯原生产厂家商标权的判决。综上，申请人认为本案一审、二审法院事实认定错误，法律适用不当，应予撤销，并予再审。

呆销售公司、浙江某投资公司、抚州某啤酒公司及黑龙江某啤酒集团公司未提交意见。

➲ 再审法院判决理由与裁判结果

最高人民法院认为：作为啤酒生产企业应使用符合安全标准的啤酒瓶（包括回收并重复利用）是国家对公共利益保护的具体要求。啤酒生产企业在生产、销售产品的过程中，同时应遵守国家的相关法律规定，不损害他人权益，不侵害他人的知识产权，也是其应尽的法律义务。啤酒生产企业未采取正当方式使用回收啤酒瓶，侵害他人相关权利的，则应承担相应的法律责任。

浙江某啤酒公司生产的被诉侵权产品，除了啤酒瓶下部显示"百威英博""百威英博专用瓶"浮雕文字以外，还在酒瓶上同时粘贴了与百威英博知名商品哈尔滨啤酒（冰纯系列）相近的包装装潢（包括酒瓶上的冰块浮雕和瓶贴的颜色、图案等要素组合而成的统一整体），二审法院将浙江某啤酒公司在被诉侵权产品的酒瓶上使用"百威英博""百威英博专用瓶"文字的行为，认定为商标性使用行为，构成对"百威英博"注册商标专有使用权的侵害并无不当。

二审法院认为：根据现有证据尚不能完全证明上述啤酒瓶系浙江某啤酒公司从市场上回收所得的事实，并认为即使上述啤酒瓶系浙江某啤酒公司从市场上回收所得，该事实也不能成为浙江某啤酒公司不构成商标侵权的抗辩理由，该认定亦无不当。鉴于浙江某啤酒公司实施的一系列行为，明显具有"傍名牌""搭便车"的主观故意，已构成对"百威英博"注册商标专用权的侵害，一审、二审法院判令其承担相应的法律责任，适用法律正确。

关于浙江某啤酒公司提供其他法院相关案件的判决以证明其不构成侵权的问题。因浙江某啤酒公司提供的其他法院判决涉及的案件事实与本案案件事实不同，且不同案件之间不具关联性，所以，浙江某啤酒公司的该项主张于法无据，本院不予支持。

综上，最高人民法院裁定：驳回再审申请人的再审申请。

⊃ 判解与学理研究

本案是关于"旧瓶装新酒"所引发的商标侵权案件，旧瓶回收利用本来是啤酒行业很常见的现象，但近些年来产生了很多争议，且基于案情上的不同，法院判决也大相径庭。通过对这类案件的分析可知，对于是否构成商标侵权，双方当事人的争议点主要集中在"旧瓶装新酒"是否属于商标使用行为，是否可能会造成相关公众的混淆，以及国家政策、行业习惯等其他因素是否会影响对商标侵权的判断。本文接下来将结合以上争议点，对"旧瓶装新酒"类案件的侵权判定进行梳理和探究。

一、"旧瓶装新酒"与商标使用

我国《商标法》采用"列举＋概括"的方式，将商标使用的含义界定为"是指将商标用于商品、商品包装或者容器以及商品交易文书上，或者将商标用于广告宣传、展览以及其他商业活动中，以用于识别商品来源的行为"。法律虽然并没有明确规定商标使用的构成要件，但是基于对商标使用的含义分析，一般认为商标使用应具备以下三个条件：（1）相关标识能产生识别商品或服务来源的作用。如果不能被识别，商标的作用和价值就无从体现。（2）使用的标识能为相关公众所感知。相关公众是商标的服务对象，因此商标上所体现的信息也要为相关公众所了解。（3）相关标识应用于商业活动中，与使用人的商品或服务有紧密的联系。①

关于商标使用与商标侵权的关系，在理论界与实务界一直存在较大的争议，笔者赞同商标使用是构成商标侵权的前置条件的观点，被诉侵权者只有实施了使用商标的行为，才可能会侵害商标权人的注册商标专用权。②主要理由有三个方面：首先，从学理上看，商标最基础最本质的功能在于识别商品或服务的来源，商标使用就是通过商标的指示功能在特定商标与特定商品或服务之间建立起稳定的联系，以便于消费者对商品或服务的选择并实现商标权人的利益。但如果不存在商标使用行为，商标的指示功能就无从展现，也不会侵害到

①　参见凌宗亮：《商标性使用在侵权诉讼中的作用及其认定》，载《电子知识产权》2017 年第 9 期。

②　参见祝建军：《判定商标侵权应以成立"商标性使用"为前提——苹果公司商标案引发的思考》，载《知识产权》2014 年第 1 期。

商标权人的利益而构成商标侵权。其次，从法律规范的逻辑性来看，商标法明确界定了商标使用的内涵并将"使用"商标这一概念贯穿整部商标法，规定商标侵权判定要求"使用"商标。基于法律规范的体系性和严密性来看，进行商标侵权判断时应首先认定被告行为是否属于商标使用行为。最后，从司法实践来看，绝大多数司法案例也是在认定被告实施了商标使用行为后，才会进一步判定该行为是否构成商标侵权。[①]

在"旧瓶装新酒"的案件中，对旧瓶的使用可分为两种情况：一种是商家将旧瓶上原有的商标或标签进行清除或遮盖，贴上自己的商标和商品信息标签后进行使用；另一种是商家并未处理旧瓶上原有的商标或标签，直接再次利用或加贴自身商标和标签后使用。在第一种情况下，由于原有商标已被清除或遮盖，不能被消费者识别，也不能指示商品来源，因此并不构成商标使用，更不会产生商标侵权的后果。在第二种情况下，由于商家并未在商业流通中采取必要手段隔绝原有商标与消费者之间的接触，导致原有商标仍处于消费者的视野之内，仍有可能发挥原商标的识别功能，使消费者认为商品与原有商标之间存在联系，因此这仍然属于商标使用行为。[②]至于该行为是否会构成商标侵权，仍然需要继续分析，本案即属于这种情况。

二、"旧瓶装新酒"与混淆可能性

《商标法》第57条将构成商标侵权的行为作了列举，其中第2项明确规定，未经许可，在同种商品上使用近似商标，或在类似商品上使用相同或近似商标，容易导致混淆的，属于商标侵权行为。而在相同商品上使用相同商标的，该条第1项却并没有"容易导致混淆"这样的字面规定，直接认定构成侵权。在双相同的情况下认定商标侵权是否也应考虑混淆可能性，我国商标理论界和实务界看法不一。笔者赞同推定混淆的观点，即在双相同的情形下并不"必然"导致混淆，此时属于推定混淆，仍应考虑商标使用行为是否可能导致消费者混淆。在具体案件中，如果被告能提出明确的证据证明其商标使用行为不具有混淆可能性，就不应被认定为构成商标侵权。[③]

笔者上述主张的理由有以下几点：首先，商标法不仅要保护商标权人的权利和商标权人通过长期经营在商标上所积累的声誉，还要保护广大消费者所

---

① 参见广东省深圳市福田区人民法院（2011）深福法知民初字第357号民事判决书、广东省高级人民法院（2010）粤高法民三终字第181号民事判决书等。

② 参见袁锋：《"旧瓶新用"的商标侵权问题研究》，华东政法大学2015年硕士学位论文。

③ 参见王迁：《知识产权法教程》（第4版），中国人民大学出版社2014年版，第473页。

代表的社会公共利益。[①] 只有通过确保消费者能够正确地识牌购物，避免因混淆了不同的商标而未能购买心仪的商品，商标权人的利益才能得以实现，因此商标法的立法核心就在于避免消费者对商品或服务产生混淆。如果在相同商品上使用了与他人注册商标相同的标志，但通过合理的方式提醒消费者注意，并不会导致消费者的混淆，不违反商标法的立法目的，也不应当构成商标侵权。其次，《TRIPs 协议》对我国的商标立法有一定的参考作用，其明确规定在相同商品上使用相同商标的，推定其存在混淆可能性。[②]《TRIPs 协议》采用的并不是绝对的说法，照顾到了可能出现的其他情况，也体现了条款规定的周延性。既然使用了"推定"这样的描述，就说明其不具有绝对性，完全可能通过证据证明存在新情况而推翻这种"推定"。最后，从司法实践来看，欧盟的《商标指令》虽然也是在法律条文中直接规定了双相同的使用行为构成商标侵权，但欧盟法院和欧盟委员会在诸如"Opel 案""VikingGas 案"等案件中判定是否构成商标侵权时也考虑了混淆可能性。在我国的类似案件的审理也是如此，即使是在相同商品上使用与他人相同的商标，多数法院也是对是否存在混淆可能性进行了分析和判断后，才认定是否侵权。[③]

因此，即使在相同商品上使用他人的注册商标，认定是否构成商标侵权时也需要根据个案的实际情况考虑是否会造成消费者的混淆。本案就属于这种情况。商家在回收旧啤酒瓶后，并未去除原有商标和标签，而是在装入自家的新啤酒后直接进行出售，法院在适用《商标法》第 57 条第 1 项的规定前，也要判断被告的行为是否存在混淆可能性。

在确定是否存在混淆可能性的过程中，除了要正常地对双方当事人所使用的商标和商品进行比较外，法院通常还会对商标的显著性，商标的使用时间和知名度、使用者的主观态度和合理注意等因素进行考察。具体到"旧瓶装新酒"类型的案件中，通过对国内外司法实践的分析，可以总结出在判定是否存在混淆可能性时，一般会考虑以下几点：（1）原有商标或装潢的显著性和知名度；（2）被告是否采取合理措施；（3）被告所使用的商标或标签的显著性；（4）消费者对"旧瓶装新酒"行为的认知度；（5）旧瓶本身是否构成立

---

① 参见冯晓青：《知识产权法利益平衡理论》，中国政法大学出版社 2006 年版，第 130 页。

② 参见《TRIPs 协议》第 16 条规定：在对相同货物或服务使用相同标记的情况下，应推定存在混淆的可能性。

③ 参见云南省高级人民法院（2010）云高民三终字第 89 号民事判决书、最高人民法院（2011）民申字第 945 号民事裁定书、湖南省高级人民法院（2011）湘高法民三终字第 40 号民事判决书。

体商标。①

本案中，原告的"百威英博"商标在行业内具有较高的知名度，虽然"百威英博"文字是以透明浮雕的形式显示在啤酒瓶下部，可能并不会被消费者直接觉察到，在一定程度上弱化了商标的功能，但是被告不仅并未采取合理行动遮盖或清除原告商标标识，反而在酒瓶上粘贴了与原告知名啤酒商品相近似的包装装潢，该包装装潢与原告紧密相关。随后该行为也被法院通过判决认定为不正当竞争，这足以证明被告存在一定的主观恶意。因此，即使被告也在被控侵权产品的包装上使用了与原告并不近似的自身商标，但是考虑到"百威英博"商标的知名度及其旗下拥有不同啤酒品牌的事实，被告在未去除原告商标且又加贴相似装潢的商品销售行为，仍有可能使消费者对商品的来源产生混淆。

三、其他因素对商标侵权的影响

有学者主张在这类案件中，被告可以利用商标权用尽原则进行抗辩。② 商标权用尽又称商标权穷竭，是指当商标权人通过合法的方式将商品推向市场，商品上附带的商标权利就宣告穷竭，商标权人无权阻止他人对商品的使用或再次销售。但实际上，该建议并不合理。在啤酒的销售中，真正的商品是酒瓶中的液体，该商品已经随着首次销售被消费完毕，之后的商家在旧瓶内重新装入的是自己的新的商品，而非原商家的商品。这两个商品虽然都是液体的啤酒，但都是独立制作的，实质上并不属于同一个商品，因此并不符合商标权用尽原则的相应要求。③

另外，该案被告也曾主张其行为符合行业惯例与国家政策而不构成侵权。但无论是作为行业内长期通用的默认规则的行业惯例，还是我国基于节约资源制定的倡导性政策，它们都只能作为法律的补充，而不得与法律规定相冲突，不得以此为由损害他人合法的注册商标专用权。④

四、结论

认定"旧瓶装新酒"的行为是否构成商标侵权要分两步进行。首先要判

---

① 参见袁锋：《"旧瓶新用"的商标侵权问题研究》，华东政法大学 2015 年硕士学位论文。

② 参见李士林：《回收利用中的商标权穷竭》，载《云南大学学报（法学版）》2010 年第 1 期。

③ 参见徐卓斌：《容器的回收利用与商标权保护——以"啤酒瓶"案为例》，载《中华商标》2014 年第 7 期。

④ 参见徐卓斌：《容器的回收利用与商标权保护——以"啤酒瓶"案为例》，载《中华商标》2014 年第 7 期。

断被告是否有使用原告商标的行为，只有当被告并未采取合理提示或遮挡、清除原告商标而是直接使用酒瓶，在销售时使消费者能够接触并识别该商标的，才属于商标使用行为。在此基础上，还要判断这种使用行为是否有混淆可能性，可能造成消费者混淆误认的，才构成商标侵权。同时，回收利用也要在一定的合理范围内进行，不能以存在行业惯例和国家政策为由侵害他人的商标专用权。

外文词汇中文译名的显著性及混淆可能性考察

——某民用公司诉某贸易有限公司等侵犯商标专用权、不正当竞争纠纷案

/ 马彪

⊃ 本案要旨

商标显著性是商标法制度的核心，是商标注册申请审查的关键。显著性效果在于使相关公众建立起特定商标和商品服务之间的联系。若外文标志经过长期宣传和使用在国内具有唯一对应的中文名称，发挥了区分商品来源的识别功能，可以将此外文标志认定为知名商品的特有名称，进而可以获得反不正当竞争法的保护。同时，他人使用与外文标志具有唯一对应的中文名称相同或近似的标志，在相同或类似的商品或服务类别上的使用容易导致相关公众混淆的，应当受到商标法的规制。

⊃ 案件信息

上诉人（一审被告）：某贸易有限公司

被上诉人（一审原告）：某民用公司

一审被告：某健康产业发展有限公司

一审第三人：梁某

案号：湖南省长沙市中级人民法院（2010）长中民五初字第 0518 号、湖南省高级人民法院（2011）湘高法民三终字第 55 号

⊃ 上诉主张及理由

上诉人某贸易有限公司（以下简称某贸易公司）诉称：（1）被上诉人某民用公司的注册商标与上诉人的商标存在重大区别，上诉人商标与被上诉人"LAFITE"商标在设计使用元素、直观外形、使用字母及字母大小写等方面各不相同，上诉人商标与被上诉人商标在商标中心字母、商标周围字

母图案、商标上部弧形外观、五支箭设计等方面也不相同，因此不应认定上诉人的商标侵犯了被上诉人注册商标专用权；被上诉人至今未在国内取得对"拉""菲""世""族"或其组合的注册商标权，没有取得"拉菲"名称的专用权，因此，上诉人使用"拉菲世族"不构成对被上诉人注册商标的侵权，且上诉人使用的"LAFITEFAMILY""拉菲世族"商标的产品未流入市场，影响不大。上诉人"lafitefamily.com"域名不是商标，且经过中国政府授权管理域名注册的中国互联网络信息中心审查批准注册，没有侵犯被上诉人"LAFITE"商标专用权。（2）被上诉人的两注册商标不属于驰名或知名商标，被上诉人诉上诉人不正当竞争证据不足。请求二审法院依法撤销一审判决，驳回被上诉人的诉讼请求。

被上诉人某民用公司答辩称：被上诉人两注册商标经过长期使用和广泛宣传，已经在相关公众中具有了非常高的知名度。被控侵权商标与被上诉人注册商标构成混淆性近似，且上诉人注册并使用的"lafitefamily.com"域名与被上诉人的"LAFITE"注册商标构成混淆性近似，侵犯了被上诉人注册商标专用权。被上诉人的"LAFITE"注册商标音译为中文"拉菲"，"拉菲"在中国境内经过长期使用和广泛宣传已构成了被上诉人知名商品特有名称，被控侵权产品上使用"拉菲世族"与被上诉人"拉菲"知名商品特有名称构成混淆性近似，上诉人还在其产品宣传手册、网站中虚构拉菲酒庄的相关事实，其行为构成不正当竞争。

原审被告某健康产业发展有限公司（以下简称某医药公司）提交诉讼意见称，其是涉案葡萄酒的使用者，不是销售者，服从一审判决。

⮞ 一审法院查明的事实

原告某民用公司于1963年4月23日在法国注册成立，系第1122××6号与第G764××0号两注册商标的注册人。第1122××6号"LAFITE"注册商标于1997年10月28日经国家工商行政管理局商标局核准注册，核定使用的商品为第33类"含酒精饮料（啤酒除外）"。该商标于2007年10月28日得到续展，有效期至2017年10月27日。第G764××0注册商标的基础注册国为法国，基础注册日期为1991年4月17日，该注册商标主要由"LAFITE""五箭头图形"组成，以字母"R"和"LAFITE"居中，五支箭头呈放射状排列，"DOMAINES""BARONESDEROTHSCHILD"环绕四周，形成一个封闭的圆，核定使用的商品为第33类"以原产地取名的酒"，有效期自

2001 年 7 月 23 日至 2011 年 7 月 23 日。2008 年 1 月 1 日，原告与 M 国际贸易（上海）有限公司签订《商标使用许可合同》，授权 M 国际贸易（上海）有限公司在中国（不包括我国台湾地区、香港特别行政区和澳门特别行政区）非独占许可使用上述两注册商标，许可使用的期限自 2008 年 1 月 1 日至 2010 年 12 月 31 日。

2010 年 3 月 18 日，北京市某知识产权代理有限公司到北京市方正公证处申请证据保全。北京市方正公证处的公证员何某及公证处工作人员吴某对域名为 http：//www.lafitefamily.com 的网站的相关内容进行了证据保全。该网站的网页里标注有"Lafite-Family""LafiteFamily""拉菲世族"标识，在其"品牌故事"的网页里，对其历史渊源进行介绍。

2010 年 6 月 9 日，原告向长沙市公证处申请证据保全。

2004 年以来，人民网、经营网、新浪网、搜狐网、凤凰网、中国经济网、中国葡萄酒信息网、华尔街日报官方网、东方网、南方网、杭州网等多家网站对拉菲或"LAFITE"商品进行了报道。

2010 年 1 月 28 日，法国波尔多葡萄酒行业协会出具一份声明称："LAFITE"这个词的首次使用可以追溯到 1234 年，CHATEAULAFITEROTH-SCHILD（"罗斯柴尔德拉菲庄园"，又译为"罗斯柴尔德拉斐庄园"）在 1868 年成为罗斯柴尔德家族的产业，从那时起 LAFITE 葡萄酒一直被认为是最好的葡萄酒之一。

➲ 一审法院判决理由与裁判结果

在本案中，被控侵权商品与原告两注册商标核定使用的商品构成相同。被控侵权商品上使用的"LAFITEFAMILY"标识，由"LAFITE"和"FAMI-LY"两部分组成，完全包含了原告的第 1122××6 号注册商标"LAFITE"，仅有字母大小写的区别，属于同一词汇。被告将"Lafite"与"family"这一个有其固定含义即"家庭、家族"的英文单词连用，在隔离状态下比对时，其"LafiteFamily"表达方式不仅不会产生识别性，反倒更容易使相关公众误认为该标识的商品来源系原告或原告家族的系列商品，尤其在原告"LAFITE"商品在相关公众中有很高的知名度的情况下，这种误认会更加强烈。

该标识使用了与原告的"LAFITE"注册商标相同的文字构成其商标的主要部分，并附加以表达类似于同系列商品的"family"文字，试图传达该商品与原告的"LAFITE"葡萄酒商品有特定关联的信息，从而与原告的第

1122××6号注册商标"LAFITE"构成近似，足以造成相关公众对商品来源的混淆。被控侵权商品上使用标识与原告的第 G764××0 号注册商标，二者在隔离比对的状态下比较，都是以字母或单词为圆心、五支箭头呈放射状排列构成圆周的结构，二者在整体结构上构成相似；另外，根据一般消费者的认知习惯，对于由文字和图形构成的组合商标，一般会用文字的方式进行呼叫。原审法院认为，被控侵权商品的标识与原告的注册商标构成近似，容易导致相关公众对于商品来源产生混淆。

被告在互联网站中使用"lafitefamily.com"的域名，该域名主体"lafitefamily"完全包含了原告的"LAFITE"注册商标的字母，其在该网站使用"Lafite"和"Family"组合和"拉菲世族"为葡萄酒商品的销售进行包装和宣传，容易使相关公众误认为被告提供的商品源于原告，或者误认为被告提供的侵权商品系经原告授权、许可等，客观上削弱了原告商标与原告之间唯一的特定联系，系《最高人民法院关于审理商标民事纠纷案件适用法律若干问题的解释》第1条第3项规定的商标侵权行为，构成对原告"LAFITE"注册商标专用权的侵犯。

被告某医药公司作为侵权产品的销售者，亦构成对原告注册商标专用权的侵犯和不正当竞争。两被告均应对侵犯注册商标专用权及不正当竞争行为依法承担停止侵权、赔偿损失及消除影响等民事责任。基于被告某贸易公司承认被告某医药公司从该公司处购得被控侵权商品的事实，属于能够提供合法来源，且也没有证据证明被告某医药公司知假卖假，符合商标法规定的免责条件，同时根据《最高人民法院关于审理不正当竞争民事案件应用法律若干问题的解释》第17条第1款关于上述不正当竞争行为的损害赔偿额可参照商标侵权的赔偿方法确定的相关规定，原审法院依法确认被告某医药公司对其商标侵权行为和不正当竞争行为具有法定的免赔事由，不予承担赔偿责任。

一审法院判决：支持原告诉讼请求，包括被告某贸易公司立即停止在其生产和销售的葡萄酒商品上、http：//www.lafitefamily.com 网站及宣传资料中使用侵犯原告某民用公司第 1122××6 号与第 G764××0 号两注册商标专用权的标识等。

➲ 二审法院判决理由与裁判结果

本案二审期间双方当事人的争议焦点如下：（1）上诉人某贸易公司是否

侵犯了被上诉人某民用公司所有的涉案注册商标专用权；（2）上诉人某贸易公司的行为是否构成对被上诉人某民用公司的不正当竞争；（3）原审法院认定的赔偿金额是否恰当等。

一、关于争议焦点一

二审法院认为：被上诉人某民用公司系第1122×× 6号与第 G764×× 0号注册商标专用权人，其享有的注册商标专用权依法受我国法律保护。本案中，被控侵权商品为葡萄酒，与被上诉人第1122×× 6号注册商标、第G764×× 0号注册商标核定使用的商品同属于《商标注册用商品和服务国际分类表》第33类，系相同商品。上诉人某贸易公司未经商标权人许可，在其葡萄酒商品上使用"LAFITEFAMILY"标识的行为侵犯了被上诉人的注册商标专用权，应承担相应的民事责任。其关于标识与注册商标不相同或不相似，其行为不构成商标侵权的上诉理由不能成立，本院不予支持。

根据《最高人民法院关于审理商标民事纠纷案件适用法律若干问题的解释》第1条第3项规定，将与他人注册商标相同或者相近似的文字注册为域名，并且通过该域名进行相关商品交易的电子商务，容易使相关公众产生误认的行为属于《商标法》第52条第5项规定的给他人注册商标专用权造成其他损害的行为。本案中，上诉人使用的域名"lafitefamily.com"完整包含了被上诉人第1122×× 6号注册商标"LAFITE"文字，上诉人并在该网站中结合"Lafitefamily"等标识对其葡萄酒商品进行宣传、推广，容易使相关公众误认为上诉人提供的商品源于被上诉人，上诉人的这一行为属于给他人注册商标专用权造成其他损害的行为，侵犯了被上诉人某民用公司第1122×× 6号"LAFITE"注册商标专用权。上诉人某贸易公司关于其使用的域名没有侵犯被上诉人注册商标专用权的上诉理由，无事实和法律依据，应予驳回。

二、关于争议焦点二

争议焦点二主要涉及"LAFITE"葡萄酒是否为知名商品，"拉菲"是否为"LAFITE"葡萄酒知名商品的特有名称，以及上诉人某贸易公司使用"拉菲世族"名称等行为是否构成对被上诉人的不正当竞争等问题。关于 LAFITE 葡萄酒是否为知名商品。本院认为，我国《反不正当竞争法》所指的知名商品，是指在中国境内具有一定的市场知名度，为相关公众所知悉的商品。认定知名商品，应当考虑该商品的销售时间、销售区域、销售额和销售对象，进行任何宣传的持续时间、程度和地域范围，作为知名商品受保护的情况等因素进行综合判断，亦可适当考虑国外已知名等因素。根据查明的事实，被上诉人某民用公司生产的"LAFITE"葡萄酒具有较长的品牌历史，在法国被认为是最好的葡萄酒之一。在"LAFITE"葡萄酒进入中国市场前，我国内地相关媒体和主流中文网站就对其进行了较为广泛的宣传报道。"LAFITE"葡萄酒自2006年开始进入中国市场后，被上诉人某民用公司通过在其公司网站进行产品品牌介绍和举行高端品酒会等形式对其"LAFITE"葡萄酒产品进行宣传推广，国内相关媒体和网站也持续对"LAFITE"葡萄酒产品进行了宣传报道。由这些事实可以看出，被上诉人某民用公司生产的LAFITE葡萄酒在我国葡萄酒市场已具有较高的知名度，应认定为我国《反不正当竞争法》所指的知名商品。

关于"拉菲"是否为LAFITE葡萄酒的特有名称。本院认为，根据《最高人民法院关于审理商标民事纠纷案件适用法律若干问题的解释》第2条第1款的规定，具有识别商品来源的显著特征的商品的名称应当认定为商品特有的名称。本案中，"拉菲"为"LAFITE"文字的直接音译，被上诉人某民用公司不仅在其产品上实际使用中文"拉菲"作为其"LAFITE"葡萄酒商品的名称，在其自己的宣传资料及网站中亦将"LAFITE"葡萄酒称为"拉菲"葡萄酒，而国内相关媒体及百度百科、维基百科等中文网站在对"LAFITE"葡萄酒进行报道时，也一致称为"拉菲"，没有证据显示"LAFITE"葡萄酒除"拉菲"外，还使用了其他中文名称，因此，"拉菲"事实上系"LAFITE"葡萄酒知名商品唯一对应的中文名称，具有区别商品来源的显著性，应认定其为"LAFITE"葡萄酒知名商品的特有名称。上诉人某贸易公司在其葡萄酒商品上突出使用"拉菲世族"文字，该文字不仅完整包含了"拉菲"二字，且"拉菲"二字构成该组文字的主要识别和呼叫部分，二者构成近似。上诉人某贸易公司未经许可，在相同商品上擅自使用与他人知名商品近似的商品名称，造成和他人知名商品相混淆，使购买者误认为是该知名商品，其行为构成对被上诉人的不正当竞争，应承担相应的责任。上诉人某贸易公司关于其使用"拉菲世族"文字不构成侵权的上诉理由不能成立，本院不予支持。

关于上诉人某贸易公司对其产品所作宣传是否虚假、是否构成不正当竞争。本院认为，根据上诉人某贸易公司提交的《企业法人营业执照》，上诉人某贸易公司系2008年7月8日成立的有限责任公司，系中国法人，其显然与"LAFITE"品牌"历史悠久""前美国总统托马斯·杰弗逊系其品牌拥护者""1868年詹姆士·罗斯柴尔德家族在公开拍卖会上购得拉菲古堡"等要素没有关联，但在上诉人某贸易公司的官方网站及产品宣传资料中对被控侵权葡萄酒商品所作宣传和介绍却包含了以上要素，上诉人的行为系对商品的质量、制作成分、性能用途、生产者、产地等作引人误解的虚假宣传，其关于未实施虚假宣传的不正当竞争行为的上诉理由无事实和法律依据，应予驳回。

三、关于争议焦点三

争议焦点三即原审法院确定的赔偿数额是否恰当的问题。由于在本案诉讼中，双方当事人均未能证明侵权人因侵权所获得的利益及被侵权人所受到的损失，因此，原审法院按照法定赔偿的方式确定本案的赔偿金额是正确的，在具体的赔偿数额方面，原审法院综合涉案侵权行为损失混同、商标和知名商品特有的名称之知名度、侵权的情节、主观故意及维权所支出的必要费用等情况酌定上诉人某贸易公司赔偿被上诉人 30 万元并无不妥。上诉人虽然主张赔偿数额过高，但未提交证据予以证明，因此其关于原审判决确定的赔偿金额过高的上诉理由亦不能成立，本院不予支持。

二审法院判决如下：驳回上诉，维持原判。

➲ 判解与学理研究

一、外文标志保护概述

外文标志保护，有助于保障市场公平竞争秩序以及维护以跨国公司为主的权利人的合法利益。于外文标志而言，进入中国市场必然面临着因文化语言差异导致的呼叫和含义上的差别，相关公众难以准确理解其含义并以此为标准识别商品服务。

一般而言，外文标志在中国市场中获得保护，可以通过以下途径：

第一，通过驰名商标制度实现保护。我国《商标法》规定，未注册驰名商标可获得同类保护，但此时对于外文标志的知名度要求较高，且须满足在中国境内的影响力足够大的要件。

第二，通过外文标志注册商标，可以注册外文商标，亦可以设立同等含义的中文译文商标。虽然注册外文商标可以保持全球宣传的一致性，但注册中文译文商标有助于中国公众更好理解，在当地市场形成更广和更深层次的影响。但在界定中文译文商标时，需要外文标志知名度极高，且相关公众已经建立起外文标志与中文译文的对应关系。

第三，通过反不正当竞争法的知名商品特有名称保护。《最高人民法院关于审理不正当竞争民事案件应用法律若干问题的解释》第 1 条规定，在中国境内具有一定的市场知名度，为相关公众所知悉的商品，应当认定为《反不正当竞争法》第 5 条第 2 项规定的知名商品。人民法院认定知名商品，应当考虑该商品的销售时间、销售区域、销售额和销售对象，进行任何宣传的持续时间、程度和地域范围，作为知名商品受保护的情况等因素，进行综合判断。原告应当对其商品的市场知名度负举证责任。

综上所述，无论是驰名商标、商标注册抑或反不正当竞争法路径保护，都注重对于外文标志知名度的要求，但无论何种方式，都需要解决外文标志显著性界定的问题，即基于文化差异下相关公众所认知的识别功能发挥效果，以及在判断外文标志近似以及混淆可能性时，需要参考的要件和规则。

二、外文标志中文译文商标显著性界定

外文标志在注册商标时，为考察其显著性，不仅应当考虑所属国对该标志的明确定义，可以通过常用词典进行查询，更为重要的是，要从本国相关公众认知的角度去了解明确该标志显著性，以明确该标志是否属于商标法规定的不具有显著性的情形。

（一）对应关系概述

外文标志在我国注册的基础在于，我国消费者可以据此实现区别商品服务来源的效果，而对应关系正是连接外文标志与其对应的中文标志在中国的影响力，以中国相关公众视角为基础的判断结果。外文标志由于不同地域的社会文化、语言习惯、语法表达等存在天然差异，中外文标志本身差异较大，[①] 此时单独采用外文标识一方的意义则可能不够合理。对于有多重意义且多种翻译的外文标志，如果承认并保留全部中文意义，则会不当扩大其在中国范围内的符号范围，造成公共资源的浪费；反之，如果严格限制外文标志的中文表达或翻译，也不利于在先权利的保护，亦无助于营商环境的建设，反而会造成大量恶意抢注国外知名外文标志的现象。

较之于普通的商标保护，外文标识增设了前置环节，即确认外文标志所有人所享有的，对应到中文标志的范畴，并在此基础上进行对应中文标志和争议标志的混淆可能性的判断。需要注意的是，此种对应关系限于稳定的联系即可，无须唯一对应关系。最高人民法院在"拉菲庄园案"[②] 中指出，从拉菲酒庄及其相关销售商对"拉菲"这一中文名称的使用情况来看，拉菲酒庄通过多

---

① 参见陈月：《中外文商标近似性的司法认定——以"稳定的对应关系"为核心》，载《中华商标》2020 年第 9 期。

② 参见最高人民法院（2016）最高法行再 34 号行政判决书。

年的商业经营活动，客观上在"拉菲"与"LAFITE"之间建立了稳固的联系。这是由于外文标志本身具有多种含义，且此种标志经过翻译转化后可能产生不同的差异，形成唯一联系显然是过于苛责。

（二）对应关系界定

1. 构成要素的界定

外文标志在呼叫和含义方面与中文标志的关联性，是建立稳定对应关系的重点。对于有固定含义的外文标志以及臆造性外文标志，要分别采用不同方式予以界定。如果相关外文词汇的中文含义在常用词典中有明确的记载，可不考虑该外文词汇是否为生僻词；如果相关外文词汇为"臆造词"，则需考虑相关公众的一般认知水平。[①] 在"ENTOLETER"商标案[②]中，法院认为，申请商标为外文词汇，在判断该词的含义时，应考虑中国相关公众对于该词的一般了解能力。《新英汉词典》《大英汉词典》等权威性英汉翻译工具书均未收入"ENTOLETER"一词。以中国相关公众对于英语的一般了解能力而言，申请商标属于较为生疏的词汇，一般不会掌握其具体含义。

2. 使用结果的界定

外文标志本身具有强烈的固有显著性，但公众对其固有显著性认知较低；或者经过长期使用获得较高知名度评价，进而产生获得显著性的，可以形成稳定的对应关系。司法实践中主要存在主动使用和被动使用的争议。被动使用的观点因其并非商业标识人意思自治之表达，而不被视为商标性使用这一法律行为。最高人民法院在"万艾可案"[③]中指出，在外文标志商标所有权人明确认可其从未在中国境内使用某一标识的情况下，他人对该标识所作的相关宣传等行为，由于未反映其将该标识作为商标的真实意思，不能认定该标识构成未注册商标，更不能认定其构成未注册驰名商标。

值得讨论的是，如果当事人对外文标志的中文译名并未有商标性使用之主观意图，但在长期经营中已经客观形成通常惯例和消费习惯。此时，能否认定该标志具有显著性？比如对于经过长期媒体宣传以及商业运转所形成的行业惯例和称呼，商标注册人明确认可并自己使用这种呼叫文字的情况。此时，虽然商标注册人并未主动进行商标性使用，但基于事后对相关知名度和商誉的明确肯定，通过实际享有商标性使用建立起的商品服务联系的价值，实现了商

---

① 参见陈志兴：《外文商标的显著性判断与相关公众的认知水平》，载《中国知识产权报》2015年第4期。

② 参见北京市高级人民法院（2012）高行终字第382号行政判决书。

③ 参见最高人民法院（2009）民申字第313号民事判决书。

标使用的区分功能。同时，承认此种被动使用情形，也有助于维护公平竞争秩序，打击商标抢注等行为，对于保障消费者信赖利益有重要作用。

三、外文标志商标混淆可能性判断规则

（一）相关公众的认知水平

商标法所称相关公众，是指与商标所标识的某类商品或者服务有关的消费者和与前述商品或者服务的营销有密切关系的其他经营者。相关公众的认知水平要根据社会经济文化发展水平进行合理界定，比如一般消费者很难明确了解法语的含义。除此之外，对于专业领域的商品服务，相关公众的认知水平也随之提高。如在"生命科技公司案"[1]中，鉴于"NEON"具有"氖、氖气"的含义，申请商标指定使用在科学用化学制剂（非医用和兽医用）、非医用或非兽医用的实验室分析用化学制剂等商品上，构成了《商标法》第11条第1款第2项规定的仅仅直接表示了商品的原料和成分特点。

（二）商标相同或近似

商标近似是指被控侵权的商标与原告的注册商标相比较，其文字的字形、读音、含义或者图形的构图及颜色，或者其各要素组合后的整体结构相似，或者其立体形状、颜色组合近似，易使相关公众对商品的来源产生误认或者认为其来源与原告注册商标的商品有特定的联系。根据《最高人民法院关于审理商标民事纠纷案件适用法律若干问题的解释》第10条的规定，认定商标相同或者近似按照以下原则进行：（1）以相关公众的一般注意力为标准；（2）既要进行对商标的整体比对，又要进行对商标主要部分的比对，比对应当在比对对象隔离的状态下分别进行；（3）判断商标是否近似，应当考虑请求保护注册商标的显著性和知名度。

于中文商标和外文商标的近似性判断中，北京市高级人民法院在其《商标授权确权行政案件审理指南》中指出，综合考虑以下因素：相关公众对外文含义的认知程度；中文商标与外文商标在含义、呼叫等方面的关联性或者对应性；引证商标的显著性、知名度和使用方式；诉争商标实际使用的情况。

引证商标的使用方式需要强调其进行商标性使用，而非描述性使用。中文译文一般为广告语，将申请商标使用在指定使用的服务上，不具有作为商标的认知，其本身不能起到商标应具有的识别作用的标志。

---

① 参见北京市第一中级人民法院（2012）一中知行初字第1285号行政判决书。

实践中，外文商标近似的情形一般包括：商标由相同外文、字母或数字构成，仅字体或设计不同，易使相关公众对商品或者服务的来源产生混淆；外文商标由四个或者四个以上字母构成，仅个别字母不同，整体无含义或者含义无明显区别，易使相关公众对商品或者服务的来源产生混淆的；商标由两个外文单词构成，仅单词顺序不同、含义无明显区别，易混淆的；外文商标仅在形式上发挥单复数、动名词、缩写、添加冠词、比较级或者最高级、词性等变化，但表述的含义基本相同，易混淆的；商标中文与其他不同语种文字的主要含义相同或基本相同，易混淆的。

（三）商品服务相同或近似

为提高效率，增强可预期性，商品服务近似判断可以参照《类似商品和服务区分表》，但需要认识到的是，商品服务类型并未固定，而是随着社会发展和商业活动变化，出现传统事物转型升级，新颖事物层出不穷的变化情势，而面对此种情况，分类表存在滞后性的问题，其也无法代表相关公众对事物的最新认知。因此，分类表仅能作为一般性参考，究其实质应当通过对双方商品或服务在功能用途、消费主体和销售渠道等方面的对比，结合商标的实际使用及知名度情况来综合判断。

类似商品是指在功能、用途、主要原料、生产部门、销售渠道、销售场所、消费群体等方面相同或者具有较大关联性的商品，比如考虑中国消费者在习惯上可将两种商品相互替代，或者在功能用途上具有互补性，或者需要一并使用才能满足消费者需求的。类似服务是指在服务的目的、内容、方式、对象等方面相同或者具有较大关联性的服务。如服务提供者来自相同行业领域，接受者来自相同或者相近的消费群体。

（四）其他因素

知名度和显著性要件不仅是外文标志中文译文保护的基础，也是扩大其保护范围和力度的重要条件。知名度越强，显著性越高的标志，相关公众对其的印象越深刻，其所保有的商标权人的智慧成果和后期投入的价值，以及消费者的信赖利益价值，都需要更大力度的措施予以保护。对于知名度要件，可以由权利人举证，如一定的持续使用时间、区域、销售量或者广告宣传。

四、结论

审查判断由外文标志组成的商标是否具有显著特征，应结合该标志指定使用的商品或服务，以相关公众的通常认知为依据，以该标志能否起到标识、区分商品或服务来源的作用作为判断标准。从保护路径上看，混淆性标准是商

标法和反不正当竞争法规制侵权行为的共性标准，同时也要注意到不同要件。商标保护路径要求外文标识与中文译文的对应关系已得到相关公众的认识；而诉诸反不正当竞争法保护则需要借助有一定影响商品的特有名称保护路径，其中需要考虑外文标识所属商品的市场知名度等因素。

涉外定牌加工是否构成商标侵权

——某有限公司与青岛某服饰有限公司侵害商标专用权纠纷案

/李鑫

⊃ 本案要旨

商标的使用，是指将商标用于商品、商品包装或者容器以及商品交易文书上，或广告宣传、展览以及其他商业活动中。识别商品来源是商标的主要功能，商标的识别性是在商标进入流通领域中体现出来的，作为商标法意义上的商标使用，也要求附带商标的商品进入商品流通领域。如果从事的仅仅是产品加工、加贴商标以及出口的活动，由于产品并未在我国领域内进行正常的商业流通，没有发挥商标的识别功能，不属于商标使用，且被告在从事定牌加工活动的同时也尽了合理的注意义务，并不构成商标侵权。

⊃ 案件信息

上诉人（一审原告）：某有限公司

被上诉人（一审被告）：青岛某服饰有限公司

案号：山东省青岛市中级人民法院（2011）青知民初字第546号、山东省高级人民法院（2012）鲁民三终字第81号

⊃ 原被告主张及理由

原告某有限公司诉称：某有限公司为香港地区著名企业，20世纪80年代初，即开始进入内地开展业务，及时申请并成功注册了第25类"CROCODILE"商标。

通过海关备案，某有限公司查获了大批假冒伪劣产品，其中就包括2011年1月24日被青岛海关下属的黄岛海关查获的青岛某服饰有限公司（以下简称某服饰公司）准备出口的侵权产品。经某有限公司查证确认，该批货物为

1760件棉质机织男式防寒上衣，涉及金额10万余元。全部侵权产品均标注某有限公司享有注册商标专用权的"CROCODILE"商标，其行为已构成侵犯某有限公司注册商标专用权。鉴于某服饰公司的侵权行为已经给某有限公司造成了巨大的损失，某有限公司请求法院判令：（1）某服饰公司立即停止侵犯某有限公司商标权的行为；（2）某服饰公司向某有限公司赔偿侵权损失50万元；（3）某服饰公司承担本案诉讼费用。

被告某服饰公司未作书面答辩。

➲ 一审法院查明的事实

某有限公司为在香港注册的公司，该公司于1996年3月30日分别在国家工商行政管理总局商标局注册了第246××8号、第246××2号"CROCO-DILE"商标，核定使用商品分别为第25类：衬衫；裤子；汗衫及其他衣服和第25类：鞋。2006年6月2日，上述两商标均续展至2016年3月29日。

2010年11月11日，某服饰公司与韩国ESP公司签订订单，产品名称为"棉质机织男式防寒上衣"，数量为1760件，加工费单价为5.5美元，合计9680美元，商标为"CROCODILE"。

2011年2月25日，黄岛海关作出黄关知扣字〔2011〕003号《扣留侵权嫌疑货物通知书》和《采取知识产权海关保护措施通知书》，内容为，根据某有限公司于2011年1月27日提出的申请，黄岛海关于2011年2月25日将某服饰公司申报出口的棉质机织男式防寒上衣1760件予以扣留。2011年3月28日，黄岛海关作出黄关知通〔2011〕03号《知识产权状况调查结果通知书》，内容为，对于某服饰公司于2011年1月11日申报出口的棉质机织男式防寒上衣1760件，黄岛海关已完成对货物侵权状况的调查。经调查，不能认定上述货物是否侵犯了某有限公司在海关总署备案的CROCODILE商标权。2011年5月13日，黄岛海关作出黄关知通〔2011〕001号《放行货物通知书》，决定对予以扣留的侵权嫌疑货物棉质机织男式防寒上衣1760件予以放行。黄岛海关查扣的被控侵权产品照片显示，某服饰公司申报出口的棉质机织男式防寒上衣吊牌上印有（图略）图样，在领标处印有"CROCODILE"字样。某有限公司对其向海关申请扣留的某服饰公司申报出口的1760件棉质机织男式防寒上衣，系某服饰公司根据2010年11月11日与韩国ESP公司订单生产的事实并无异议。

YAMATO公司系于1947年6月6日在日本注册成立的公司，其于1961

年 5 月 1 日在日本国专利厅注册了（图略）商标，商标注册号为第 0571××2 号，存续期限届满日为 2021 年 5 月 1 日，"指定商品、指定服务及商品、服务类别"包括第 25 类服装、外衣等。2011 年 1 月 12 日，YAMATO 公司出具授权确认书，同意由 ESP 公司进行商标为"CROCODILE"产品的生产与出口。2011 年 10 月 20 日，YAMATO 公司出具情况说明书，阐明如下事宜：（1）我司于 2011 年 1 月 12 日授权韩国 ESP 公司生产和出口我司在日本国享有注册商标权的"CROCODILE"（鳄鱼图形及文字）商标的相关产品（成衣）；（2）韩国 ESP 公司按照我司的授权，委托中国的某服饰公司贴牌加工定制"CROCODILE"（鳄鱼图形及文字）商标的相关产品（成衣）；（3）我司为第 2 项中贴牌加工定制的"CROCODILE"（鳄鱼图形及文字）商标的相关产品（成衣），通过韩国的 ESP 公司向某服饰公司提供所需的全部制衣原料及辅料（包括附件商标标识主标、吊牌和水洗标）；（4）某服饰公司按照我司的贴牌加工定制要求，将加工完成的所有成衣向中国海关报关出口后，通过韩国 ESP 公司交付给我司，最终由我司在日本销售。

YAMATO 公司于 1991 年 1 月 31 日、1992 年 1 月 31 日、1997 年 6 月 20 日分别在日本国专利厅注册了第 2298××6 号"CROCODILE"商标、第 2372××8 号鳄鱼图形商标、第 4013××4 号"CROCO\DILE"商标，上述商标经续展后均在有效期内。

⟳ 一审法院判决理由与裁判结果

山东省青岛市中级人民法院认为：

被控侵权产品与第 246××8 号商标的核定使用商品系类似商品，而与第 246××2 号商标的核定使用商品"鞋"并非同一种商品或类似商品，在某有限公司并未提供证据证明第 246××2 号商标系驰名商标，拥有跨类保护权利的情况下，原审法院仅就某服饰公司行为是否侵犯了某有限公司第 246××8 号注册商标专用权进行审查。

一、某服饰公司在被控侵权产品吊牌上使用（图略）标识的行为是否构成对某有限公司第 246××8 号注册商标专用权的侵犯

在判断被控侵权的商标是否与注册商标构成近似时，不能仅依据字形、读音或含义等要素单独进行判断，只有这种近似使相关公众对商品的来源产生误认或者认为其来源与注册商标的商品具有特定联系时才能构成商标法意义上的近似。

商标法规范的是我国领域内商标的使用行为，即在我国注册的商标只能在我国领域内得到保护，因此，相关公众应当界定为我国境内的相关公众。如果被控侵权商标与当事人所要求保护的注册商标构成近似，但国内相关公众不会对被控侵权商标产生误认时，人民法院不能认定被控侵权商标构成对注册商标的侵犯。如果商标权利人认为被控侵权行为对国外某个国家的相关公众造成误导，依据注册商标的地域性原则，有关权利人应当向所在国的司法机关寻求司法救济。

本案中，某服饰公司在其出口的男式防寒上衣吊牌上使用了（图略）标识，该标识系由手写体的字母"Crocodile"和鳄鱼图形组成，将该标识与某有限公司的"CROCODILE"商标相比，两个标识视觉上存在一定差异，不能认定为相同；然而，这两个标识从字母组合、读音、含义等要素进行比较均相近似，其是否构成商标法意义上的近似还应判断该行为是否对相关公众产生误导。

首先，从查明的事实可以看出，某服饰公司系根据韩国 ESP 公司的订单，生产的带有（图略）标识的产品并出口，而（图略）系 YAMATO 公司的注册商标，YAMATO 公司对韩国 ESP 公司生产和出口带有该商标的产品亦予以准许，故原审法院认为，某服饰公司使用（图略）标识的行为在主观上并不具有误导相关公众的故意。

关于某有限公司提出的 YAMATO 公司出具授权确认书的时间晚于某服饰公司与韩国 ESP 公司签订订单及进口原料的时间的问题，原审法院认为，即使如某有限公司所称，YAMATO 公司对韩国 ESP 公司使用（图略）商标的授权为事后的追认，该事实影响的仅是某服饰公司在签订订单时对 ESP 公司是否有权使用（图略）商标进行了全面审查，而并不能认定某服饰公司在签订订单时主观上具有误导相关公众，使相关公众误认为带有（图略）标识的产品与某有限公司有特定联系的故意。

其次，本案中某有限公司没有证据证明某服饰公司将带有（图略）标识的"棉质机织男式防寒上衣"在我国境内销售的事实，故应认定带有该标识的商品未进入我国商业流通领域，在国内相关公众不能接触到被控侵权商品的情况下，相关公众不会对（图略）标识与某有限公司的"CROCODILE"字母商标产生误认，因此，某服饰公司行为并未造成国内相关公众误认的后果。

综合上述分析，原审法院认为无法认定某服饰公司在被控侵权产品上使用的（图略）标识与某有限公司的"CROCODILE"字母商标构成商标法意义上的近似。因此，某服饰公司在其申报出口的"棉质机织男式防寒上衣"吊牌上使用（图略）标识的行为不构成对某有限公司第246××8号注册商标专用权的侵犯。

二、某服饰公司在被控侵权产品领标上使用"CROCODILE"标识的行为是否构成对某有限公司第246××8号注册商标专用权的侵犯

经比对，某服饰公司在被控侵权产品领标上使用的"CROCODILE"标识与某有限公司的第246××8号注册商标均为印刷体的大写"CROCODILE"字母，二者在视觉上基本无差别，构成《最高人民法院关于审理商标民事纠纷案件适用法律若干问题的解释》（以下简称《商标民事纠纷解释》）第9条规定的"相同"。某服饰公司在被控侵权产品上使用与某有限公司注册商标相同的商标，构成对某有限公司注册商标专用权的侵犯。

关于某服饰公司提出的其在被控侵权产品领标上使用的"CROCODILE"标识系YAMATO公司的注册商标的抗辩，原审法院认为，YAMATO公司是在日本注册的"CROCODILE"商标，而非在中国商标局注册，由于商标保护的地域性原则，无论某服饰公司在使用"CROCODILE"商标时是否取得了YAMATO公司的授权，其在中国境内生产带有与中国注册商标相同标识的产品的行为都构成侵权，即均构成对中国注册商标专用权人权利的侵犯，故对某服饰公司的该项抗辩不予支持。

关于某服饰公司提出的"CROCODILE是自然界中动物的名称，非某有限公司独创，也不能为某有限公司独占的抗辩"，原审法院认为，"crocodile"是某有限公司的注册商标，其受我国商标法及相关法律的保护，其显著性的高低，仅能影响其禁止他人使用范围的大小，并不影响其本身受法律保护的事实状态。在某服饰公司未能提供证据证明其对"CROCODILE"标识的使用系为表示商品通用名称、质量、功能、用途等特点而进行的合理使用的情况下，该院对某服饰公司的该项抗辩不予支持。

关于某服饰公司提出的被控侵权产品并不进入国内流通领域的抗辩，原审法院认为，从《商标法》及《商标民事纠纷解释》的规定来看，我国法律关于使用与中国注册商标相同商标构成侵权的判定，并不要求以相关公众的混淆为要件。也就是说，在同一种商品或者类似商品上使用与他人注册商标相同的商标，无论是否进入国内流通领域，是否造成相关公众的误认，该种行为都是被我国法律所禁止的，故该院对某服饰公司的该项抗辩不予支持。

关于某服饰公司是否应当承担赔偿损失的民事责任的问题，原审法院认为，赔偿损失民事责任的承担应当以损失的实际发生为前提，在本案中，某有

限公司并无证据证明某服饰公司生产的该批侵权产品已进入中国国内市场，故无法认定在中国境内某有限公司实际损失的发生，某有限公司可另行寻求救济。因此，对于某有限公司要求某服饰公司赔偿损失的诉讼请求不予支持。但是，由于某服饰公司侵权行为的发生，使某有限公司在寻求司法救济的过程中必然会产生相关的合理费用，该费用的产生是基于某有限公司制止侵权行为的需要，故原审法院认为应当由某服饰公司承担。

综上，山东省青岛市中级人民法院判决：被告立即停止侵害原告享有的第 246× ×8 号 "CROCODILE" 商标使用权，驳回某服饰公司的其他诉讼请求。

➲ 上诉主张及理由

上诉人某有限公司不服原审判决，提起上诉，请求撤销原审判决，依法改判某服饰公司赔偿某有限公司因侵权造成的损失 30 万元，并由某服饰公司承担本案诉讼费用。其主要理由如下：（1）原审判决认定部分事实有错误和遗漏。首先，本案某服饰公司涉诉商标与某有限公司的注册商标实为同一商标，某有限公司是 "CROCODILE" 商标在中国的唯一合法拥有者，依据商标地域性原则，某有限公司 "CROCODILE" 注册商标受中国法律保护。涉诉商标与某有限公司 "CROCODILE" 注册商标实为相同商标，两者英文读音相同，含义均为鳄鱼的意思，原审法院认定两商标不同错误。其次，涉案商标的商标权人是某有限公司，该公司将其在韩国注册的该商标，独家许可给了韩国某公司使用，某服饰公司未获得任何使用商标的合法授权，原审法院对该事实未予认定存在错误。（2）原审判决适用法律错误，对本案审理涉及的诸多法律只字未提。对定牌加工行为的侵权认定，《商标法》第 52 条对属于侵犯注册商标专用权的行为规定得很清楚，不以商标相同和误导公众作为判断侵权与否的依据，只要是未经商标注册人许可，在同一种商品或类似商品上使用与注册商标相同或近似的商标的，即构成侵权。（3）原审判决对于损失赔偿适用法律错误。《商标法》第 56 条有明确规定，并未规定以损失的实际发生为赔偿前提，上诉人某有限公司提出 50 万元的赔偿合情合理。

被上诉人某服饰公司针对上诉人某有限公司的上诉答辩称：某服饰公司在本案中的生产行为属于涉外定牌加工行为。某服饰公司使用涉案商标具有合法授权，没有侵权的主观故意和过错，没有给某有限公司造成影响和损失，不构成对某有限公司商标专用权的侵犯。请求二审法院驳回某有限公司的诉讼请求。

上诉人某服饰公司不服原审判决，上诉称：本案被诉侵权行为属于涉外定牌加工，产品不在中国境内销售，不符合我国商标侵权的构成要件，不构成商标侵权，原审判决认定某服饰公司侵权适用法律不当。请求撤销原审判决第一项，依法改判驳回某有限公司的全部诉讼请求，本案一审、二审诉讼费由某有限公司负担。

被上诉人某有限公司针对上诉人某服饰公司的上诉答辩称：某服饰公司主张其行为是定牌加工行为，不构成商标法意义上的使用，其观点不成立。某服饰公司因自己的行为是定牌加工而不受中国法律的制约，理由不成立。某服饰公司提出其生产的产品没有流通与事实不符，本案某服饰公司进口的材料可以生产的数量远大于订单出口的数量，会有大量尾货进入中国市场销售。即使某服饰公司没有在国内销售，其行为亦应受中国法律的制约。本案应适用中国法律，某服饰公司主张应适用进口国法律的观点不成立。

○ 二审法院查明的事实

二审查明的事实与原审法院查明的一致。

○ 二审法院判决理由与裁判结果

商标具有地域性特点，本案某有限公司享有的"CROCODILE"注册商标，依法在中华人民共和国领域内受法律保护。商标法保护商标就是保护商标的识别功能。而商标的识别功能只有在商标法意义上的"商标使用行为"中才得以体现。因此，本案判断某服饰公司被控侵权行为是否属于商标法意义上的使用行为成为解决本案焦点问题的关键

本案中，某服饰公司所使用的被控侵权吊牌、领标均系国外委托加工方韩国 ESP 公司提供，所加工产品全部销往国外而不在中国境内销售，属于对外"贴牌加工"行为。由于某服饰公司所加工产品全部出口，并不在中国市场上流通销售，因此，在中国境内，上述吊牌、领标不具有识别商品来源的功能。加工方按照委托方的要求，将商标贴附于加工之产品上，就其性质而言，属于加工行为，不是商标法意义上的商标使用行为。某服饰公司虽为中国公司，但其所加工的产品并不直接进入中国境内的流通领域，产品所附吊牌、领标在中国境内不发挥商标的识别功能。

另外，本院认为，某服饰公司对外加工产品，尽到了必要的审查注意义

务。2011 年 1 月 12 日，日本 YAMATO 公司出具《授权确认书》，同意韩国 ESP 公司进行商标为 "CROCODILE" 产品的生产与出口。2011 年 10 月 20 日，日本 YAMATO 公司出具《情况说明》，对上述《授权确认书》作出进一步阐明，确认本案由韩国 ESP 公司按照其贴牌加工定制要求，委托某服饰公司加工的所有成衣出口至日本销售。综上，可以认定本案某服饰公司接受国外公司委托加工并出口产品，对国外公司提供的吊牌和领标标识的合法来源进行了必要的审查，其主观上没有侵害某有限公司注册商标权的故意或过错，尽到了合理的注意义务。

综上，某服饰公司对外贴牌使用被控侵权吊牌、领标，不是与商品流通相联系的商标使用行为，不属于我国商标法意义上的商标使用。且某服饰公司对国外公司交付的被控侵权吊牌、领标有境外商标权人的合法授权，亦尽到了合理注意义务。根据商标权的地域性特点，本案中某有限公司对其 "crocodile" 注册商标享有的商标权仅限于中国境内，因此其无权排斥某服饰公司在对外贴牌加工中使用 "CROCODILE" 等商标的行为。某有限公司关于某服饰公司侵犯其注册商标权的主张缺乏法律依据，不能成立。在此基础上，关于某服饰公司所使用的吊牌和领标标识与某有限公司 "crocodile" 注册商标是否相同或相似，是否足以造成相关公众混淆，并非本案所关注的重点。原审法院认定某服饰公司使用含有涉案图形商标吊牌对某有限公司不构成商标侵权结论正确；认定某服饰公司使用 "CROCODILE" 领标对某有限公司构成商标侵权并判令某服饰公司赔偿某有限公司合理支出不当，适用法律错误，本院依法予以纠正。

综上，山东省高级人民法院判决：撤销一审判决，驳回某有限公司的全部诉讼请求。

○ 判解与学理研究

本案是由定牌加工引起的商标侵权纠纷，关于涉外定牌加工是否构成商标侵权，一直是理论争议较大的问题，并且时常会随着一些典型案件的出现，再次成为学界讨论的热点。这类商标侵权案件的争议主要集中于商标使用行为的认定以及涉外定牌加工行为的性质等方面。

一、商标使用的内涵

关于商标使用的含义，不同的国家和地区的界定方式略有差异。有的是从商标的使用目的、使用方式和使用效果等方面抽象概括商标使用的内涵，有的是通过概括加列举的方式对商标使用作出界定。我国《商标法》第48条将使用于商品、容器、交易文书或各类商业活动中，用于识别商品来源的行为认定为商标的使用。通过分析可以发现我国《商标法》也是先列举了商标使用的具体行为方式，并最终将其本质特征抽象为用于识别商品来源的行为。

虽然相关的商标法律并没有明确指出商标使用的构成要件，但是根据《商标法》对商标使用行为的列举和本质概括，可以总结出商标使用一般应具有以下三个条件：（1）相关标识能产生识别商品或服务来源的作用。如果不能被识别，商标的作用和价值就无从体现。（2）使用的标识能为相关公众所感知。相关公众是商标的服务对象，因此商标上所体现的信息也要为相关公众所了解。（3）相关标识应用于商业活动中，与使用人的商品或服务有紧密的联系。[①]

二、商标使用的认定

商标法意义上的商标使用又被称为商标性使用，这种商标使用行为通常被看作是商标侵权的前提。[②] 尽管《商标法》并没有对商标使用与商标侵权的关系作出明确规定，但笔者认为可以从多个角度佐证这一观点。首先从学理上来看，作为商品经济的产物，商标最基础的功能在于识别商品或服务的来源，也正是因其识别功能为消费者所知悉，消费者才能根据商标选择心仪的商品或服务，进而实现商标的价值。因此只有存在商标使用的行为，才有可能构成商标侵权，如果对商标的使用不以识别商品或服务的来源为目的或者不会发生区别商品或服务的效果，就不应属于商标禁用权的范围。其次从法律规定上来看，"商标使用"的表述贯穿于整个《商标法》，且有关商标侵权的条款也都明确要求要"使用"商标，从法律条文的规范表述的角度就可以分析出在判断商标侵权之前需要证明被告存在商标使用行为。[③] 最后从司法审判上看，绝大多数法院也都会在案件审理过程中以被告存在商标使用行为为前提，进一步分析该行为是否会造成相关公众的混淆。[④]

商标使用理论也可以用来解释商标的描述性合理使用为何能够被排除出

---

① 参见凌宗亮：《商标性使用在侵权诉讼中的作用及其认定》，载《电子知识产权》2017年第9期。

② 参见祝建军：《判定商标侵权应以成立"商标性使用"为前提——苹果公司商标案引发的思考》，载《知识产权》2014年第1期。

③ 参见袁锋：《"旧瓶新用"的商标侵权问题研究》，华东政法大学2015年硕士学位论文。

④ 参见广东省深圳市福田区人民法院（2011）深福法知民初字第357号民事判决书、广东省高级人民法院（2010）粤高法民三终字第181号民事判决书等。

商标侵权的范围。因为描述性合理使用虽然也使用了他人的商标标识，但这是基于文字或图形本身的"第一含义"的使用，是为了对商品或服务的某些特征进行描述，并不会产生指明商品或服务来源的作用，因此并不属于《商标法》规定的商标使用行为，也不会被认定为商标侵权。

三、涉外定牌加工行为的性质

涉外定牌加工指的是国内加工企业接受境外委托人委托，按照其要求加工产品，贴附商标，产品全部出口到境外销售的行为。① 涉外定牌加工是否构成商标侵权在学理上多有争议，不过国内学者大多是从个案的角度对涉外定牌加工作出分析。在司法实践中，法院对涉外定牌加工的司法判定也有明显的变化。在 2013 年《商标法》修正之前，由于法律仅仅规定了商标使用的具体形式，缺乏对商标使用的实质特征的明确界定，法院判决涉外定牌加工构成商标侵权的居多。② 而在 2013 年《商标法》修正后，商标使用行为的识别特征被立法所明确，在此基础上，法院更倾向于认定涉外定牌加工中对商标标识的使用并不能发挥商标的识别功能，因此并不属于商标使用行为。

商标使用要求使用的商标标识能为相关公众所感知，并产生识别商品来源的作用，但是在涉外定牌加工中，加工方仅仅是按照合同的约定加工产品并贴附"商标"，随后将产品全部打包，出口至境外委托人那里。在这整个过程中，虽然商品和商标标识之间具有紧密的联系，但是二者并未进入正常的商业活动之中，商标的识别功能就无从体现，由于商品和"商标"并未实际投入国内市场，消费者实际上也不可能接触和感知到该"商标"。③ 因此，涉外定牌加工实际上并不符合《商标法》上的"商标使用"要求。

基于国情考虑，由于我国是制造业大国，涉外定牌加工是我国对外贸易的重要组成部分，为了保护我国众多企业的生产发展和国家利益，践行我国的经济政策，对商标等知识产权的保护应与我国的经济发展水平相适应。同时，《TRIPs 协议》也没有要求成员必须在出口环节采取特殊的边境措施以保护知

---

① 参见李扬、李晓宇：《涉外定牌加工中商标侵权判定的检视与再思考》，载《社会科学研究》2019 年第 5 期。

② 参见 2002 年《商标法实施条例》第 3 条，该条规定："商标法和本条例所称商标的使用，是指将商标用于商品、商品包装或者容器以及商品交易文书上，或者将商标用于广告宣传、展览以及其他商业活动中。"与 2013 年修正的《商标法》相比，缺少了"用于识别商品来源的行为"这一抽象的实质性要件的规定。

③ 参见王莲峰：《海关应慎重认定涉外定牌加工货物的商标侵权——基于对近年〈中国海关知识产权保护状况〉的分析》，载《知识产权》2015 年第 1 期。

识产权，因此认定定牌加工的产品构成商标侵权既超出了我国的实际需要，也并没有充分的法理上的支持，实不足取。①

四、合理注意义务的考量

在经济全球化的今天，各国之间的贸易活动日益密切，各类产品货物会在不同的国家进行设计、加工、组装和销售。但由于商标具有地域性的特征，不同国家和地区可能注册相同或近似的商标，虽然目前法院大多认为涉外定牌加工不构成商标侵权，但为了平衡在涉外定牌加工中各方当事人的正当利益，要求国内加工企业承担合理的注意义务也是很有必要的。具体来说，国内的加工企业在接受委托前，应当对境外委托人在加工产品上将要贴附的"商标"是否享有合法有效的商标权或者取得了合法的授权许可进行必要的审查，以避免陷入侵权纠纷，将自身企业陷于不利境地。对于驰名商标等知名度较高的商标，在定牌加工前应承担更高的注意义务。②

具体到本案，由于商标具有地域性的特征，原告与日本的 YAMATO 公司分别在我国和日本对两个近似的商标各自享有合法有效的商标权。商标使用要求将相关标识应用于商业活动中，并为消费者所感知，产生识别商品来源的作用。但因为本案被告仅具有加工与产品出口的行为，贴附有涉案商标的产品实际上并未进入我国的市场流通领域，相关公众并不能实际接触到涉案商标与产品，涉案商标的区别功能也无法发挥，因此被告的加工与出口行为并不属于商标法意义上的商标使用。且被告可以提供证据证明 YAMATO 公司在日本享有合法的商标权，YAMATO 公司与韩国的 ESP 公司，韩国 ESP 公司与被告某服饰公司之间分别签订了有效的许可委托协议，并最终委托本案被告某服饰公司加工并出口贴附有涉案商标的产品。因此，被告所提供的证据能够充分证明其在接受委托之前，已经尽到了必要的审查义务，并不需要承担其他的责任。

五、结论

处理涉外定牌加工案件时，既要严格依照《商标法》的具体规定，也要注意兼顾各方利益的平衡。商标侵权的认定通常以对方实际实施了具有商标法意义上的商标使用行为为前提，但由于国内加工企业在涉外定牌加工中往往仅

---

① 参见王莲峰：《海关应慎重认定涉外定牌加工货物的商标侵权——基于对近年〈中国海关知识产权保护状况〉的分析》，载《知识产权》2015 年第 1 期。

② 参见宋健：《对涉外定牌加工商标侵权"合理注意义务＋实质性损害"判断标准的解读———以"东风"案为例》，载《知识产权》2016 年第 9 期。

承担承揽加工任务，商品与贴附的商标最终出口国外，并不会进入我国的商品流通领域，使商标的识别功能无从体现，因此并不会构成商标侵权。但是，为了平衡各方利益，国内加工企业也要承担合理的注意义务，尽到善意经营者的责任。

商标权滥用的认定及规制问题研究

——某商贸有限公司与广州某会展服务有限公司、广州某咨询服务有限公司等侵害商标权纠纷案

/佘子凯

⊃ 本案要旨

　　民事诉讼活动需遵循诚信这一重要的基本原则。该原则的基本要义在于，一方面，在该原则的调整下，任何市场主体均享有处分其实体权利及诉讼权利的正当自由；另一方面，其亦为当事人各项权利的行使设置了法定要求，即须采用善意、审慎的方式，且以不侵害国家、社会及他人利益为限。权利滥用意为权利主体违背诚信原则的基本要义，不合理地行使权利，扩张权利的边界与限度，滥用其享有的权利，造成社会或他人的利益损害或面临损害之风险。如果并非基于使用商标的实际需求，也未基于任何合理或合法的动机，大量申请注册并囤积商标。二者通过商标转让和诉讼等途径来追求经济利益，严重破坏市场竞争秩序、损害社会公共利益，该等行为实质上构成不正当的竞争行为。

⊃ 案件信息

　　申请人（一审被告）：某商贸有限公司

　　被申请人（一审原告、二审上诉人）：广州某会展服务有限公司、广州某咨询服务有限公司

　　被上诉人（一审被告）：某商贸有限公司某分店

　　案号：上海市第二中级人民法院（2014）沪二中民五（知）初字第149号、上海市高级人民法院（2015）沪高民三（知）终字第45号、最高人民法院（2018）最高法民再396号

➲ 原被告主张及理由

广州某会展服务有限公司（以下简称某会展公司）、广州某咨询服务有限（以下简称某咨询公司）一审共同诉称：其系涉案注册商标的共有人，共同享有注册商标专用权。该注册商标的核定使用商品为第 25 类的服装、鞋、帽等，使用期限自 2013 年 6 月 21 日至 2023 年 6 月 20 日。

某商贸有限公司（以下简称某商贸公司）与某商贸公司某分店未经许可，在相同商品上及相关网络推广宣传中使用与涉案注册商标相同的标识，侵犯了某会展公司、某咨询公司享有的注册商标专用权，故诉至一审法院，请求判令某商贸公司、某商贸公司某分店：（1）立即停止侵犯商标专用权的行为；（2）共同赔偿经济损失以及为制止侵权所支付的合理费用共计 163 197 元。

某商贸公司、某商贸公司某分店一审共同辩称：（1）首先，两被告使用的被诉侵权标识属于对产品特性介绍的文字说明，并非用来表明产品的来源，不属于商标性使用；其次，涉案注册商标与上述被诉侵权文字说明标识之间在视觉感知、读音、含义等方面均具有显著区别，两者不构成相同或近似；最后，两原告从未实际使用过涉案注册商标，相关消费者对使用涉案注册商标的商品也不会产生任何认知。而"XXX"品牌采取的是"SPA"（自有品牌服饰专营商店）经营模式，即企业全程参与商品的企划（设计）、生产、物流、销售等产业环节的一体化模式。该种经营模式下所有"XXX"品牌商品仅通过直营店或者网络专卖店进行销售。而所有直营店、网络专卖店均统一并突出使用了"XXX"商标。鉴于"XXX"品牌在国内享有的较高知名度、美誉度，消费者在进入店内进行消费时，已经认知店内商品均来源于第 3002××6 号注册商标、第 3012××1 号"XXX"商标的权利人。因此，即使被诉侵权标识与涉案注册商标构成相似，相关消费者也不会产生涉案商品来源于两原告的混淆和误认。（2）本案属于两原告利用涉案注册商标恶意索赔的案件，就相同的事实理由两原告已在全国各地启动多个诉讼程序，其行为对两被告的正常经营产生了重大影响。（3）《商标法》的立法宗旨在于鼓励商标的注册、使用。而两原告持有的注册商标达 2600 多件，完全不是正常经营所需，而是将商标作为商品买卖。且两原告在与被告协商涉案注册商标转让事宜时要求高额转让费，现两原告通过诉讼对被告施压以转让商标获利。其行为完全不符合商标法的立法目的。

➋ 一审法院查明的事实

某商贸公司与中国迅某公司系某株式会社在中国设立的子公司，共同经营"XXX"品牌，两者均采用"SPA"（自有品牌服饰专营商店）经营模式，分别在中国各地设有专营店。

2012年11月3日，某株式会社向国家工商行政管理总局商标局（以下简称商标局）申请第G1133××3号商标领土延伸（该商标的优先权日期为2012年8月2日，专用期限为2012年8月13日至2022年8月13日），申请注册商品为第25类。该商标领土延伸申请于2014年4月15日被商标局驳回。

2014年3月，某会展公司委托北京某律师事务所向某商贸公司、中国迅某公司发出律师函，称在"天猫商城"及各地经营的"XXX"专卖店销售的涉案商品突出使用第G1133××3号标识，侵犯了其享有的涉案注册商标专用权，要求某商贸公司、中国迅某公司立即停止侵权并作出合理赔偿。之后，某会展公司、某咨询公司以某商贸公司及其下属分公司，中国迅某公司及其下属分公司侵害某会展公司、某咨询公司涉案注册商标专用权为由，分别向全国多家法院提起诉讼。

一审法院另查明：根据商标局网站查询记录，某会展公司、某咨询公司分别持有注册商标共计2600余个。

2013年10月13日的网页截屏资料显示，华唯商标转让网曾出现转让涉案注册商标的相关信息。华唯商标转让网的主办单位为北京某知识产权代理有限公司。黄某伟为该公司法定代表人、股东及该网站负责人。

（2013）沪徐证经字第9620号公证书显示，www.job168.com、黄页88等网站对某咨询公司的介绍称："华唯商标转让网是香港集团有限公司、北京某知识产权代理有限公司、某咨询公司设立的行业门户网站。北京某知识产权代理有限公司是商标行业知名的企业，全国较早成立的商标代理机构，特别是在商标转让领域，盘活闲置商标几千例，所拥有的待转让商标资源全国第一、商标交易量全国第一，是全国最大最全的商标转让网……"相关网站信息中，原告某咨询公司的联系地址为广州市天河区体育西路×号建和中心×层（全层）。

（2013）沪徐证经字第9621号公证书显示，华唯商标转让网称："华唯商标转让网是由H环球（武汉）科技有限公司、北京某知识产权代理有限公司设立的行业门户，旗下华唯知识产权、某咨询公司是商标行业知名的企业，全国较早成立的商标代理机构，特别是在商标转让领域，盘活闲置商标几千例。目前，华唯商标所拥有的待转让商标资源全国第一、商标交易量全国第一，是全国最大最全的商标转让网……"该网站信息显示，华唯商标转让网广州联系地址为广州市天河区体育西路 × 号建和中心 × 层（全层）。

2013 年 12 月 17 日、18 日，上海市某律师事务所代理人柯某军与上海市黄浦公证处公证员共同前往广州市天河区体育西路 × 号建和中心 × 楼华唯公司、某咨询公司经营场所，与某咨询公司的黄某伟、王某娜洽谈涉案注册商标转让事宜。上海市黄浦公证处对上述洽谈过程出具（2013）沪黄证经字第14546 号公证书。

该公证书显示：在洽谈过程中，柯某军询问涉案注册商标从原来商定的 8 万元提高到 800 万元的原因。黄某伟表示转让价格不能低于 800 万元，其目标是要将该商标作为某日方企业的附属品牌，卖给该企业。该商标适合日方企业和投资者，不适合一般的使用者。之后，王某娜带柯某军参观了上述日方企业位于广州市天河区天河路 × 号太古汇商场的"XXX"专卖店。参观完后，黄某伟表示上述日方企业即是"XXX"的经营者。

➲ 一审法院判决理由与裁判结果

一审中，双方当事人的争议焦点集中在两个方面：（1）某商贸公司、某商贸公司某分店使用 G1133××3 号标识是否侵犯某会展公司、某咨询公司涉案注册商标专用权；（2）如果构成侵权，某商贸公司、某商贸公司某分店应承担怎样的民事责任。

一、某商贸公司、某商贸公司某分店使用 G1133××3 号标识是否侵犯某会展公司、某咨询公司涉案注册商标专用权

某商贸公司、某商贸公司某分店未经某会展公司、某咨询公司许可，在互联网宣传中使用了与原告注册商标相同的被诉侵权标识，并销售带有该标识的商品，其行为均属于侵害某会展公司、某咨询公司注册商标专用权的行为，依法应承担相应的民事责任。

二、如果构成侵权，某商贸公司、某商贸公司某分店应承担怎样的民事责任

本案中，首先，虽然两原告向一审法院提供了用以证明其已实际使用涉案注册商标的证据，但是该些证据均不足以证明两原告已经实际使用了涉案注册商标。其次，虽然两原告对于两被告提供的华唯商标转让网相关网页截屏、（2013）沪黄证经字第 14546 号公证书等证据真实性、合法性、关联性提出异议，但是（2013）沪黄证经字第 14546 号公证书中公证保全的录音并未损害社会公共利益，且该录音内容本身与两被告提供的两原告工商登记信息、两原告所持有商标的查询列表、转让列表、华唯商标转让网 IP 备案信息、（2013）沪徐证经字第 9620 号、第 9621 号公证书等证据，以及该公证书所附照片、黄某伟、王某娜名片等可以互相印证。因此，一审法院对于该份证据的真实性、合法性、关联性予以确认，该份证据具有证明效力。

而华唯商标转让网相关网页截屏的内容与（2013）沪徐证经字第 9620 号、第 9621 号公证书、（2013）沪黄证经字第 14546 号公证书等证据内容可以互相印证，可以证明华唯商标转让网确实出现过转让涉案注册商标的相关信息。

一审法院对于两原告的相关质证意见不予采纳。一审法院认为，两被告在本案中向一审法院提供的证据可以证明如下事实：（1）两原告分别持有注册商标 2600 多个，且原告某咨询公司实际经营的华唯商标转让网以商标转让为其主营业务。（2）华唯商标转让网曾出现转让涉案注册商标的相关信息。（3）原告某咨询公司法定代表人黄某伟在洽谈涉案注册商标的转让过程中，提出了巨额的商标转让费用，且明显涉及两被告经营的"XXX"品牌。（4）两原告以被告某商贸公司及其下属分公司，中国迅某公司及其下属分公司侵害两原告涉案注册商标专用权为由，就同一事实分别向全国多个法院提起了诉讼，仅一审法院就受理了四起相关纠纷。

该些事实结合两原告上述实际使用涉案注册商标证据中存在的明显不合理之处，一审法院认为，作为涉案商标的注册人，两原告并无实际使用涉案注册商标的意图，而是欲通过诉讼达到将涉案注册商标转让给"XXX"经营者的目的，从而获取巨额赔偿或商标转让费用。

考虑到两被告的涉案注册商标侵权行为并未给两原告造成实际的经济损失，且两原告上述诉讼行为明显不符合鼓励商标使用、激活商标资源的原则，而是属于利用注册商标不正当地投机取巧、将注册商标作为索赔的工具，因此，一审法院对于两原告要求两被告在本案中承担赔偿责任的诉讼请求，不予支持。

一审法院判决某商贸公司停止侵权行为；驳回某会展公司、某咨询公司其他诉讼请求。

⊃ 上诉主张及理由

上诉人主张：（1）一审判决以人人网×××公共主页认定互联网上关于被诉侵权标识的宣传信息均由某商贸公司发布，属事实认定错误。（2）一审判决将用于表明产品特性的被诉侵权标识文字说明认定为识别商品来源的商标，与客观事实不符。（3）被诉侵权标识与涉案注册商标既不相同也不近似，某会展公司、某咨询公司仅诉请认定两者近似，一审法院却认定相同，违反民事诉讼"不告不理"原则。

被上诉人则主张：（1）人人网发布信息需要后台认证，该网上的相关主页确由某商贸公司开办，相关信息由某商贸公司发布。（2）一审判决认定被诉侵权标识的使用属商标使用正确。（3）被诉侵权标识与涉案注册商标对比，其核心是变形的U，被诉侵权标识是由变形的U和文字"ULTRA、LIGHT、DOWN"构成，其变形的U部分完全相同，因此一审法院认定两者相同符合客观实际。

⊃ 二审法院查明的事实

二审法院经审理查明，一审法院查明的事实属实。

⊃ 二审法院判决理由与裁判结果

二审法院认为，本案主要有以下争议焦点：（1）某商贸公司、某商贸公司某分店是否在互联网宣传中使用了被诉侵权标识，以及在产品上使用该标识是否属于商标性使用。（2）被诉侵权标识与涉案注册标识是否相同或近似。（3）某会展公司、某咨询公司是否实际使用了涉案注册商标，某商贸公司、某商贸公司某分店是否应承担赔偿责任。

1. 一审法院关于某商贸公司、某商贸公司某分店使用被诉侵权标识属于商标性使用的认定，二审法院予以认同。

2. 基于被诉侵权标识与涉案注册标识的变形U部分相同，从而认定两标识相同，于法不悖，一审法院认定无误，二审法院予以认同。

3. 关于某会展公司、某咨询公司是否实际使用了涉案注册商标。二审法院认为，某会展公司、某咨询公司在原审中提供的实际使用证据材料以及其在二审中提交的关于其实际使用涉案注册商标的证据材料，均不符合商业活动中使用商标的惯常做法，查明的事实也足以表明某会展公司、某咨询公司的经营模式系注册商标转让牟利，或意图通过诉讼获取赔偿，其本身既无使用的意图，亦未曾实际使用，且某会展公司、某咨询公司关于使用意图也应认定为商标使用的意见，并无法律依据。

鉴于某会展公司、某咨询公司没有实际使用涉案注册商标，其不存在实际损失，一审法院要求某商贸公司、某商贸公司某分店停止使用被诉侵权标识，已足以保护某会展公司、某咨询公司对涉案注册商标标识享有的商标权，一审法院依法判决某商贸公司、某商贸公司某分店不承担赔偿责任，于法不悖。

二审法院驳回上诉，维持原判。

⟳ 再审主张及理由

再审申请人某商贸公司主张：（1）涉案注册商标已被宣告无效，原审生效判决据以认定侵权的权利基础暨主要事实依据被依法撤销，符合法定再审的情形。（2）本案二审判决结果与国内其他地区法院的生效判决存在明显区别。包括本案在内，被申请人对申请人提出了完全相同的42件诉讼。在本案二审判决作出之前，已有部分法院作出生效判决。其中，多数法院认为申请人使用被诉侵权标识的行为，不侵犯被申请人享有的涉案注册商标专用权。（3）即使被申请人权利商标有效，申请人使用的被诉侵权标识也与涉案注册商标不构成相同或近似。应将被诉侵权标识文字整体作为比对对象与被申请人注册商标进行比对，两者在音、形、义上存在差异，不会使相关公众对商品的来源产生混淆或者误认。请求本院撤销一审、二审判决，驳回某会展公司、某咨询公司全部诉讼请求，诉讼费用全部由某会展公司、某咨询公司承担。

⟳ 再审法院判决理由与裁判结果

根据原审法院查明的事实及本院查明的事实，本案的争议焦点为：某会展公司、某咨询公司是否滥用其商标权。

本案中，根据查明的事实，某会展公司、某咨询公司以不正当方式取得商标权后，目标明确指向某商贸公司等，意图将该商标高价转让，在未能成功转让该商标后，又分别以某商贸公司、中国迅某公司及其各自门店侵害该商标专用权为由，以基本相同的事实提起系列诉讼；在每个案件中均以某商贸公司或中国迅某公司及作为其门店的一家分公司作为共同被告起诉，利用某商贸公司或中国迅某公司门店众多的特点，形成全国范围内的批量诉讼，请求法院判令某商贸公司或中国迅某公司及其众多门店停止使用并索取赔偿，主观恶意明显，其行为明显违反诚实信用原则，对其借用司法资源以商标权谋取不正当利益之行为，本院依法不予保护；某商贸公司关于某会展公司、某咨询公司恶意诉讼的抗辩成立，予以支持。二审法院虽然考虑了某会展公司、某咨询公司之恶意，判令不支持其索赔请求，但对其是否诚实信用行使商标权，未进行全面考虑，适用法律有所不当，本院予以纠正。

再审法院撤销一审及二审判决，判决驳回某会展公司、某咨询公司全部诉讼请求。

⊃ 判解与学理研究

本案系司法实践中商标权滥用的典型案例。下文笔者拟结合本案案情，在深入剖析本案判决要旨的基础上，试图探讨商标权滥用的界定、表现、规制等基本问题。

一、商标权滥用的界定

关于权利滥用，我国台湾地区史尚宽先生曾作出精辟透彻的一番见解，权利滥用，谓逸出权利的、社会的、经济的目的或社会所不容许的界限之权利行使。[①]

商标权滥用系权利滥用在商标法领域的特定表现，该制度最初源于英美法系衡平法中"不洁之手"原则，即行为人寻求衡平法院救济之前提，必须保证其清白正直，未向法庭隐瞒重要事实，即拥有一双"洁净之手"。商标权滥用制度与"不洁之手"原则的意旨不谋而合。若该商标权人权利的行使明显突破法律的容忍限度，过度利用法律赋予其的独占性地位，以致其他主体或社会的利益遭受损害，此时该权利人即无法获得救济，相对人亦可据此提出侵权抗辩，以免于承担不利的法律后果。

从司法实践中既有案例来看，在涉及商标权滥用的相关案件中，裁判标准并不完全统一。为提升司法裁判的权威性与公正性，有必要对商标权滥用的认定标准予以细致化梳理。笔者以为，商标权滥用的构成要件主要包括以下几点：

---

① 参见夏利民：《民法基本问题研究》，中国人民公安大学出版社 2001 年版，第 412 页。

其一，商标权滥用的前提系存在业已有效的商标权。其意为，只有合法拥有商标权的主体才具有商标权滥用之可能。反之，若缺失商标权权利基础，即使其实施了权利滥用行为，亦与所探讨的"商标权滥用"差异甚巨。举例观之，在商标许可合同中，若合同标的，即所涉商标权因无效宣告或撤销等事由而丧失合法性基础，致使该许可合同陷入履行不能之境地，此时该许可人之行为可能构成合同欺诈，而不应认定为商标权滥用。值得注意的是，此处商标权"有效"的时间节点应以实施商标权利滥用行为的时间为限。换言之，商标权的权利状态不具有溯及性，若行为人在滥用商标权利后，原有商标被宣告无效或撤销以致原商标权的权利有效性基础丧失，只要实施权利滥用行为时其商标权合法有效，该行为即可认定为商标权滥用。

其二，在实施商标权利滥用时，行为人主观状态至少表现为重大过失。关于主观要素，学界有观点主张，商标权滥用的主观要件仅指行为人主观上具有故意，对此，笔者认为此种见解尚有进一步斟酌的余地。其背后缘由在于，较之于过失状态，故意状态的认定更为复杂，相对人的举证难度亦随之提升。若将商标权滥用的主观要件严格限定为"故意"，作为受害主体的相对人很可能因无法举证而无法获取法律赋予其的救济，这无疑与法律所倡导的公平正义价值理念背道而驰。

其三，商标权人未以适当、合理、审慎的方式行使权利，且此种方式超出了法律允许的正当界限。关于商标权人滥用权利的行为表现，笔者将在下文着重论述，故此处不再赘述。

其四，商标权人滥用权利的行为产生了损害后果，即该行为对相对人利益或社会的公共利益造成了一定侵害。尚需特别注意的是，此种损害后果并不限于已经发生的实际损害，亦包含一种尚未发生的潜在损害后果，即存在损害发生的现实风险。

二、商标权滥用的表现

权利的行使一旦缺失必要限制，突破合理的界限，该权利即可能走向异化的"深渊"。商标权亦是如此。在现代社会中，商标权人的私益正呈现扩张态势，致使市场竞争者、消费者等市场主体的利益面临被侵蚀的风险。商标权人滥用其权利的不当行为，致使商标逐渐脱离"识别商品来源"的本质，进而演变为破坏市场竞争秩序、谋取不法利益的竞争工具。结合市场实践观之，商标权滥用主要有以下表现形式。

其一，商标恶意诉讼。商标恶意诉讼指的是行为人基于非法动机和目的，在缺失合法性及正当性的背景下滥用其享有的诉讼权利，恶意提起商标诉讼，致使相对人的合法利益遭受现实或潜在的损害。市场实践中，商标恶意诉讼往往与商标恶意注册相伴而生，即商标恶意注册与商标恶意诉讼在发生时间上往往表现为先后关系，行为人抢注、囤积商标却注而不用，并通过提起商标侵权诉讼的方式，意图攫取高额的赔偿金、转让费等非法经济利益。关于商标恶意诉讼的具体认定，可以参照传统的侵权行为"四要件"理论，即主观过错、行为、结果及因果关系，将此责任定性公式应用于商标法领域。[①] 本案中，原告作为商标代理机构，申请注册了大量商标，却并未投入实际的商业使用活动中，其意图通过高价转让的途径获取不当利益。原告所提起的商标侵权诉讼即构成了商标恶意诉讼，属于典型的商标权滥用行为。

其二，反竞争的商标许可使用。商标许可系商标权利的重要内容，其是指商标权人通过签订商标许可合同，许可其他市场主体通过特定形式（如某一具体的期限、方式、范围等）使用该商标。从本质上而言，商标许可的内容主要表现为被许可人借助商标权人的商誉以达到拓宽竞争市场、扩大市场影响力之目的。实践中，商标权异化的其中一项表现即在于，商标权人滥用自己的专用权与禁止权，在商标许可合同中恶意设置诸多反竞争的不公平条款，以达到排除或限制竞争，甚至垄断相关市场的不法目的。在具体形式上，此类反竞争条款往往表现为"一揽子许可"、固定产品价格或数量、划分销售市场或原材料采购市场、限制技术创新等。

其三，妨碍在先使用人的后续使用行为。依据我国《商标法》第 59 条第 3 款，商标在先使用人享有商标先用权，其可在原使用范围内继续使用该商标。从立法宗旨出发，商标先用权制度的意义在于，弥补商标注册取得制的固有弊病，缓和商标注册人与商标使用人之间的利益冲突。现行立法虽肯定了商标先用权的合法地位，但商标在先使用人的正当利益保护机制仍有待进一步完善。在后申请注册的商标权人通过商标侵权诉讼或不合理地要求在先使用人附加区别标识，以限制在先商标使用人对该商标的正当使用，致使在先使用人前期经营所建立起的商品声誉面临削弱甚至贬损的风险。

[①] 参见王雅芬、韦俞村：《商标恶意诉讼的识别与法律规制》，载《电子知识产权》2019 年第 8 期。

其四，限制他人对商标的合理使用行为。商标合理使用制度的理念宗旨在于防止商标权人不当扩张权利边界，圈占公共领域的信息资源。从学理上进行分类，商标的合理使用主要包括商标的叙述性合理使用及指示性合理使用。前者系指经营者在描述其提供的商品或服务的基本内容或特质时，不可避免地使用其他主体的商标信息。此类商标往往缺失固有显著性，实践中通常表现为具备第二含义的通用名称、地名等商业标识，为了保护其他经营者自由描述自己商品或服务的权利，对此类商标的第一含义进行使用，并不构成商标法意义上的商标侵权。至于后者，亦为对商标权人所作出的必要限制，其指的是经营者在生产销售活动中善意地使用其他主体的商标，以客观地说明其提供的商品或服务源于他人或与他人相关。[①]商标合理使用系商标侵权的抗辩事由，若商标权人滥用其专用权及禁止权，针对其他市场主体的叙述性合理使用或指示性合理使用行为，恶意提起商标侵权诉讼，该合理使用主体即可援引商标合理使用制度以提出侵权抗辩，从而规避商标侵权责任的承担。

三、商标权滥用的规制

商标权虽为一项法定的垄断权，但该权利的行使必须遵循法律所容忍的方式，不得超出权利本身的界限与范围，否则将违背商标立法的宗旨理念，致使相对人的合法利益与市场竞争秩序遭受侵害，长远来看，有损于社会公众的整体福祉。从本质上而言，商标权滥用行为系权利人垄断权的异化行使，如果放任市场竞争中的此种行为，必然导致对社会公共利益的侵蚀，乃至波及整个商标权制度的合理性根基。基于此，必须对市场中愈演愈烈的商标权滥用现象予以规制，以寻求私益保障与公益维护之间的平衡点。

从既有法律体系来看，关于商标权滥用的规制可以从《反不正当竞争法》与《反垄断法》寻求依据。《反不正当竞争法》虽未将商标权滥用行为明确列为不正当竞争行为，但从商标权滥用的表现及其危害结果观之，商标权滥用主体违背了市场活动的开展需遵循自愿、平等、公平、诚信的基本原则，有悖于法律及商业道德，该行为无疑构成了市场不正当竞争行为，故可以借助《反不正当竞争法》第2条对商标权滥用行为予以规制。此外，针对滥用程度较高的商标权行使行为，《反垄断法》第17条、第18条禁止商标权人通过达成相关垄断协议以排除限制市场竞争，如商品价格固定、生产数量或销

---

① 参见冯晓青：《知识产权法利益平衡理论》，中国政法大学出版社2006年版，第669~681页。

售数量限定、市场分割、技术创新限制、联合抵制交易等；《反垄断法》第22 条则旨在禁止商标权人滥用其市场支配地位、恶意实施控制商品价格、数量或者其他交易条件等行为。实际上，在竞争法规制之外，《商标法》及相关法律法规中涉及侵权抗辩的相关条款亦在一定程度上体现了禁止商标权滥用的精神，例如通用名称的合理使用、在先使用人的后续正当使用等。此类规定散见于《商标法》及相关法律法规中，共同构筑了商标法体系下的商标权滥用规制体系。

然而上述法律规定较为笼统，实际可操作性不足，有待进一步细化。对此，笔者认为，针对商标权滥用行为的法律规制，首先应对商标法与竞争法的功能定位予以厘清界定。商标法规制系打击生产经营活动中商标权滥用的主要手段，而竞争法可谓调整市场主体竞争活动的最后一道防线。在商标法体系层面，有必要继续完善商标合理使用、商标权利穷竭、商标在先使用权等权利限制制度的适用标准，以提升此类制度的实践适用性；此外，充分发挥民法基本原则的宏观指导作用，如诚信、公序良俗、禁止权利滥用原则等，弥补商标法律所存在的不足，以保证商标权于法律所容忍的限度与范围内行使，减少商标权行使的异化现象。在竞争法体系层面，较之于一般类型的案件，商标权领域的不正当竞争与垄断行为具有其自身的特殊性。在未来阶段，需进一步深化商标权滥用在竞争法体系下的认定及责任规则，如表现形式、损害赔偿责任、行政处罚力度等，相关规则的具体细化有助于加大对商标权滥用行为的遏制与惩戒力度，净化商标市场内的竞争环境，实现竞争法维护社会公共价值的政策目标。

四、结论

商标权滥用系权利滥用在商标法领域的特定表现，其构成要件主要包括如下几点：其一，商标权滥用的前提系存在业已有效的商标权；其二，在实施商标权利滥用时，行为人主观状态至少表现为重大过失；其三，商标权人未合理妥当行使自身权利，且权利行使超出法律课以的必要限制；其四，商标权人滥用权利的行为产生了损害后果，即该行为对相对人利益或社会的公共利益造成了一定侵害。结合市场实践观之，商标权滥用主要表现为商标恶意诉讼、反竞争的商标许可使用、妨碍在先使用人的后续使用行为及限制他人对商标的合理使用行为。商标权虽为一项法定的垄断权，但该权利的行使必须遵循法律所容忍的方式。从现有立法观之，对于商标权滥用的规制，主要见之于商标法及竞争法法律体系。在二者的功能定位上，商标法规制系打击生产经营活动中商标权滥用的主要手段，而竞争法可谓调整市场主体竞争活动的最后一道防线。

商标权滥用之民行二元程序问题研究

——武汉某酒店管理公司关山店与郎某侵害商标权纠纷案

/ 陈春鑫

⊃ 本案要旨

　　商标权滥用的民行二元程序冲突表现之一是商标行政确权程序与商标侵权民事救济程序的重叠和冲突。商标权利滥用的根本原因在于权源的违法性，解决权源的违法性问题依托于行政确权程序，合法的权源是展开民事救济的基础。对此，相比于在民事救济程序中综合在案证据直接认定商标侵权与否的做法，更适宜在行政案件处理中优先处理存在民事争议的商标确权案件，这样既保证了由行政机关及时确定商标效力，也能最大限度保证民事救济权利基础的正当性认定，使个案裁判实现最大限度公正。

⊃ 案件信息

　　上诉人（一审被告）：武汉某酒店管理公司关山店
　　被上诉人（一审原告）：郎某
　　案号：湖北省武汉市中级人民法院（2018）鄂 01 民初 4276 号、湖北省高级人民法院（2019）鄂民终 606 号

⊃ 原被告主张及理由

　　原告郎某诉称：原告是第 10644××1 号注册商标的权利人。被告未经许可在酒店大门、宣传册、网络宣传员、门禁卡、订房卡、宾客意见调查表、牙具、梳子、拖鞋等商品上擅自使用原告的注册商标。被告的侵权行为所涉及的商品范围和市场影响巨大，严重侵犯原告的注册商标专用权，给原告造成了严重的经济损失。为保护原告的商标专用权及广大消费者的权益，特诉至法院。

被告武汉某酒店管理公司关山店答辩称：被告系案涉商标的在先使用者；原告作为被告总公司原股东及经营者，系恶意抢注案涉商标；被告在收到起诉材料后已停止使用案涉商标；原告主张的经济损失及合理费用没有事实依据。

⊃ 法院查明的事实

经国家工商行政管理总局商标局核准，2013 年 5 月 14 日，原告取得第 10644××1 号图形商标，商标核定使用的类别为服务项目第 43 类，包括住所等，注册有效期至 2023 年 5 月 13 日。武汉某酒店管理公司成立于 2011 年 3 月 7 日，系有限责任公司，法定代表人詹某春，经营范围：酒店管理、企业管理咨询、提供住宿服务。2012 年 6 月 15 日，该公司工商变更登记事项如下：（1）董事会情况变更：郎某（执行董事/总经理）、韩某华（监事）变更为韩某某（监事）、杨某斌（执行董事/总经理）；（2）自然人股东变更：郎某（25%）变更后自然人股东无郎某；（3）法定代表人变更：郎某变更为杨某斌。2013 年 7 月 5 日，该公司工商登记住所由洪山区雄楚大道 × 号变更为洪山区南湖文治街武昌府花样街一期 A 区 × 号。

被告武汉某酒店管理公司关山店成立于 2013 年 11 月 26 日，系有限责任公司分公司即武汉某酒店管理公司分支机构，营业场所为武汉市洪山区民族大道 × 号关山公园内苗圃科普楼 × 楼，负责人陈 × 兵，经营范围：酒店管理、企业管理咨询、旅店（经营期限与许可证核定的经营期限一致）。

2012 年 4 月 5 日，被告作为甲方与乙方武汉市硚口区某智能门锁经营部签订订货合同，订购必达智能门锁、开门卡等产品，并约定质量标准按乙方所提供的并由甲方封存的样板为标准。关于被告在其经营场所使用被控侵权标识的方式，经当庭勘验核实：被告经营场所提供的门禁卡及梳子上使用的被控侵权标识与涉案商标图案颜色相同；被告经营场所提供的会员卡、拖鞋、擦鞋布及客户意见卡上所使用的被控侵权标识与涉案商标图案相同，颜色不同。被告对上述使用方式及对比结果当庭予以认可。

⊃ 一审法院判决理由与裁判结果

一审法院认为，本案的争议焦点在于武汉某酒店管理公司关山店的在先使用商标行为超出原本使用范围，是否构成对郎某持有商标的商标专用权的侵犯？

根据《商标法》第 56 条的规定，郎某系第 10644××1 号注册商标的所有权人，依法在核定使用的第 43 类服务项目上对该商标享有注册商标专用权。根据《商标法》第 57 条第 1 项的规定，本案中，首先，武汉某酒店管理公司关山店经营范围为旅馆服务类，与涉案注册商标核定使用类别相同；其次，武汉某酒店管理公司关山店在其经营场所提供的门禁卡及梳子上，使用了与郎某享有专用权的注册商标相同的标识。在武汉某酒店管理公司关山店没有提交证据证明其使用行为已获得郎某授权许可的前提下，一审法院认定武汉某酒店管理公司关山店的上述使用行为构成侵权。根据《商标法》第 57 条第 2 项的规定，武汉某酒店管理公司关山店在其经营场所提供的会员卡、拖鞋、擦鞋布及客户意见卡上，多次使用与郎某享有专用权的注册商标图案相同、颜色不同的标识。从普通消费者角度，二者构成近似标识。因此，武汉某酒店管理公司关山店在其经营场所使用与第 10644××1 号注册商标近似标识的行为，容易导致相关消费者产生混淆，侵害了郎某对第 10644××1 号注册商标享有的商标专用权。

根据《商标法》第 59 条第 3 款的规定，郎某一审当庭对武汉某酒店管理公司的在先使用行为予以认可，但武汉某酒店管理公司关山店成立时间晚于郎某注册商标核准日期，即使作为在先使用人武汉某酒店管理公司的分支机构，也超出了在先使用人的原使用范围，故武汉某酒店管理公司关山店提出的在先使用抗辩不成立。另武汉某酒店管理公司关山店提出郎某系恶意抢注涉案商标的答辩理由，武汉某酒店管理公司关山店可依法另行主张权利，本案不予审查。

根据《商标法》第 63 条规定，武汉某酒店管理公司关山店应当立即停止侵害郎某商标专用权的行为，并赔偿因其上述行为给郎某造成的经济损失。鉴于郎某对于因武汉某酒店管理公司关山店侵权行为所受到的实际损失、武汉某酒店管理公司关山店因侵权行为所获得的利益、注册商标许可使用费等事实均难以举证证明，郎某所遭受的实际损失难以确定，本案武汉某酒店管理公司关山店赔偿郎某的经济损失可由人民法院依法认定。结合郎某被侵害的第 10644××1 号注册商标的知名度、武汉某酒店管理公司关山店经营规模等因素；同时考虑到郎某曾任武汉某酒店管理公司关山店所属总公司即武汉某酒店管理公司法定代表人参与经营，且认可武汉某酒店管理公司的在先使用行为。武汉某酒店管理公司关山店虽成立于郎某注册商标核准以后，实际超出了在先使用人的原使用范围，但武汉某酒店管理公司关山店为在先使用人的分支机构，并不具备独立法人资格，其使用被控侵权标识系经武汉某酒店管理公司授权，而非主观恶意侵权。一审法院酌定武汉某酒店管理公司关山店赔偿因其侵害郎某注册商标专用权造成的经济损失为 50 000 元。另外，郎某未提交证据证明其主张的合理费用实际支出，故其要求武汉某酒店管理公司关山店赔偿合理开支的诉讼请求无事实依据，一审法院不予支持。

根据《最高人民法院关于审理商标民事纠纷案件适用法律若干问题的解释》第 21 条规定，人民法院在审理侵犯注册商标专用权纠纷案件中，可以判决侵权人承担停止侵害、排除妨碍、消除危险、赔偿损失、消除影响等民事责任。原告并未提交证据证明被告侵权行为造成其商标信誉受损，故原告要求被告就其侵犯原告注册商标专用权的侵权行为登报和在酒店大堂张贴、示牌等方式向原告公开赔礼道歉、消除影响的诉讼请求无事实及法律依据，一审法院不予支持。

○ 上诉主张及理由

二审程序中，被告武汉某酒店管理公司关山店上诉称：（1）一审判决对郎某恶意抢注的事实不予审查有误。郎某未经武汉某酒店管理公司授权以自己的名义注册涉案商标，应适用《商标法》第 15 条第 1 款的规定驳回郎某的诉讼请求。（2）一审判决适用《商标法》第 59 条第 3 款属适用法律错误。（3）郎某恶意取得、囤积、行使商标权并向真实权利人主张侵权，构成权利滥用，其诉讼行为应当认定为恶意诉讼，郎某应承担消除影响、赔偿损失的法律责任。（4）在郎某担任武汉某酒店管理公司法定代表人和股东期间，武汉某酒店管理公司关山店已经在筹划设计、租赁店面、装修建设和做营业准备了，武汉某酒店管理公司关山店使用被控侵权标识并未超出在先使用人原使用范围，武汉某酒店管理公司关山店在先使用抗辩成立，有权继续使用被控侵权标识。（5）本案诉讼已经超过了诉讼时效，郎某是在涉案商标注册五年后才提起诉讼，郎某未在合理期间内主张权利，也未阻止武汉某酒店管理公司关山店扩大使用范围，应视为郎某对武汉某酒店管理公司关山店扩大原使用范围的行为和事实状态主张权利超过了诉讼时效。（6）郎某在退出武汉某酒店管理公司后，仍与武汉某酒店管理公司关山店从事合作经营业务，涉案商标并未实际投入使用，依照《商标法》第 64 条第 1 款之规定，武汉某酒店管理公司关山店不应承担赔偿责任。（7）郎某作为武汉某酒店管理公司的法定代表人参与了武汉某酒店管理公司关山店店面租赁筹备与营业建设，郎某未经同意擅自注册涉案商标，且注册后未投入商业使用，武汉某酒店管理公司关山店已经向商标行政主管机关提出了无效宣告申请，故请求二审法院中止审理，待行政程序完成后再行继续审理。

➔ 二审法院判决理由与裁判结果

二审法院认为，《民事诉讼法》第 119 条第 1 项规定"起诉必须符合下列条件：（一）原告是与本案有直接利害关系的公民、法人和其他组织"，本案中，郎某基于其享有的涉案商标专用权对武汉某酒店管理公司关山店提起诉讼，但在本案审理过程中，涉案商标已被国家知识产权局决定撤销，郎某享有的权利基础已不存在，郎某与本案无直接利害关系，其起诉不符合人民法院立案受理条件，应予驳回。

➔ 判解与学理研究

我国是注册取得商标权制度的国家，对申请注册商标并无实际使用的要求，较低的准入门槛为利用商标注册机制而非法牟利者提供了便利，这是我国注册制度所必须面临和解决的问题。然而，商标权利滥用的原因远不仅于此，社会公众的权利意识和诚信经营信念尚不够深刻，将商标作为投资或商业运作的工具，而颠覆了商标作为商品或服务来源的识别工具这一本质。商标权滥用的后果十分严重，提起商标恶意诉讼、恶意投诉和申请财产保全等措施，不仅威胁在先正当使用商标的诚信经营者的合法权益，而且极大地浪费行政资源和司法资源，甚至扰乱我国商标管理秩序和市场竞争秩序。

在这一过程中，利益相关方往往通过商标确权行政程序对恶意注册商标提出无效宣告申请或撤销申请，进而实现正当维权。但与此同时，商标权滥用者往往通过司法程序对利益相关方提出民事侵权诉讼，企图取得赔偿或谋求和解。为此，有必要对商标权滥用规制的法律机理，对该类争议的民行二元程序矛盾进行分析，寻找二者的协调路径，以期实现对权利滥用现象的有效打击和预防，以及对正当经营者权益的维护。

一、商标权利的滥用

中国是商标大国，商标注册总量位居世界第一。与此同时，我国商标行政管理工作正在面临巨大挑战，一方面，商标申请审查工作日益繁重，商标审查量逐年攀升，例如，2018 年我国完成商标注册审查为 804.3 万件，同比增长

89.15%。① 另一方面，随着商标审查管理体制的完善，对商标审查质量要求和效率要求不断提高。此情形下，大量的商标恶意注册行为不仅进一步加重了我国商标行政管理部门及司法审判部门的工作压力，更加扰乱了市场经济秩序，商标领域的符号圈地行为不仅可能损害市场经营者的合法权益，而且将造成商标领域公共资源的浪费。

与此同时，在现有商标注册制的背景下，存在滥用商标权利的恶意抢注人，他们通过商标抢注囤积、恶意投诉和恶意售卖商标等手段，从实际权利人处牟取不法利益。但是，此类商标抢注、投诉行为具有形式上的"合法外衣"，实际权利人或被投诉商家往往不堪其扰而被迫妥协，致使此类商标抢注、恶意投诉行为不断，打击商标恶意注册具有迫切的现实需求。另外，商标权利滥用还体现在恶意诉讼方面，行为人通过抢注在先使用的未注册商标，取得商标专用权后大肆利用司法资源进行恶意诉讼，以期通过司法裁判或调解及和解的方式，获得高额利益。因此，我国打击恶意注册具有迫切性，商标权利滥用行为的规制涉及的利益重大且复杂，需要多个国家机关部门的协调配合，以及社会公众的权利意识和诚信经营理念的提升。

在此背景下，我们有必要首先从理论上明晰商标权滥用规制的法律机理。商标法律制度的主要功能在于授予商标权和保护商标权这两个方面，之所以发生商标权利滥用，是因为不当地授予商标权。在我国商标注册审查现状中，行政机关对申请注册商标能够投入商业使用怀有初步信任和合理信赖，对不违背商标禁注事由的绝大部分商标申请均予以准许。这为非法牟利者取得商标权利提供了便利条件，也是注册取得制度的固有弊端。但是，这些消极影响能够通过配套法律制度的实施得到缓解，如注册商标连续三年不使用撤销制度、商标异议制度和商标无效宣告制度等。由此可见，我国法律给予商标权的保护具有相对性，取得商标注册者并非立即拥有了商标性利益，而是需要通过对商标的商业使用和诚信经营，使其获得符号价值，进而取得根本性的商标利益。因此，商标权利滥用就是通过合法的权利外衣，盗取在先使用者积累的商标性利益，并利用国家机器将其非法牟取的利益得到兑现。

在著名的"歌某思"商标案中，王某某将歌某思公司在先使用的商标和企业字号进行注册，并以商标侵权为由诉至法院，两审法院均支持了王某永的部分诉讼请求，认定歌某思公司使用与诉争商标相同和近似的商标的行为侵害了王某永的商标专用权。但最高人民法院再审时认为，"诚实信用原则是一

---

① 参见 2018 年《国家知识产权局年报》。

切市场活动参与者所应遵循的基本准则。一方面，它鼓励和支持人们通过诚实劳动积累社会财富和创造社会价值，并保护在此基础上形成的财产性权益，以及基于合法、正当的目的支配该财产性权益的自由和权利；另一方面，它又要求人们在市场活动中讲究信用、诚实不欺，在不损害他人合法利益、社会公共利益和市场秩序的前提下追求自己的利益"[①]。正因法律对市场活动主体的诚实信用要求，法院对"歌某思"商标价值来源进行评估，对王某某的商标侵权诉讼意图进行分析，综合认定歌某思公司合法行使在先权利具有正当性，而王某某提起诉讼所凭借的商标权系非法取得，其通过诉讼进行索赔的行为构成权利滥用。

二、商标权滥用之民行二元程序的冲突表现

商标权利滥用往往涉及商标确权行政程序和商标侵权民事诉讼程序，前者解决商标权利的合法性问题，后者解决侵犯商标专用权的认定和相关的责任承担问题。商标法律制度实施的任务是授予商标权利和保护商标权利。所以，在商标法实施过程中，行政确权程序与民事救济程序本是商标权利的授予和保护两个流畅衔接的过程。但是，我国法律给予商标权的保护具有相对性，商标性利益需要通过长期使用和诚信经营而获得，行政确权结果并不决定权利主体具备了绝对的专用权。同时，我国商标注册取得制度的配套制度正逐步完善，为了保证商标权利取得具备充分的正当性，我国法律设置了多个配套制度辅助确立商标授权的正当性，这导致商标确权行政程序持续时间较长。例如，在商标注册超过五年后相关权利人提起无效宣告请求，可能就此否定了商标权利的效力。所以，商标行政确权程序难免与商标民事救济程序发生重叠和冲突。

例如，在"歌某思"商标侵权纠纷案中，原告持有的商标经过行政确权程序和行政诉讼程序后，尚才确定商标权利的最终状态。但在此之前，原告提起的商标侵权诉讼案件中，法院仅依据现有的商标权属证明来认定商标权利的正当性，导致了原告滥用商标权利的企图得以实现。这意味着，尽管通常而言，商标行政确权程序和民事救济程序处于稳定衔接状态，但不乏二者同时进行的状态，这时会产生民事救济的基础不稳定的矛盾之处。而由于结案期限的限制，民事救济程序难以等待行政确权程序结束后再行启动，这就导致民事救济程序中只能肯定形式上的商标权利状态，而不得已忽略其权利根本上的正当

[①] 最高人民法院（2014）民提字第 24 号民事判决书。

性问题，这种民行程序的矛盾难以实现个案正义，也失去了权利救济程序的本质。

因此，商标权利滥用的根本原因在于权源的违法性。解决权源的违法性问题就要回到行政确权程序中，而合法的权源是展开民事救济的基础。故在权源合法性尚无定论的情形下，民行二元程序的衔接就可能出现矛盾，这将最终影响个案正义的实现。

三、商标权滥用之民行二元程序的协调

就我国司法现状而言，针对商标权滥用的民行二元程序矛盾问题，笔者认为，存在两种可行路径：其一，在民事救济程序中综合在案证据，直接认定商标权利的实质正当性与否，而无需参考和等待行政确权程序的结论。其二，在行政案件的处理过程中，优先处理存在民事争议的商标确权案件，以便及早确定商标权的权源正当性问题。这两种路径的可行性和利弊有待分析，我国在解决商标权滥用的民行二元程序矛盾时，应当充分平衡和考虑各种方案的利弊，以最优的解决方案实现程序正义。

对于第一种解决路径而言，在民事救济程序中直接认定商标权利的实质正当性，这种做法有利有弊。其优点是，在民事救济程序中直接认定商标权利基础的合法性，主动判断恶意注册和恶意诉讼的可能性，能够保证民事案件以较高效率实现最大限度的个案公正，并且，能够充分发挥民事审判机关的主观能动性，主动确定裁判基础的合法性问题。同时，民事救济程序中直接认定商标权利基础的合法性问题，将为后续的行政确权案件提供指引和参考。其弊端是，商标确权问题属于行政机关的职能，在审理行政确权案件时，行政机关和行政案件审判机关已经具备了系统的审理和裁判标准以及丰富的判断经验。若在民事救济程序中直接认定商标权利基础的正当性问题，则有混淆职能之嫌，而且难以保证民事审判机关对商标确权问题的认定标准与行政机关的认定标准保持一致。从长远来看，这种路径难以实现商标权滥用的民行二元程序矛盾的根本解决。

对于第二种解决路径而言，在行政授权机关和行政案件审判机关内部建立优先通道，优先审理存在民事侵权纠纷的行政确权案件。整体而言，该方案能够在较大程度上克服上述缺陷。其一，这种做法能够保障特定案件由相应的审理机关来处理，使审理标准保持一贯性和一致性。因为商标权效力的最终确认仍应当行政机关作出，如果由民事审判机关发挥主观能动性对商标权利基础问题进行审理，则审理标准可能存在差异，甚至造成矛盾判决或相反判决的结

果，最终造成商标权效力难以确定的情况。其二，这种方式也能够同时保证民事权利救济的时效性要求，优先处理涉民事争议的商标行政确权案件，能够及时解决民事裁判所依据的权利基础的正当性问题，使民事裁判实现最大限度的个案公正。

因此，第二种路径更加有助于商标权利滥用中的民行二元程序矛盾问题的解决，既能够保证对同类问题的审理标准的一致性，也能够最大限度保证民事救济权利基础正当性认定的及时性。

四、结论

我国法律给予商标权的保护具有相对性，取得商标注册者并非立即拥有了商标性利益，而是需要通过对商标的商业使用和诚信经营，使其获得符号价值，进而取得根本性的商标利益。商标领域的符号圈地行为不仅可能损害市场经营者的合法权益，而且将造成商标领域公共资源的浪费。商标权利滥用现象体现在商标抢注、恶意投诉行为，甚至体现在恶意诉讼方面。

商标法律制度实施的任务是授予商标权利和保护商标权利。而商标权利滥用的根本原因在于权源的违法性。解决权源的违法性问题就要回到行政确权程序中，而合法的权源是展开民事救济的基础。故在权源合法性尚无定论的情形下，民行二元程序的衔接就可能出现矛盾，这将最终影响个案正义的实现。

针对商标权滥用的民行二元程序矛盾问题，笔者认为，在协调商标权滥用的民行二元程序矛盾时，存在两种可行路径：其一，在民事救济程序中综合在案证据，直接认定商标权利的实质正当性与否，而无需参考和等待行政确权程序的结论。其二，在行政案件的处理过程中，优先处理存在民事争议的商标确权案件，以便及早确定商标权的权源正当性问题。相比之下，第二种路径更加有助于商标权利滥用中的民行二元程序矛盾问题的解决，既能够保证对同类问题的审理标准的一致性，也能够最大限度保证民事救济权利基础正当性的及时认定，进而实现商标权滥用相关争议的实体正义和程序正义。

地名公共领域与私权界限研究

——深圳市某酒店公司诉江西某酒店公司、某网络公司侵害商标权纠纷案

/ 冯晓青

➲ 本案要旨

注册商标中含有地名的，注册商标专用权人无权禁止他人正当使用。但是，对地名的正当使用，应当合理界分公共领域与私权行使的界限，准确判断地名使用中的主观状态。此外，需要考虑被诉侵权人使用地名的主观状态。如果被诉侵权人主观上明知在先权利商标的存在，在同行业经营活动中仍使用该标识，主观上难谓正当。因此，地名的正当使用抗辩不成立，商标侵权责任和字号侵权责任不因地名的重名而豁免。

➲ 案件信息

申请人（一审原告、二审被上诉人）：深圳市某酒店公司
被申请人（一审被告、二审上诉人）：江西某酒店公司
一审被告：某网络公司
案号：广东省深圳市中级人民法院（2018）粤03民初1460号、广东省高级人民法院（2019）粤民终1597号、最高人民法院（2020）最高法民再347号

➲ 原被告主张及理由

原告深圳市某酒店公司诉称：（1）原告享有"丹枫白露"商标专用权，且"丹枫白露"商标经过原告的长期持续、广泛推广及使用，在酒店行业具有极高知名度，为相关公众所熟知。任何人未经原告同意，不得在与酒店、餐馆同一种或者类似的服务上使用与上述商标构成近似的商标。（2）两被告未经原

告许可，擅自在酒店这一服务上使用与原告"丹枫白露"商标近似的商标，造成相关公众的混淆及误认，构成商标侵权，应当承担连带责任。被告江西某酒店公司在其开设的酒店招牌处、酒店宣传册、客房用品、酒店外围道路广告牌等物品上使用带有"枫丹白露酒店"的商标标识，在其开设的官方网站上公开宣传推广"枫丹白露酒店"。（3）被告江西某酒店公司将与原告具有极高知名度的"丹枫白露"商号及商标近似的"枫丹白露"文字作为企业字号登记使用，误导相关公众，构成不正当竞争行为，依法应当判令江西某酒店公司变更企业字号。

被告江西某酒店公司辩称：江西某酒店公司使用的"枫丹白露酒店"商标与原告第3577××9号、第3577××0号商标不构成近似，不会造成相关公众混淆、误认。江西某酒店公司于2017年6月21日经国家工商行政管理总局商标局授权获得"枫丹白露酒店"商标的专用权，该商标的设计融入了答辩人法定代表人名字"峰"的因素。从外形上看，该商标由图形、"FON-TAINE""BELLE""EAU"三个法语单词、英文"Hotel"及黑体中文"枫丹白露酒店"六个字组合形成；从商标含义上看，英文部分"Hotel"意为"酒店"；而"枫丹白露酒店"六个中文字，除"酒店"二字作为通用字之外，"枫"取自江西某酒店公司法定代表人名字的谐音，"丹"契合了鹰潭当地丹霞地貌的特征及正一道创始人张某曾在龙虎山炼丹的传说，"白露"二字与江西某酒店公司所处地理位置形成的特色直接相关。

某网络公司辩称：某网络公司网站上的酒店预订信息是由第三方的接口载入，某网络公司仅提供网络平台，且在法院传票送达之前早已下架所有关于江西某酒店公司的预订产品。某网络公司网站上不存在侵权信息，作为网络服务提供者已经及时采取了必要措施，防止可能存在的侵权行为的发生，原告主张的赔偿没有任何依据，故某网络公司不应承担连带责任，请求驳回原告对某网络公司的诉讼请求。

➲ 一审法院查明的事实

1. 关于原告涉案商标的有关情况。原告成立于2004年7月2日，经营范围包括酒店管理。第3577××9号商标注册证及注册商标变更证明显示原告是商标的权利人。该商标注册有效期限自2005年6月28日续展至2025年6月27日，核定服务项目（第43类）包括住所（旅馆、供膳寄宿处）、备办宴席、咖啡馆、饭店、餐馆、酒吧、茶馆、会议室出租、动物寄养、出租椅子、桌子、桌布和玻璃器皿。第 3577××0 号商标注册证及注册商标变更证明显示原告是商标的权利人。该商标注册有效期限自 2005 年 6 月 28 日续展至 2025 年 6 月 27 日，核定服务项目（第 43 类）包括住所（旅馆、供膳寄宿处）、备办宴席、咖啡馆、饭店、餐馆、酒吧、茶馆、会议室出租、动物寄养、出租椅子、桌子、桌布和玻璃器皿。

2. 被诉侵权行为的相关情况。江西某酒店公司在官方网站上宣传推广、介绍枫丹白露酒店，介绍枫丹白露酒店是一家五星级酒店，拥有 223 间客房，酒店提供住宿、会议、餐饮等业务，网站上使用的商标标识中含有"枫丹白露"字样。（2018）赣鹰达证内字第 74 号公证书记载，原告委托代理人入住枫丹白露酒店，就入住行为以及枫丹白露酒店相关设施进行公证，显示酒店招牌、酒店大楼外墙、大堂、电梯、收款凭证、早餐券、酒店用品等上面使用"枫丹白露酒店"字样。

3. 原告指控被告某网络公司与江西某酒店公司存在共同侵权行为。（2017）深证字第 157055 号公证书记载，原告对某网络公司的官方网站的网页内容进行公证，在某网络公司国内酒店预订页面搜索枫丹白露酒店，显示某网络公司为枫丹白露酒店提供预订服务，介绍枫丹白露酒店的房间数量为 223 间，房间每晚单价为 658 元、828 元。

4. 关于被告主张不侵权抗辩的有关情况。江西某酒店公司商标由图形、"FONTAINE""BELLE""EAU"三个法语单词、英文"Hotel"及黑体中文"枫丹白露酒店"六个字组合形成；枫丹白露酒店临近白露河；白露河附近有白露中心小学、白露社区、白露村、白露港、白露工业园、白露派出所、白露街道、白露卫生院等地名。

⊃ 一审法院判决理由与裁判结果

1. 关于本案被诉商标侵权行为。首先，江西某酒店公司在其经营场所、酒店内饰及用品、微信公众号、官网均突出使用"枫丹白露"文字标识，某网络公司在官网上突出使用"枫丹白露"文字标识，上述使用系将相关标识与江西某酒店公司所提供的住所（旅馆）、饭店、餐馆、会议室出租等酒店服务紧密联系，会使相关公众产生服务来源的认知，依法构成商标性使用。其次，本案中，江西某酒店公司系在住所（旅馆）、饭店、餐馆、会议室出租等酒店服务中使用被诉侵权标识，包含在深圳市某酒店公司注册商标核定使用的服务项目中。在判断被诉侵权标识和注册商标是否近似的问题上，按照《最高人民法院关于审理商标民事纠纷案件适用法律若干问题的解释》第9条的规定，应当考虑二者文字的字形、读音、含义或者图形的构图及颜色是否相似。江西某酒店公司使用的"枫丹白露"文字标识，与深圳市某酒店公司"丹枫白露"为相同的汉字，仅首两字调换了顺序。对消费者来说，"枫丹白露"的汉字具有识别作用，一般公众在视觉与听觉上易产生混淆或者误认。综上，江西某酒店公司、某网络公司的行为构成侵害深圳市某酒店公司注册商标专用权。

2.关于本案被诉不正当竞争行为。深圳市某酒店公司与江西某酒店公司均从事酒店服务，深圳市某酒店公司的"丹枫白露"商号登记、使用在先。从所获得的荣誉、宣传推广来看，深圳市某酒店公司的商号已在行业具有一定的影响力。江西某酒店公司在后将"枫丹白露"登记为自己的商号，并在经营活动中使用含有"枫丹白露"字样的企业名称。商号具有表彰经营者或其提供的商品或服务来源的作用，"枫丹白露"与"丹枫白露"构成近似商业标识，江西某酒店公司在经营活动中使用"枫丹白露"商号，会导致相关公众对深圳市某酒店公司与江西某酒店公司提供酒店服务的来源或二者之间的经营关系产生混淆。综上，江西某酒店公司的行为构成不正当竞争，应立即停止在酒店经营活动中使用含有"枫丹白露"字样的企业名称。

综上，一审法院判决：一、江西某酒店公司在住所（旅馆、供膳寄宿处）、饭店、餐馆、会议室出租服务范围内立即停止使用第3577××9号商标、第3577××0号商标；二、江西某酒店公司立即停止在酒店经营活动中使用含有"枫丹白露"字样的企业名称；三、江西某酒店公司于判决生效之日起10日内赔偿深圳市某酒店公司经济损失及合理维权费用共计30万元；四、某网络公司于判决生效之日起10日内赔偿深圳市某酒店公司合理维权费用1万元；五、驳回深圳市某酒店公司的其他诉讼请求。

⊃ 上诉主张及理由

江西某酒店公司上诉称：（1）江西某酒店公司于2017年6月21日经国家工商行政管理总局商标局授权获得第17456××9号商标，该商标由水滴图形、"FONTAINE""BELLE""EAU"三个法语单词、英文"Hotel"及黑体中文"枫丹白露酒店"六个字组成。"枫丹白露"虽为该商标中文成分中的一部分，但江西某酒店公司自始至终所使用的标识均为该完整的组合商标，从未突出使用"枫丹白露"四字。且江西某酒店公司所使用的第17456××9号商标与深圳市某酒店公司所有的第3577××9号、第3577××0号商标在外形及含义上均有显著区别，并不会导致相关公众混淆的后果。（2）深圳市某酒店公司虽享有第 3577××9 号、第 3577××0 号商标专用权，但江西某酒店公司在企业名称中使用"枫丹白露"系来源于其自有商标，且具有其独特含义。因此，江西某酒店公司企业名称中使用"枫丹白露"主观上并不存在引人误认为是深圳市某酒店公司的商品或与深圳市某酒店公司存在特定联系的故意。

某网络公司上诉称：某网络公司作为网络服务提供者，网站上的酒店信息均来自各酒店本身或其他旅游服务经营者。本案江西某酒店公司的酒店信息以及预订信息系来自第三方旅游服务经营者，某网络公司仅作为网络服务提供者提供网络平台服务。

➋ 二审法院查明的事实

二审法院通过相关资料查询"枫丹白露"的信息，结果显示如下内容："枫丹白露（Fontainebleau），是法国巴黎的一个市镇，位于巴黎市中心东南偏55 公里（34.5 英里）处。枫丹白露属于塞纳马恩省的枫丹白露区，该区下属87 个市镇，枫丹白露是区府所在地。枫丹白露是法兰西岛最大的市镇，也是该地区仅有的比巴黎市还大的市镇。'枫丹白露'由朱自清先生译得，而徐志摩将它译为'芳丹薄露'。枫丹白露与毗邻的 4 个市镇组成了拥有 36 713 名居民的市区，是巴黎的卫星城之一。枫丹白露宫是法国最大的王宫之一，枫丹白露宫 1981 年被联合国教育科学文化组织认定为世界遗产。枫丹白露是受欢迎的旅游地。每年约有 30 万人到枫丹白露宫参观，枫丹白露森林每年吸引约1300 万游人。"

➋ 二审法院判决理由与裁判结果

1. 关于江西某酒店公司是否侵害了深圳市某酒店公司涉案商标权的问题。根据《商标法》第 10 条第 2 款的规定，公众知晓的外国地名，不得作为商标。该法第 59 条第 1 款也明确规定，注册商标中含有地名的，注册商标专用权人无权禁止他人正当使用。江西某酒店公司主张其使用该标识，其中图形部分以"F"为主要元素，用简洁的线条勾勒出展翅高飞的凤凰，又似饱满的水滴（白露），凤凰意味着吉祥，水意味着财富，"FONTAINE"意为"源泉、来源"，"BELLE"意为"美好的"，"EAU"意为"水"，三个法文单词连在一起意为"源于美好的水"，而"枫丹白露酒店"中，除"酒店"二字作为通用字之外，"枫"取自于其法定代表人"峰"的谐音，"丹"契合了鹰潭当地丹霞地貌的特征及正一道创始人张某曾在龙虎山炼丹的传说，"白露"源于鹰潭市境内最大的河流——白露河，结合类似水滴的图形及"FONTAINEBELLEEAU"法语词汇的含义，借助对"水"的财富寓意，寄托了江西某酒店公司"和白露河源远流长一样，长久发展"的希望。

二审法院认为"枫丹白露""枫丹白露宫"是法国著名的历史、文化、旅游"Fontainebleau"名镇及其宫殿的中文翻译，不仅在法国而且在我国均有较高的知名度，已经成为公共领域的资源，不能被个别人独占享有；将深圳市某酒店公司第 3577××9 号"丹枫白露"、第 3577××0 号"丹枫白露及图"注册商标与"枫丹白露"相比，二者仅仅是前面两个汉字的排列顺序不同，对相关公众而言并不会产生显著性区别。综上，深圳市某酒店公司无权禁止他人正当使用"枫丹白露"这一外国地名，江西某酒店公司使用被诉侵权标识并不侵害深圳市某酒店公司涉案注册商标权。

2. 关于江西某酒店公司登记并使用含有"枫丹白露"字号的企业名称是否构成不正当竞争的问题。如前所述，深圳市某酒店公司的企业字号与法国著名"Fontainebleau"地名的中文翻译高度近似，而江西某酒店公司企业名称中的字号"枫丹白露"与法国著名"Fontainebleau"地名的中文翻译一致，因此，深圳市某酒店公司同样无权禁止他人正当使用"枫丹白露"作为企业名称中的字号，江西某酒店公司将"枫丹白露"作为企业名称中的字号进行登记和使用，并没有侵害深圳市某酒店公司的企业名称权和商标权，不构成不正当竞争。

综上，二审判决撤销一审判决，驳回深圳市某酒店公司的全部诉讼请求。

⊃ 再审主张及理由

深圳市某酒店公司再审称：（1）江西某酒店公司在酒店服务项目上使用"枫丹白露"标识侵害了其第 3577××9 号"丹枫白露"及第 3577××0 号"丹枫白露及图"注册商标专用权。二审判决认定江西某酒店公司使用被诉标识的行为属于商标性使用，又认定构成对地名的合理使用，属于适用法律错误。（2）二审判决认定"丹枫白露"商标在被申请人成立之前不具有知名度，属于事实认定错误。申请人提交的证据已经足以证明其"丹枫白露"商标在酒店行业已经具有极高知名度，为相关公众所广泛知晓。（3）被申请人登记并使用含有"枫丹白露"字号的企业名称构成不正当竞争行为，依法应当承担停止使用的法律责任，二审判决认定错误。

⊃ 再审法院查明的事实

再审无新证据。

⊃ 再审法院判决理由与裁判结果

1. 关于江西某酒店公司实施的被诉侵权行为是否构成商标侵权。《商标法》第59条第1款规定："注册商标中含有……或者含有地名的，注册商标专用权人无权禁止他人正当使用。"本案中，虽然江西某酒店公司使用的被诉侵权标识中的"枫丹白露"与法国"Fontainebleau"地名的中文翻译"枫丹白露"一致，但江西某酒店公司与作为地名的"枫丹白露"之间并无关联，其使用"枫丹白露"并不属于对地名的正当使用。此外，江西某酒店公司在申请注册被诉侵权标识后，在第43类住所（旅馆、供膳寄宿处）服务上国家工商行政管理总局商标局已经引证深圳市某酒店公司第3577××0号"丹枫白露及图"商标，以"枫丹白露"商标与"丹枫白露"商标构成近似为由对第43类服务上的申请予以驳回。因此，江西某酒店公司主观上是明知深圳市某酒店公司在先商标的存在，其在酒店经营活动中仍使用"枫丹白露"，主观上难为正当。因此，江西某酒店公司的该项抗辩主张不成立，二审法院对此认定不当，应予纠正。

江西某酒店公司在酒店招牌、酒店大楼外墙、大堂、电梯、收款凭证、早餐券、酒店用品等处均使用了"枫丹白露酒店"字样。江西某酒店公司将被诉侵权标识使用在酒店服务项目上，与深圳市某酒店公司涉案商标核定使用的服务项目相同。被诉侵权标识的显著识别部分"枫丹白露"与两涉案商标中的"丹枫白露"均由四字组成，仅部分文字顺序互换，从音、形、义等方面来看，相关公众易产生混淆或者误认。因此，被诉侵权标识的使用侵害了深圳市某酒店公司涉案商标专用权。

2. 关于不正当竞争问题。《最高人民法院关于审理注册商标、企业名称与在先权利冲突的民事纠纷案件若干问题的规定》第2条规定："原告以他人企业名称与其在先的企业名称相同或者近似，足以使相关公众对其商品的来源产生混淆，违反反不正当竞争法第五条第（三）项的规定为由提起诉讼，符合民事诉讼法第一百零八条规定的，人民法院应当受理。"《商标法》第58条规定："将他人注册商标、未注册的驰名商标作为企业名称中的字号使用，误导公众，构成不正当竞争行为的，依照《中华人民共和国反不正当竞争法》处理。"本案中，深圳市某酒店公司请求保护的字号与注册商标相同，被诉侵权行为是在

"江西某酒店公司"中使用"枫丹白露"的行为。鉴于"丹枫白露"作为注册商标及企业字号经过在先使用具有一定的知名度，江西某酒店公司在其企业名称中使用"枫丹白露"作为字号，容易让消费者误认为二者之间存在一定的联系，为避免混淆，一审判决的相关认定并无不当，应予维持。此外，一审判决关于某网络公司相关认定并无明显不当，予以维持。

综上，再审法院撤销二审判决，维持一审判决。

⊃ 判解与学理研究

地名的正当使用，是商标法领域公共领域保留原则的重要体现。商标，旨在赋予商标权利人指示商品或者服务来源的私有权利。为防止地名被纳入商标私有权利的圈定范畴，《商标法》设定了地名正当使用等公共领域地带，以实现地名等公有领域资源不受私有权人的控制，最大限度地便利特定地域的公共使用。但是，地名并非意味着完全属于公共领域，例如，集体商标、证明商标常以地名作为标志，进而保护该地域的具有特色的商品。又如，部分含地名的商标通过使用获得显著性，又可能纳入私权商标权的范畴。因此，公共领域与私人权利之间的界限不可一概而论，地名正当使用、商标显著性则是具有解释力的弹性条款，并可通过立法者、司法者以及理论和实务界的努力，使地名领域的公共领域和私有产权之边界更为清晰明确。本案历经广东省深圳市中级人民法院一审，广东省高级人民法院二审，后经最高人民法院再审改判，体现出地名公共领域认定的复杂性。故以下以本案作为基础，探讨地名领域公共领域与私权行使的界分问题。

一、商标法中的公共领域

相较于著作权法，商标法中的公共领域地带关注较少。实际上，从商事经营来看，商标权人、其他经营者、社会公众亦存在公共领域和私人产权的紧张冲突问题。例如，近年来关注度高的"老潼关肉夹馍案""青花椒案"，也与商标法公共领域和私人产权的界限密切相关。因此，重视商标法的公共领域，是合理平衡商标权人、其他经营者与社会公共利益的重点。

商标法的公共领域保留所针对的是将公共领域资源注册为商标、跑马圈地的行为，主要体现为两方面：一方面，在商标注册中禁止将部分公共领域元素注册为商标，包括将经典文学作品中的角色申请注册为商标、将地名资源申请注册为商标、将公共领域元素抢注为商标等情形。①《商标法》第 10 条明确规定，县级以上行政区划的地名或者公众知晓的外国地名，不得作为商标。该条确立了地名的公共领域属性。当然，地名并非绝对不能以私权方式予以保护，在地名具有其他含义或者作为集体商标、证明商标组成部分的情况下，仍可以通过注册商标予以保护。另一方面，通过商标正当使用条款，以确立商标使用地名等元素，仍然属于公共领域地带而不受私权所控制。《商标法》第 59 条规定，注册商标中含有的本商品的通用名称、图形、型号，或者直接表示商品的质量、主要原料、功能、用途、重量、数量及其他特点，或者含有的地名，注册商标专用权人无权禁止他人正当使用。含有地名无权禁止他人使用，系公共领域保留的体现。但是，此处仍然存在可探讨之处。是否意味着与地名相同的表述均属于公共领域范畴？地名本身具有公共属性，故商标法将地名之使用纳入正当使用条款，但是仍需要考察商标法的公共领域之立法目标，以更好确立地名的公共领域边界。

商标法的公共领域，是明确商标权保护边界、促进公平竞争，保护其他经营者合法合理地表达自由和经营自由的重要一环。②对于公共领域资源，如果在实际使用中并非用于指示商品或者服务来源，或是公众一直自由使用的表达，则不宜将其圈定为私权的范畴。一般而言，地名的长期使用很难将其直接转化为商标私有权的范畴。但是特定情形下如果将其用于指示商品或者服务来源，如地理标志，则亦可能成为私有领域的范畴。在这一情况下，该标志已经不再属于公共领域范畴，而进入私有产权的范畴。这一转换不是凭空产生的，而是根据商标法的理念和精神，由于标志实现了指示特定商品或者服务来源，赋予其商标权符合具体的商事经营实际才可以。

二、地名商标注册

如前所述，地名本身具有公共领域特征。故商标法将县级以上行政区划的地名或者公众知晓的外国地名列入禁止注册的范畴。但是，这并非意味着地名完全不可能注册，否则与我们在生活中仍然会看到很多地名相关商标的事实相悖。

地名禁止注册的立法存在三个出口。一是范围层面。县级以下的地名、并非达到公众知晓程度的外国地名，并不属于《商标法》第 10 条所禁止的范畴之列。同时，在《商标法》修改前，仍然存在诸多地名注册的情况，为

---

① 参见杨巧：《商标法上公有领域的保护》，载《知识产权》2012 年第 4 期。
② 参见冯晓青、李薇：《商标法中公共领域问题研究》，载《法学论坛》2021 年第 3 期。

保证商标秩序的稳定性，对于这些已注册的地名商标，则允许其继续有效。二是第二含义。地名可能通过使用等方式取得了第二含义，这类似于《商标法》第11条中的使用取得显著特征，由于第二含义的取得，使得地名注册脱离公共领域而进入私权范畴之列。三是集体商标和证明商标。集体商标和证明商标往往以地名作为商标标志的一部分，我国是地理标志大国，与欧盟签订的《中欧地理标志协定》也进一步昭示我国强化地理标志保护，不断实现地理标志产品走向海外、畅销海外的决心。地理标志作为推进地区商品经营、品牌运营的重要手段，对于地区特定产品的推销具有规模效应、集成效应、品牌效应，故地理标志将地名纳入私权范畴亦反映了一定程度的公共利益和产业利益导向。

包含地名的商标即便通过以上三个出口取得注册，仍然应当注重公共领域保留，并区分公共领域与私人领域的界限。由于地名本身具有公共领域属性和公共利益特征，以注册商标专用权的行使为由，完全禁止他人未经许可的地名使用，是不符合知识产权法的利益平衡原则的，也往往会侵害该地名领域内自由使用的权利。故该地名商标的权利行使，应当受到地名的正当使用抗辩的限制。商标法所控制的行为是商标性的使用行为，即将该标志用于识别商品或者服务来源，地名的部分使用情形，是为表明该商品一般意义上的来源，而非特定的商品或者服务来源标识，则不应当落入私权控制的范畴。

三、涉地名的商标侵权诉讼

地名商标侵权诉讼进程，仍然遵从一般商标侵权判定的规则，即权利正当性、权利归属、侵权认定、权利抗辩的顺序。

首先，关于商标权利正当性。涉地名的商标侵权诉讼首先需要审查商标的正当性，包括审查商标注册证，确认商标的有效性。同时考虑权利商标是否存在恶意注册的情形，是否存在落入公共领域的范畴等情形。例如，在本案中，注册商标含有"枫丹白露"字样的标识，系用于酒店行业领域。由于该注册商标系属于有效期间内，尚属于有效商标，一审法院认为应当保护其商标权的正当行使。二审法院则持不同观点，其主张枫丹白露是法国著名的历史、文化、旅游"Fontainebleau"名镇及其宫殿的"枫丹白露宫"中文翻译，不仅在法国而且在我国均有较高的知名度，已经成为公共领域的资源，不能被个别人独占享有。再审法院亦反转之，指出"枫丹白露"与法国"Fontainebleau"地名的中文翻译"枫丹白露"一致，但江西某酒店公司与作为地名的"枫丹白露"之间并无关联。即便与外国地名翻译一致，并非意味着该标志的使用系用于指示外国的该地名。如果二者之间并无关联，即便存在与地名的重复问题，亦不应当纳入对该商标权利的限制范畴。①

其次，关于商标权利归属问题。对于涉地名普通商标，应当归属于该商标权人所有。如果涉及集体商标、证明商标，则需要按照其相关规则确定权属问题。地理标志集体商标注册人则应当系当地不以营利为目的的团体、协会或其他组织。

再次，关于权利正当行使问题。在"潼关肉夹馍"等地理标志维权问题中，最高人民法院指出，在地理标志标识的地区范围内并符合地理标志使用条件的，即便不申请加入集体、协会或其他组织，亦可依法正当使用地理标志；但是，如果以收取"会员费""加盟费"为由提起商标侵权诉讼，人民法院不支持相关的诉请。②

复次，关于侵权认定问题。涉地名的商标侵权诉讼，要充分考虑商标权利的强度、被诉侵权方的使用行为、使用意图，以及所产生的市场混淆情况等因素。商标权的保护强度，应当与商标显著性、知名度相匹配，对于显著性、知名度不高、不强的标志，不应当给予过高过强的保护。对于地名商标，往往存在公共领域和私权地带相互交织的问题，故在侵权认定中要注意区分二者之间的界限。如对于权利商标，除地名元素外的部分，被诉侵权产品是否存在模仿、剽窃的行为，被诉侵权产品是否存在攀附商誉的故意等。

最后，对于侵权抗辩问题，将在下文单独论述。

四、地名的正当使用抗辩

关于地名的商标侵权诉讼的特殊性，需要考虑地名的公共领域特征，对被诉侵权人的地名正当使用抗辩予以审查。《商标法》第 59 条明确规定了地名正当使用的抗辩，为其他经营者合理合法使用地名开创了公共领域地带。结合实践，理解地名正当使用抗辩，应当把握以下三个方面：

一是注重审查地名使用的客观行为。地名使用，应当区分描述性使用与商标性使用。如果是为描述该商品的地名，而非用于指示商品或者服务的特定来源，则可以纳入正当使用的范畴之列。

二是注重审查地名使用的主观意图。对于地名使用，如果其出于攀附在

---

① 参见最高人民法院（2020）最高法民再 347 号民事判决书。

② 参见《依法保护地理标志 严厉惩治恶意诉讼 —— 最高人民法院民三庭负责人就地理标志司法保护问题答记者问》，载最高人民法院官网，https://www.court.gov.cn/zixun/xiangqing/336531.html，最后访问时间：2025 年 1 月 20 日。

先标志的故意，并未来自该地名，而想要借助该地名的名气，则显然并非出于善意的商标使用。如果该使用人本身来自该地区，例如属于该地理标志地区的农户或生产商，那么其依法使用该地名标识，仍系正当使用的范畴之列。

三是注重审查地名是否属于公共领域范畴。本案中二审法院所认定的系外国地名的翻译，而再审指出该外国地名与我国酒店业的关联度并不紧密，所以也很难存在本领域普通消费者将其联想到该地名，故以该外国地名作正当使用的抗辩并不成立。

五、结论

地名领域的商标公共领域辨析，是商标法公共领域保留的重要问题。由于近些年来对地理标志的重视，以及部分地理标志维权问题的突出，地名的正当使用等相关公共领域问题亦凸显其实务重要性。合理区分地名相关标志中的公共领域与私权界限，是防止地名相关商标权人不当行使商标权，保护其他经营者表达自由的重要方面。当然，本案的特别之处还在于如何确认该地名是否属于商标法公共领域所关注的地名，如果该外国翻译地名都与该商品服务类别关联很弱，则缺乏商标法公共领域保留的价值。故本案亦可以作为商标法地名公共领域的典型案例，为地名公共领域保留的研究提供借鉴。